EXCEL
人力资源管理

杨 阳

编著

轻松解决规划、招聘、档案、培训、薪酬、离职、考核等问题。

天津出版传媒集团

天津科学技术出版社

图书在版编目（CIP）数据

EXCEL人力资源管理 / 杨阳编著. -- 天津 ：天津科
学技术出版社，2018.5（2021.4重印）

ISBN 978-7-5576-3822-1

Ⅰ. ①E… Ⅱ. ①杨… Ⅲ. ①表处理软件－应用－人
力资源管理 Ⅳ. ①F243-39

中国版本图书馆CIP数据核字(2017)第224385号

EXCEL人力资源管理
EXCEL RENLI ZIYUAN GUANLI
责任编辑：布亚楠

出　　版：	天津出版传媒集团
	天津科学技术出版社
地　　址：	天津市西康路35号
邮　　编：	300051
电　　话：	(022) 23332695
网　　址：	www.tjkjcbs.com.cn
发　　行：	新华书店经销
印　　刷：	唐山市铭诚印刷有限公司

开本787×1092　　1/16　　印张21　　字数426 000
2021年4月第1版第4次印刷
定价：59.00元

当时间的指针指向 21 世纪的新经济时代，当互联网在经济生活中日益普及，以大数据为代表的信息技术，突破了时间与地域的局限，不但将企业内部的各个部门和各个环节联结成一个整体，也让企业与整个世界紧密相连。

这为企业带来了世界范围的商业契机。同时，作为企业中的重要资源——人力资源，也受到了越来越多企业的重视。

而在人力资源管理的过程中，无论您身处何种职位，也无论是在国际知名的大企业还是名不见经传的小公司，Excel都会在人力资源的管理中占有一席之地，并起到十分重要的作用：人事专员利用Excel建立起公司的各种基础数据和信息表；人事主管需要利用Excel强大的功能，将人事专员收集到的各种数据进行汇总并深入分析，然后找出问题并提出相应的解决意见；而人事经理则综合、汇总所有的数据、信息，进而找出公司在人力资源运行的过程中出现的各种问题，然后加以解决，最终为公司的未来发展提供一套科学、有效的人力资源战略决策。

因此，学好 Excel 对于提升 HR 的工作效率有着不可估量的作用。

本书是典型的 Excel 在人力资源管理工作中的应用手册，不但注重理论，而且与实践紧密结合。同其他部门相比，人力资源管理的工作使用最多、最频繁的是数据的统计与分析，本书恰到好处地突出了这一特点。全书围绕人力资源管理的具体工作展开，全面、系统地讲解了人力资源管理中必须掌握的 Excel 知识点和相关技巧，由浅入深、循序渐进，图文并茂、生动具体，并提供了详细的实用表格模板，使读者在快速掌握 Excel 的关键知识点的同时，能迅速地将其应用到实际工作中，进而提高读者的工作效率。

相比其他同类书籍，本书具有以下特色。

◎ 入门级讲解：不管您之前是否接触过 Excel 2016 办公软件，您都能从本书中找到您的最佳起点，并快速掌握 Excel。

◎ 注重实战技能：本书从 Excel 2016 软件的基本操作开始，逐步引导读者深入学习各种相关的应用技巧，并侧重于 Excel 的实战技能，而且使用了大量简单易懂的工作案例进行分析与操作指导，让读者学起来轻松自如，操作有章可循。

◎ 一步一图、图文并茂：在本书的讲解过程中，每一个人力资源管理中的技能点，都配有与其紧密结合的案例进行讲解，并且一步一图、图文并茂，使得读者在学习本书的过程中，可以非常直观、清晰地看到每一步骤的操作过程和操作效果，让读者更容易懂，也更容易接受。

◎ 适用广泛：本书的实用性与可操作性极强，既适合人力资源管理者在日常的工作、学习中使用，又适合作为职业学校相关专业的教学教材使用。

◎ 贴心提示、细致入微：本书在讲解的过程中，在每节的首页都列出了学习任务和学习目标，以指导读者重点学习和学后检查。此外，本书还增设了"操作小技巧"小栏目，让读者在学习的过程中，更好地学习相关操作，并轻松掌握 Excel 的操作技巧。

目录 Contents

X | 第六章   谋求共赢，员工的薪酬社保管理

X | 第七章   规划得当，员工的离职与调整管理

X目 第八章 绩效考核管理，人力资源管理的重中之重

X目 附录

第一章

树立正确理念，认识Excel对HR的重要性

　　Excel是微软办公软件中的一个重要组成部分，它具有操作简单、灵活，应用性很强的特点，并且拥有着强大的计算功能，能够进行各种数据的处理、统计分析和辅助决策操作。因此，目前越来越多的企业，都会使用Excel进行人力资源管理的日常工作。同时，熟练掌握Excel的函数功能，还能大大提高HR的工作效率，甚至达到一劳永逸的效果。

Excel在人力资源管理中的高效应用

一般来讲，人力资源部门的工作主要包括以下几大模块：人力资源规划、招聘与面试、组织与岗位管理、培训管理、薪酬社保管理、绩效管理、员工的劳动关系和企业文化等。

在这几大模块中，除了最后一项——企业文化外，其他的模块都会涉及Excel表格的大量应用。俗话说："工欲善其事，必先利其器。"如果我们在工作中有了Excel的帮助，工作效率就能够呈几何倍数的提高。

比如，我们在人力资源管理的日常工作中，会遇到下列问题：

（1）动态了解公司员工的流入与流出情况，以便随时掌握公司人力资源成本所发生的变化；

（2）分析员工在本年度的薪酬变化情况，以便于为明年的薪酬调控提供相应的依据；

（3）处理员工的考勤、计算员工的工资和奖金、制作员工的工资条，然后将每个员工的工资都准确无误地发放到他们的账户中，并及时通知他们；

（4）汇总整个公司多达数千员工的工资，然后制作一份所有员工五险一金汇总表以及相应的个税代扣代缴表；

（5）当员工的生日、合同或退休日期以及新员工的试用期快到时，如何设置Excel表格的提醒功能，以避免出现手忙脚乱的状况；

（6）对于销售部门来说，如何统计、核算每个销售人员的销售业绩，并根据他们的业绩提成计算奖金数额……

对任何一名HR来说，诸如此类的问题有很多，而且十分复杂、非常烦琐。要对人力资源进行科学、有效的管理，并提高相应的工作效率，我们就必须学习和掌握使用Excel的数据管理、处理和分析功能，其中包括常用函数、数据处理分析方法、数据透视表、图表的使用方法与技巧，并提升Excel的实际使用水平和能力。这样，我们才能在人力资源管理的日常工作中，大幅提高工作效率。

那么，Excel是如何帮助我们提高工作效率，让工作变得事半功倍的呢？下面举一个例子：

一家中型企业共有1000名生产员工，他们刚刚进行了一场晋级考核。目前，考核的结果已经揭晓。公司决定：综合成绩在90分以上者，即可加薪10%；成绩在80～89分和60～79分者，工资增长的比例分别为8%和5%；而60分以下者则不予加薪。

人力资源部门需要对参加考核的每一位员工的成绩和工资增长比例进行汇总，然后提交给公司领导。

第一种方法是按照传统的方法，根据每一位员工的考核成绩，然后逐个输入到10%、

8%、5%和0这四个数据表中。如果是10个人的信息，则这种方法还容易操作；但如果是1000人，则可想而知，其工作量会有多大。显然，这种方法是不可取的。

第二种方法是利用Excel表格中的排序功能，将所有参加考核员工的成绩按照降序或升序进行排列，然后填写相应的数据，最后再恢复到原排序。

第三种方法是使用Excel函数公式，比如IF函数或VLOOKUP函数都可以实现这个功能，编辑好公式之后，直接下拉复制、粘贴即可完成。

我们比较一下这几种方法的操作时间。第一种方法显然要耗费大量的时间，甚至还存在把数据填错的风险；第二种方法虽然比第一种方法效率高，但仍然比较麻烦，即便操作熟练者也需要半小时左右才能完成；而第三种方法只需要编辑一个函数公式即可完成，时间最多不会超过五分钟。

由此可见，学好Excel对于提升HR的工作效率非常重要。从人力资源部门的专员到主管，再从主管到经理，随着职位的不断攀升，对于人员的要求也会越来越高，即从具体的事务性工作逐渐转变为战略性调控。

但无论是哪个职位，Excel都会起到非常重要的作用：人事专员需要利用Excel，建立公司的各种数据和信息表；人事主管需要将人事专员收集到的各种数据，利用Excel强大的功能进行汇总并深入分析，然后找出问题并提出相应的解决意见；而人事经理需要综合、汇总所有的数据、信息，进而找出公司在人力资源运行的过程中出现的各种问题，然后加以解决，并为公司的发展提供科学的人力资源战略决策。

因此，在当今大数据爆发的时代，Excel对于人力资源管理的作用变得越来越重要。我们只有熟练掌握Excel，并将其与人力资源的专业知识和实际工作结合起来，才能做到从之前的观念性管理，发展为更加科学、有效的数据性管理。

树立Excel表格设计的正确意识

Excel是微软公司办公软件的重要组件之一，其操作具有十分简单、灵活的特点。同时，Excel还拥有大量的函数公式可供选择使用，以便于我们进行各种数据的处理、统计分析和辅助决策操作，在人力资源管理的工作中扮演着非常重要的角色。

认清Excel数据表与报表的区别

在学习制作Excel表格之前，我们应该认清数据表与报表的区别。这样才能让Excel的学习变得更加顺畅。

简单来说，数据表就是我们在日常工作中存储各种数据、信息的表格，通常由自己使用，不对外，或者是给做数据统计分析的人员查看的。因为一份没有经过汇总、分析的Excel表格，对其他人没有太大的意义。

在数据表中，通常存储着我们收集的各种基本、原始的数据，如下图所示。

序号	姓名	所属部门	职务	学历	出生日	性别	员工身份证号	入职时间
				公司员工信息表				
1	张勇	财务部	总监	研究生	1965/06/12	男	1500xxxxxxxxx1256	1985/06/12
2	刘键	办公室	经理	本科	1979/12/28	男	1500xxxxxxxxx1257	1999/12/28
3	刘琳	销售部	主管	本科	1989/01/02	女	1500xxxxxxxxx1258	2008/01/02
4	何雯雯	人事部	经理	本科	1991/10/11	女	1500xxxxxxxxx1259	2010/10/03
5	潘宇	办公室	职员	大专	1988/12/04	男	1500xxxxxxxxx1260	2012/01/04
6	郑婷	生产部	组长	大专	1958/03/03	男	1500xxxxxxxxx1261	2008/08/05
7	李煜	生产部	职员	大专	1988/01/18	女	1500xxxxxxxxx1262	2009/01/06
8	王强	销售部	经理	本科	1978/06/12	男	1500xxxxxxxxx1263	2006/12/07
9	朱平	研发部	职员	本科	1979/12/28	男	1500xxxxxxxxx1264	2011/06/08
10	唐树龙	人事部	经理	本科	1986/01/02	男	1500xxxxxxxxx1265	2010/05/09
11	刘璐	办公室	经理	本科	1958/03/03	女	1500xxxxxxxxx1266	2008/01/10
12	刘奕轩	销售部	主管	大专	1988/01/18	女	1500xxxxxxxxx1267	2012/03/11
13	王华	人事部	经理	本科	1978/06/12	男	1500xxxxxxxxx1268	2015/04/12
14	张雪松	办公室	职员	大专	1959/12/28	男	1500xxxxxxxxx1269	2017/01/01
15	李强	生产部	组长	本科	1988/01/18	男	1500xxxxxxxxx1270	2008/09/14
16	李占元	生产部	职员	大专	1978/06/12	男	1500xxxxxxxxx1271	2014/07/15
17	周晓军	销售部	经理	本科	1959/12/28	男	1500xxxxxxxxx1272	2010/04/16
18	吕建军	研发部	主管	大专	1989/01/02	男	1500xxxxxxxxx1273	2006/02/17

而报表通常是给其他人查看、审核的表格，因此，表格一般都是美化之后的表格，数据也是经过加工、整理之后的数据，如下页图所示。

但很多初学者分不清楚数据表的功能，或者是让数据表承担了太多的职责而将其变得不伦不类，进而浪费了大量的时间，却没有达到预期效果。

制作Excel数据表的注意事项

制作数据表时要注意，数据表中的数据应当是最原始、最基础的数据。

原始数据就是没有经过计算得出的数据。越是原始的数据，我们越能从中找到一些规律。比如，我们可以把每次员工培训的费用分为教材费用、讲师津贴、交通费用、住宿费用等，这些都是最原始的费用，以便于我们与下一次的培训费用进行分析、对比。

此外，我们还应注意，千万不要在数据表中处理数据或者随意更改，除非是把错误数据改成正确数据。这是制作Excel表格的良好习惯，我们应当学会保持这个习惯，即需要处理数据或者做报表时，再另外新建一张表。

如果直接在数据表中随便改格式做报表，则可能导致丢失数据的严重后果。如果我们将"数据表"想象成"数据源"，则可能更容易理解。

人力需求规划表

		需要补充人员类别		应具备条件	招聘方式	希望入职日期	人数
		类别	职务或职位				
主管		行政部	行政经理	本科及以上学历	社会招聘	2017/1/1	1
		销售部	区域经理	本科及以上学历	社会招聘	2017/1/1	1
		生产部	生产经理	本科及以上学历	社会招聘	2017/1/1	1
技术员		生产部	工程师	大专及以上学历	学校招聘	2017/1/1	3
		售后服务	技术助理	大专及以上学历	社会与学校招聘	2017/1/1	3
		开发部	开发工程师	大专及以上学历	学校招聘	2017/1/1	3
工作员		销售部	销售员	大专及以上学历	社会和学校招聘	2017/1/1	10
		后勤部	后勤助理	大专及以上学历	社会招聘	2017/1/1	5
		行政部	行政文员	大专及以上学历	社会和学校招聘	2017/1/1	4
其他		清洁部	清洁	初中及以上学历	社会招聘	2017/1/1	5
		安保部	安保	初中及以上学历	社会招聘	2017/1/1	5
						应招聘人数总计为：	41

设计表格的原则

设计一份标准、规范的Excel表格，是HR进行高效数据分析的第一步，因为数据分析的源头就是那些基础的表格数据。那么，我们在设计表格时应遵循哪些原则呢？

1. 结构科学

保持Excel表格结构科学，就是要按照自身的工作性质、管理内容、数据种类等特点，分别设计与之相对应的基础管理表格，并分别保存不同的数据。因此，基础的数据表格应该越简单越好，千万不要将所有的数据都放在同一个工作表中。

2. 数据易读

数据易读包括两个方面：一是利用函数读数（取数）方便，二是眼睛查看数据容易。如果设计的表格既杂又乱，就不能实现这两种高效读数。

3. 汇总方便

表格不管有多大的数量，汇总都要简单方便、容易操作。如果操作起来非常吃力，就会降低我们的工作效率。

4. 分析灵活

在人力资源管理中，Excel表格更多的是被用来分析数据，并对数据进行深度挖掘。如果表格分析欠缺灵活性，就会失去其应有的功能。这就要求基础数据必须能够精准反映企业的管理流程，制作的分析报告也必须具有灵活性，能够在几分钟内通过转换分析角度而得到另外一份分析报告。

设计表格应具备的正确意识

具体来说，在设计表格时，我们应该具备以下几种意识。

1. 大局意识

无论是设计数据表还是报表，我们都要有大局观。所谓的大局观，就是必须考虑到相关人员对数据的实际需要，而且要把设计的表格放在人力资源管理流程中的某个环节中考虑，这样才不会给自己的同事造成工作量的增加。

比如，一个员工人数非常多的企业，其员工出现重名或生日相同的概率就比较高。因此，人事专员在设计员工信息表时，就应当考虑到将员工的编号设置成唯一性，并以员工编号作为查询条件。这样，就能够完全避免出现错误。

2. 统一意识

表格的统一分为两个部分：首先是保持表格内统一，包括格式统一、内容统一、名称统一等；其次是表格外的统一意识，也就是把统一的表格设计意识传递给团队中的所有同事，让大家具有相同的表格设计意识，这样，整个团队中的表格衔接工作就会变得非常容易。

3. 长远意识

在人力资源管理中，有人力资源规划这个环节，而设计Excel表格同样要进行规划，以满足公司未来发展的需求。这是因为，工作不会一成不变，很多小公司也会逐渐发展成为大公司。公司需要的数据也会变得越来越多，因此，我们在设计表格时应具备长远意识，将一些暂时看起来没有用，但未来可能会有用的数据录入表格中，这样才能为日后的工作带来很多便利。

4. 传承意识

尽管我们每一个人的工作思路可能会不同，工作岗位也可能随时调整，但无论未来如何，我们在设计表格时都应当具有传承意识，也就是将该岗位所需要的数据尽量完善。这样，我们在离开这个岗位时，就能更好地将我们的工作转交给继任者。

第二章

定好大局，人力资源的规划管理

在人力资源管理中，人力资源规划是一项非常重要的工作，它既是维护企业正常运行的关键因素，又是一项系统的战略工程。这是因为，做好人力资源管理规划不但能够帮助管理者制定未来的战略目标和发展规划，而且有助于调动员工的积极性与创造性，并达到节约、控制人力资源成本的目的。在本章中，我将为大家详细介绍使用Excel进行人力资源管理规划的操作方法和技巧，从而为掌握Excel人力资源的实际操作打下一个良好的基础。

人力资源规划概述

人力资源规划发挥着统一、协调各项人力资源管理职能的作用，对及时满足人力资源数量与质量的需求极为重要。因此，人力资源的管理者只有对人力资源的供给与需求进行合理的预测及规划，才能实现企业的发展与人力资源需求之间的动态匹配，并为企业实现可持续发展提供最基本的保障。

人力资源规划的内容

1. 企业的整体规划

企业的整体规划主要包括设计企业的整体框架，采集、处理及应用企业组织信息，绘制、设置企业组织结构图等。

2. 人员配置需求规划

人员配置需求可以通过总计划、职务编制计划、人员配置计划得出。其中，需求计划应陈述所需职务的名称、人员的数量以及希望入职的时间等。

3. 教育培训规划

教育培训规划包括教育培训需求、培训内容、培训形式以及培训考核等。

4. 人力资源管理政策的调整规划

人力资源管理政策的调整规划包括人力资源管理政策调整的原因、调整的步骤以及调整的范围等。

5. 企业的费用规划

企业的费用规划包括对企业的人工成本，人力资源管理费用的预算、核算、结算以及人力资源费用的控制等。

人力资源规划的意义

1. 有利于企业制定出一个长远的战略目标及发展规划

企业高层管理者在制定企业的战略目标与发展规划时，必须要考虑企业组织自身的各种资源，特别是要考虑人力资源的状况。

2. 有利于管理者预测员工的缺失或过剩状况

人力资源规划不但能对现有人员的现状进行掌握、分析，而且能对企业未来人员的需求进行预测，以便通盘考虑人员的增减，进而制订人员的增补和培训计划。

3. 有利于人力资源的有序管理

人力资源规划可以确定企业人员的需求量、供给量，并能调整、培训相应人员，以保证有序管理企业的生产、经营活动。

4. 有助于降低企业的用人成本

企业通过对人力资源的有效规划，即可有效配备、使用企业的各种资源，实现以投入的最小成本来实现最大产出。

5. 有助于提高企业的生产效率

企业通过人力资源规划对员工进行培训管理，可以帮助员工改进工作的方法和技巧，进而提高企业的生产效率。

如何进行人力资源规划

1. 人力资源规划应立足于企业现状

人力资源规划应当针对企业的现状进行盘点、评价和诊断，这不但可以摸清企业人力资源的家底，还能了解企业人力资源的现状与未来发展战略需求的差距，并且让人力资源的规划符合企业的实际经营状况。

具体来说，主要有以下工作：

（1）分层次、分序列地盘点企业现有人员的数量；

（2）评估现有员工的胜任程度与绩效表现，进而发现他们的优劣；

（3）对企业人力资源的现状进行总体的分类及分层分析，并从中发现人力资源的总量与结构之间的差距；

（4）通过对人力资源现状的分析，找出人力资源管理制度与企业发展战略需求之间的差距。

2. 分清企业的关键人才与一般员工

企业的关键人才非常重要，而且很难在短期内通过人才市场获取，并难以替代。

具体来说，企业的关键人才通常指的是：

（1）拥有特殊技能的人才；

（2）掌握企业关键信息的人才；

（3）在企业运营流程关键节点上的人才；

（4）企业的中高层以上的管理者；

（5）行业内的热门人才。

为此，我们应当做以下工作：

（1）请各个部门列出本部门内不可替代的岗位。

（2）请各业务部门按照公司战略规划的要求，来明确本部门欠缺的人才。

（3）对公司进行统一盘点，以确定掌握关键信息的人才。

（4）确定行业内的热门人才。

3. 人力资源政策及制度要与公司的战略发展同步

人力资源政策及制度要与公司战略发展进行同步改变，并按照公司的战略需求及人力资源工作的重点，来制定、改进相应的人力资源政策与制度。

人力资源政策与制度具体应包括以下几点：

（1）招聘制度。包括丰富招聘渠道、健全招聘方法以及加强员工试用期的考核等。

（2）提升员工的劳动效率。包括薪酬与业绩联动，并推进以业绩为导向的绩效管理体系等。

（3）人才培养机制。包括建立培养和激励管理者、后备人才、基层骨干等相关机制。

（4）人才成长机制。主要包括技术等级的建立和应用等。

（5）集团化的管控机制。包括人力资源集团化的管控，建立监控、人才选拔以及企业文化传承的机制等。

4. 应对人力资源规划进行定期修正，以滚动发展

随着企业内、外部环境发生变化，很多不确定的因素开始逐渐明朗。因此，企业的发展战略也要随之进行一定的修正、调整，这样，人力资源的规划才能落到实处。

此外，如何盘点现有的人力资源、如何预测企业的人力资源需求，以及如何供给、平衡人力资源等相关事项，都是人力资源规划的重要内容。

相信我们通过做好前面提到的各个重点环节，一定能够制定出一份切实可用的人力资源规划。

部门月份重点工作计划表

表格说明：

在学习制作各种人力资源规划管理表格前，我们需要了解一些Excel 2016常用的基本表格的创建和操作方法，比如本节学习的部门工作计划表，可以让我们了解、掌握Excel 2016中一些基本命令工具的使用方法。

本节任务：

本节为大家详细介绍如何使用Excel 2016制作一份公司各个部门的月份重点工作计划表。本节的重点是学习单元格内自动换行操作。

学习目标：

◎ 熟练掌握Excel表格中的合并单元格操作。

◎ 掌握Excel表格的一些基本操作。

具体步骤：

STEP1：创建文件名称并命名工作簿

①在电脑桌面上，单击鼠标右键，新建一个Excel工作表，并将其命名为"部门月份重点工作"。

②打开Excel部门月份重点工作文件，然后把鼠标放到工作表标签"Sheet1"上，单击鼠标右键，在弹出的快捷菜单里，选中【重命名】。

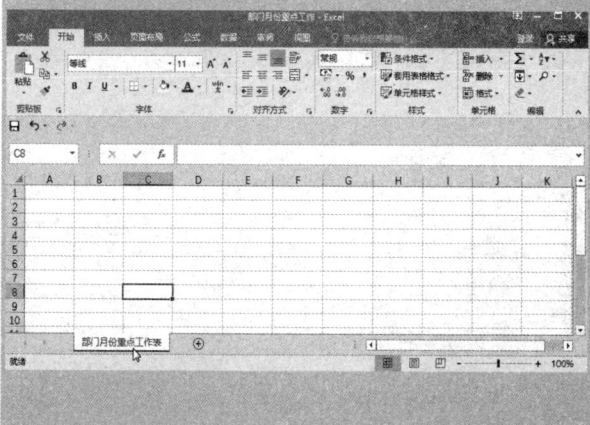

③用鼠标单击【重命名】，此时的工作表标签"Sheet1"处在重命名的状态，然后输入"部门月份重点工作表"，最终效果如左图所示。

STEP2：设置行高

　①用鼠标选择第二行单元格，然后在功能区选择【格式】，用左键点击后就会出现下拉菜单，接下来继续点击【行高】。

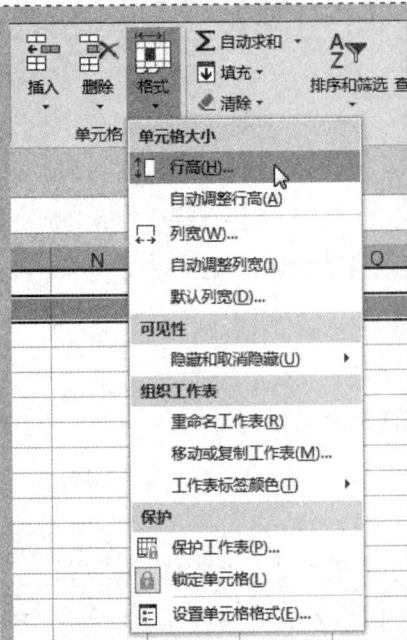

　②在弹出的【行高】对话框中，把行高设置为42，然后单击【确定】。

STEP3：设置列宽

　①用鼠标选中B列单元格，然后在功能区选择【格式】，点击后就会出现下拉菜单，接下来继续点击【列宽】。

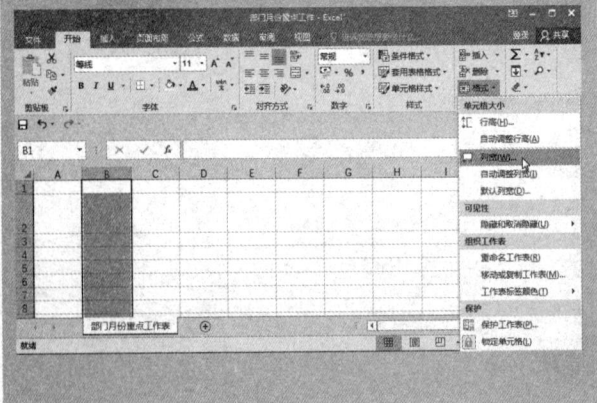

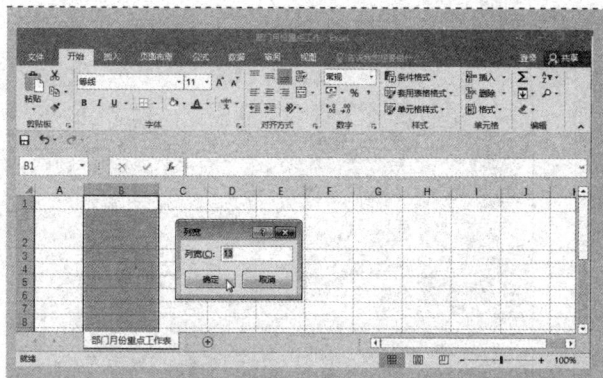

②在弹出的【列宽】对话框中，把列宽设置为13，然后单击【确定】。

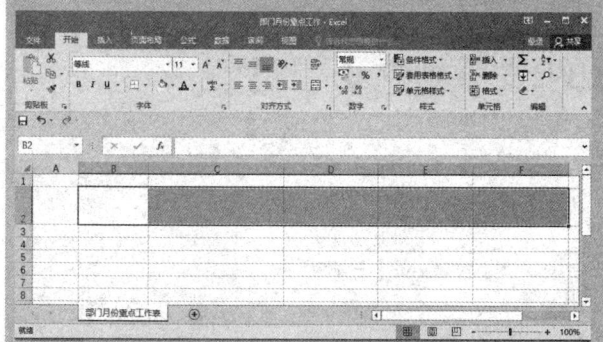

③用同样的方法，将 C 列的列宽设置为 26，D 至 F 的列宽设置为 18，完成之后的效果如左图所示。

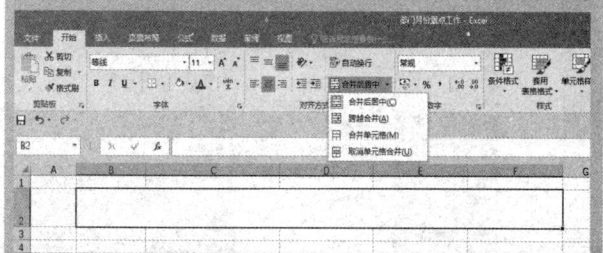

STEP4：合并单元格

①用鼠标选中 B2:F2 的区域，然后在功能区选择【合并后居中】，单击后的效果如左图所示。

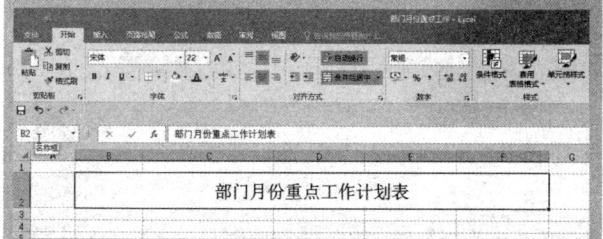

②在合并之后的单元格中，配合【空格】键输入"部门月份重点工作计划表"，并将【字号】设置为 22，将【填充颜色】设置为【淡金色】。

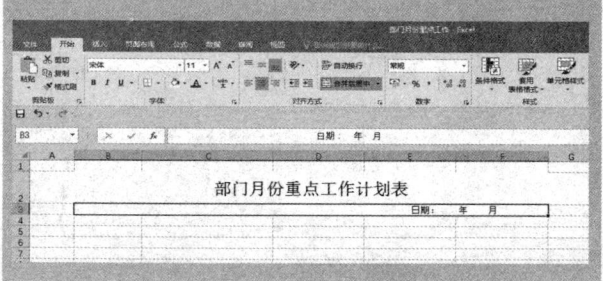

③重复步骤①，将 B3:F3 进行合并单元格，然后配合【空格】键输入"日期："""年""月"，并将字号设置为 11，将【填充颜色】设置为淡金色。

STEP5：设置边框线

①按照 STEP2 的方法，把第 4 至第 13
行单元格的行高设置为 28，把第 14 行单元
格的行高设置为 82，设置之后的效果如右
图所示。

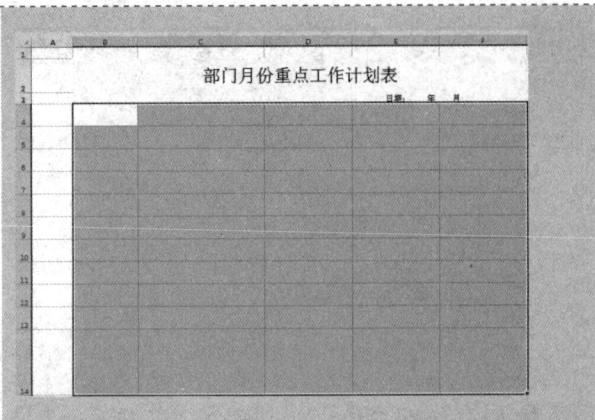

②用鼠标选择 B4:F14 单元格区域，然
后在功能区选择【边框】选项卡，点击后在
下拉菜单中选择【其他边框】选项。

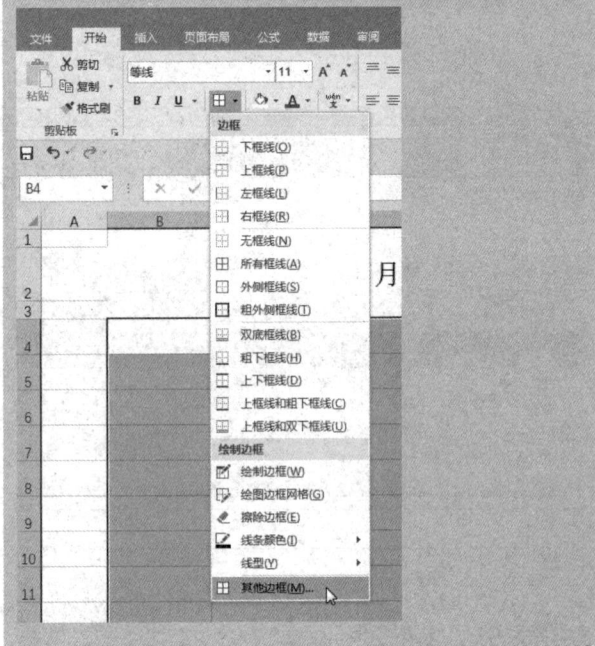

③点击【其他边框】后，就会弹出对
话框；选择细线，然后点击【内部】按钮；
再选择粗线，然后点击【外边框】按钮。

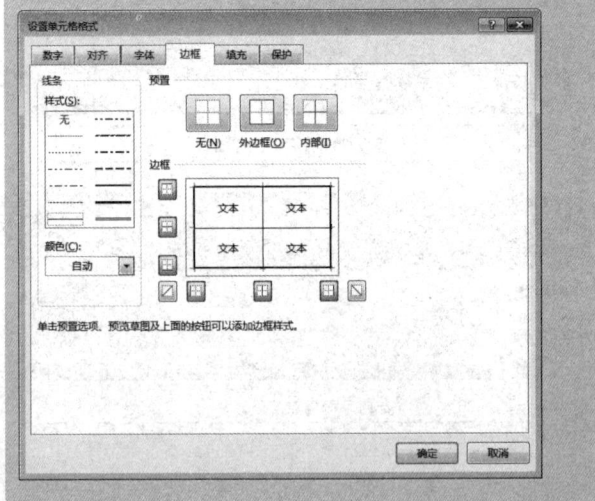

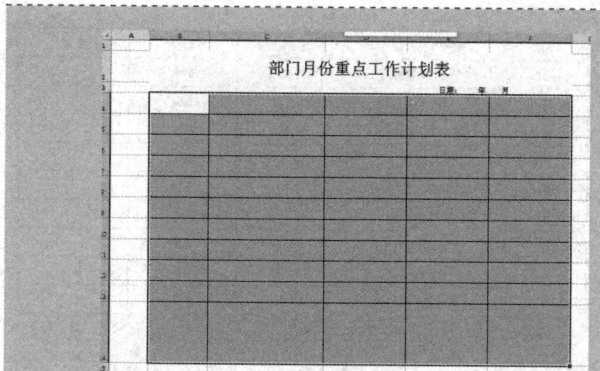

④单击【确定】，完成之后的效果如左图所示。

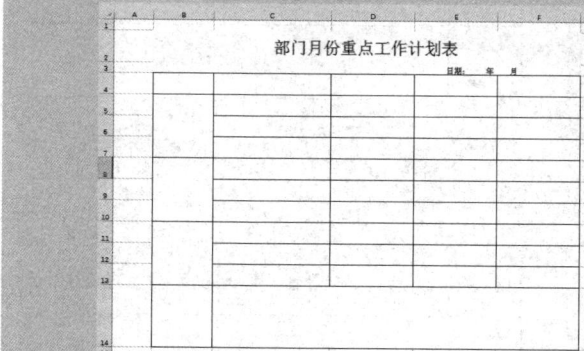

STEP6：输入文字内容

①用前面的方法，把 B5:B7、B8:B10、B11:B13、C14:F14 进行合并单元，最终效果如左图所示。

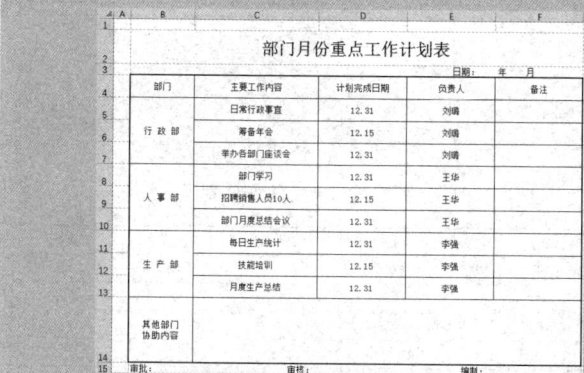

②把【字号】设置为11，配合【空格】键，在所需要的单元格内输入相应文本内容，然后选中B4:F14，并在功能区中点击【垂直居中】和【居中】，最终的效果如左图所示。

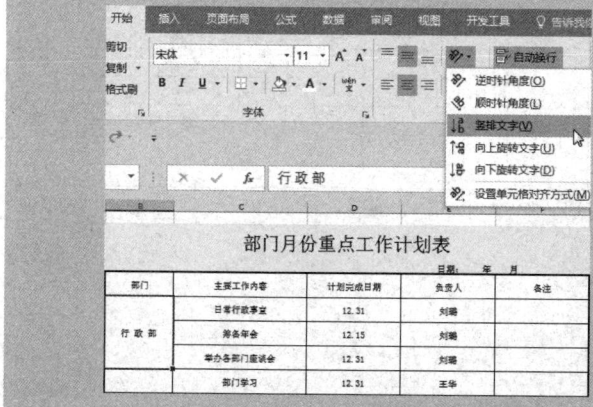

STEP7：设置竖排文字

①用鼠标选中"行政部"的单元格，然后在功能区内选择【方向】，点击后在弹出的列表中选择【竖排文字】。

②用鼠标点击后即可变成竖排文字，然后重复前面的步骤，把"人事部"和"生产部"都设置为竖排文字，最终的效果如右图所示。

部门	主要工作内容	计划完成日期	负责人	备注
行政部	日常行政事宜	12.31	刘鹏	
行政部	筹备年会	12.15	刘鹏	
行政部	举办各部门座谈会	12.31	刘鹏	
人事部	部门学习	12.31	王华	
人事部	招聘销售人员10人	12.15	王华	
人事部	部门月度总结会议	12.31	王华	
生产部	每日生产统计	12.31	李强	
生产部	技能培训	12.15	李强	
生产部	月度生产总结	12.31	李强	

STEP8：调整行间距

把鼠标的光标放在"其他部门"的后面，按住【Alt】键，然后单击数次【Enter】键，再配合【Enter】键，把"其他部门""协助内容"之间的行间距调整为右图所示的样子。

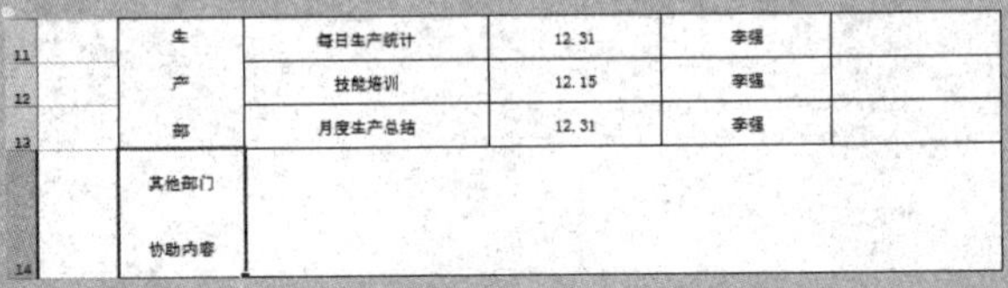

11	生产部	每日生产统计	12.31	李强	
12	生产部	技能培训	12.15	李强	
13	生产部	月度生产总结	12.31	李强	
14	其他部门 协助内容				

STEP9：制作底行内容

把B15:F15合并为一个单元格，输入"审批：""审核：""编制："，然后利用【空格】键和【左对齐】将其调整为右图所示的样子。

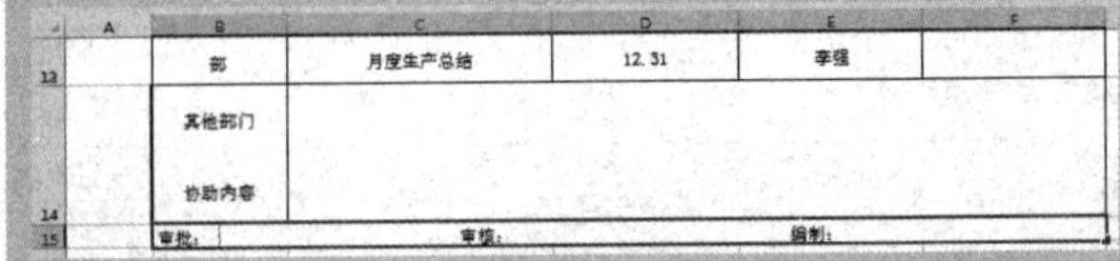

	A	B	C	D	E	F
13		部	月度生产总结	12.31	李强	
14		其他部门 协助内容				
15		审批：		审核：		编制：

STEP10：美化表格

选择B2:F15单元格区域，并切换到【开始】选项卡，然后将【填充颜色】设置为【金色，个性色4，淡色80%】，最终的效果如右图所示。

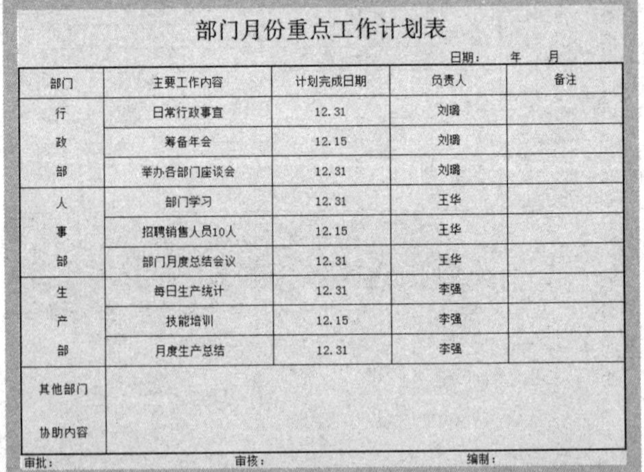

部门月份重点工作计划表

部门	主要工作内容	计划完成日期	日期： 年 月 负责人	备注
行政部	日常行政事宜	12.31	刘鹏	
行政部	筹备年会	12.15	刘鹏	
行政部	举办各部门座谈会	12.31	刘鹏	
人事部	部门学习	12.31	王华	
人事部	招聘销售人员10人	12.15	王华	
人事部	部门月度总结会议	12.31	王华	
生产部	每日生产统计	12.31	李强	
生产部	技能培训	12.15	李强	
生产部	月度生产总结	12.31	李强	
其他部门 协助内容				
审批：	审核：		编制：	

操作小技巧

　　功能强大的【格式刷】可以复制设定的条件格式，如字体、颜色、合并单元等。比如本节中的B5:B7、B8:B10、B11:B13，就可用使用【格式刷】操作。另外，像"行政部""人事部""生产部"等竖排文字，同样可以使用【格式刷】来操作。

年度人力资源需求预测表

表格说明：

人力资源需求预测表可用于预测企业内部各个部门员工的需求状况，并根据企业现有员工的数量，来预测未来招聘员工的总需求。

本节任务：

本节的任务是用Excel 2016制作一份公司年度人力资源需求预测表。本节的重点是学习设置各种求和函数公式。

学习目标：

◎ 熟练掌握Excel的基本求和公式。

◎ 掌握使用Excel求和公式时的快捷、简便的操作方法。

具体步骤：

STEP1：创建文件名称并设置行高

①新建一个Excel工作表，并将其命名为"年度人力资源需求预测表"。

②在空白工作簿中用鼠标选择第2行单元格，然后在功能区中选择【格式】，用左键点击后就会出现下拉菜单，然后继续点击【行高】，在弹出的【行高】对话框中，把行高设置为40，最后单击【确定】。

③用同样的方法，分别将第3行单元格的行高设置为28，第4至第15行的行高设置为25。

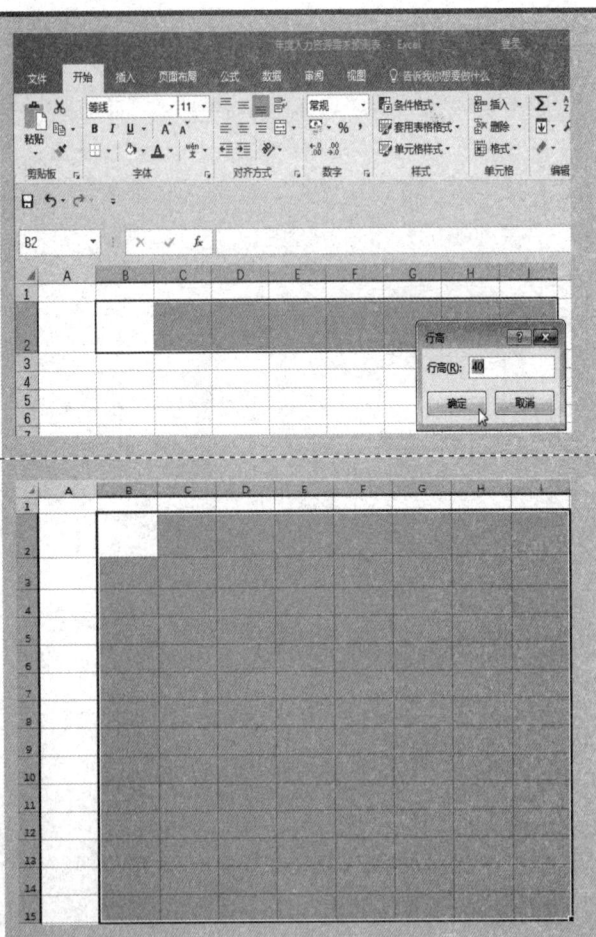

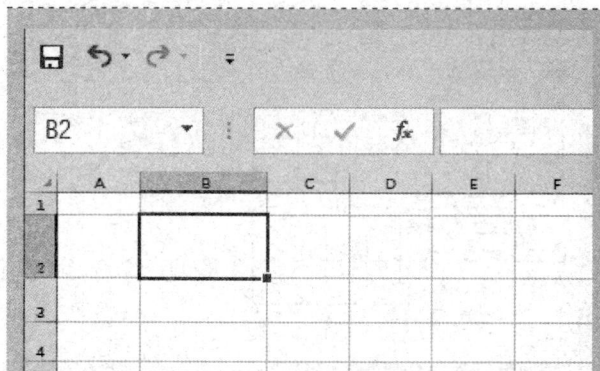

STEP2：设置列宽

①用鼠标选中B列单元格，然后在功能区选择【格式】，点击后就会出现下拉菜单，然后继续点击【列宽】，在弹出的【列宽】对话框中，把列宽设置为13，最后单击【确定】。

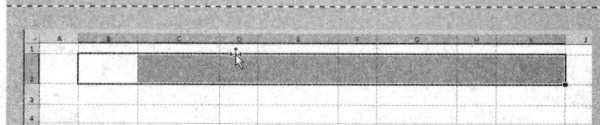

②用同样的方法，把C、E、G列单元格的列宽设置为18，把I列单元格的列宽设置为15，最终的效果如左图所示。

STEP3：合并单元格

①用鼠标选中B2:I2，然后在功能区选择【合并后居中】按钮，单击后的效果如左图所示。

②用同样的方法，将C3:D3、E3:F3、G3:H3、B4:B7、B8:B11、B12:B15、B16:I16的单元格进行合并，最终的效果如左图所示。

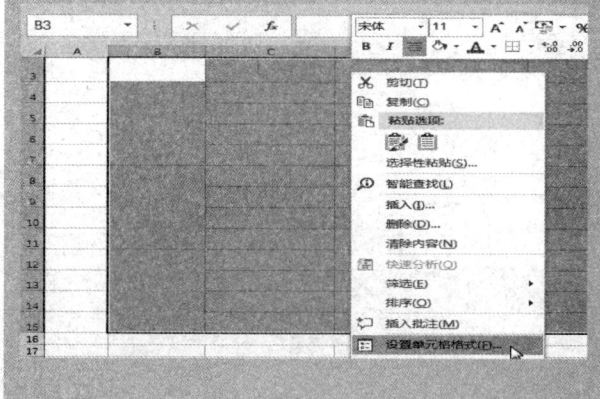

STEP4：设置边框线

①用鼠标选中B3:I15，单击鼠标右键，在弹出的菜单中选择【设置单元格格式】。

②用鼠标点击后，就会出现【设置单元格格式】对话框；点击【边框】，选择细线，然后点击【内部】按钮；再选择粗线，然后点击【外边框】按钮。

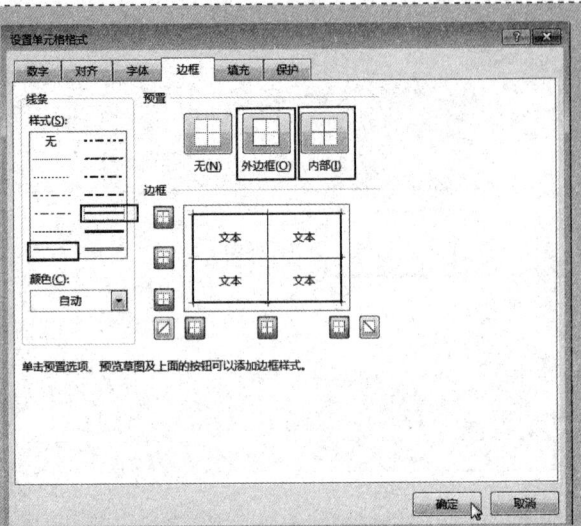

③点击【确定】后，最终效果如右图所示。

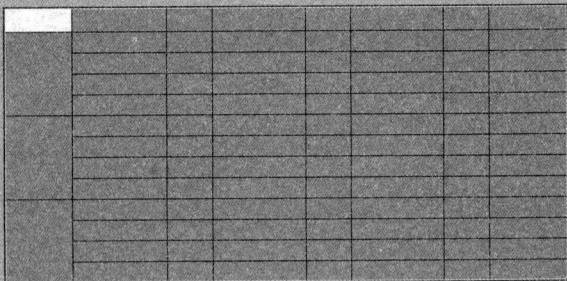

STEP5：输入文字内容

①配合【空格】键，在B2:I2单元格内输入"年度人力资源需求预测表"，然后选中B2:I2单元格，将【字号】设置为18。

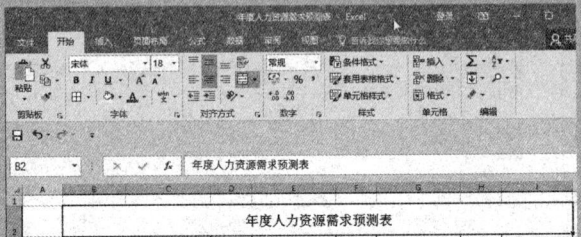

②在B3:I15的单元格内，分别输入下列文字，然后选中B3:I15，并在功能区中点击【垂直居中】和【居中】，最终的效果如右图所示。

③在B16:I16的单元格内输入"审批:""审核:""编制:",然后再配合【空格】键与【左对齐】,最终的效果如左图所示。

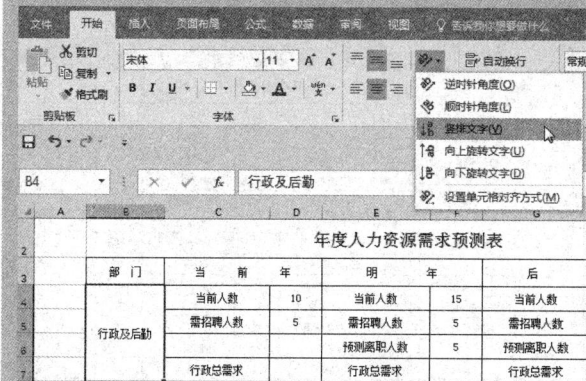

年度人力资源需求预测表

部门	当前	年	明	年	后	年	备注
行政及后勤	当前人数	10	当前人数	15	当前人数	20	
	需招聘人数	5	需招聘人数	5	需招聘人数	5	
			预测离职人数	5	预测离职人数	5	
	行政总需求		行政总需求		行政总需求		
销售	当前人数	20	当前人数	30	当前人数	40	
	需招聘人数	10	需招聘人数	10	需招聘人数	10	
			预测离职人数	5	预测离职人数	10	
	销售总需求		销售总需求		销售总需求		
总计	当前人数		当前人数		当前人数		
	需招聘人数		需招聘人数		需招聘人数		
			预测离职人数		预测离职人数		
	总需求		总需求		总需求		
审批:		审核:		编制:			

STEP6:设置竖排文字

①用鼠标选中"行政及后勤"的单元格,然后在功能区内选择【方向】,点击后在弹出的对话框中选择【竖排文字】。

逆时针角度(O)
顺时针角度(L)
竖排文字(V)
向上旋转文字(U)
向下旋转文字(D)
设置单元格对齐方式(M)

年度人力资源需求预测表

部门	当前	年	明	年	后
行政及后勤	当前人数	10	当前人数	15	当前人数
	需招聘人数	5	需招聘人数	5	需招聘人数
			预测离职人数	5	预测离职人数
	行政总需求		行政总需求		行政总需求

②用鼠标点击后即可变成竖排文字,然后重复前面的步骤,把"销售"和"总计"都设置为竖排文字,最终的效果如左图所示。

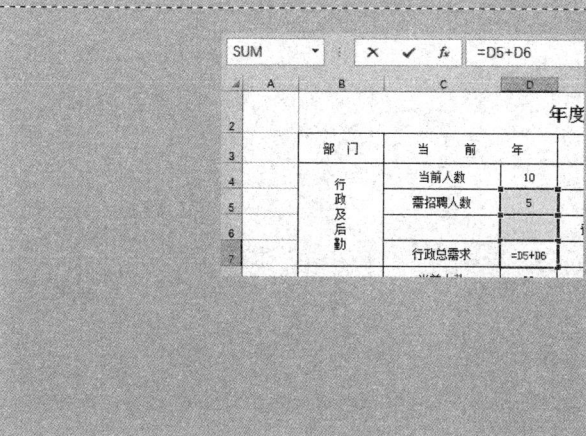

STEP7:设置求和公式

①选中D7单元格,在该单元格中输入"=D5+D6"。

SUM   ✗ ✓ fx =D5+D6

部门	当前	年
行政及后勤	当前人数	10
	需招聘人数	5
	行政总需求	=D5+D6

②单击【Enter】键后，即可为"行政及后勤"在当前年度的总需求进行求和。用同样的方法，在F7单元格输入"=F5+F6"，在H7单元格输入"=H5+H6"，在D11单元格输入"=D9+D10"，在F11单元格输入"=F9+F10"，在H11单元格输入"=H9+H10"，最终的效果如右图所示。

年度人力资源需求预测表

部门	当前年		明年		后年		备注
行政及后勤	当前人数	10	当前人数	15	当前人数	20	
	需招聘人数	5	需招聘人数	5	需招聘人数	5	
			预测离职人数	5	预测离职人数	5	
	行政总需求	5	行政总需求	10	行政总需求	10	
销售	当前人数	20	当前人数	30	当前人数	40	
	需招聘人数	10	需招聘人数	5	需招聘人数	10	
			预测离职人数	5	预测离职人数	10	
	销售总需求	10	销售总需求	15	销售总需求	20	
总计	当前人数		当前人数		当前人数		
	需招聘人数		需招聘人数		需招聘人数		
	预测离职人数		预测离职人数		预测离职人数		
	总需求		总需求		总需求		

审批: 审核: 编制:

③按照前面的步骤，在D12单元格中输入"=D4+D8"，在F12单元格中输入"=F4+F8"，在H12单元格中输入"=H4+H8"，即可得出总计中的"当前人数"。在D13单元格中输入"=D5+D9"，在F13单元格中输入"=F5+F9"，在H13单元格中输入"=H5+H9"，即可得出总计中的"需招聘人数"。在F14单元格中输入"=F6+F10"，在H14单元格中输入"=H6+H10"，即可得出总计中的"预测离职人数"，在D15单元格中输入"=D13+D14"，在F15单元格中输入"=F13+F14"，在H15单元格中输入"=H13+H14"，即可得出总计中的"总需求"，最终的效果如右图所示。

年度人力资源需求预测表

部门	当前年		明年		后年		备注
行政及后勤	当前人数	10	当前人数	15	当前人数	20	
	需招聘人数	5	需招聘人数	5	需招聘人数	5	
			预测离职人数	5	预测离职人数	5	
	行政总需求	5	行政总需求	10	行政总需求	10	
销售	当前人数	20	当前人数	30	当前人数	40	
	需招聘人数	10	需招聘人数	5	需招聘人数	10	
			预测离职人数	5	预测离职人数	10	
	销售总需求	10	销售总需求	15	销售总需求	20	
总计	当前人数	30	当前人数	45	当前人数	60	
	需招聘人数	15	需招聘人数	15	需招聘人数	15	
			预测离职人数		预测离职人数	15	
	总需求	15	总需求	25	总需求	30	

审批: 审核: 编制:

STEP8：美化表格

选择B2:I16单元格区域，在功能区选择【字体】选项组中的【填充颜色】，将颜色设为【灰色，个性色3，淡色40%】，最终的效果如右图所示。

年度人力资源需求预测表

部门	当前年		明年		后年		备注
行政及后勤	当前人数	10	当前人数	15	当前人数	20	
	需招聘人数	5	需招聘人数	5	需招聘人数	5	
			预测离职人数	5	预测离职人数	5	
	行政总需求	5	行政总需求	10	行政总需求	10	
销售	当前人数	20	当前人数	30	当前人数	40	
	需招聘人数	10	需招聘人数	5	需招聘人数	10	
			预测离职人数	5	预测离职人数	10	
	销售总需求	10	销售总需求	15	销售总需求	20	
总计	当前人数	20	当前人数	45	当前人数	60	
	需招聘人数	15	需招聘人数	15	需招聘人数	15	
			预测离职人数	10	预测离职人数	15	
	总需求	15	总需求	25	总需求	30	

审批: 审核: 编制:

操作小技巧

　　在本节中，我们使用了大量的求和公式，如果频繁输入，就会非常烦琐而且容易出错。因此，在计算求和时，如果是位于同一行相同的求和，比如，D7、F7、H7的求和，就可以在D7单元格内输入"=D5+D6"并按下【Enter】键，再选择对"D7"进行复制，然后再分别粘贴在"F7"和"H7"的单元格内。同理，在设置好"D15"后，也可以对其进行复制，然后分别粘贴在"F15"和"H15"的单元格内，即可节省大量的操作时间。

人力资源需求规划表

表格说明：

人力资源需求规划表可用于统计企业内部需招聘的各类别职位的人员数量，该表格不但可以详细记录各部门所需人员的数量，还能通过Excel中的累计求和公式，快速计算企业应招聘人员的总数。

本节任务：

本节为大家详细介绍如何使用Excel 2016制作一份公司的人力资源需求规划表。本节学习的重点是掌握设置累计求和公式。

学习目标：

◎ 掌握使用Excel求和公式中的累计求和。

◎ 熟练掌握Excel中【格式刷】的操作。

具体步骤：

STEP1：创建文件名称并设置行高

①新建一个Excel工作表，并将其命名为"人力资源需求规划表"。

②在打开的空白工作簿中用鼠标选中第2行单元格，然后在功能区中选择【格式】，用左键点击后即会出现下拉菜单，继续点击【行高】，在弹出的【行高】对话框中，把行高设置为35，然后单击【确定】。

③用同样的方法，将第3至第16行的行高设置为20。

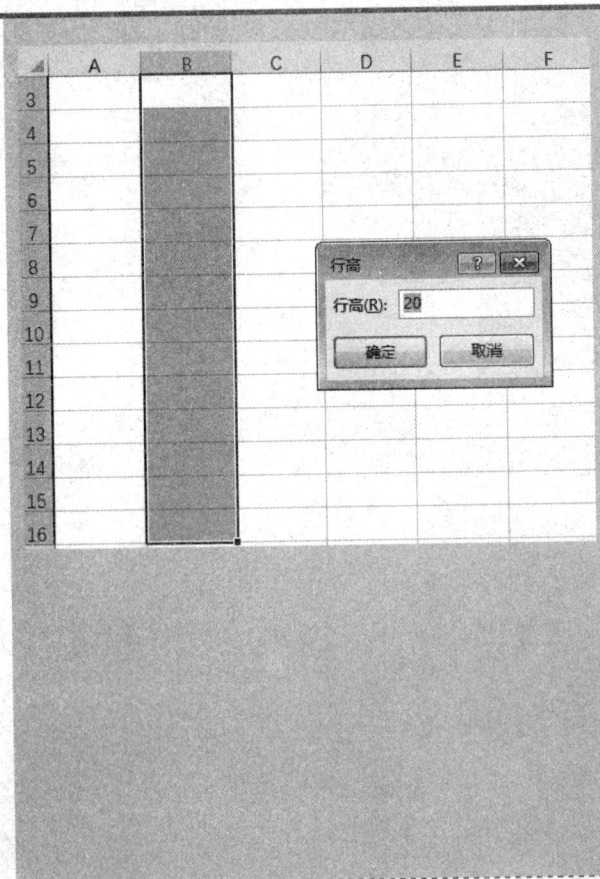

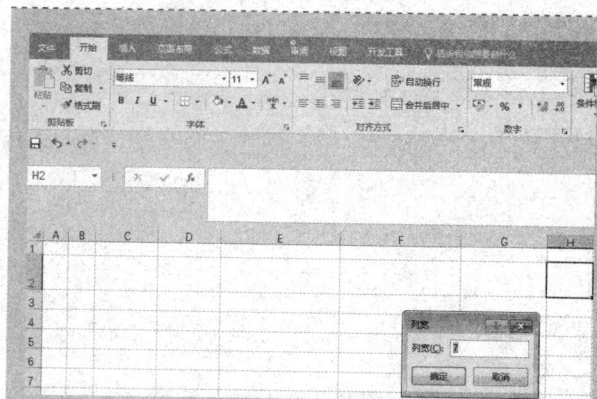

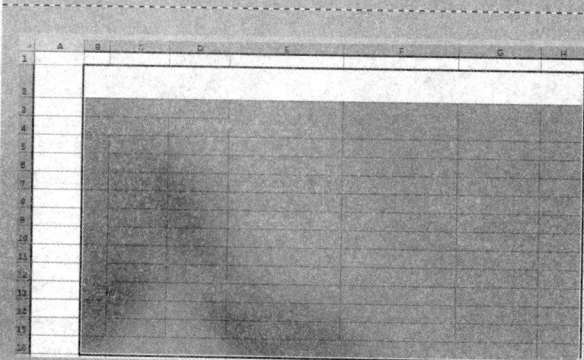

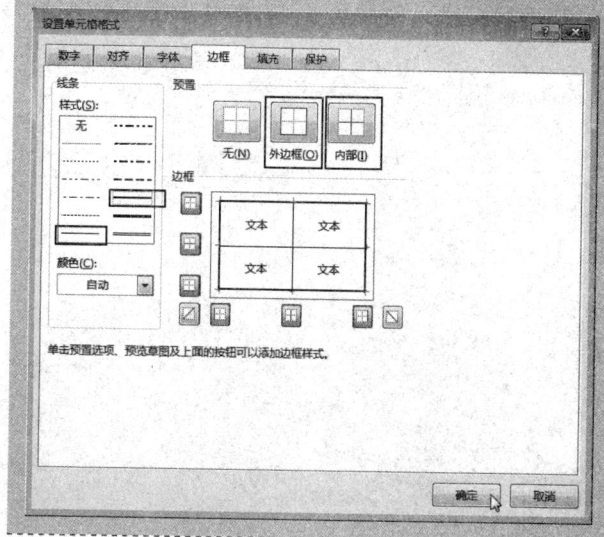

STEP2：设置列宽

①用鼠标选中B列单元格，然后在功能区选择【格式】，点击后就会出现下拉菜单，然后继续点击【列宽】，在弹出的【列宽】对话框中，把列宽设置为4，最后单击【确定】。

②用同样的方法，把C、D列的列宽设置为10，把E、F列的列宽设置为20，把G列的列宽设置为14，把H列的列宽设置为7。

STEP3：合并单元格

①用鼠标选中B2:H2，然后在功能区选择【合并后居中】按钮，对选中的单元格进行合并。

②用同样的方法，将B3:D3、B4:C4、E3:E4、F3:F4、G3:G4、H3:H4、B5:B7、B8:B10、B11:B13、B14:B15、B16:G16的单元格进行合并；此时也可以使用【格式刷】进行操作，比如将B5:B7进行合并后，即可使用【格式刷】将B8:B10、B11:B13进行合并。最终的效果如左图所示。

STEP4：设置边框线

①用鼠标选中B3:H16，单击鼠标右键，在弹出的菜单中选择【设置单元格格式】，用鼠标点击后，就会出现【设置单元格格式】对话框；点击【边框】，选择细线，然后点击【内部】按钮；再选择粗线，然后点击【外边框】按钮。

②点击【确定】后，最终效果如右图所示。

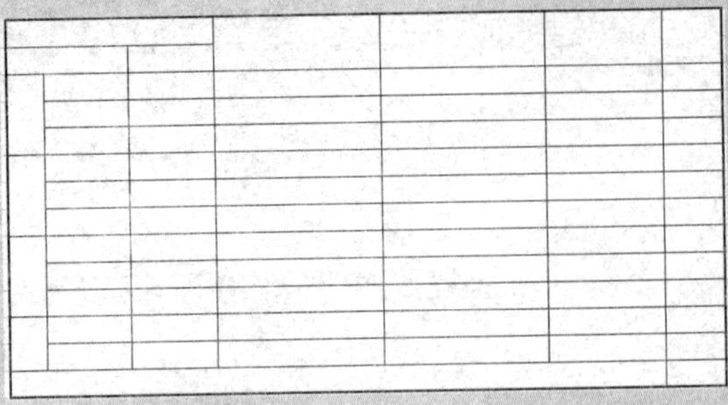

STEP5：输入文字内容

①配合【空格】键，在B2:H2单元格内输入"人力资源需求规划表"；然后选中该单元格，将【字号】设置为20，并把【填充颜色】设置为【橙色】。

②在B3:H15的单元格内，输入公司各个部门有关人力资源需求规划的内容，然后选中B3:H15，并在功能区中点击【垂直居中】和【居中】；在B16:H16的单元格内，输入"应招聘人数总计为："；然后点击【右对齐】按钮，最终的效果如右图所示。

需要补充人员类别		应具备条件	招聘方式	希望入职日期	人数
类别	职务或职位				
行政部	行政经理	本科及以上学历	社会招聘	2017/1/1	1
销售部	区域经理	本科及以上学历	社会招聘	2017/1/1	1
生产部	生产经理	本科及以上学历	社会招聘	2017/1/1	1
生产部	工程师	大专及以上学历	学校招聘	2017/1/1	3
售后服务	技术助理	大专及以上学历	社会与学校招聘	2017/1/1	3
开发部	开发工程师	大专及以上学历	学校招聘	2017/1/1	3
销售部	销售员	大专及以上学历	社会和学校招聘	2017/1/1	10
后勤部	后勤助理	大专及以上学历	社会招聘	2017/1/1	5
行政部	行政文员	大专及以上学历	社会和学校招聘	2017/1/1	4
清洁部	清洁	初中及以上学历	社会招聘	2017/1/1	5
安保部	安保	初中及以上学历	社会招聘	2017/1/1	5
				应招聘人数总计为：	

③选中B3:H4单元格，将【字号】设置为12，并把【填充颜色】设置为【金色，个性色4，淡色40%】；选中B5:H7单元格，把【填充颜色】设置为【蓝色，个性色6，淡色60%】；选中B8:H10单元格，把【填充颜色】设置为【橙色，个性色2，淡色40%】；选中B11:H13单元格，把【填充颜色】设置为【绿色，个性色6，淡色60%】；选中B14:H15单元格，把【填充颜色】设置为【橙色，个性色2，淡色80%】；选中B16:H16单元格，把【填充颜色】设置为【金色，个性色4，淡色80%】。最终的效果如右图所示。

STEP6：设置竖排文字

①用鼠标选中“主管”单元格，然后在功能区内选择【方向】，点击后在弹出的对话框中选择【竖排文字】。

②重复前面的步骤，把“技术员”“工作员”和“其他”都设置为竖排文字，最终的效果如左图所示。

人力资源需求规划表

需要补充人员类别			应具备条件	招聘方式	希望入职日期	人数
类别		职务或职位				
主管	行政部	行政经理	本科及以上学历	社会招聘	2017/1/1	1
	销售部	区域经理	本科及以上学历	社会招聘	2017/1/1	1
	生产部	生产经理	本科及以上学历	社会招聘	2017/1/1	1
技术员	生产部	工程师	大专及以上学历	学校招聘	2017/1/1	3
	售后服务	技术助理	大专及以上学历	社会与学校招聘	2017/1/1	3
	开发部	开发工程师	大专及以上学历	学校招聘	2017/1/1	3
工作员	销售部	销售员	大专及以上学历	社会和学校招聘	2017/1/1	10
	后勤部	后勤助理	大专及以上学历	社会招聘	2017/1/1	5
	行政部	行政文员	大专及以上学历	社会和学校招聘	2017/1/1	4
其他	清洁部	清洁	初中及以上学历	社会招聘	2017/1/1	5
	安保部	安保	初中及以上学历	社会招聘	2017/1/1	5
					应招聘人数总计为：	

STEP7：设置累积求和公式

①选中H16单元格，在该单元格中输入“=SUM(H5:H15)”。

1
1
1
3
3
3
10
5
4
5
5
=SUM(H5: H15)

②单击【Enter】键后，即可完成累积求和，最终的效果如左图所示。

人力资源需求规划表

需要补充人员类别			应具备条件	招聘方式	希望入职日期	人数
类别		职务或职位				
主管	行政部	行政经理	本科及以上学历	社会招聘	2017/1/1	1
	销售部	区域经理	本科及以上学历	社会招聘	2017/1/1	1
	生产部	生产经理	本科及以上学历	社会招聘	2017/1/1	1
技术员	生产部	工程师	大专及以上学历	学校招聘	2017/1/1	3
	售后服务	技术助理	大专及以上学历	社会与学校招聘	2017/1/1	3
	开发部	开发工程师	大专及以上学历	学校招聘	2017/1/1	3
工作员	销售部	销售员	大专及以上学历	社会和学校招聘	2017/1/1	10
	后勤部	后勤助理	大专及以上学历	社会招聘	2017/1/1	5
	行政部	行政文员	大专及以上学历	社会和学校招聘	2017/1/1	4
其他	清洁部	清洁	初中及以上学历	社会招聘	2017/1/1	5
	安保部	安保	初中及以上学历	社会招聘	2017/1/1	5
					应招聘人数总计为：	41

操作小技巧

在设置累积求和“=SUM(H5:H15)”时，我们不用直接输入“H5”和“H15”，而是用鼠标直接点击“H5”和“H15”单元格，就可以代替手工输入，这能够为我们节省很多输入的时间。

HR职位分析描述表

表格说明：

人力资源的职位分析是人力资源管理的基础工作，也是确定该职位完成各项工作所需技能、责任和知识的系统过程，其分析、描述的质量对于公式制作人力资源管理模块，起到了非常重要的作用。

本节任务：

本节为大家详细介绍如何使用Excel 2016制作一份人力资源部的职位分析描述表。本节学习的重点是掌握添加控件的操作方法。

学习目标：

◎ 学会为Excel添加控件。

◎ 掌握插入文字下划线的基本操作。

具体步骤：

STEP1：创建文件名称并设置行高

①新建一个Excel工作表，并将其命名为"HR职位分析描述表"。

②在打开的空白工作簿中用鼠标选中第2行单元格，然后在功能区中选择【格式】，用左键点击后即会出现下拉菜单，继续点击【行高】，在弹出的【行高】对话框中，把行高设置为45，然后单击【确定】。

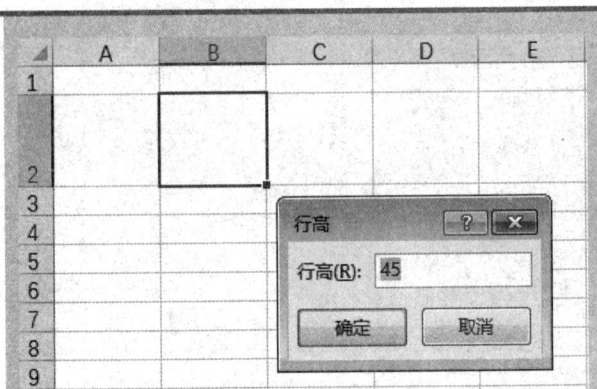

③用同样的方法，分别将第3行单元格的行高设置为25，第4至第20行的行高设置为20。

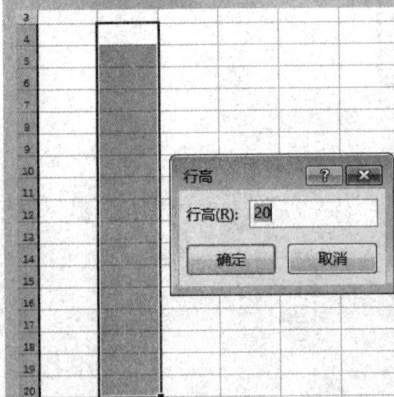

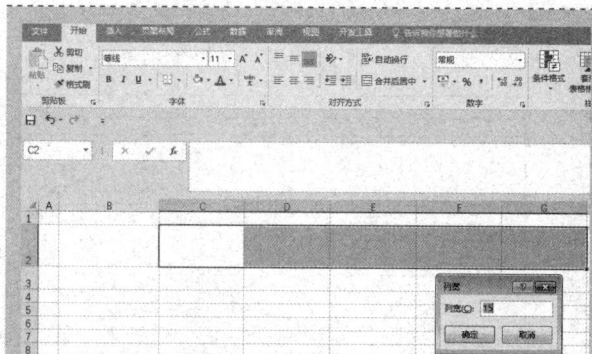

STEP2：设置列宽

①用鼠标选中B列单元格，然后在功能区选择【格式】，用左键点击后即会出现下拉菜单，继续点击【列宽】，在弹出的【列宽】对话框中，把列宽设置为18，然后单击【确定】。

②用同样的方法，把C至G列单元格的列宽设置为15。

STEP3：合并单元格

①用鼠标选中B2:G2，然后在功能区选择【合并后居中】按钮，然后用鼠标点击。

②用同样的方法，将B3:G3、B5:B6、C5:G6、B7:B8、C7:E8、F7:F8、B9:G9、B10:G10、B11:G11、C12:D12、B16:G16、B17:G17、B18:G18、B19:G19、B20:D20、E20:G20的单元格进行合并，最终的效果如左图所示。

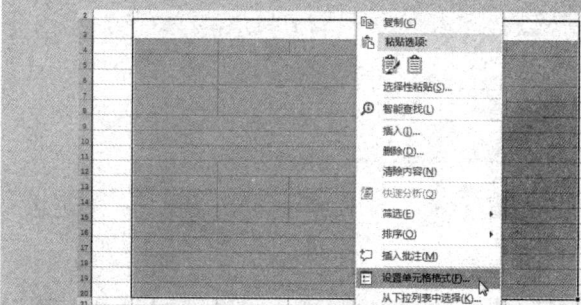

STEP4：设置边框线

①用鼠标选中B3:G20，单击鼠标右键，在弹出的菜单中选择【设置单元格格式】。

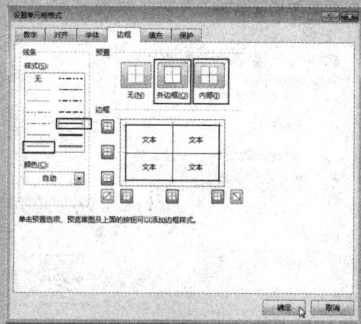

②用鼠标点击后，就会出现【设置单元格格式】对话框；点击【边框】，选择细线，然后点击【内部】按钮；再选择粗线，然后点击【外边框】按钮。

③点击【确定】后，最终效果如右图
所示。

STEP5：输入标题并插入下划线

①选中B2:G2单元格，把【字号】设
置为18，并输入"HR职位分析描述表"，
然后点击【加粗】【居中】【垂直居中】，
最终效果如右图所示。

②在功能区内切换【插入】选项卡，
选择【形状】按钮右侧的下三角，点击
后，在弹出的下拉列表中选择【线条】组
中的【直线】。

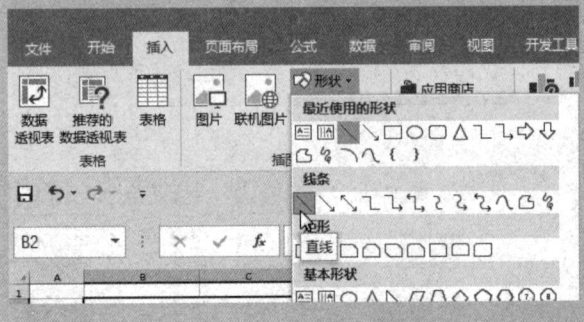

③按住【Shift】键，在文字下方绘制
直线；用鼠标选中绘制的直线，选择【格
式】选项卡中的【形状轮廓】按钮，点击
后在出现的下拉菜单中选择【粗细】，然
后再点击，最后选择【1.5磅】。

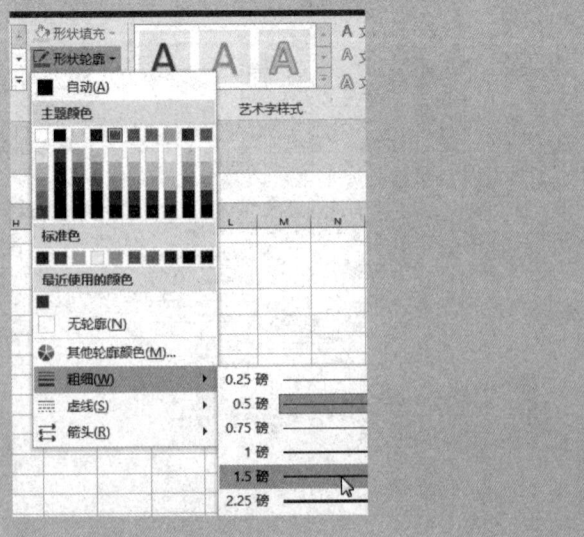

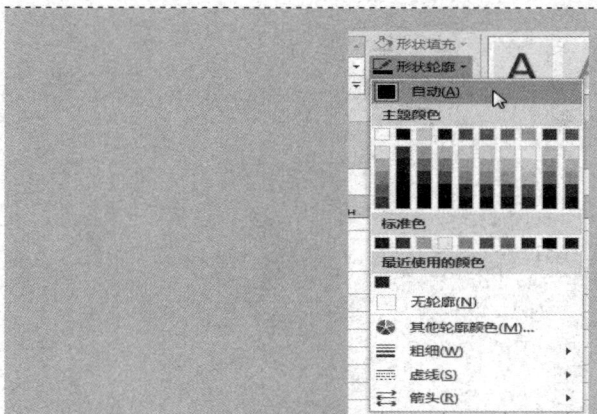

④确认直线处在选中的状态，继续单击【形状轮廓】按钮，在弹出的下拉菜单中选择【颜色】，然后点击【自动】。

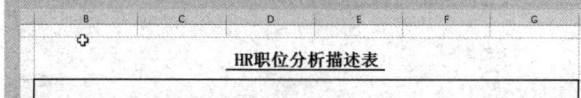

⑤仍旧确认直线处在选中的状态，然后选择【格式】选项卡中的【大小】，把【形状宽度】设为6厘米，并在表格中适当调整直线的位置。

STEP6：输入文字内容

在B3:G20单元格中分别输入文字，并将一些单元格内的文字加粗，最终的效果如左图所示。

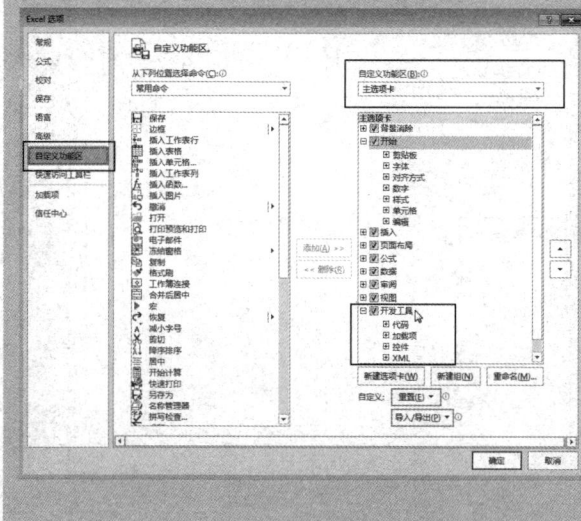

STEP7：添加控件

①在功能区中点击【文件】选项卡，选择【Excel选项】并单击，在弹出的对话框中选择【自定义功能区】，点击后选择【主选项卡】中的【开发工具】复选框，然后单击【确定】。

②切换到【开发工具】选项卡，在【控件】选项组中单击【插入】按钮，在弹出的下拉列表中选择【表单控件】下的【复选框】，即"窗体控件"，然后在 C5:G6 单元格内进行绘制。

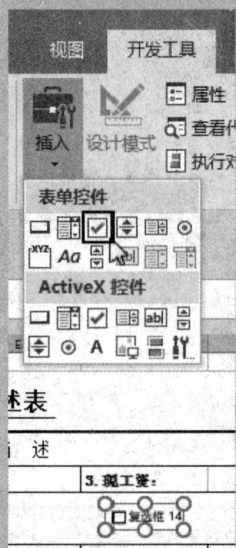

③继续选中之前绘制的控件，并使其处于编辑的状态，将其文字改为"新职位"；然后单击鼠标右键，在弹出的快捷菜单中选择【设置控件格式】，如右图所示。

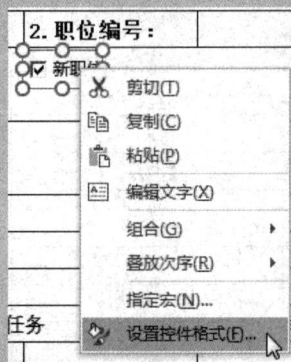

④点击后，在弹出的【设置控件格式】对话框中，选择【控制】选项卡，然后点击【三维阴影】复选框，最后单击【确定】，如右图所示。

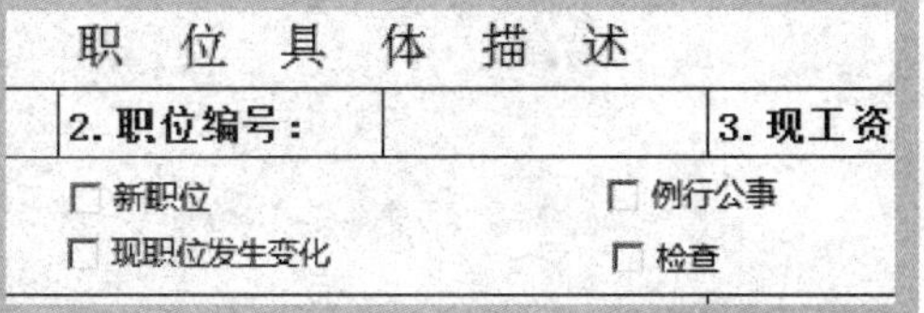

职 位 具 体 描 述		
2. 职位编号：		3. 现工资
□ 新职位	□ 例行公事	
□ 现职位发生变化	□ 检查	

⑤选择创建好的控件，再复制三个并修改每一个控件的文字，最终的效果如左图所示。

HR职位分析描述表

职 位 具 体 描 述					
1. 员工姓名：		2. 职位编号：		3. 现工资：	
4. 此次职位描述的原因：		□ 新职位 □ 现职位发生变化		□ 例行公事 □ 检查	
5. 员工的上级领导：				6. 部门名称：职位名称：	
7. 本岗位职责的简单介绍：					
8. 具体工作内容：					
	时间	任务	时间	任务	
9. 上述各项任务持续了多长时间？					
10. 上述各项任务的完成情况如何？					
11. 进行管理所花费的时间百分比：					
12. 如有下级员工，请标明人数：					
签名：			日期：		

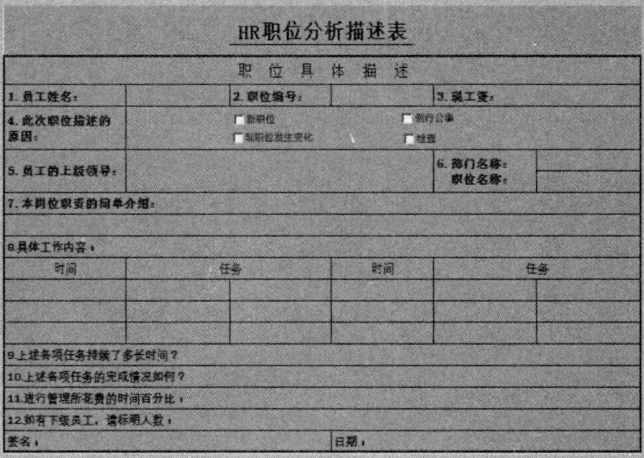

STEP8：美化表格

选择B2:G20单元格区域，在功能区选择【字体】选项组中的【填充颜色】，将颜色设为【绿色，个性色6，淡色40%】，最终的效果如左图所示。

操作小技巧

在本节的表格制作中，有很多字体需要做加粗处理，此时可以先将需要加粗的文字选中，然后使用【Ctrl+B】快捷键即可。

人员流动分析表

表格说明：

人员流动分析表可以统计公司在一定周期内员工的离职、招募等流动数据，并根据这些数据来准确地分析公司员工的保留概率，进而为制定公司未来的人力资源规划，提供一手的数据支持。

本节任务：

本节为大家详细介绍如何使用Excel 2016制作一份公司人员流动分析表。本节的学习重点是设置表格数据的条件格式。

学习目标：

◎ 学习Excel求差、除法函数公式的使用。

◎ 掌握快速复制、粘贴Excel函数公式的操作技巧。

具体步骤：

STEP1：创建文件名称并设置行高

①新建一个Excel工作表，并将其命名为"人员流动分析表"。

②在打开的空白工作簿中用鼠标选中第2行单元格，然后在功能区中选择【格式】，用左键点击后即会出现下拉菜单，继续点击【行高】，在弹出的【行高】对话框中，把行高设置为36，然后单击【确定】。

③用同样的方法，把第3至第11行的行高设置为30。

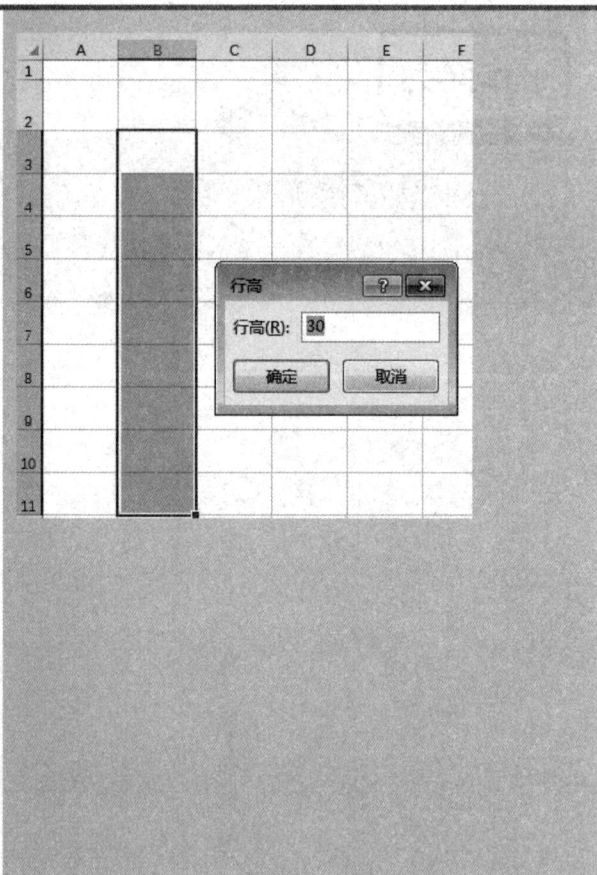

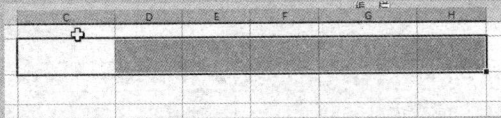

STEP2：设置列宽

①用鼠标选中C列单元格，然后在功能区选择【格式】，用左键点击后即会出现下拉菜单，继续点击【列宽】，在弹出的【列宽】对话框中，把列宽设置为16，然后单击【确定】。

②用同样的方法，把D、E、F、H列单元格的列宽设置为11，把G列单元格的列宽设置为16，最终的效果如左图所示。

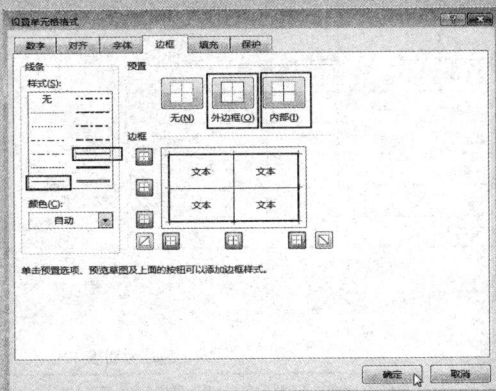

STEP3：设置边框线

①用鼠标选中B3:H11，单击鼠标右键，在弹出的菜单中选择【设置单元格格式】。

②用鼠标点击后，就会出现【设置单元格格式】对话框；点击【边框】，选择细线，然后点击【内部】按钮；再选择粗线，然后点击【外边框】按钮，如左图所示。

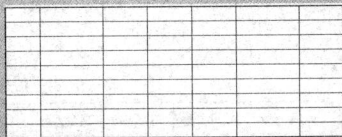

③点击【确定】后，最终效果如左图所示。

STEP4：输入内容

①用鼠标选中B2:H2，然后在功能区选择【合并后居中】按钮，点击后在B2:H2单元格内输入"人员流动分析表"；选中该单元格，将【字号】设置为18；在功能区中点击【垂直居中】和【居中】，并用【Ctrl+B】快捷键将文字加粗。

②在B3:H11区域内的单元格中分别输入文字，并按照前面提到的方法对文字进行适当调整，最终的效果如左图所示。

人员流动分析表

部门	2016年员工数	招聘人数	离职人数	保留人数	2017年员工数	员工保留率
行政部	30	12	4			
财务部	20	6	2			
人事部	10	2	1			
生产部	520	120	100			
技术部	100	10	20			
销售部	100	30	20			
售后部	30	10	5			
合计						

STEP5：设置求差函数公式

①选中F4单元格，然后输入"=C4-E4"。

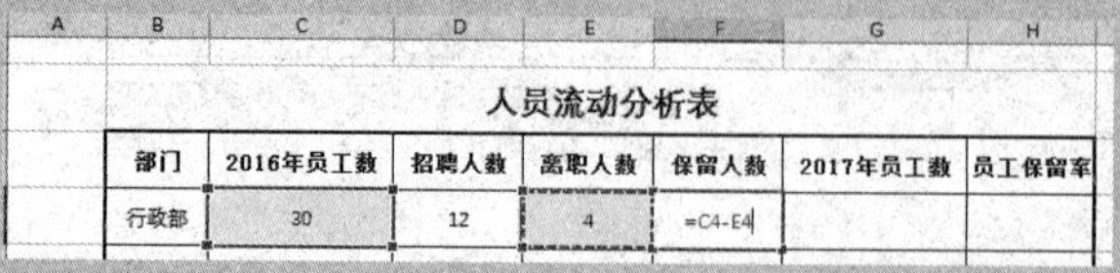

	人员流动分析表						
部门	2016年员工数	招聘人数	离职人数	保留人数	2017年员工数	员工保留率
行政部	30	12	4	=C4-E4		

②单击【Enter】键后，即可得到求差之后的"保留人数"；继续选中F4单元格，并将鼠标放到单元格内的右下角处。

人员流动分析表				
部门	2016年员工数	招聘人数	离职人数	保留人数
行政部	30	12	4	26

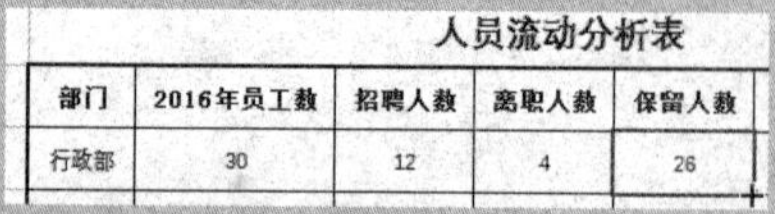

③按住鼠标左键，然后向下拖拉至F10，最终的效果如右图所示。

人员流动分析表				
部门	2016年员工数	招聘人数	离职人数	保留人数
行政部	30	12	4	26
财务部	20	6	2	18
人事部	10	2	1	9
生产部	520	120	100	420
技术部	100	10	20	80
销售部	100	30	20	80
售后部	30	10	5	25
合计				

STEP6：设置求和函数公式

①选中G4单元格，在该单元格中输入"=D4+F4"。

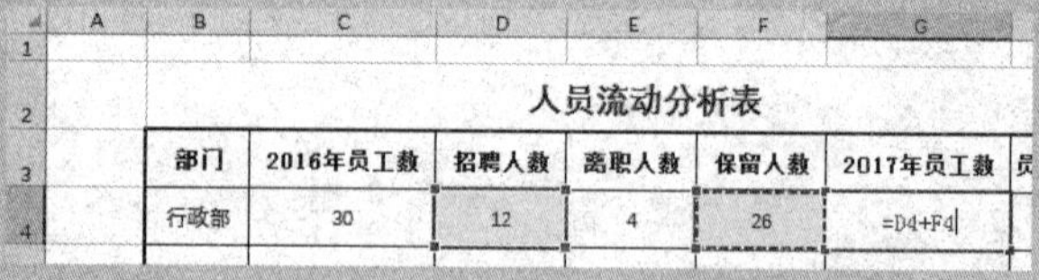

	人员流动分析表					
部门	2016年员工数	招聘人数	离职人数	保留人数	2017年员工数	
行政部	30	12	4	26	=D4+F4	

②单击【Enter】键后，即可得到求和之后的"2017年员工数"；继续选中G4单元格，并将鼠标放到单元格内的右下角处。

人员流动分析表					
部门	2016年员工数	招聘人数	离职人数	保留人数	2017年员工数
行政部	30	12	4	26	38

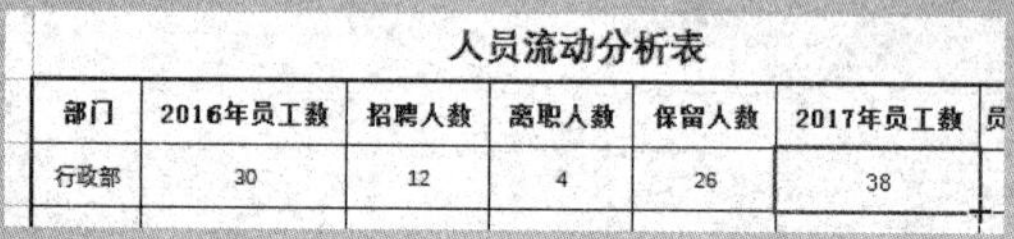

③按住鼠标左键，然后向下拖拉至F10，最终的效果如右图所示。

人员流动分析表					
部门	2016年员工数	招聘人数	离职人数	保留人数	2017年员工数
行政部	30	12	4	26	38
财务部	20	6	2	18	24
人事部	10	2	1	9	11
生产部	520	120	100	420	540
技术部	100	10	20	80	90
销售部	100	30	20	80	110
售后部	30	10	5	25	35
合计					

部门	2016年员工数
行政部	30
财务部	20
人事部	10
生产部	520
技术部	100
销售部	100
售后部	30
合计	=SUM(C4：C10)

STEP7：设置累计求和公式

①选中C11单元格，在该单元格中输入"=SUM(C4：C10)"。

合计	810					

②点击【Enter】键后，即可为"2016年员工数"自动求和；然后选中C11，把鼠标放到单元格内的右下角处。

合计	810	190	152	658	848	

③按住鼠标左键，然后向右拖拉至G11，最终的效果如左图所示。

人员流动分析表						
部门	2016年员工数	招聘人数	离职人数	保留人数	2017年员工数	员工保留率
行政部	30	12	4	26	38	=F4/C4

STEP 8：设置除法函数公式

①选中H4单元格，在该单元格中输入"=F4/C4"。

②单击【Enter】键后，即可得到"员工保留率"；选中H4单元格，点击右键，在弹出的菜单中选择【设置单元格格式】；点击后，在弹出的对话框中选择【数字】选项卡，然后点击【百分比】，并将【小数位数】设置为2。

设置单元格格式

数字　对齐　字体　边框　填充　保护

分类(C)：
常规
数值
货币
会计专用
日期
时间
百分比
分数
科学记数
文本
特殊
自定义

示例
86.67%

小数位数(D)： 2

百分比格式将单元格中数值乘以 100，并以百分数形式显示。

确定　取消

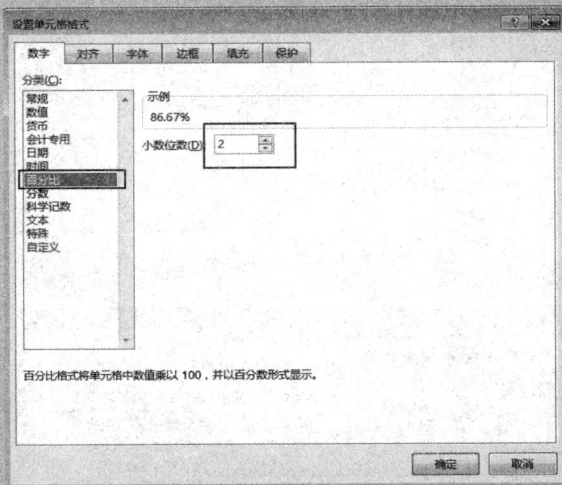

③单击【确定】后，继续选中H4单元格，并将鼠标放到单元格内的右下角处。

2017年员工数	员工保留率
38	86.67%
24	

④按住鼠标左键，然后向下拖拉至H10，最终的效果如右图所示。

员工保留率
86.67%
90.00%
90.00%
80.77%
80.00%
80.00%
83.33%
81.23%

STEP9：设置条件格式，以凸显员工的保留率

小提示：Excel的条件格式是一种用指定的颜色，来显示所在单元格数据变化的命令集合。设置条件格式，能够帮助我们非常直观地查看和分析数据的变化，进而识别数据发展的未来趋势。

①选中H4:H11区域，执行【开始】【样式】【条件格式】，点击后选择【突出显示单元格规则】，在弹出的菜单中点击【小于】。

②在弹出的【小于】对话框中，把数值设置为"81.00%"；单击【设置为】下拉按钮，选择【自定义格式】。

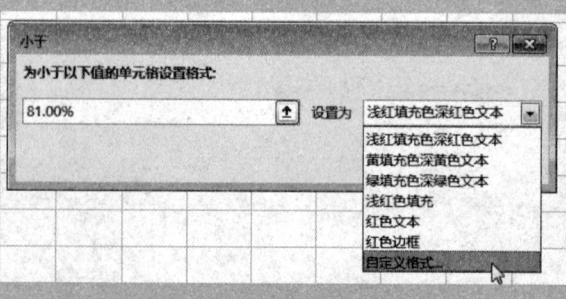

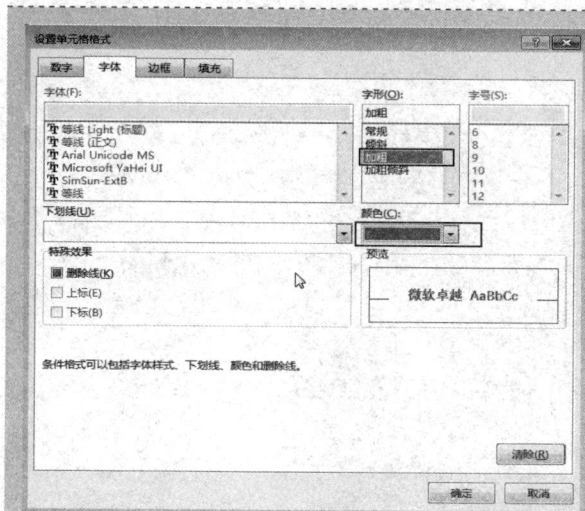

③在弹出的【设置单元格格式】对话框中，选择【字体】选项卡；然后将【字形】设置为【加粗】，将【颜色】设置为【红色】。

④点击【确定】后，最终的效果如左图所示。

人员流动分析表

部门	2016年员工数	招聘人数	离职人数	保留人数	2017年员工数	员工保留率
行政部	30	12	4	26	38	86.67%
财务部	20	6	2	18	24	90.00%
人事部	10	2	1	9	11	90.00%
生产部	520	120	100	420	540	80.77%
技术部	100	10	20	80	90	80.00%
销售部	100	30	20	80	110	80.00%
售后部	30	10	5	25	35	83.33%
合计	810	190	152	658	848	81.23%

人员流动分析表

部门	2016年员工数	招聘人数	离职人数	保留人数	2017年员工数	员工保留率
行政部	30	12	4	26	38	86.67%
财务部	20	6	2	18	24	90.00%
人事部	10	2	1	9	11	90.00%
生产部	520	120	100	420	540	80.77%
技术部	100	10	20	80	90	80.00%
销售部	100	30	20	80	110	80.00%
售后部	30	10	5	25	35	83.33%
合计	810	190	152	658	848	81.23%

STEP10：美化表格

①选择B2:H2单元格区域，在功能区选择【字体】选项组中的【填充颜色】，将颜色设为【橙色，个性色2，深色25%】。

②分别选择B4:H4、B6:H6、B8:H8、B10:H10单元格区域，在功能区选择【字体】选项组中的【填充颜色】，将颜色设为【白色，背景色1，深色15%】，最终的效果如左图所示。

操作小技巧

在本节中，我们使用了各种函数公式。对相同的Excel函数公式，就可以按照前面介绍的步骤那样，在设置好函数的单元格的右下方，按住鼠标左键，进行"向下"或"向右"拖拉，即可完成Excel函数公式的复制粘贴，从而为我们节省大量的操作时间。

岗位职能说明表

表格说明：

岗位职能指的是设定岗位应完成的工作内容以及应承担的责任范围。明确员工的岗位职能是人力资源管理中的一项重要工作。

本节任务：

本节为大家详细介绍如何使用Excel 2016制作一份岗位职能说明表。本节学习的重点是掌握单元格边框线的设置方法。

学习目标：

◎ 学习设置Excel表格的各种颜色的边框线。

◎ 掌握快捷键【Alt+Enter】的操作技巧。

具体步骤：

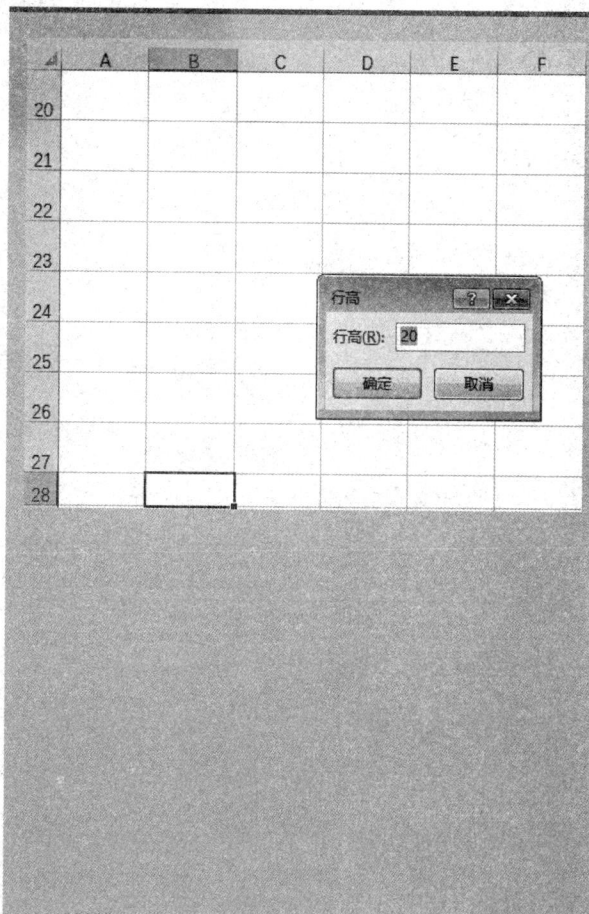

STEP1：创建文件名称并设置行高

①新建一个Excel工作表，并将其命名为"岗位职能说明表"。

②在打开的空白工作簿中用鼠标选中第2行单元格，然后在功能区中选择【格式】，用左键点击后即会出现下拉菜单，继续点击【行高】，在弹出的【行高】对话框中，把行高设置为37，然后单击【确定】。

③用同样的方法，把第3行单元格的【行高】设置为15，把第4至第6行的【行高】设置为32，把第7至第27行的【行高】设置为30，把第28行单元格的【行高】设置为20。

STEP2：设置列宽

用鼠标选中B至I列单元格，然后在功能区选择【格式】，用左键点击后即会出现下拉菜单，继续点击【列宽】，在弹出的【列宽】对话框中，把列宽设置为11，然后单击【确定】。

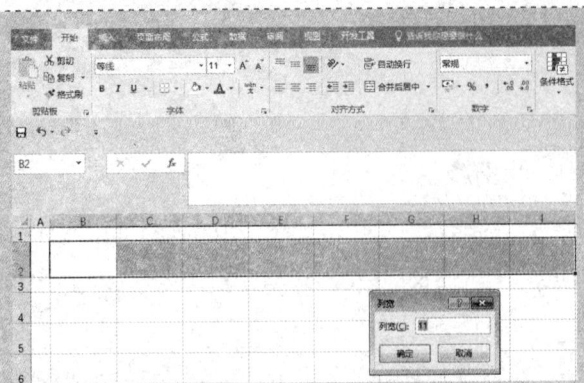

STEP3：合并单元格

①用鼠标选中B2:I2，在功能区选择【合并后居中】按钮，然后单击鼠标左键。

②用同样的方法，将B3:I3、E6:G6、B7:B12、B13:B17、B18:B22、B23:B25、B26:B27、C7:I7、C8:I8、C9:I9、C10:I10、C11:I11、C12:I12、C13:I13、C14:I14、C15:I15、C16:I16、C17:I17、C18:I18、C19:I19、C20;I20、C21:I21、C22:I22、C23:I23、C24:I24、C25:I25、C26:I26、C27:I27、B28:I28的单元格进行合并，最终的效果如右图所示。

STEP4：输入文字内容

①选中B2:I2单元格，把【字号】设置为22，并输入"岗位职能说明表"，然后点击【加粗】【居中】【垂直居中】，最终的效果如右图所示。

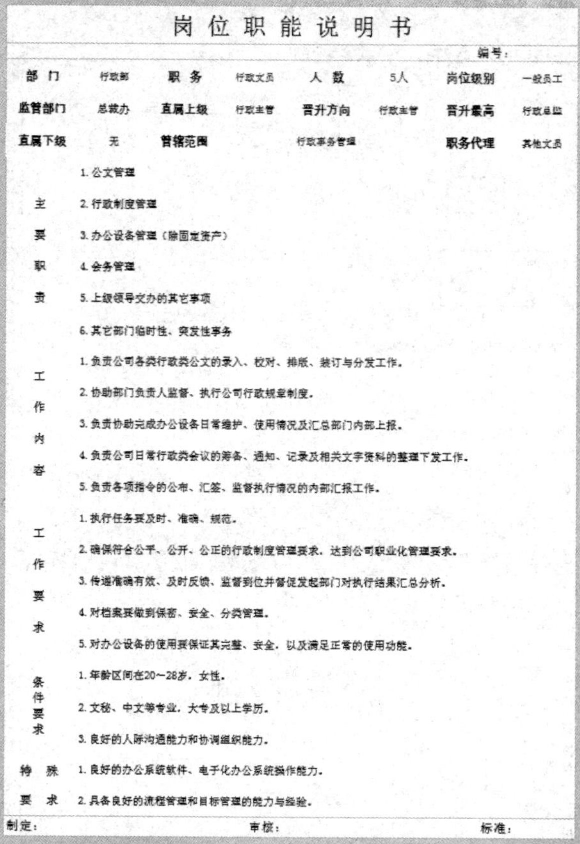

岗 位 职 能 说 明 书

编号：

部 门	行政部	职 务	行政文员	人 数	5人	岗位级别	一般员工
监管部门	总裁办	直属上级	行政主管	晋升方向	行政主管	晋升最高	行政总监
直属下级	无	管辖范围		行政事务管理		职务代理	其他文员

主 要 职 责	1. 公文管理 2. 行政制度管理 3. 办公设备管理（除固定资产） 4. 会务管理 5. 上级领导交办的其它事项 6. 其它部门临时性、突发任务
工 作 内 容	1. 负责公司各类行政类公文的录入、校对、排版、装订与分发工作。 2. 协助部门负责人监督、执行公司行政规章制度。 3. 负责协助完成办公设备日常维护、使用情况及汇总部门内部上报。 4. 负责公司日常行政会议的筹备、通知、记录及相关文字资料的整理下发工作。 5. 负责各项指令的公布、汇签、监督执行情况的内部汇报工作。
工 作 要 求	1. 执行任务要及时、准确、规范。 2. 确保符合公平、公开、公正的行政制度管理要求。达到公司职业化管理要求。 3. 传递准确有效、及时反馈、监督到位并督促发起部门对执行结果汇总分析。 4. 对档案要做到保密、安全、分类管理。 5. 对办公设备的使用要保证其完整、安全，以及满足正常的使用功能。
条 件 要 求	1. 年龄区间在20～28岁，女性。 2. 文秘、中文等专业，大专及以上学历。 3. 良好的人际沟通能力和协调组织能力。
特 殊 要 求	1. 良好的办公系统软件、电子化办公系统操作能力。 2. 具备良好的流程管理和目标管理的能力与经验。

制定：	审核：	标准：

②用同样的方法，将文字分别输入单元格内，最终的效果如左图所示。

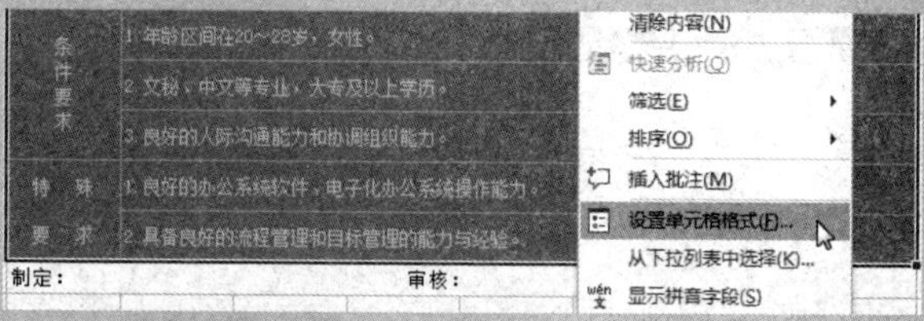

清除内容(N)

快速分析(Q)

筛选(E)

排序(O)

插入批注(M)

设置单元格格式(F)...

从下拉列表中选择(K)...

显示拼音字段(S)

STEP5：美化表格，设置边框

①选中B2:I27单元格区域，然后在功能区选择【字体】选项组中的【填充颜色】，将颜色设为【蓝色，个性色5】。

②选中B2:I27单元格区域，然后在功能区选择【字体】选项组中的【字体颜色】，将颜色设为【白色】。

③选中B4:I27单元格区域，单击鼠标右键，在弹出的菜单中选择【设置单元格格式】。

④用鼠标点击后，就会出现【设置单元格格式】对话框，选择【边框】，选择如右图所示的线条样式，并将【颜色】设置为【白色，背景1】，然后单击【无】按钮。

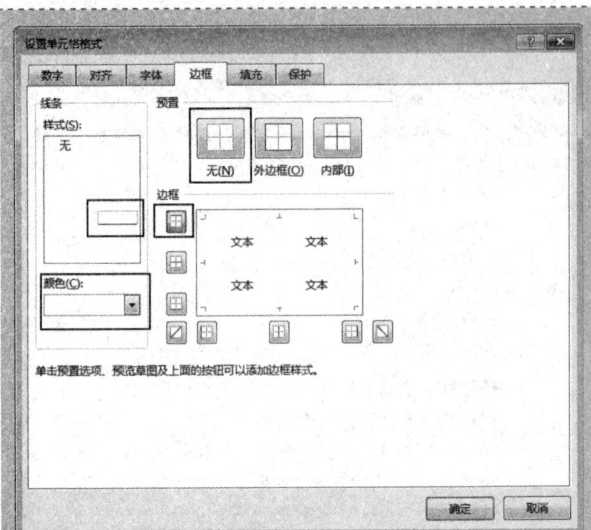

⑤继续选择线条样式，并将【颜色】设置为【白色，背景1】，然后单击【内部】按钮，如右图所示。

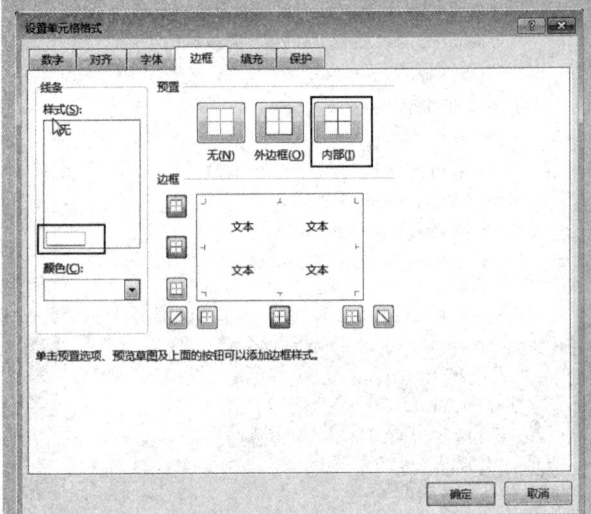

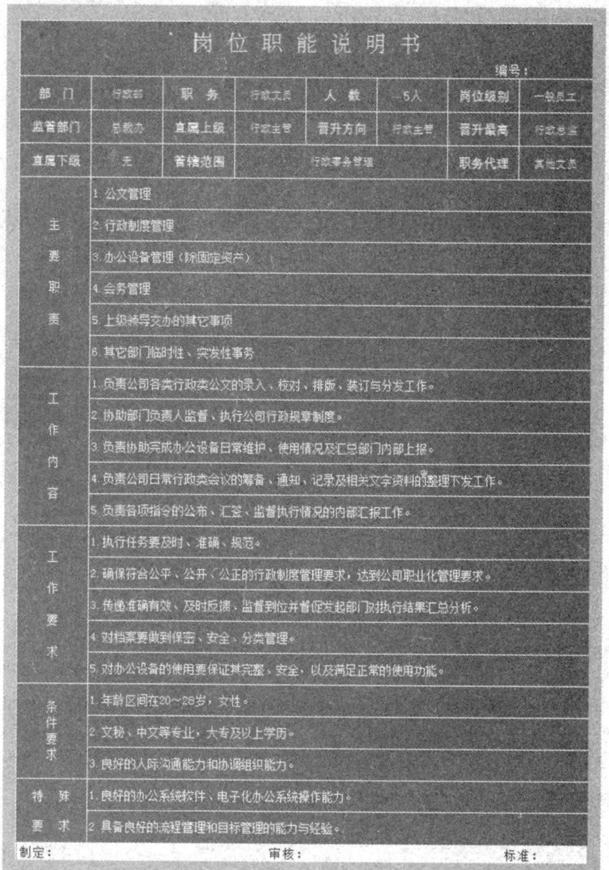

⑥单击【确定】，最终的效果如左图所示。

岗 位 职 能 说 明 书

编号：

部门	行政部	职务	行政文员	人数	5人	岗位级别	一般员工
监管部门	总裁办	直属上级	行政主管	晋升方向	行政主管	晋升最高	行政总监
直属下级	无	管辖范围	行政事务管理			职务代理	其他文员

主要职责	1. 公文管理
	2. 行政制度管理
	3. 办公设备管理（除固定资产）
	4. 会务管理
	5. 上级领导交办的其它事项
	6. 其它部门临时性、突发性事务
工作内容	1. 负责公司各类行政类公文的录入、校对、排版、装订与分发工作。
	2. 协助部门负责人监督、执行公司行政规章制度。
	3. 负责协助完成办公设备日常维护、使用情况及汇总部门内部上报。
	4. 负责公司日常行政类会议的筹备、通知、记录及相关文字资料的整理下发工作。
	5. 负责各项指令的公布、汇总、监督执行情况的内部汇报工作。
工作要求	1. 执行任务要及时、准确、规范。
	2. 确保符合公平、公开、公正的行政制度管理要求，达到公司职业化管理要求。
	3. 传递准确有效、及时反馈，监督到位并督促发起部门以执行结果汇总分析。
	4. 对档案要做到保密、安全、分类管理。
	5. 对办公设备的使用要保证其完整、安全，以及满足正常的使用功能。
条件要求	1. 年龄区间在20～26岁，女性。
	2. 文秘、中文等专业，大专及以上学历。
	3. 良好的人际沟通能力和协调组织能力。
特殊要求	1. 良好的办公系统软件、电子化办公系统操作能力。
	2. 具备良好的流程管理和目标管理的能力与经验。

制定：	审核：	标准：

操作小技巧

在设置本节中B26:B27单元格内容"特殊要求"时，需要使用【Alt+Enter】快捷键，其功能是在同一个单元格中另起一行。具体操作是，按住【Alt】键，然后再点击【Enter】键即可。

名额编制计划表

表格说明：

名额编制计划表是人力资源管理的一项基本内容，通过这份Excel表格，管理者可以了解公司人员的大致情况。

本节任务：

本节为大家详细介绍如何使用Excel 2016制作一份公司各个部门的名额编制计划表。本节学习的重点是掌握求和的快捷设置方法。

学习目标：

◎ 掌握Excel表格的一些基本操作。

◎ 掌握Excel求和函数公式中的一些操作技巧。

具体步骤：

STEP1：创建文件名称并设置行高

①新建一个Excel工作表，并将其命名为"名额编制计划表"。

②在打开的空白工作簿中用鼠标选中第2行单元格，然后在功能区中选择【格式】，用左键点击后即会出现下拉菜单，继续点击【行高】，在弹出的【行高】对话框中，把行高设置为35，然后单击【确定】。

③用同样的方法，把第4行的行高设置为30，把第5至第21行的行高设置为25。

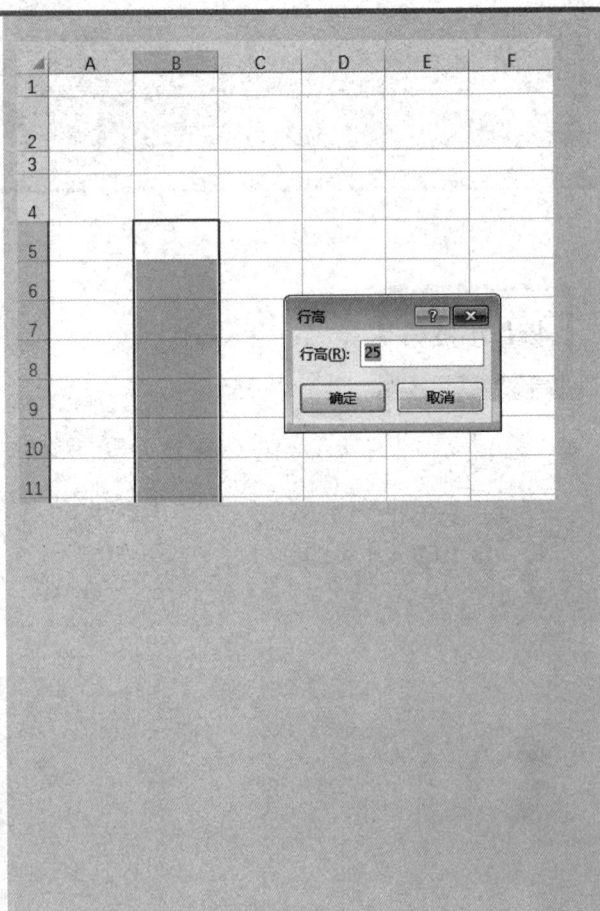

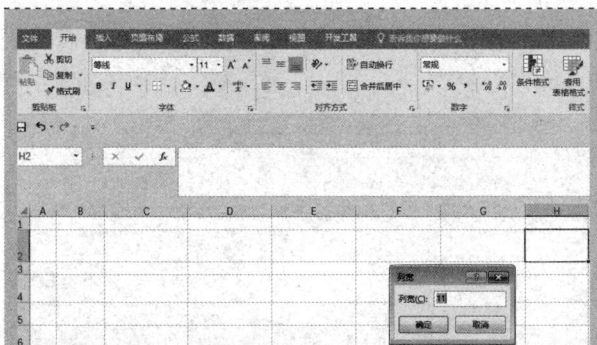

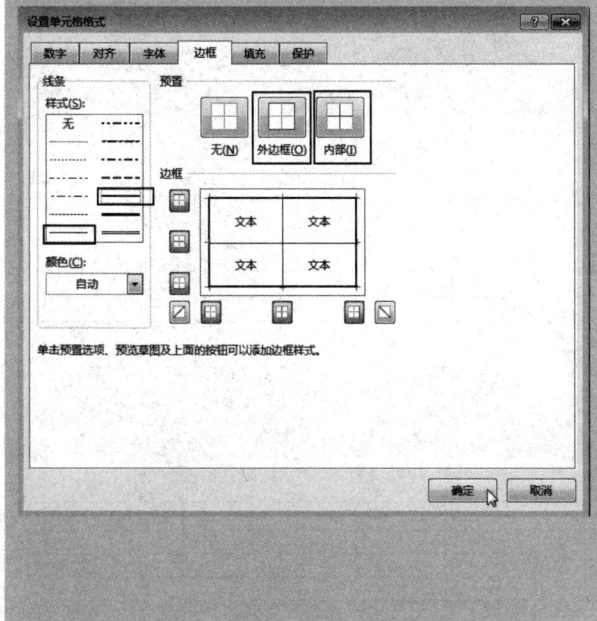

STEP2：设置列宽

①用鼠标选中C列至G列单元格，然后在功能区选择【格式】，用左键点击后即会出现下拉菜单，继续点击【列宽】，在弹出的【列宽】对话框中，把列宽设置为15，然后单击【确定】。

②用同样的方法，把H列单元格的列宽设置为11。

STEP3：合并单元格

①用鼠标选中B2:H2，然后在功能区选择【合并后居中】按钮，对选中的单元格进行合并。

②用同样的方法，将B5:B7、B8:B10、B11:B14、B15:B20、B21:G21的单元格进行合并，最终的效果如左图所示。

STEP4：设置边框线

①用鼠标选中B4:H21单元格区域，单击鼠标右键，在弹出的菜单中选择【设置单元格格式】；用鼠标点击后，就会出现【设置单元格格式】对话框；点击【边框】选项卡，选择细线，然后点击【内部】按钮；再选择粗线，然后点击【外边框】按钮。

②点击【确定】后，最终的效果如右图所示。

STEP5：输入内容

①用鼠标选中B2:H2，然后在功能区选择【合并后居中】按钮，点击后在B2:H2单元格内输入"名额编制计划表"；选中该单元格，将【字号】设置为20，将【字体颜色】设置为【深蓝色】；在功能区中点击【垂直居中】和【居中】，并用【Ctrl+B】快捷键将文字加粗。

②在B3:H11区域内的单元格中分别输入文字，并按照前面提到的方法对文字进行适当调整，最终的效果如右图所示。

名 额 编 制 计 划 表

单位：人

区分	部门	经理	科长	组长	职员或专员	总数
总经理室	秘书室	1	1		3	
	财务室	1	1		5	
	小计					
管理部	人事部	1			2	6
	行政部	1			2	6
	小计	1			2	6
营业部	营业科		1		3	10
	项目开发		1		2	8
	业务科		1		5	10
	小计					
生产部	生产调度科		1	1	2	4
	采购科		1	2		7
	设备管理科		1	1	1	6
	质检科		1	1		2
	储运科		1	1	1	4
	小计		1	1	1	4
总计						

STEP6：设置累积求和公式

①选中H5，输入"=SUM(D5:G5)"。

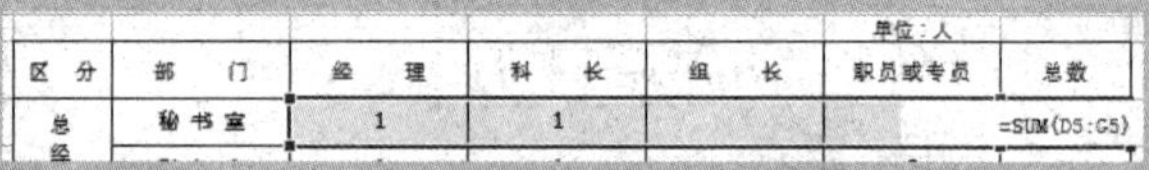

区分	部门	经理	科长	组长	职员或专员	总数
总经	秘书室	1	1			=SUM(D5:G5)

②点击【Enter】键后，即可为"秘书室"自动求和；然后选中H5，把鼠标放到单元格内的右下角处，按住鼠标左键，然后向下拖拉至H6。

名 额 编 制 计 划 表

单位：人

区分	部门	经理	科长	组长	职员或专员	总数
总经理室	秘书室	1	1		3	5
	财务室	1	1		5	7
	小计					

③选中H7，输入"=SUM(H5:H6)"。

名 额 编 制 计 划 表

单位：人

区分	部门	经理	科长	组长	职员或专员	总数
总经理室	秘书室	1	1		3	5
	财务室	1	1		5	7
	小计					=SUM(H5:H6)

区 分	部 门	经 理	科 长	组 长	职员或专员	总数
总经理室	秘书室	1	1		3	5
	财务室	1	1		5	7
	小计					12

单位:人

④单击【Enter】键后,最终的效果如左图所示。

管理部	人事部	1		2	6	9
	行政部	1		2	6	9
	小计	1		2	6	18
营业部	营业科		1	3	10	14
	项目开发		1	2	8	11
	业务科		1	5	10	16
	小计					41
生产部	生产调度科		1	2	4	7
	采购科		1	2	7	10
	设备管理科		1	1	6	8
	质检科		1	1	2	4
	储运科		1	1	4	6
	小计		1	1	4	35
					总计:	

⑤用同样的方法,为"管理部""营业部""生产部"的编制人数求和,最终的效果如左图所示。

STEP7:设置求和函数公式

①选中H21单元格,然后输入"=H7+H10+H14+H20"。

H
总数
5
7
12
9
9
18
14
11
16
41
7
10
8
4
6
35
=H7+H10+H14+H20

	总计:	106

②单击【Enter】键后,即可得到各个部门名额编制计划的总人数。

③最终的效果如右图所示。

名额编制计划表

单位：人

区分	部门	经理	科长	组长	职员或专员	总数
总经理室	秘书室	1	1		3	5
	财务室	1	1		5	7
	小计					12
管理部	人事部	1		2	6	9
	行政部	1		2	6	9
	小计	1		2	6	18
营业部	营业科		1	3	10	14
	项目开发		1	2	8	11
	业务科		1	5	10	16
	小计					41
生产部	生产调度科		1	2	4	7
	采购科		1	2	7	10
	设备管理科		1	1	6	8
	质检科		1	1	2	4
	储运科		1	1	4	6
	小计		1	1	4	35
					总计：	106

操作小技巧

在本节中使用了很多求和函数公式，但对相同格式的求和函数来说，可以采用"复制""粘贴"的方式进行简单操作。比如，当我们设置好H5单元格的函数公式"=SUM(D5:G5)"后，即可对其进行复制，然后在"H8""H11""H15"等相似的单元格内进行粘贴，这样就可以节省很多操作时间。

岗位工作分析调查问卷表

表格说明：

岗位工作分析调查问卷表用于搜集员工所在岗位的相关信息，以分析、完善现有岗位的各项要求，并为进一步制定岗位职责提供相应的依据。

本节任务：

本节为大家介绍使用Excel 2016制作一份员工的岗位工作分析调查问卷表。本节学习的重点是掌握插入符号的操作方法。

学习目标：

◎ 学习为表格设置特色边框、填充颜色以及单元格的对齐方式等。

◎ 掌握为单元格插入符号等基本操作。

具体步骤：

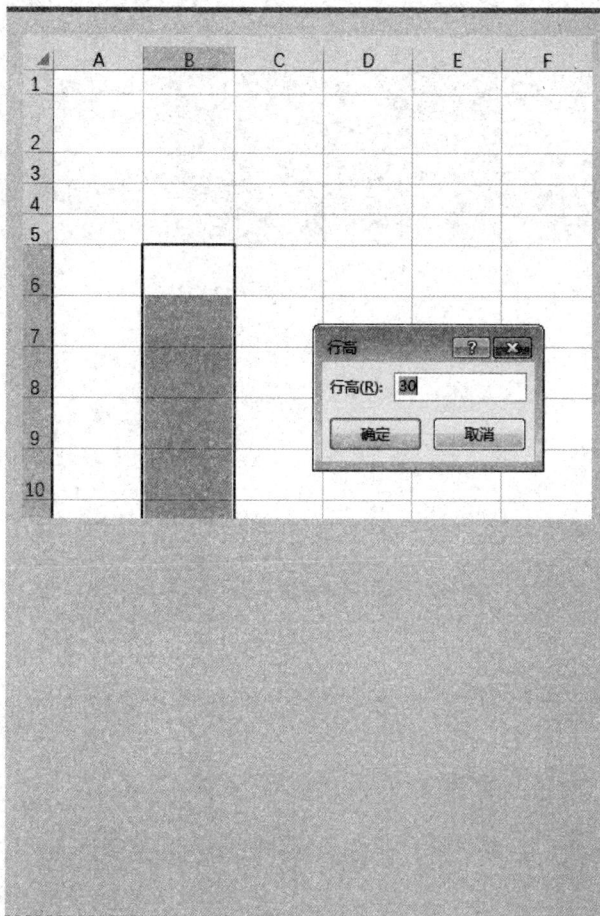

STEP1：创建文件名称并设置行高

①新建一个Excel工作表，并将其命名为"岗位工作分析调查问卷表"。

②在打开的空白工作簿中用鼠标选中第2行单元格，然后在功能区中选择【格式】，用左键点击后即会出现下拉菜单，继续点击【行高】，在弹出的【行高】对话框中，把行高设置为35，然后单击【确定】。

③用同样的方法，把第3至第5行的行高设置为18，把第6至第22行的行高设置为30。

STEP2：设置列宽

①按住【Ctrl】键，然后用鼠标分别选中B、C、E列单元格；在功能区选择【格式】，用左键点击后即会出现下拉菜单，继续点击【列宽】，在弹出的【列宽】对话框中，把列宽设置为10，然后单击【确定】。

②用同样的方法，把D、F列单元格的列宽设置为25。

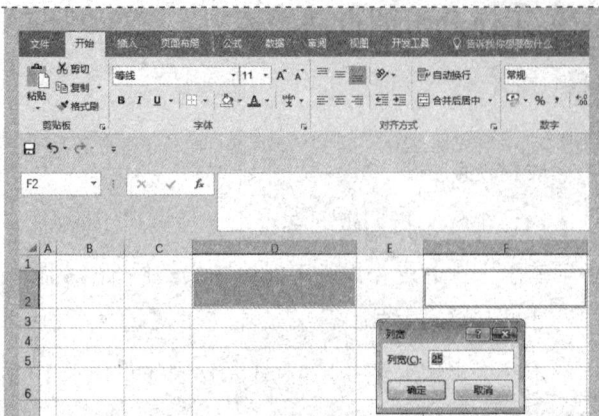

STEP3：合并单元格

①用鼠标选中B2:F2，然后在功能区选择【合并后居中】按钮，并单击【确定】。

②用同样的方法，将B6:B10、B11:B12、B13:B15、B16:B17、B18:B19、B20:B22的单元格进行合并。

③将C6:F6进行单元格合并，然后将其选中，并将鼠标放置在单元格内的右下角。

④按住鼠标左键，然后向下拖拉至C22:F22，最终的效果如右图所示。

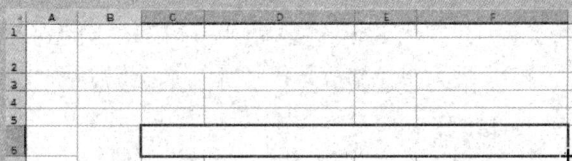

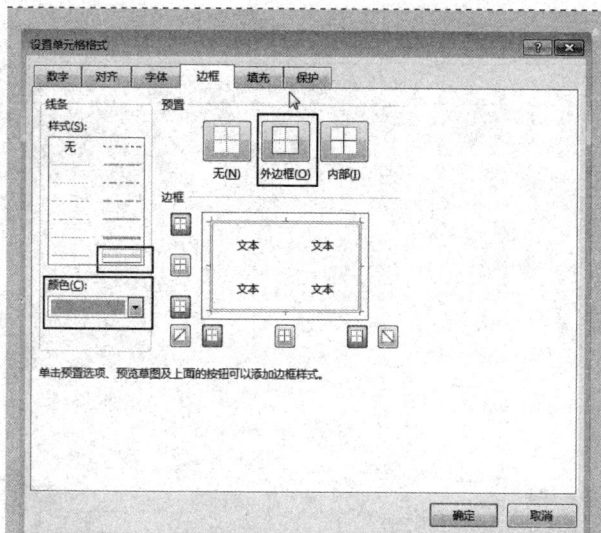

STEP4：设置边框线

①用鼠标选中B4:F22单元格区域，单击鼠标右键，在弹出的菜单中选择【设置单元格格式】；用鼠标点击后，就会出现【设置单元格格式】对话框。

②在【设置单元格格式】对话框中，选择【边框】选项卡；然后在【样式】列表中选择如左图所示的线条样式，并将【颜色】设置为【浅绿】；接下来在【预置】选项组中，点击【外边框】按钮，即可为单元格设置外边框。

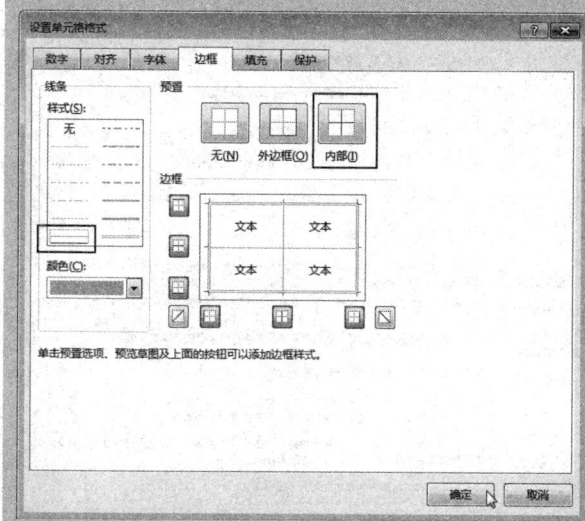

③在【样式】列表框中，选择如左图所示的线条样式；然后在【预置】选项组中点击【内部】按钮，即可为单元格设置内边框。

④用鼠标点击【确定】后，最终效果如左图所示。

STEP5：输入文字内容

①用鼠标选中B2:F2单元格，然后输入"岗位工作分析调查问卷表"；选中该单元格，将【字号】设置为18，并将【字体颜色】设置为【浅绿】；在功能区中点击【垂直居中】和【居中】，并用【Ctrl+B】快捷键将文字加粗。

②在B3:F22区域内的单元格中分别输入文字，并按照前面提到的方法对文字进行适当调整，最终的效果如右图所示。

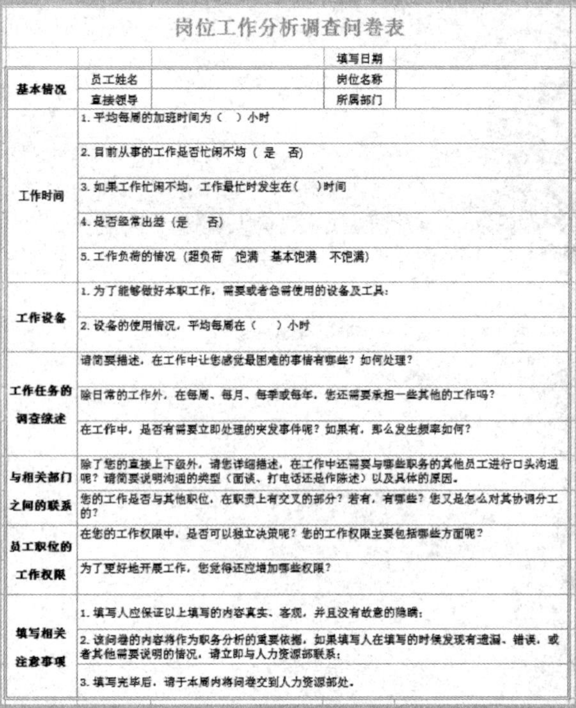

B	C	D	E	F
		岗位工作分析调查问卷表		

			填写日期	
基本情况	员工姓名		岗位名称	
	直接领导		所属部门	
工作时间	1. 平均每周的加班时间为（ ）小时			
	2. 目前从事的工作是否忙闲不均 （ 是 否）			
	3. 如果工作忙闲不均，工作最忙时发生在（ ）时间			
	4. 是否经常出差 （是 否）			
	5. 工作负荷的情况（超负荷 饱满 基本饱满 不饱满）			
工作设备	1. 为了能够做好本职工作，需要或者急需使用的设备及工具：			
	2. 设备的使用情况，平均每周在（ ）小时			
工作任务的调查描述	请简要描述，在工作中让您感觉最困难的事情有哪些？如何处理？			
	除日常的工作外，在每周、每月、每季或每年，您还需要承担一些其他的工作吗？			
	在工作中，是否有需要立即处理的突发事件呢？如果有，那么发生频率如何？			
与相关部门之间的联系	除了您的直接上下级外，请您详细描述，在工作中还需要与哪些职务的其他员工进行口头沟通呢？请简要说明沟通的类型（面谈、打电话还是作陈述）以及具体的原因。			
	您的工作是否与其他职位，在职责上有交叉的部分？若有，有哪些？您又是怎么对其协调分工的？			
员工职位的工作权限	在您的工作权限中，是否可以独立决策呢？您的工作权限主要包括哪些方面呢？			
	为了更好地开展工作，您觉得还应增加哪些权限？			
填写相关注意事项	1. 填写人应保证以上填写的内容真实、客观，并且没有故意的隐瞒；			
	2. 该问卷的内容将作为职务分析的重要依据，如果填写人在填写的时候发现有遗漏、错误，或者其他需要说明的情况，请立即与人力资源部联系；			
	3. 填写完毕后，请于本周内将问卷交到人力资源部处。			

STEP6：美化表格及插入符号

①选中C4:F5单元格，在功能区选择【字体】选项组中的【填充颜色】，将颜色设为【绿色，个性色6，淡色60%】。

②选择C7:F7单元格区域，在编辑栏中将光标置于文字"是"的左侧；切换至【插入】选项卡，在【符号】组中单击【符号】按钮，在弹出的【符号】对话框中，选择【Wingdings 2】选项，然后在列表框中，选择如左图所示的符号；单击【插入】按钮。

③单击【关闭】按钮，即可在光标所在的位置插入所选符号，然后在插入符号的右侧按一下【空格】键；使用同样的方法，继续在单元格的适当位置插入相应的符号，最终的效果如左图所示。

④选择B4:B22单元格区域，在功能区选择【字体】选项组中的【颜色】，将其设为【绿色，个性色6】，表格最终的效果如左图所示。

操作小技巧

在本节的插入符号的操作中，比如插入的是相同的符号"＊"，即可在弹出的【符号】对话框中，找到"近期使用过的符号"来直接选择符号"＊"。

第三章

广纳优秀人才，员工的招聘与录用

　　员工招聘与录用是人力资源部门的基础工作，也是最重要的工作之一。建立一套完整、规范的招聘流程，不但可以为企业招聘到合适、优秀的人才，还能有效改善企业的人才结构，并为企业未来的发展注入新的活力。本章以人力资源管理中招聘员工时常见的Excel表格为基础，详细介绍如何运用Excel表格进行员工的招聘管理，并提供一些简单、实用的解决方案。

员工招聘概述

员工招聘，是企业为了自身生存与发展的需要，根据人力资源规划及工作分析的相关要求，通过发布信息与科学甄选，寻找、吸引那些有能力又愿意到该企业任职的合适员工，然后予以录用并安排他们到合适岗位工作的过程。招聘员工是一个企业获取人才的最主要手段和方法。

员工招聘的意义

员工招聘是现代企业管理过程中的一项重要、具体、经常性的工作，也是人力资源管理的基础与关键环节。它直接关系到企业各级与各类人员的质量，对企业能否顺利地开展各项工作具有一定的影响。

员工招聘对企业来说意义十分重大，具体体现在下列几个方面。

1. 在企业的人力资源管理中，员工招聘的工作占据首要地位

当我们把企业的人力资源看为一个系统时，人员的输入和输出就成为一种转换机制。其中，员工的招聘就是系统的输入环节，而招聘工作的质量直接影响到企业人才输入的质量。这是因为，只有高素质的员工才能保证企业完成高质量的产品及服务，并带动企业的进一步发展，而员工招聘是企业获取优秀人才的主要途径，也是企业不断发展、壮大的基础。

2. 员工招聘工作的质量，决定着企业的人员流动

一个有效的招聘系统，将会让企业不断获取能够胜任工作并愿意在该岗位工作的员工，即达到"能职匹配"，这会充分地调动员工的积极性、主动性和创造性，使得他们的潜能得到充分发挥，进而优化岗位的配置。

3. 有效招聘员工的工作，可以降低人力资源的管理费用

有效招聘员工的工作，不但能够节约企业的招聘活动开支，还能大大降低员工的培训与能力开发的支出，这样就会大大降低人力资源的管理费用。

4. 招聘员工可以扩大企业的知名度，并树立企业的良好形象

招聘员工的信息通常会通过大众媒体传播，因此，招聘员工能够让外界更多地了解企业的相关信息，进而扩大企业的知名度，树立企业的良好形象。

员工招聘应坚持的原则

1. 因岗择人

企业必须要按照人力资源的规划来展开相应的招聘活动。也就是说，企业要"因岗择

人"而不能"因人设岗"。

2. "岗位"与"能力"相匹配

在招聘时，招聘者要注重"岗位"与"能力"相匹配的原则。也就是说，招聘者要坚持所招员工的知识、素质和能力，与该岗位的要求相匹配的原则。知识素质和能力通常要从专业、能力、特长以及个性特征等几个方面予以考虑。

3. 平等竞争

在招聘时，招聘者应对所有的应聘者一视同仁，绝对不能人为制造出各种不平等的限制，进而创造出一个公平、公正的环境，这样既能为企业选出真正的优秀人才，又能激励其他员工积极向上。

4. 全面考核

在招聘的过程中，招聘者要对应聘人员的德、智、体等各方面进行全面、科学的考核与测试。

招聘员工的流程

一些企业招聘员工的数量较多，就会常年进行招聘。这需要企业首先制定出一个明确的招聘流程，因为这样不但能够做到规范招聘工作，还可以提高招聘员工的质量。一般来说，招聘流程包括以下几点。

1. 确定招聘员工的需求

企业的各个部门有招聘员工的需求时，应根据用人需求的实际情况，由部门经理负责填写招聘申请表，经主管领导批准后，再交由人力资源部负责统一组织招聘员工。

2. 制定适合本企业的招聘简章

招聘简章是一个企业招聘工作的依据，因为它既是招聘员工的告示，又是招聘的宣传大纲。招聘者在起草招聘简章时，要尽量表现出企业的优势与竞争力。

招聘简章通常包括下列内容。

（1）招聘企业的简介。

（2）招聘工种或专业的相关介绍。

（3）招聘的名额、对象、条件以及地区范围。

（4）报名的时间、地点和证件。

（5）面试的时间和地点。

（6）确定试用期、合同期以及转正之后的具体待遇。

3. 选择招聘的主要渠道

招聘渠道主要有：招聘网站、人才交流会、猎头公司、职业介绍机构等。

4. 初步筛选员工

人力资源部应对应聘人员的资料进行分类和整理，并定期交给各部门的主管经理，然后由主管经理按照应聘人员的相关资料进行初步筛选，以确定需要面试的人选，最终再交给人力资源部门通知应聘人员。

5. 面试选拔

面试选拔是对招聘的候选人进行筛选，最终确定符合企业要求的应聘者。

6. 录用

录用是对经过筛选的合格应聘者做出聘用的决策，使其成为企业的员工。员工的录用过程通常包括：对应聘者进行测评、制定录用决策以及对录用的结果做出评价。

招聘费用预算表

表格说明：

人力资源部门在审核完各用人部门的申请之后，就必须按照岗位的需求数量，来选择一些合适的方式进行人员的招聘计划。其中，用Excel制作的招聘费用预算表，是整个招聘计划的重要环节。

本节任务：

本节详细介绍如何使用Excel 2016制作一份公司的招聘费用预算表。本节学习的重点是掌握设置乘积函数公式。

学习目标：

◎ 掌握Excel表格中乘积函数的应用。

◎ 掌握Excel表格中序号的填充方法。

具体步骤：

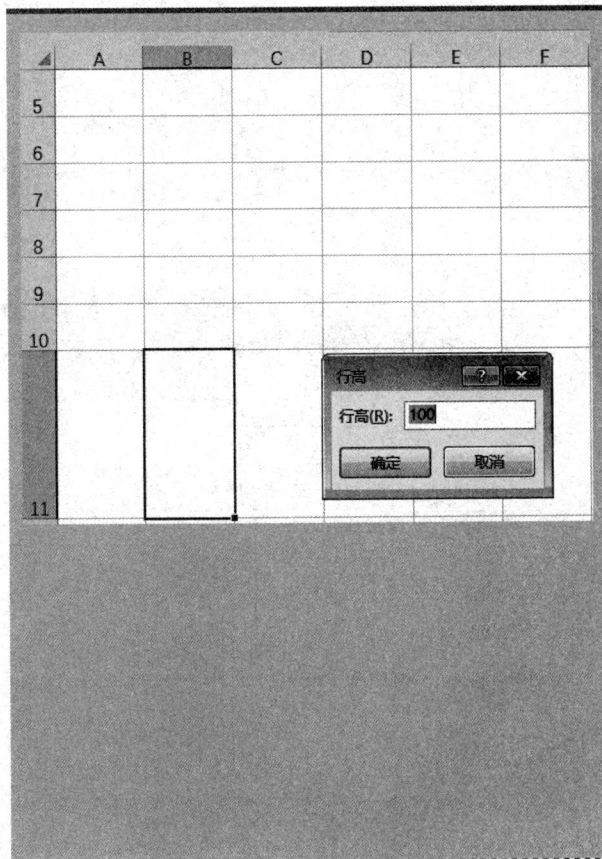

STEP1：创建文件名称并设置行高

①新建一个Excel工作表，并将其命名为"招聘费用预算表"。

②在打开的空白工作簿中用鼠标选中第2和第3行单元格，然后在功能区中选择【格式】，用左键点击后即会出现下拉菜单，继续点击【行高】，在弹出的【行高】对话框中，把行高设置为37，然后单击【确定】。

③用同样的方法，把第4至第10行的行高设置为28，第11行单元格的行高设置为100。

STEP2：设置列宽

①用鼠标选中B列单元格，然后在功能区选择【格式】，用左键点击后即会出现下拉菜单，继续点击【列宽】，在弹出的【列宽】对话框中，把列宽设置为5，然后单击【确定】。

②用同样的方法，把C、D、E列单元格的列宽分别设置为13、23、12。

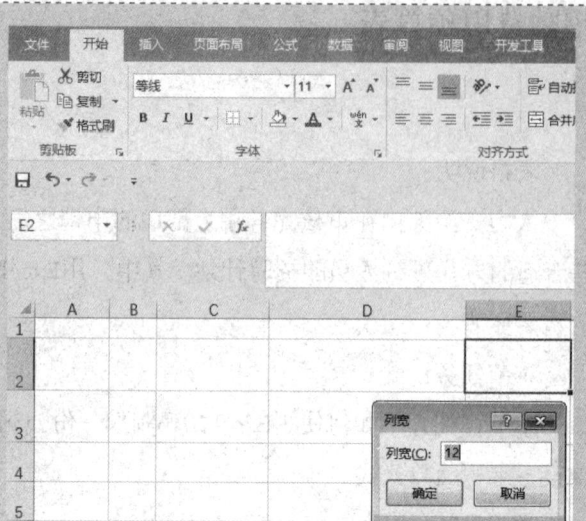

STEP3：合并单元格

①用鼠标选中B2:G2，然后在功能区选择【合并后居中】按钮并单击。

②用同样的方法，将B10:F10、B11:C11、E11:G11、B12:G12的单元格进行合并，最终的效果如右图所示。

STEP4：设置边框线

①用鼠标选中B3:G11，单击鼠标右键，在弹出的菜单中选择【设置单元格格式】；用鼠标点击后，就会出现【设置单元格格式】对话框；点击【边框】选项卡，选择细线，然后点击【内部】按钮；再选择粗线，然后点击【外边框】按钮。

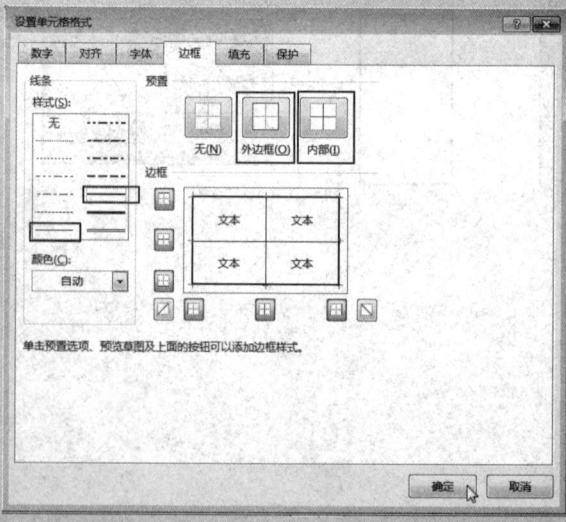

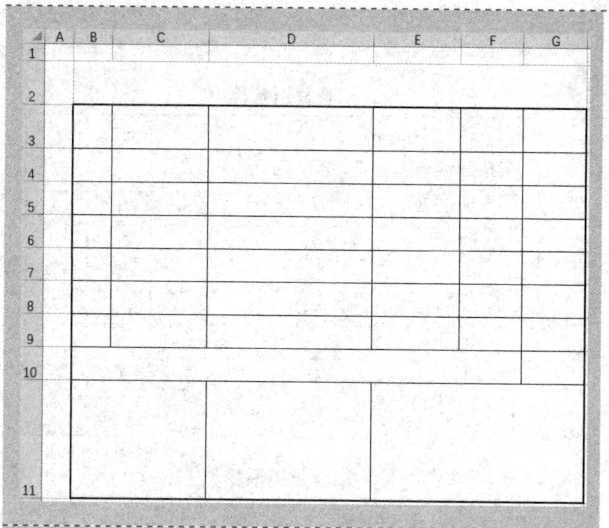

②点击【确定】后，最终的效果如左图所示。

STEP5：输入内容

①用鼠标选中B2:G2，然后在单元格内输入"招聘费用预算表"；选中该单元格，将【字号】设置为18；在功能区中点击【垂直居中】和【居中】，并用【Ctrl+B】快捷键将文字加粗。

②在B3:G12区域内的单元格中分别输入文字，并按照前面提到的方法对文字进行调整。

③在输入B11:G11区域内的文字时，需使用【Alt+Enter】键进行换行操作，最终的效果如左图所示。

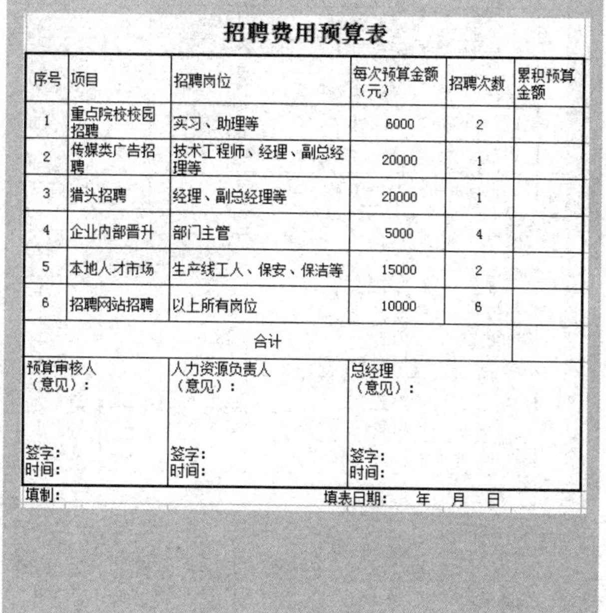

招聘费用预算表

序号	项目	招聘岗位	每次预算金额（元）	招聘次数	累积预算金额
1	重点院校校园招聘	实习、助理等	6000	2	
2	传媒类广告招聘	技术工程师、经理、副总经理等	20000	1	
3	猎头招聘	经理、副总经理等	20000	1	
4	企业内部晋升	部门主管	5000	4	
5	本地人才市场	生产线工人、保安、保洁等	15000	2	
6	招聘网站招聘	以上所有岗位	10000	6	
合计					

预算审核人（意见）：	人力资源负责人（意见）：	总经理（意见）：
签字：时间：	签字：时间：	签字：时间：

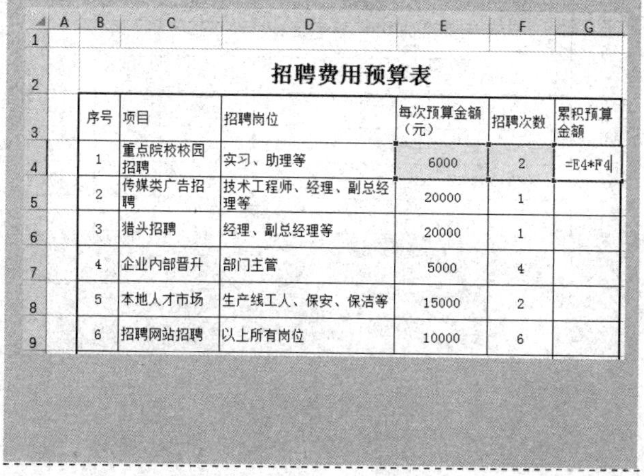

填制：　　　　　　　填表日期：　　年　　月　　日

STEP6：设置乘积函数公式

①选中G4单元格，然后输入"=E4*F4"。

招聘费用预算表

序号	项目	招聘岗位	每次预算金额（元）	招聘次数	累积预算金额
1	重点院校校园招聘	实习、助理等	6000	2	=E4*F4
2	传媒类广告招聘	技术工程师、经理、副总经理等	20000	1	
3	猎头招聘	经理、副总经理等	20000	1	
4	企业内部晋升	部门主管	5000	4	
5	本地人才市场	生产线工人、保安、保洁等	15000	2	
6	招聘网站招聘	以上所有岗位	10000	6	

②单击【Enter】键后，即可得到"累积预算金额"；继续选中G4单元格，并将鼠标放到单元格内的右下角处。

招聘费用预算表

序号	项目	招聘岗位	每次预算金额（元）	招聘次数	累积预算金额
1	重点院校校园招聘	实习、助理等	6000	2	12000
2	传媒类广告招聘	技术工程师、经理、副总经理等	20000	1	
3	猎头招聘	经理、副总经理等	20000	1	
4	企业内部晋升	部门主管	5000	4	
5	本地人才市场	生产线工人、保安、保洁等	15000	2	
6	招聘网站招聘	以上所有岗位	10000	6	

③按住鼠标左键，然后向下拖拉至G9，最终的效果如右图所示。

招聘费用预算表

序号	项目	招聘岗位	每次预算金额（元）	招聘次数	累积预算金额
1	重点院校校园招聘	实习、助理等	6000	2	12000
2	传媒类广告招聘	技术工程师、经理、副总经理等	20000	1	20000
3	猎头招聘	经理、副总经理等	20000	1	20000
4	企业内部晋升	部门主管	5000	4	20000
5	本地人才市场	生产线工人、保安、保洁等	15000	2	30000
6	招聘网站招聘	以上所有岗位	10000	6	60000

STEP7：设置累积求和公式

①选中G10，输入"=SUM(G4:G9)"。

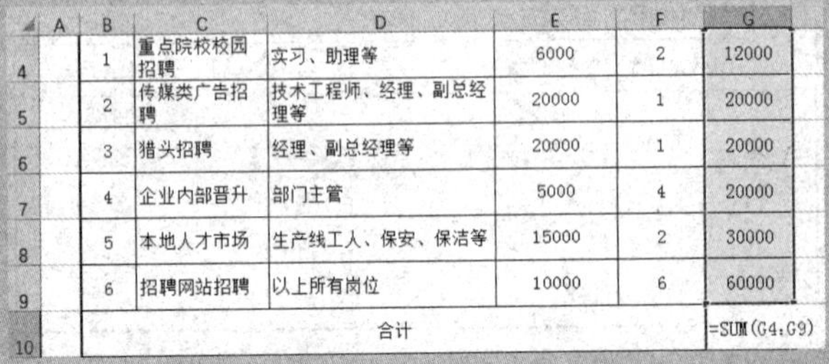

序号	项目	招聘岗位	每次预算金额	招聘次数	累积预算金额
1	重点院校校园招聘	实习、助理等	6000	2	12000
2	传媒类广告招聘	技术工程师、经理、副总经理等	20000	1	20000
3	猎头招聘	经理、副总经理等	20000	1	20000
4	企业内部晋升	部门主管	5000	4	20000
5	本地人才市场	生产线工人、保安、保洁等	15000	2	30000
6	招聘网站招聘	以上所有岗位	10000	6	60000
		合计			=SUM(G4:G9)

②点击【Enter】键后，即可为总预算自动求和。

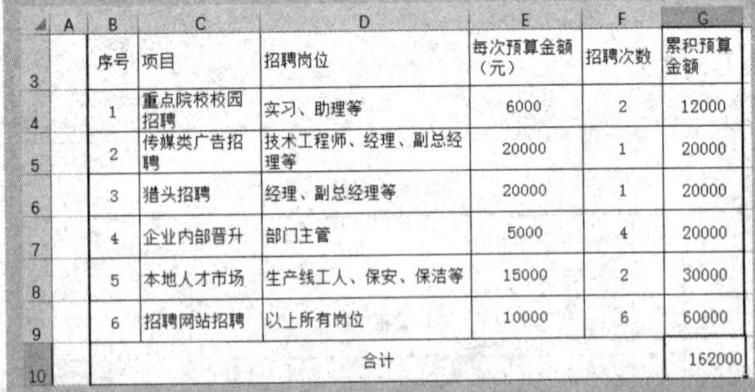

序号	项目	招聘岗位	每次预算金额（元）	招聘次数	累积预算金额
1	重点院校校园招聘	实习、助理等	6000	2	12000
2	传媒类广告招聘	技术工程师、经理、副总经理等	20000	1	20000
3	猎头招聘	经理、副总经理等	20000	1	20000
4	企业内部晋升	部门主管	5000	4	20000
5	本地人才市场	生产线工人、保安、保洁等	15000	2	30000
6	招聘网站招聘	以上所有岗位	10000	6	60000
		合计			162000

招聘费用预算表

序号	项目	招聘岗位	每次预算金额（元）	招聘次数	累积预算金额
1	重点院校校园招聘	实习、助理等	6000	2	12000
2	传媒类广告招聘	技术工程师、经理、副总经理等	20000	1	20000
3	猎头招聘	经理、副总经理等	20000	1	20000
4	企业内部晋升	部门主管	5000	4	20000
5	本地人才市场	生产线工人、保安、保洁等	15000	2	30000
6	招聘网站招聘	以上所有岗位	10000	6	60000
合计					162000

预算审核人（意见）：	人力资源负责人（意见）：	总经理（意见）：
签字： 时间：	签字： 时间：	签字： 时间：
填制：	填表日期：　　年　　月　　日	

STEP 8：美化表格

选择B2:G12单元格区域，在功能区选择【字体】选项组中的【填充颜色】，将颜色设为【蓝色，个性色5，淡色80%】，最终的效果如左图所示。

操作小技巧

在本节中，我们需要在单元格内填充序号（1，2，3等），如果一个个进行填充，工作量就非常大，因此，我们可以使用下面介绍的操作小技巧完成。我们首先输入数字"1"，用鼠标选中后，将鼠标的光标放在单元格的右下角；按住【Ctrl】键，并按住鼠标左键，然后向下拖拉至所需的数字位置上即可。比如，在本节中需要6个序号，就可以从1向下拖动5个单元格。

招聘岗位信息表

表格说明:

招聘岗位的信息是要求应聘者应具备的能力与条件,即人力资源管理者为公司的相关岗位所设置的"门槛"。

本节任务:

使用Excel 2016制作一份招聘岗位信息表。本节学习的重点是掌握设置颜色填充。

学习目标:

◎ 学习Excel表格中单元格序列的设置。

◎ 学会设置单元格的"颜色填充"和"字体颜色"。

具体步骤:

STEP1:创建文件名称并设置行高

①新建一个Excel工作表,并将其命名为"招聘岗位信息表"。

②在打开的空白工作簿中用鼠标选中第2行单元格,然后在功能区中选择【格式】,用左键点击后即会出现下拉菜单,继续点击【行高】,在弹出的【行高】对话框中,把行高设置为40,然后单击【确定】。

③用同样的方法,把第3至第14行的行高设置为22。

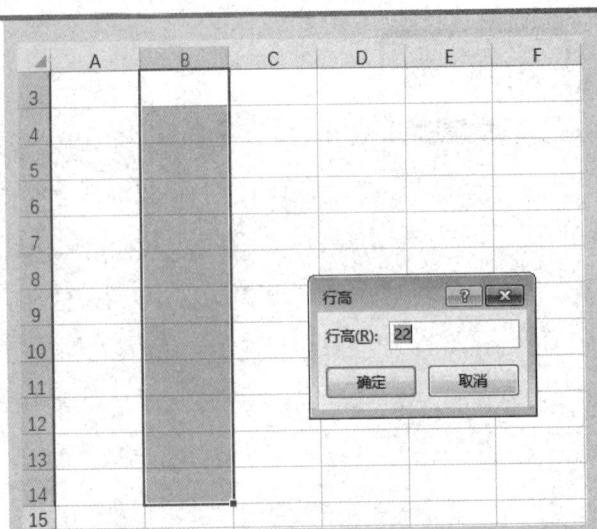

STEP2:设置列宽

用鼠标选中B至H列单元格,然后在功能区选择【格式】,用左键点击后即会出现下拉菜单,继续点击【列宽】,在弹出的【列宽】对话框中,把列宽设置为15,然后单击【确定】。

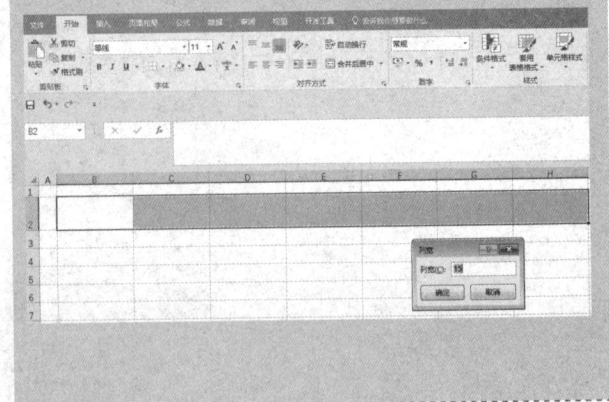

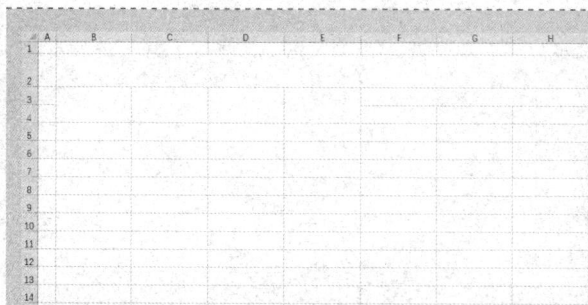

STEP3：合并单元格

①用鼠标选中B2:H2，然后在功能区选择【合并后居中】按钮，并单击鼠标左键。

②用同样的方法，将B3:B4、C3:C4、D3:D4、E3:E4、F3:H3的单元格进行合并，最终的效果如左图所示。

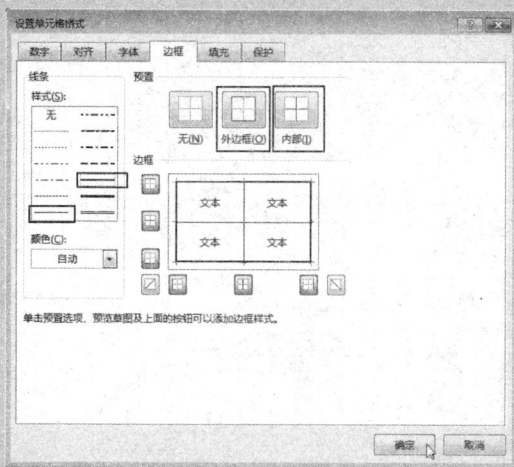

STEP4：设置边框线

①用鼠标选中B3:H14，单击鼠标右键，在弹出的菜单中选择【设置单元格格式】；用鼠标点击后，就会出现【设置单元格格式】对话框；点击【边框】选项卡，选择细线，然后点击【内部】按钮；再选择粗线，然后点击【外边框】按钮。

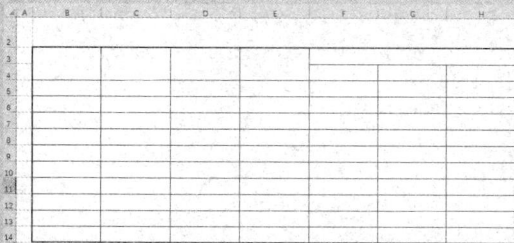

②在点击【确定】后，最终效果如左图所示。

STEP5：输入内容

①用鼠标选中B2:H2，然后输入"招聘岗位信息表"；选中该单元格，将【字号】设置为24；在功能区中点击【垂直居中】和【居中】，并用【Ctrl+B】快捷键将文字加粗。

②在B3:H4区域内的单元格中分别输入相应文字，并将【字号】设置为14；然后按照前面提到的方法对文字进行调整。

招聘岗位信息表						
岗位序号	用人部门	招聘岗位	招聘数量	岗位条件		
				学历要求	工作经验	岗位薪酬

③继续在B5:H14区域输入文字，最终
的效果如右图所示。

STEP6：设置单元格序列

①选中B5单元格并输入数字1；继续
选中该单元格，并将鼠标放在单元格的右
下角。

②按住【Ctrl】键的同时，再按住鼠
标左键向下拖拉至B14单元格，效果如右图
所示。

STEP7：在单元格内输入选项

①选择F5:F14单元格，切换至【数
据】选项卡，在【数据验证】选项组中单
击【数据验证】按钮。

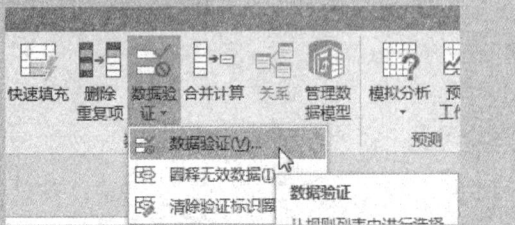

②单击后，在弹出的【数据验证】对
话框中，将【允许】设置为【序列】，然
后在【来源】中输入"高中,专科,本科"
（注意：逗号在英文状态下输入）。

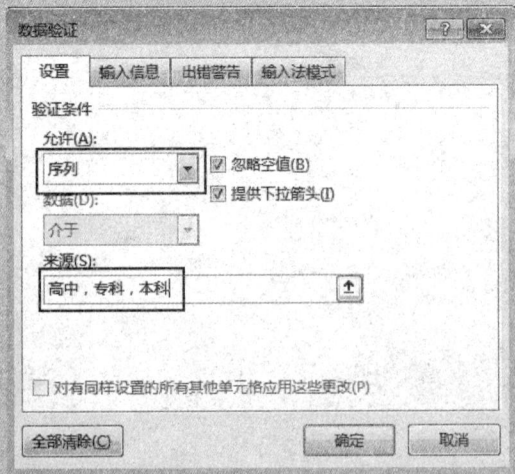

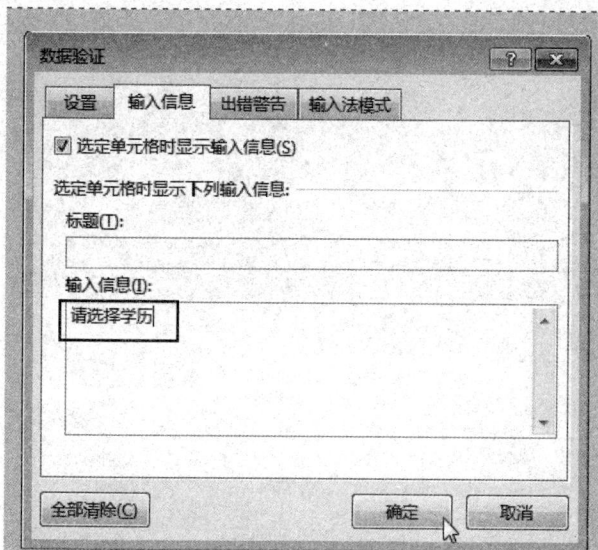

③切换至【输入信息】选项卡，然后在【输入信息】文本框中输入"请选择学历"，最后单击【确定】。

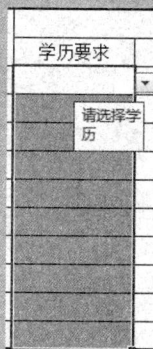

④点击【确定】后，效果如左图所示。

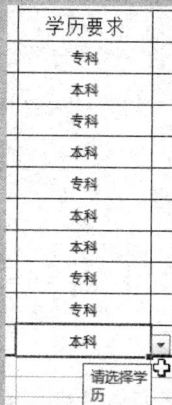

⑤选择F5单元格右下角的下三角按扭，在弹出的选项中选择【专科】。

⑥用同样的方法将其他单元格填制完毕。

STEP8：美化表格

①选中B2:H2单元格区域，在功能区选择【字体】选项组中的【填充颜色】，将颜色设为【蓝色，个性色1，深色25%】。

②用同样的方法，将C3:C14、E3:E14、G4:G14单元格区域的颜色设为【蓝色，个性色1，深色25%】；将B3:B14、D3:D14、F4:F14、H4:H14、F3:H3单元格区域的颜色设为【蓝色，个性色1，深色50%】。

③选中B2:H14单元格区域，在功能区选择【字体】选项组中的【颜色】，将颜色设为【白色，背景1】，最终的效果如右图所示。

招聘岗位信息表

岗位序号	用人部门	招聘岗位	招聘数量	岗位条件		
				学历要求	工作经验	岗位薪酬
1	销售部	销售代表	5	专科	1年	5000元/月
2	销售部	销售员	20	本科	无	4000元/月
3	策划部	市场规划师	5	专科	2年	5000元/月
4	行政部	行政助理	4	本科	1年	4000元/月
5	行政部	办公主任	2	专科	3年	8000元/月
6	客户部	客户经理助理	5	本科	1年	4000元/月
7	客户部	客户经理	1	本科	5年	8000元/月
8	财务部	会计	2	专科	2年	6000元/月
9	财务部	出纳员	2	专科	2年	4000元/月
10	财务部	财务经理	1	本科	3年	10000元/月

操作小技巧

在操作Excel表格时，我们经常需要为单元格设置列宽与行高。此时，我们可以将鼠标的光标放在两行（如1至2）之间，或两列（如A至B）单元格之间；然后单击左键，此时即可出现显示行高或列宽的数字，如果此时按住鼠标左键进行拖拉，就能快速完成行高或列宽的设置。

员工聘用核定表

表格说明：

本节将为大家详细介绍，如何创建一份员工聘用核定表，其中的主要操作是利用表格的样式对文字内容进行筛选，以便于人力资源管理者在进行核定时进行选择。

本节任务：

本节介绍如何使用Excel 2016制作一份员工聘用核定表。本节学习的重点是掌握套用表格样式的操作方法。

学习目标：

◎ 学习Excel表格中货币符号的设置方法。

◎ 掌握Excel中套用表格样式的操作。

具体步骤：

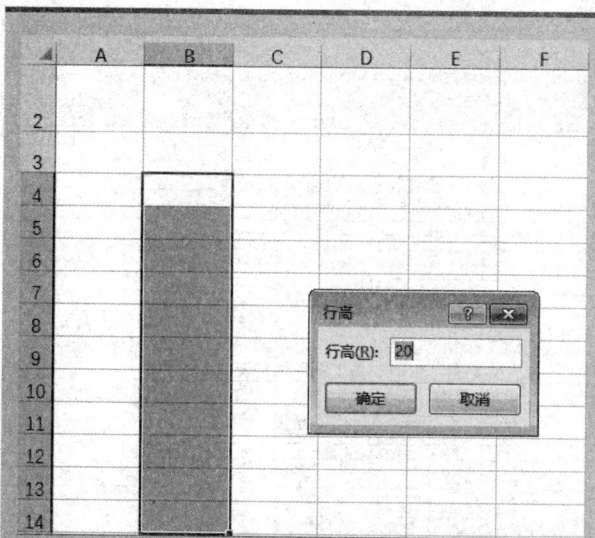

STEP1：创建文件名称并设置行高

①新建一个Excel工作表，并将其命名为"员工聘用核定表"。

②在打开的空白工作簿中用鼠标选中第2行单元格，然后在功能区中选择【格式】，用左键点击后即会出现下拉菜单，继续点击【行高】，在弹出的【行高】对话框中，把行高设置为40，然后单击【确定】。

③用同样的方法，把第3行的行高设置为25；把第4至第14行的行高设置为20。

STEP2：设置列宽

用鼠标选中B至L列单元格，然后在功能区选择【格式】，用左键点击后即会出现下拉菜单，继续点击【列宽】，在弹出的【列宽】对话框中，把列宽设置为11，然后单击【确定】。

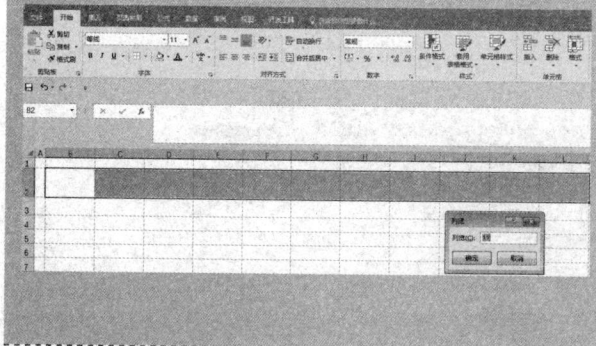

STEP3：合并单元格

　　用鼠标选中B2:L2，然后在功能区选择【合并后居中】按钮，单击后的效果如右图所示。

STEP4：设置边框线

　　①用鼠标选中B3:L14单元格区域，单击鼠标右键，在弹出的菜单中选择【设置单元格格式】；用鼠标点击后，就会出现【设置单元格格式】对话框；点击【边框】选项卡，选择细线，然后点击【内部】按钮；再选择粗线，然后点击【外边框】按钮。

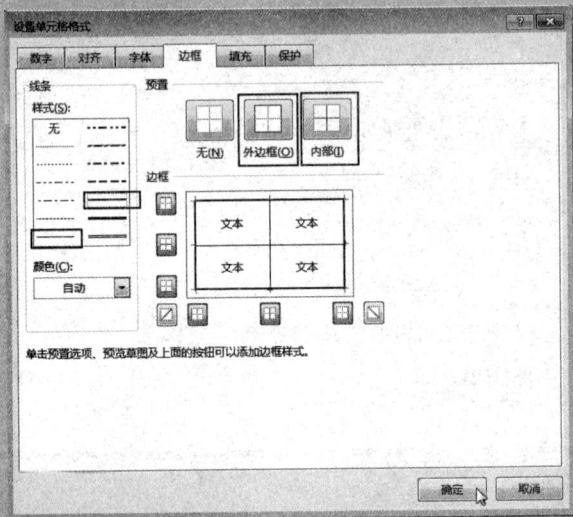

　　②点击【确定】后，最终的效果如右图所示。

STEP5：输入内容

　　①用鼠标选中B2:L2，然后在单元格内输入"员工聘用核定表"；选中该单元格，将【字号】设置为26；在功能区中点击【垂直居中】和【居中】，并用【Ctrl+B】快捷键将文字加粗。

　　②在B3:L14区域内的单元格中分别输入文字，并按照前面提到的方法对文字进行适当调整，最终的效果如右图所示。

ABC 123	常规 无特定格式
12	数字 12000.00
货币	¥12,000.00
会计专用	¥12,000.00
短日期	1932/11/7

STEP6：设置数字格式

①选中K4:K14单元格区域，然后切换至【开始】选项卡，在【数字】选项组中把【数字格式】设置为【货币】。

员工薪酬
¥12,000.00
¥7,500.00
¥7,500.00
¥6,500.00
¥4,500.00
¥4,500.00
¥3,500.00
¥3,500.00
¥3,000.00
¥3,000.00
¥3,000.00

②单击鼠标左键后，即可为数字添加货币样式。

深色

新建表格样式(N) 蓝色，表样式深色2

新建数据透视表样式(P)

STEP7：设置套用表格格式

①选中B3:L14单元格区域，在【开始】选项卡下的【样式】选项组中，单击【套用表格格式】按钮，在弹出的下拉列表中选择【深色】组中的【蓝色，表样式深色2】。

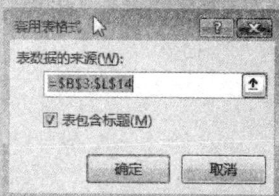

套用表格式

表数据的来源(W):

=$B$3:$L$14

☑ 表包含标题(M)

确定　取消

②单击后，即可弹出【套用表格式】对话框，保持默认值。

员工聘用核定表

排序	员工姓名	性别	出生日期	学历	员工特长	所在部门	职位	主要职责	员工薪酬	批准
1	王丽华	女	1986/7/5	本科	销售规划	销售部	大区经理	大区销售管理	12000.00	同意
2	张俊英	男	1980/10/6	大专	销售规划	销售部	销售主管	销售管理	7500.00	同意
3	王璇	女	1984/1/7	本科	销售规划	销售部	销售主管	销售管理	7500.00	同意
4	蒲成文	男	1987/10/5	本科	中级会计证	财务部	会计师	企业财务预算	6500.00	同意
5	仁远	女	1990/3/10	大专	中级会计证	财务部	出纳	资金流动记账	4500.00	同意
6	李荆利	男	1989/4/15	大专	中级会计证	财务部	出纳	资金流动记账	4500.00	同意
7	朱蓉	女	1988/4/11	本科	软件协调	销售部	销售代表	产品销售	2500.00	同意
8	吉美丽	女	1986/5/12	本科	软件协调	销售部	销售代表	产品销售	2500.00	同意
9	刘小龙	男	1993/7/8	大专	熟悉办公软件	行政部	行政文员	日常资料整理	3000.00	同意
10	陈平	男	1994/3/20	研究生	熟悉办公软件	行政部	行政文员	日常资料整理	3000.00	同意
11	唐玲	女	1993/4/25	大专	熟悉办公软件	行政部	行政文员	日常资料整理	3000.00	同意

③用鼠标左键点击【确定】后，最终的效果如左图所示。

操作小技巧

　　在本节中，制作Excel表格需要输入很多文字内容。我们在操作时可以使用【Ctrl+空格】键，来快速切换、关闭输入法。

应聘人员登记表

表格说明：

应聘人员在面试的过程中，首先需要填写应聘登记表。本节中的应聘人员登记表与大众化的登记表相类似，都需要应聘者填写相关的基本信息。而人力资源管理者通过查看应聘者自己填写的信息，就能够对应聘者做出一个基本的判断。

本节任务：

本节为大家介绍如何使用Excel 2016制作一份应聘人员登记表。本节学习的重点是掌握【Ctrl+P】快捷键的使用方法。

学习目标：

◎ 熟练掌握Excel表格中合并单元格的操作。

◎ 掌握Excel美化表格的操作方法。

具体步骤：

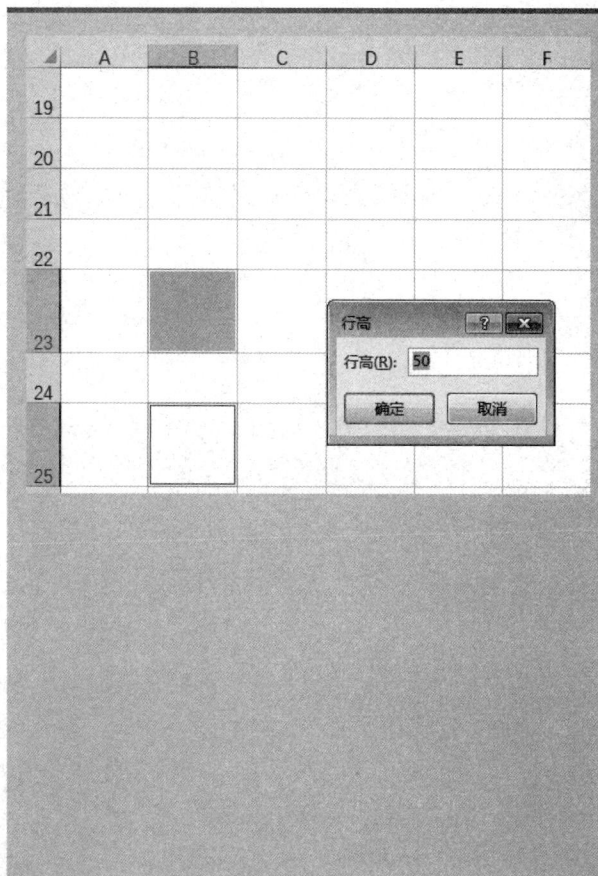

STEP1：创建文件名称并设置行高

①新建一个Excel工作表，并将其命名为"应聘人员登记表"。

②在打开的空白工作簿中用鼠标选中第2行单元格，然后在功能区中选择【格式】，用左键点击后即会出现下拉菜单，继续点击【行高】，在弹出的【行高】对话框中，把行高设置为40，然后单击【确定】。

③用同样的方法，把第3至第22行以及第24行的行高设置为30，把第23和第25行的行高设置为50。

STEP2：设置列宽

用鼠标选中B至H列单元格，然后在功能区选择【格式】，用左键点击后即会出现下拉菜单，继续点击【列宽】，在弹出的【列宽】对话框中，把列宽设置为11，然后单击【确定】。

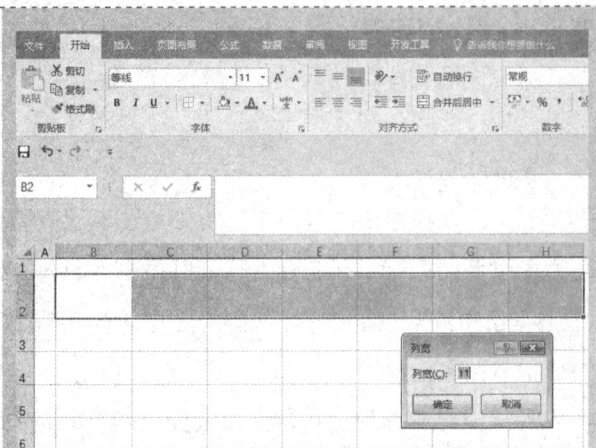

STEP3：合并单元格

①用鼠标选中B2:H2，然后在功能区选择【合并后居中】按钮，用鼠标左键点击。

②用同样的方法，按右图所示进行单元格合并。

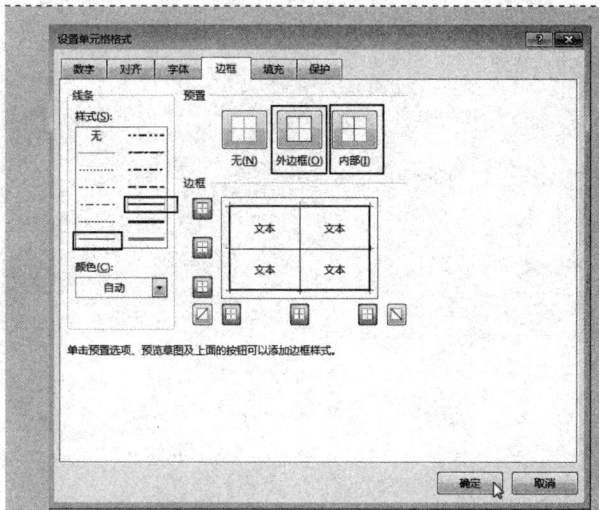

STEP4：设置边框线

①用鼠标选中B3:H25，单击鼠标右键，在弹出的菜单中选择【设置单元格格式】；用鼠标点击后，就会出现【设置单元格格式】对话框；点击【边框】选项卡，选择细线，然后点击【内部】按钮；再选择粗线，然后点击【外边框】按钮。

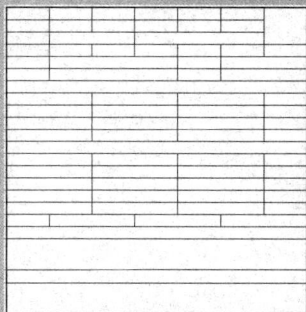

②点击【确定】后，最终的效果如左图所示。

应 聘 人 员 登 记 表

姓　名		性　别		出生年月		
民　族		嗜烟状况		政治面貌		
身份证号码			籍　贯			
学历		专业		职称		
毕业学校				毕业时间		
现住址				联系方式		
学 习 及 培 训 情 况						
时　间		学习及培训单位		学习及培训内容		结　果
工 作 简 历						
时　间		公司名称		职务名称		备　注
应聘岗位			预计到岗时间			
业 务 专 长						
工 作 业 绩 和 研 究 成 果						

填制：　　年　月　日

STEP5：输入内容并美化表格

①用鼠标选中B2:H2，然后在单元格内输入"应聘人员登记表"；选中该单元格，将【字号】设置为24；在功能区中点击【垂直居中】和【居中】，并用【Ctrl+B】快捷键将文字加粗。

②在B3:H24区域内的单元格中分别输入文字，并按照前面提到的方法对文字进行调整。

③分别选中B10:H10、B15:H15、B22:H22和B24:H24单元格，在功能区选择【字体】选项组中的【填充颜色】，将颜色设为【白色，背景色1，深色25%】，最终的效果如左图所示。

　　如果Excel系统当前并不是打印预览窗口，而是工作表正常的输入状态，就可以使用【Ctrl+P】快捷键，直接弹出【打印内容】的对话框，从而将文件快速打印出来。

应聘人员复试名单

表格说明:

很多企业都有面试复试,这意味着求职者距离成功越来越近了,也意味着企业即将招收到合格的员工。即便复试没有成功,企业也会把这些应聘人员作为企业未来的储备员工。因此,制作一份应聘人员的复试名单对HR来说非常重要。

本节任务:

本节介绍如何使用Excel 2016制作一份应聘人员的复试名单。本节学习的重点是掌握【Ctrl+Y】快捷键的使用方法。

学习目标:

◎ 熟练掌握Excel表格的基本操作。

◎ 使用【Ctrl+Y】进行表格美化的快捷操作。

具体步骤:

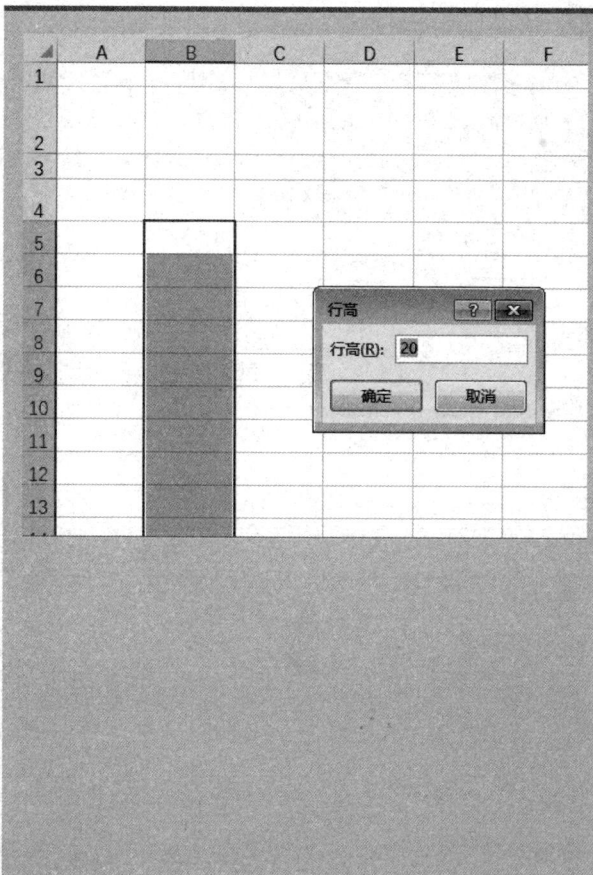

STEP1:创建文件名称并设置行高

①新建一个Excel工作表,并将其命名为"应聘人员复试名单"。

②在打开的空白工作簿中用鼠标选中第2行单元格,然后在功能区中选择【格式】,用左键点击后即会出现下拉菜单,继续点击【行高】,在弹出的【行高】对话框中,把行高设置为40,然后单击【确定】。

③用同样的方法,把第3行的行高设置为15,把第4行的行高设置为25,把第5至第22行的行高设置为20。

STEP2：设置列宽

　　按住【Ctrl】键，然后用鼠标分别选
中C、D以及F、G列单元格；在功能区选
择【格式】，用左键点击后即会出现下拉
菜单，继续点击【列宽】，在弹出的【列
宽】对话框中，把列宽设置为16，然后单
击【确定】。

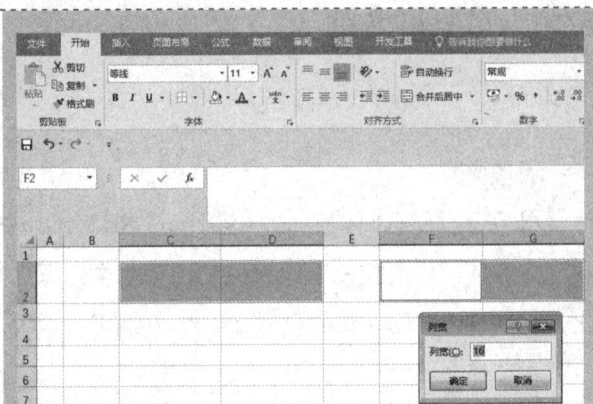

STEP3：合并单元格

　　按住【Ctrl】键，然后用鼠标分别选
中B2:G2和B3:G3单元格；在功能区选择
【合并后居中】按钮，用鼠标左键点击，
最终的效果如右图所示。

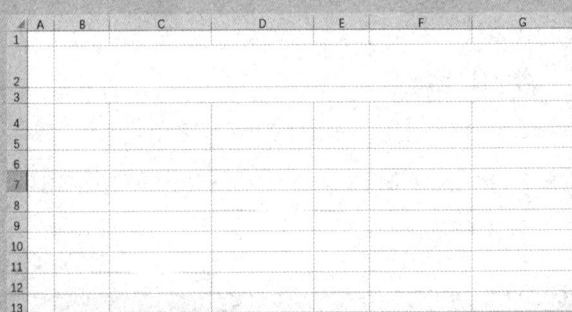

STEP4：设置边框线

　　①用鼠标选中B3:H25，单击鼠标右
键，在弹出的菜单中选择【设置单元格格
式】；用鼠标点击后，就会出现【设置单
元格格式】对话框；点击【边框】选项
卡，选择细线，然后点击【内部】按钮；
再选择粗线，然后点击【外边框】按钮。

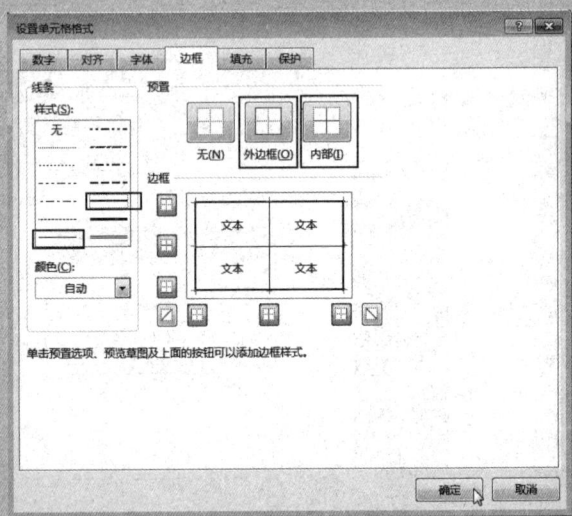

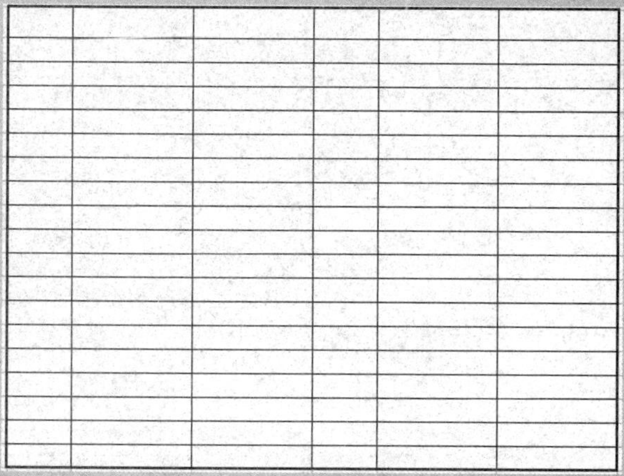

②点击【确定】后，最终的效果如左图所示。

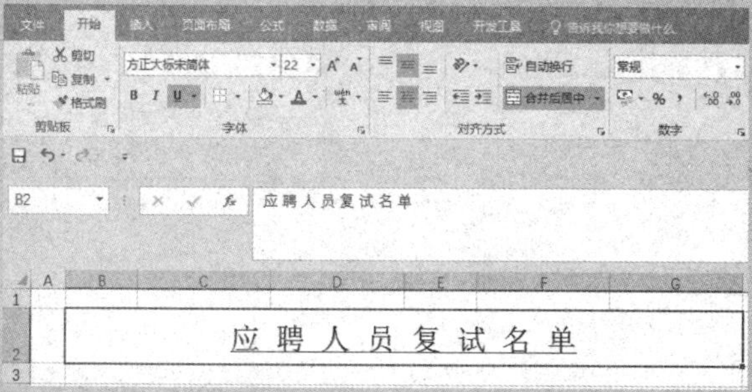

STEP5：输入内容并美化表格

①用鼠标选中B2:H2，然后在单元格内输入"应聘人员复试名单"；选中该单元格，将【字号】设置为24；在功能区中点击【垂直居中】和【居中】，并用【Ctrl+B】快捷键将文字加粗；继续选中该单元格，在功能区内点击【下划线】按钮，最终的效果如左图所示。

②在B3:G22区域内的单元格中分别输入文字，并按照前面提到的方法对文字进行调整。

③选中B5，然后输入数字"1"；继续选中B5，并按住【Ctrl】键，然后把鼠标放在单元格的右下角，向下拖拉至B22，最终的效果如左图所示。

应 聘 人 员 复 试 名 单

序号	应聘岗位	复试者姓名	性别	初试评价	日期 年 月 日 手机
1	销售区域经理	刘奕轩	女	优秀	1370****758
2	销售区域经理	刘向利	男	合格	1370****998
3	销售区域经理	任平	男	优秀	1370****968
4	销售经理	高玲	女	良好	1860****898
5	销售经理	于光	男	合格	1860****659
6	销售经理	朱晓冰	女	良好	1860****358
7	销售代表	米廷	男	优秀	1590****989
8	销售代表	王晓敬	男	优秀	1590****356
9	销售代表	郑烤	女	合格	1590****856
10	销售代表	唐芙荣	女	良好	1510****358
11	销售代表	王华	男	优秀	1510****359
12					
13					
14					
15					
16					
17					
18					

STEP6：美化表格

①选择B2:G3单元格区域，在功能区选择【字体】选项组中的【填充颜色】，将颜色设为【蓝-灰，文字2，淡色40%】。

②分别选中B4:G22单元格区域中的偶数行，然后在功能区选择【字体】选项组中的【填充颜色】，将颜色设为【蓝色，个性色1，淡色60%】；分别选中B4:G22单元格区域中的奇数行，然后在功能区选择【字体】选项组中的【填充颜色】，将颜色设为【蓝色，个性色1，淡色80%】；最终的效果如右图所示。

应 聘 人 员 复 试 名 单

日期　　年　　月　　日

序号	应聘岗位	复试者姓名	性别	初试评价	手机
1	销售区域经理	刘奕轩	女	优秀	1370****758
2	销售区域经理	刘向利	男	合格	1370****998
3	销售区域经理	任平	男	优秀	1370****968
4	销售经理	高玲	女	良好	1860****898
5	销售经理	于光	男	合格	1860****659
6	销售经理	朱晓琳	女	良好	1860****358
7	销售代表	米延	男	优秀	1590****989
8	销售代表	王晓歌	男	优秀	1590****356
9	销售代表	郑婷	女	合格	1590****856
10	销售代表	庸昊宗	女	良好	1510****358
11	销售代表	王华	男	优秀	1510****259
12					
13					
14					
15					
16					
17					
18					

操作小技巧

【Ctrl+Y】快捷键是重复上一个步骤的操作。在本节对单元格进行隔行美化时，即可使用【Ctrl+Y】快捷键。比如我们在给B4:G4填充好颜色之后，即可先选中B6:G6，然后使用【Ctrl+Y】快捷键。

新员工试用表

表格说明：

试用期指的是新员工在最初的入职期间，用以观察其表现是否能适应岗位的一段期限，通常以3个月为限，按照《劳动法》的规定，最长不超过6个月。如果员工在试用期内能够完成岗位的要求，则可在试用期满后得到正常员工的待遇；反之，则会被辞退。

本节任务：

本节介绍如何使用Excel 2016制作一份新员工试用表。本节学习的重点是掌握添加控件的操作方法。

学习目标：

◎ 掌握在不同的单元格添加不同的控件，设置控件的样式、大小和内容。

◎ 学习制作Excel表格的一些基本操作。

具体步骤：

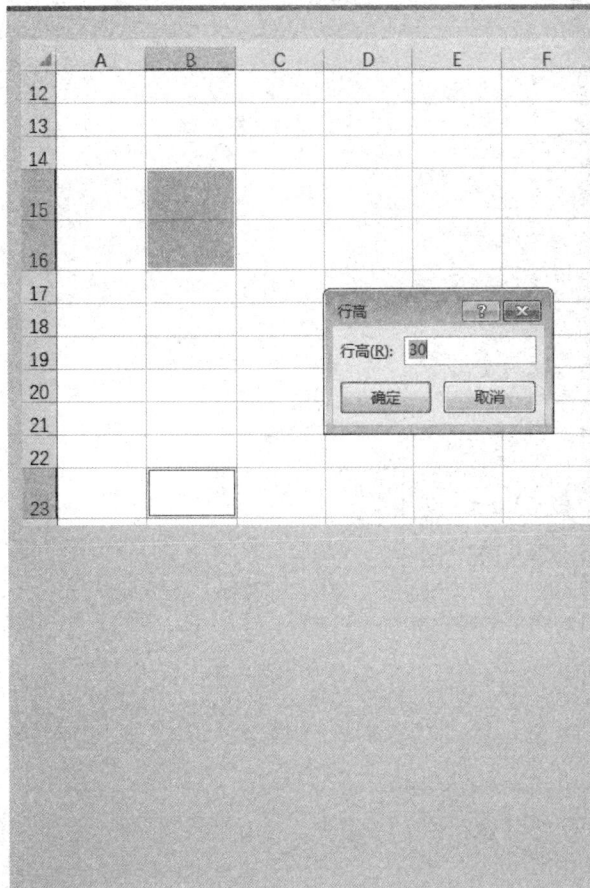

STEP1：创建文件名称并设置行高

①新建一个Excel工作表，并将其命名为"新员工试用表"。

②在打开的空白工作簿中用鼠标选中第2行单元格，然后在功能区中选择【格式】，用左键点击后即会出现下拉菜单，继续点击【行高】，在弹出的【行高】对话框中，把行高设置为45，然后单击【确定】。

③用同样的方法，把第4至第7行、第9至第14行、第17至第22行的行高设置为20，把第8、15、16、23行的行高设置为30。

STEP2：设置列宽

用鼠标选中B至I列单元格，然后在功能区选择【格式】，用左键点击后即会出现下拉菜单，继续点击【列宽】，在弹出的【列宽】对话框中，把列宽设置为10，然后单击【确定】。

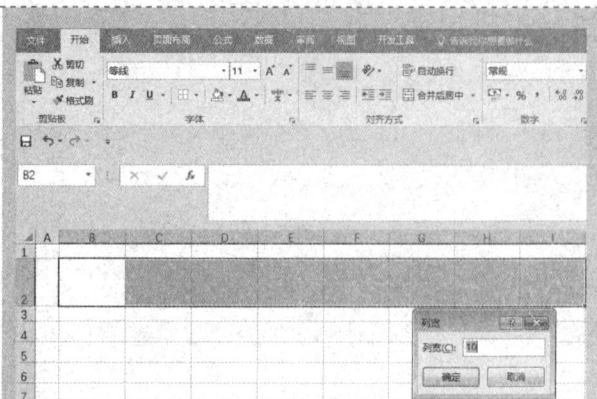

STEP3：合并单元格

①用鼠标选中B2:I2，然后在功能区选择【合并后居中】按钮，用鼠标左键点击。

②用同样的方法，将如右图所示的单元格进行合并。

STEP4：设置边框线

①用鼠标选中B4:I23，单击鼠标右键，在弹出的菜单中选择【设置单元格格式】；用鼠标点击后，就会出现【设置单元格格式】对话框；点击【边框】，选择细线，然后点击【内部】按钮；再选择粗线，然后点击【外边框】按钮。

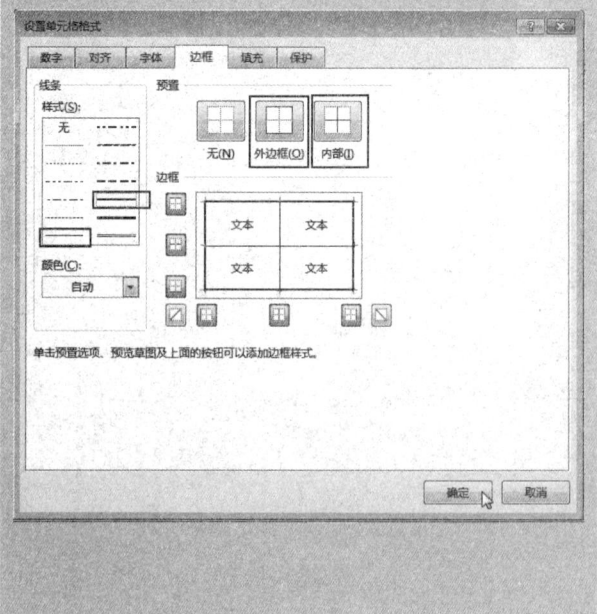

②点击【确定】后，最终的效果如左图所示。

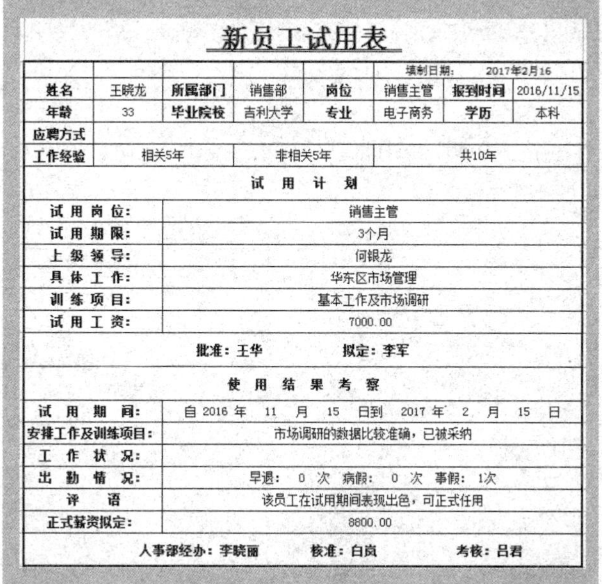

新员工试用表

姓名	王晓龙	所属部门	销售部	岗位	销售主管	报到时间	2016/11/15
						填制日期：	2017年2月16
年龄	33	毕业院校	吉利大学	专业	电子商务	学历	本科
应聘方式							
工作经验	相关5年		非相关5年		共10年		

试 用 计 划	
试 用 岗 位：	销售主管
试 用 期 限：	3个月
上 级 签 导：	何银龙
具 体 工 作：	华东区市场管理
训 练 项 目：	基本工作及市场调研
试 用 工 资：	7000.00

批准：王华   拟定：李军

使 用 结 果 考 察	
试 用 期 间：	自 2016 年 11 月 15 日到 2017 年 2 月 15 日
安排工作及训练项目：	市场调研的数据比较准确，已被采纳
工 作 状 况：	
出 勤 情 况：	早退： 0 次 病假： 0 次 事假： 1次
评 语：	该员工在试用期间表现出色，可正式任用
正式薪资拟定：	8800.00

人事部经办：李晓丽   核准：白岚   考核：吕君

STEP5：输入内容

①用鼠标选中B2:I2，然后在单元格内输入"新员工试用表"；选中该单元格，将【字号】设置为24；在功能区中点击【垂直居中】和【居中】，并用【Ctrl+B】快捷键将文字加粗；单击【下划线】按钮右侧的下三角按钮，在弹出的下拉列表中选择【双下划线】选项。

②在B3:I23区域内的单元格中分别输入文字，并按照前面提到的方法对文字进行适当调整。

STEP6：添加控件

①在功能区的左上角单击【文件】菜单按钮，在打开的界面中选择【选项】。

共享

导出

发布

关闭

帐户

反馈

选项

②单击后，即可弹出【Excel选项】对
话框，然后选择【自定义功能区】组中的
【主选项卡】下的【开发工具】选项，最
后单击【确定】。

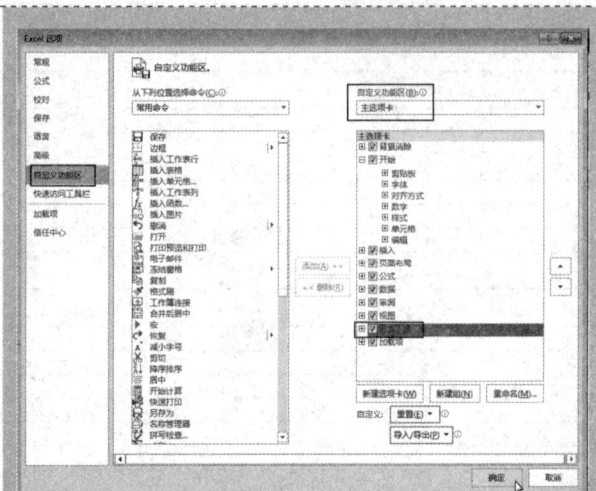

③在功能区内切换至【开发工具】
选项卡，在【控件】组中单击【插入】按
钮，在弹出的下拉列表中，选择【表单控
件】组中的【复选框（窗体控件）】选项。

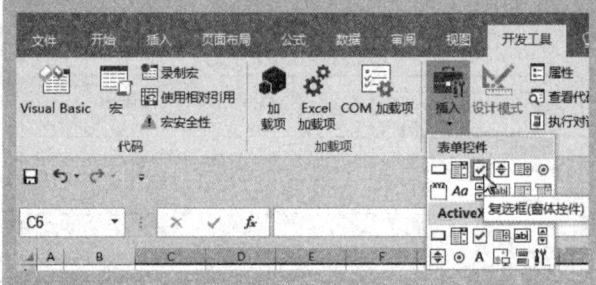

④选中C6:I6单元格区域，按住鼠标左
键并向右侧拖动鼠标，拖出与单元格大小
相同的控件，当松开鼠标后，即可创建出
控件。

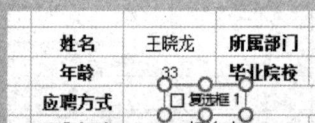

姓名	王晓龙	所属部门
年龄	33	毕业院校
应聘方式	复选框1	

⑤选择【开发工具】选项卡下的【控
件】组，单击【属性】按钮。

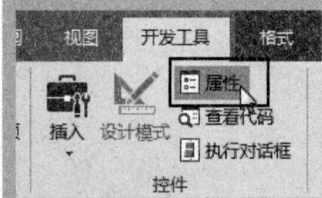

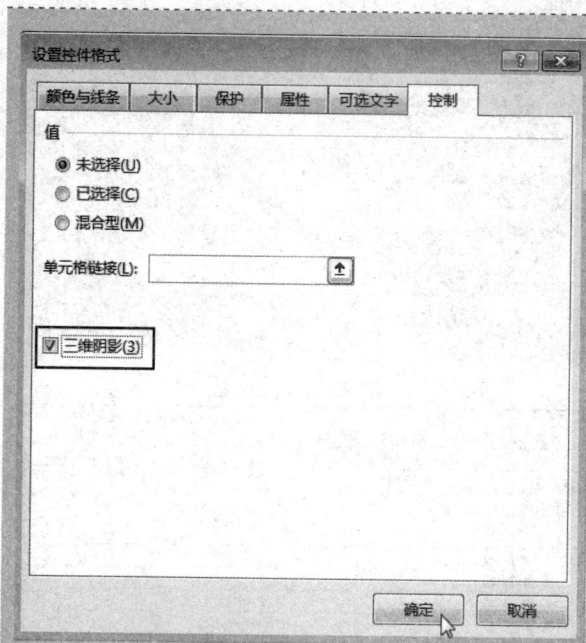

⑥在打开的【设置控件格式】对话框中，单击【控制】选项卡，选中【三维阴影】复选框，然后单击【确定】。

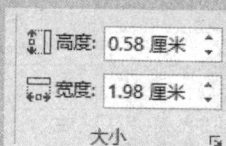

⑦继续选中该控件，切换至【绘图工具】选项卡下的【格式】选项组，在【大小】组中，把【形状高度】设置为0.58厘米，【形状宽度】设置为1.98厘米，并通过键盘上的【方向键】把控件的位置调整好。

姓名	王晓龙	所属部门
年龄	33	毕业院校
应聘方式	☑公开招聘	

⑧在控件的文字上单击鼠标右键，使文字处在编辑状态，并将文字替换为"公开招聘"；然后单击控件，将其选中。

应聘方式	☑公开招聘	□猎头推荐	□内部提升
工作经验	相关5年	非相关5年	共10年
试 用 计 划			
试 用 岗 位：	销售主管		
试 用 期 限：	3个月		
上 级 领 导：	何银龙		
具 体 工 作：	华东区市场管理		
训 练 项 目：	基本工作及市场调研		
试 用 工 资：	7000.00		
	批准：王华	拟定：李军	
使 用 结 果 考 察			
试 用 期 间：	自 2016 年 11 月 15 日到 2017 年 2 月 15		
安排工作及训练项目：	市场调研的数据比较准确，已被采纳		
工 作 状 况：	☑满意	□尚可	□差

⑨用同样的方法，在C6:I6、D19:I19单元格内添加相应的控件。

STEP7：给数字添加工资样式

①选中D14:I14单元格区域，切换至【开始】选项卡，在【数字】组中点击【数值】；在弹出的下拉列表中选择【货币】。

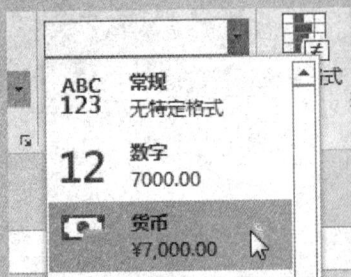

②单击后，即可给数字添加工资样式；用同样的方法将D22:I22单元格内的数字设置为工资样式，最终的效果如右图所示。

新员工试用表

姓名	王晓龙	所属部门	销售部	岗位	销售主管	报到时间	2016/11/15
					填制日期：	2017年2月16	

年龄	33	毕业院校	吉利大学	专业	电子商务	学历	本科
应聘方式		☑ 公开招聘		☐ 猎头推荐		☐ 内部晋升	
工作经验		相关5年		非相关5年		共10年	

试 用 计 划

试 用 岗 位：	销售主管
试 用 期 限：	3个月
上 级 领 导：	何银龙
具 体 工 作：	华东区市场管理
训 练 项 目：	基本工作及市场调研
试 用 工 资：	¥7,000.00

批准：王华	拟定：李军

使 用 结 果 考 察

试 用 期 间：	自 2016 年 11 月 15 日到 2017 年 2 月 15 日
安排工作及训练项目：	市场调研的数据比较准确，已被采纳
工 作 状 况：	☑ 满意　☐ 尚可　☐ 差
出 勤 情 况：	早退： 0 次 病假： 0 次 事假： 1次
评 语	该员工在试用期间表现出色，可正式任用
正式薪资拟定：	¥8,800.00

人事部经办：李晓丽	核准：白岚	考核：吕君

操作小技巧

在为单元格设置边框线时，我们需要在【单元格格式】对话框中进行设置，而选中该单元格区域后，使用【Ctrl+1】即可快速弹出【单元格格式】对话框。

员工转正申请表

表格说明：

当双方约定好的实习期过后，新员工即可申请转正。在员工的转正申请表中，既有员工在实习期中的自我工作总结、心得体会以及对公司的建议等，又有相关部门或主管领导的意见。

本节任务：

本节为大家详细介绍如何使用Excel 2016制作一份员工转正申请表，本节学习的重点是掌握在单元格内绘制直线。

学习目标：

◎ 掌握Excel表格中绘制直线的操作方法。

◎ 掌握Excel美化表格的操作方法。

具体步骤：

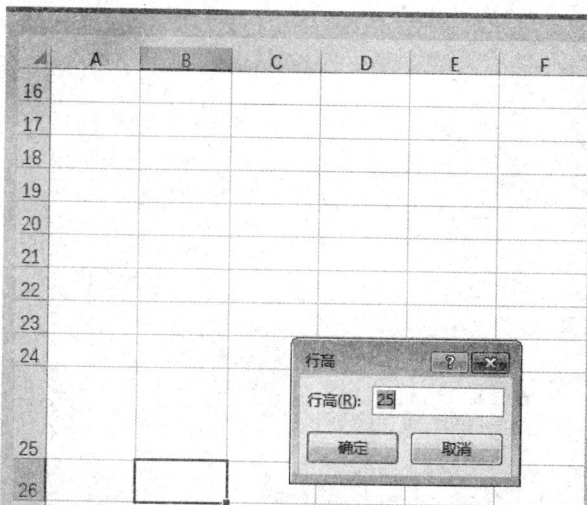

STEP1：创建文件名称并设置行高

①新建一个Excel工作表，并将其命名为"员工转正申请表"。

②在打开的空白工作簿中用鼠标选中第2行单元格，然后在功能区中选择【格式】，用左键点击后即会出现下拉菜单，继续点击【行高】，在弹出的【行高】对话框中，把行高设置为40，然后单击【确定】。

③用同样的方法，把第3、第4行以及第6至第24行的行高设置为20，把第5行的行高设置为120，把第25行的行高设置为55，把第26行的行高设置为25。

STEP2：设置列宽

　　按住【Ctrl】键，用鼠标分别选中C、E、G、I列单元格，然后在功能区选择【格式】，用左键点击后即会出现下拉菜单，继续点击【列宽】，在弹出的【列宽】对话框中，把列宽设置为12，然后单击【确定】。

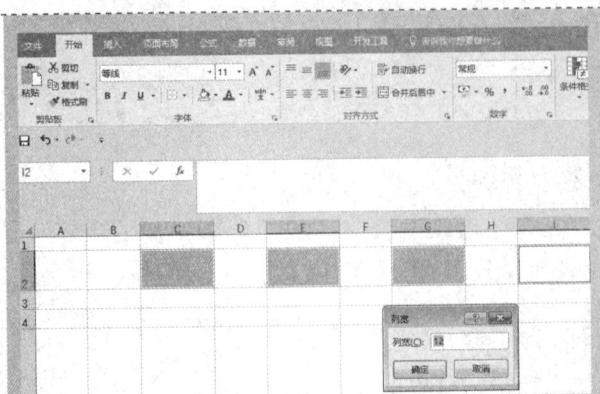

STEP3：合并单元格

　　①用鼠标选中B2:I2，然后在功能区选择【合并后居中】按钮，用鼠标左键点击。

　　②用同样的方法，将如右图所示的单元格进行合并。

STEP4：设置边框线

　　①用鼠标选中B3:I26，单击鼠标右键，在弹出的菜单中选择【设置单元格格式】；用鼠标点击后，就会出现【设置单元格格式】对话框；选择粗线，并将【颜色】设置为【橙色，个性色2，深色25%】，然后点击【外边框】按钮。

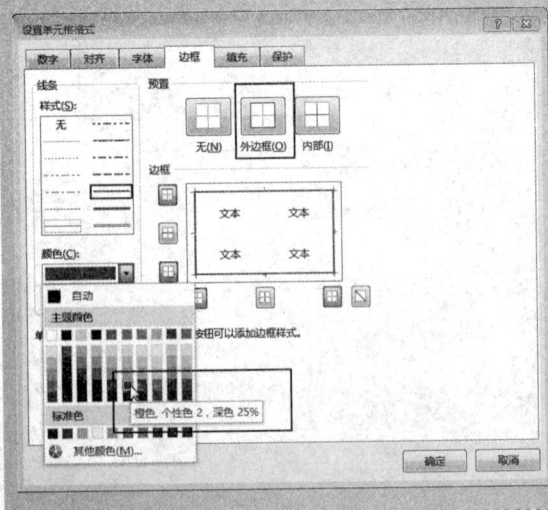

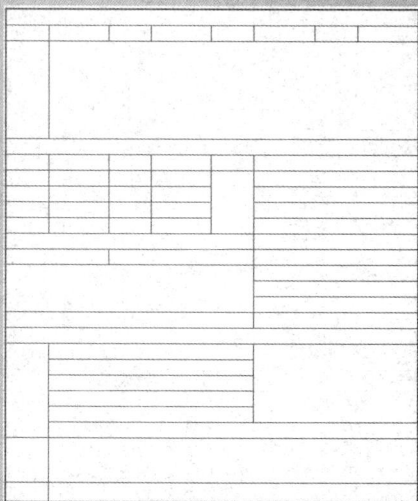

②选择细线，然后点击【内部】按钮。

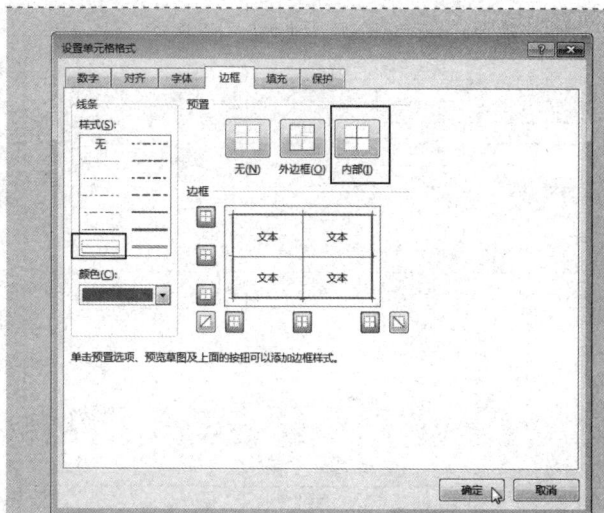

③点击【确定】后，最终的效果如左图所示。

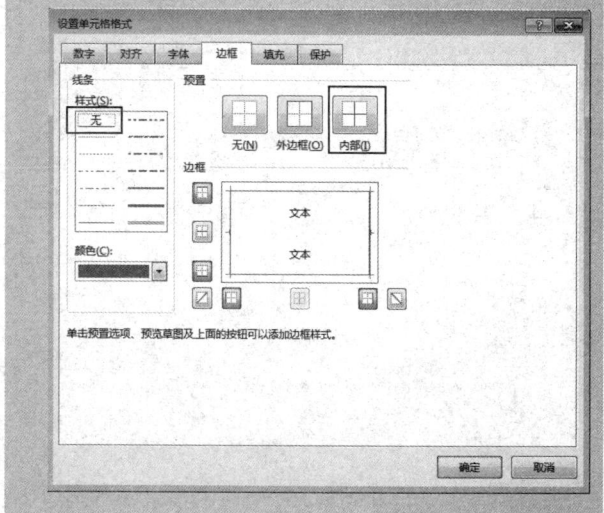

④选中G7:I16单元格区域，使用【Ctrl+1】快捷键弹出【设置单元格格式】对话框；然后在【样式】中选择【无】，再点击【内部】按钮。

⑤点击【确定】后，即可将该单元格区域内的内边框消除；用同样的方法，将C19:F23单元格区域内的内边框消除，最终的效果如右图所示。

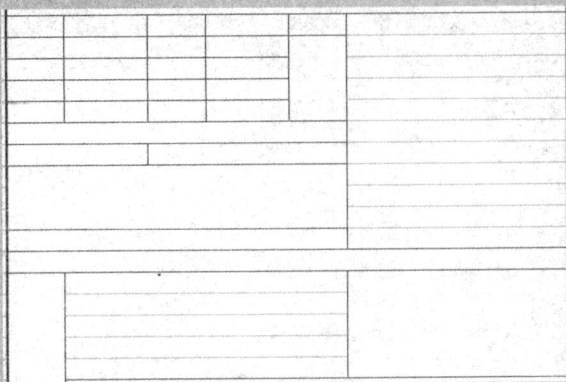

STEP5：输入内容

①用鼠标选中B2:I2，然后在单元格内输入"员工转正申请表"；选中该单元格，将【字号】设置为24；在功能区中点击【垂直居中】和【居中】，并用【Ctrl+B】快捷键将文字加粗。

②在B3:I26区域内的单元格中分别输入文字，并按照前面提到的方法对文字进行适当调整。

STEP6：绘制直线

①切换至【插入】选项卡，单击【插图】选项组中的【形状】按钮，并在弹出的下拉列表中选择【直线】。

员工转正申请表

转正申请

姓名		岗位		所属部门		申请日期	
个人总结							

员工情况

考核时间	考核结果	考核时间	考核结果	平均	（本栏由人力资源部填写）	
第一月		第四月			试用期	
第二月		第五月			自　年　月　日至　年　月　日	
第三月		第六月			担任职务：	
考评人		考评人			在　　　　部门	
直属部门主管意见					担任　　　　职位	
拟予转正		拟予辞退（勾选后再填细说明理由）			劳动报酬	
					试用期工资为　　　元/月	
					转正后工资为　　　元/月	
签名/日期：					签名/日期：	

会签意见

任职决定	拟予转正：		拟予辞退：（请详细说明理由）	
	在　　　部门，担任　　　职位：			
	拟付工资　　元/月；其他：			
	执行日期：自　年　月　日起执行			
	备注：			
	审核（签名/日期）：			
总经理核准				
说明	1. 第一栏内容由员工本人填写，个人总结可以描述任职期间的工作总结、心得体会、对公司的建议等。 2. 第二栏内容由员工的直属主管填写。			

插入　页面布局　公式　数据　审阅　视图　开发工具

表格　图片　联机图片　　形状　　应用商店

最近使用的形状

线条　直线

②用鼠标点击后，即可在单元格内绘制直线；然后切换至【绘图工具】下的【格式】选项卡，在【形状样式】组中，选择样式【细线–深色1】。

（本栏由人力资源部填写）

试用期：

自＿＿＿年＿＿＿月＿＿＿日至＿＿＿年＿＿＿月＿＿＿日

担任职务：

在＿＿＿＿＿＿＿＿＿部门

担任＿＿＿＿＿＿＿＿＿＿职位

劳动报酬：

试用期工资为＿＿＿＿＿＿＿＿＿元/月

转正后工资为＿＿＿＿＿＿＿＿＿元/月

③使用同样的方法，继续绘制直线。

STEP7：美化表格

①按住【Ctrl】键，然后分别选中B3:I3、B6:I6、B18:I18单元格区域，在功能区选择【字体】选项组中的【填充颜色】，将颜色设为【橙色，个性色2，淡色40%】。

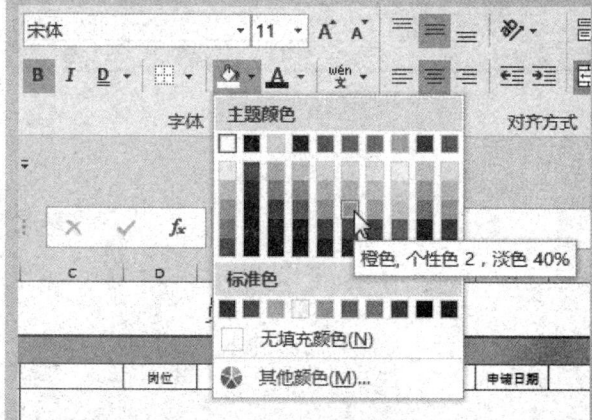

②继续选中B2:I2、B3:I3、B6:I6、B18:I18单元格区域，然后选择【字体】选项组中的【字体颜色】，将颜色设为【橙色，个性色2，深色50%】。

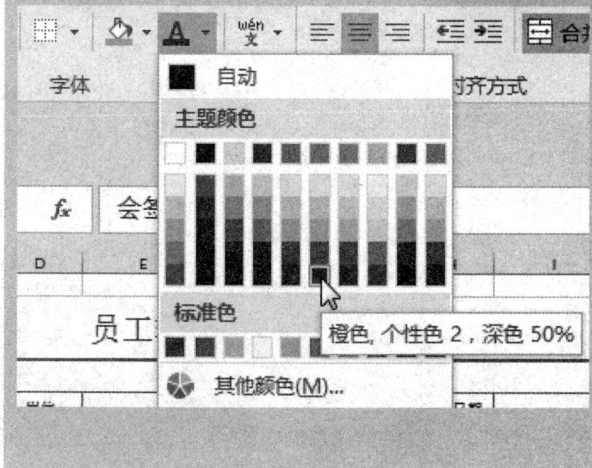

③最终的效果如右图所示。

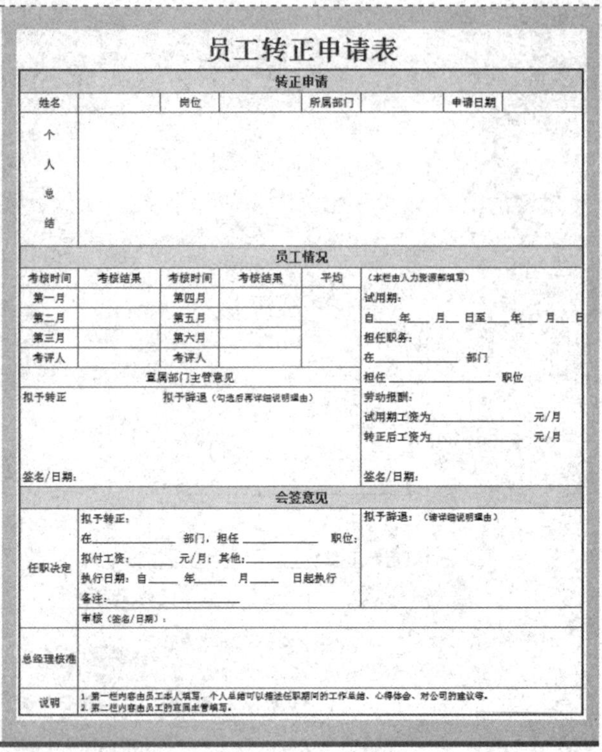

员工转正申请表

转正申请					
姓名		岗位		所属部门		申请日期

个人总结	

员工情况					
考核时间	考核结果	考核时间	考核结果	平均	（本栏由人力资源部填写）
第一月		第四月			试用期：
第二月		第五月			自____年__月__日至____年__月__日
第三月		第六月			担任职务：
考评人		考评人			在_____部门
直属部门主管意见					担任_____职位
拟予转正		拟予辞退（勾选后再详细说明理由）			劳动报酬：
					试用期工资为_____元/月
					转正后工资为_____元/月
签名/日期：					签名/日期：

会签意见	
任职决定	拟予转正： 在_____部门，担任_____职位； 拟付工资：_____元/月；其他： 执行日期：自____年____月____日起执行 备注：
	拟予辞退：（请详细说明理由）
	审核（签名/日期）：
总经理核准	
说明	1. 第一栏内容由员工本人填写，个人总结可以描述任职期间的工作总结、心得体会、对公司的建议等。 2. 第二栏内容由员工的直属主管填写。

操作小技巧

在本节中，我们需要绘制大量的直线，在绘制直线的同时按住【Shift】键，即可绘制水平、垂直及45°角的直线。

第四章

把握细节，员工的人事档案管理

员工的人事档案管理是人力资源部门的基础工作，其中包括及时、准确地整理、统计、汇总和分析企业的人事数据等工作，进而为企业制定相关决策和战略规划提供重要的参考依据。本章将针对人力资源中常见的管理事项，运用Excel强大的计算和分析能力，来详细讲解各个表格的设计、应用和统计方法。

人事档案管理概述

　　人事档案指的是企业的人事部门在招收、调配、培训、考核、奖惩和任用员工的工作过程中，所形成的员工的个人经历、工作表现以及工作变动等文件资料。人事档案是历史地、全面地考察员工的主要依据。做好人事档案的管理工作，对于调动员工的工作积极性，全面完成企业及员工的各项目标任务，具有一定的积极意义。

人事管理档案的建立

　　（1）人事管理档案应在员工入职的一周之内，由员工所在部门负责将其入职后所形成的人事资料收集、整理，待员工的试用期考核结束并通过以后，即该员工被正式录用后，部门负责人将其人事资料转交给公司人力资源部。

　　（2）人力资源部对各个部门移交的人事资料，应根据"人事管理档案分类目录"进行审核，如果发现人事资料不完整应及时向相关部门或人员进行追索，以确保人事档案的真实性及完整性。

　　（3）人力资源部门在收取员工的相关证件时，应向对方出具一式二份的收据。其中，一份收据交给对方，另一份收据应存入档案。

　　（4）当员工的人事资料收集、归档之后，人事管理专员应在档案袋上详细填写员工的姓名及档案资料清单等相关内容，并根据档案材料的分类目的顺序进行排列。而各类资料应以具体的形成时间作为顺序，然后进行分类装订，并注明该档案资料收集、归档经办人的姓名。

　　（5）档案管理人事专员应将档案资料以及相关的电子档案进行分类存放，并严格保管。

人事管理档案的健全与更新

　　（1）公司员工的考核、任免、奖惩、教育培训、薪资调整以及职务变动等相关人事资料形成以后，该员工所在的部门应及时协助人力资源部门进行资料的整理。

　　（2）当对员工的调任、晋升、降职以及免职等变动资料进行归档时，除了应按照资料形成的时间顺序排列装订以外，还应登记在"人员薪资/异动变化记录表"中。

　　（3）在对员工薪资变动的资料进行归档时，除了要按照资料形成的时间顺序排列装订以外，还应登记在"员工薪资/异动记录表"中。

　　（4）人力资源部门的人事管理专员，在对各部门收集上来的各项人事资料审核无误后，应及时交档。

　　（5）人力资源部门应按照人事档案管理的相关规定，定期填写"人事（管理）档案资料移交清单"。

（6）员工的人事管理档案建立之后，应由人力资源部门按照档案管理的相关规定实行统一保管。

人事档案的统计与清点

（1）档案管理员应及时将员工的人事信息归档，并记录和录入电脑，以确保实存档案信息与电脑存储信息保持一致。

（2）档案管理员应每周一统计上周出现的退档及归档人员清单，并于每月5日进行月度汇总。

（3）人力资源部门应于每年1月份，对公司的人事档案进行年度清点。统计上一年度归档数、档案总数、退档总数、在岗人员档案数等相关数据，并与电脑存储数据核对，以确保二者保持一致。

（4）人事管理档案的保存期限：

① 对于已经办理离职手续的员工，其人事管理档案的保存期为2年，应以"离职（调动）交接表"中核准的日期作为依据计算。

② 对于还未办理离职手续，但实际已经离开公司的员工，其人事管理档案的保存期为3年，应以当事人所在部门出具的书面报告中标称的离开公司的时间作为依据开始计算。

③ 人力资源部门应于每年3月份，对上一年度已经超出保存期限的档案，进行统一销毁。

每月部门人员统计表

表格说明：

对人力资源部门来说，对公司每个月各个部门的人员进行统计十分必要，因为这有助于对公司人员的流动性进行分析，从而为人力资源的合理规划提供相应的依据。

本节任务：

本节介绍如何使用Excel 2016制作一份公司每月部门人员统计表。本节学习的重点是掌握设置除法函数。

学习目标：

◎ 熟练掌握Excel求和、除法等各种函数的使用方法。

◎ 掌握Excel表格的基本操作方法。

具体步骤：

STEP1：创建文件名称并设置行高

①新建一个Excel工作表，并将其命名为"每月部门人员统计表"。

②在打开的空白工作簿中用鼠标选中第2行单元格，然后在功能区中选择【格式】，用左键点击后即会出现下拉菜单，继续点击【行高】，在弹出的【行高】对话框中，把行高设置为40，然后单击【确定】。

③用同样的方法，把第3至第17行的行高设置为24。

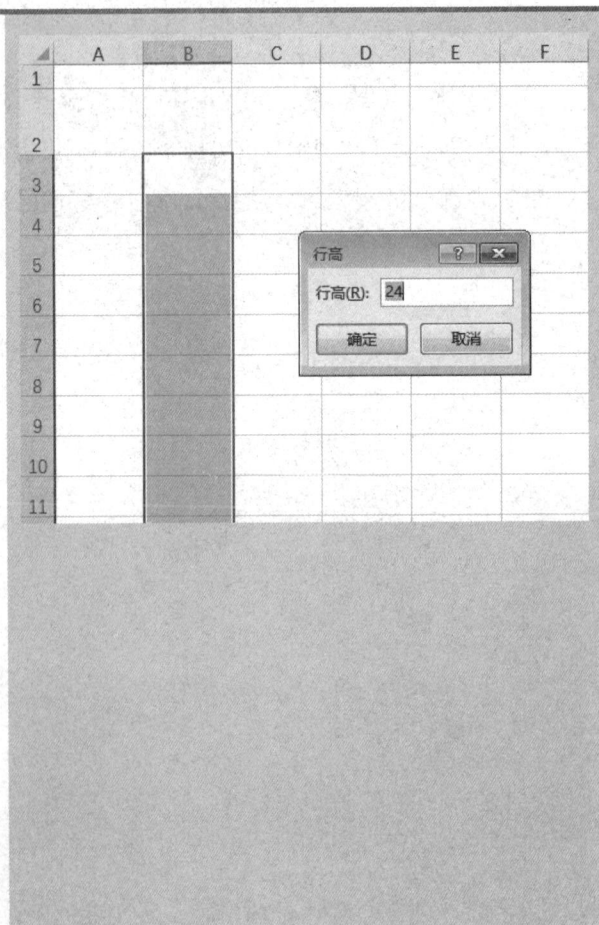

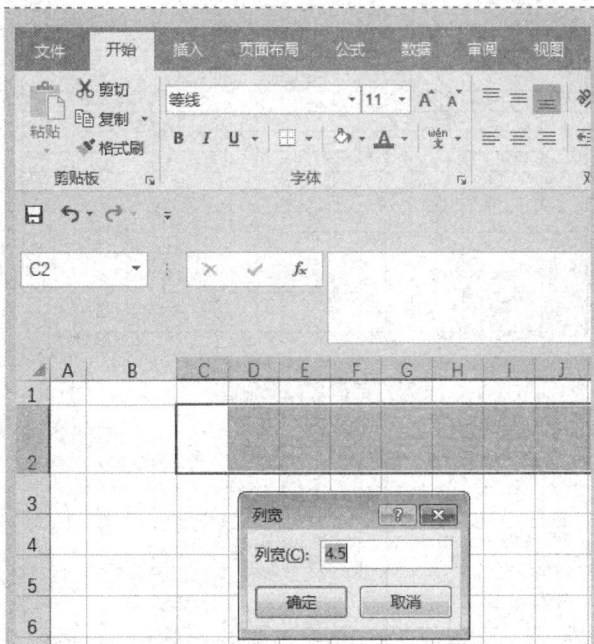

STEP2：设置列宽

用鼠标选中C至V列单元格，然后在功能区选择【格式】，用左键点击后即会出现下拉菜单，继续点击【列宽】，在弹出的【列宽】对话框中，把列宽设置为4.5，然后单击【确定】。

STEP3：合并单元格

①用鼠标选中B2:V2单元格区域，然后在功能区选择【合并后居中】按钮，用鼠标左键点击。

②用同样的方法，将B3:V5区域内的单元格分别进行合并，最终的效果如左图所示。

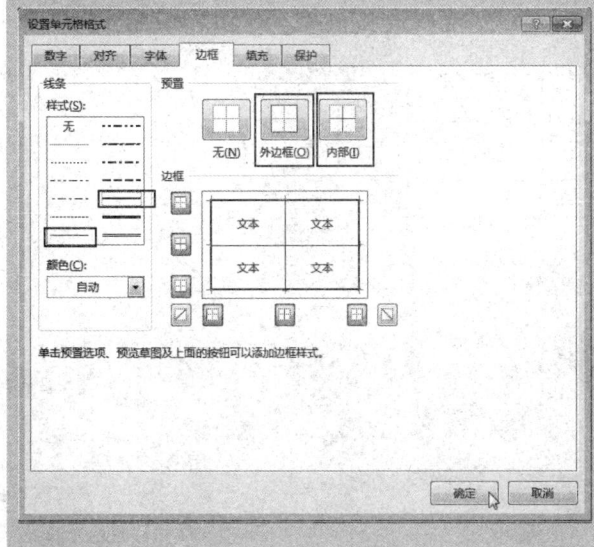

STEP4：设置边框线

①用鼠标选中B3:V17，单击鼠标右键，在弹出的菜单中选择【设置单元格格式】；用鼠标点击后，就会出现【设置单元格格式】对话框；点击【边框】，选择细线，然后点击【内部】按钮；再选择粗线，然后点击【外边框】按钮。

②点击【确定】后，最终的效果如右图所示。

STEP5：输入内容

①用鼠标选中B2:V2，然后在单元格内输入"每月部门人员统计表"；选中该单元格，将【字号】设置为24；在功能区中点击【垂直居中】和【居中】，并用【Ctrl+B】快捷键将文字加粗。

②在B3:V17区域内的单元格中分别输入文字，并按照前面提到的方法对文字进行适当调整。

STEP6：设置在职求和函数公式

①选中S6单元格，在该单元格中输入"=Q6+O6+M6+K6+I6+G6+E6+C6"。

②点击【Enter】键后，即可为1月份在职员工进行自动求和；继续选中S6单元格，把鼠标放到单元格内的右下角处。

每月部门人员统计表

月 份	财务部		行政部		营运部		航空部		货物部		申诉部		客服部		IT部		在职人员	离职人员	离职率	总计
	在职	离职	在职	离职	在职	离职	在职	离职	在职	离职	在职	离职	在职	离职	在职	离职				
1月份	4	1	3	0	7	0	6	1	25	0	6	1	13	2	2	0				
2月份	5	0	3	0	6	1	7	0	24	1	7	0	15	0	2	0				
3月份	5	0	3	0	6	1	25	0	6	1	15	0	2	0						
4月份	5	0	3	0	6	1	7	0	24	1	7	0	15	0	2	0				
5月份	5	0	3	0	7	0	6	1	25	0	6	1	15	0	2	0				
6月份	5	0	3	0	6	1	7	0	24	1	7	0	15	0	2	0				
7月份	5	0	3	0	7	0	6	1	25	0	6	1	15	0	2	0				
8月份	5	0	3	0	6	1	7	0	24	1	7	0	15	0	2	0				
9月份	5	0	3	0	7	0	6	1	25	0	6	1	15	0	2	0				
10月份	5	0	3	0	6	1	7	0	24	1	7	0	15	0	2	0				
11月份	5	0	3	0	7	0	6	1	25	0	6	1	15	0	2	0				
12月份	5	0	3	0	6	1	7	0	23	2	7	0	15	0	2	0				

每月部门人员统计表

月 份	财务部		行政部		营运部		航空部		货物部		申诉部		客服部		IT部		在职人员	离职人员	离职率	总计
	在职	离职	在职	离职	在职	离职	在职	离职	在职	离职	在职	离职	在职	离职	在职	离职				
1月份	4	1	3	0	7	0	6	1	25	0	6	1	13				=Q6+O6+M6+K6+I6+G6+E6+C6			

	S	T	U	V
	在职人员	离职人员	离职率	总计
	66			

在职人员	离职人员	离职率	总计
66			
69			
69			
69			
69			
69			
69			
69			
69			
69			
69			
68			

每月部门人员统计表

月 份	2016 年 每 月 在 岗 员 工 统 计																在职人员	离职人员	离职率	总计
	财务部		行政部		营运部		救空部		爱物部		申诉部		客服部		IT部					
	在职	离职	在职	离职	在职	离职	在职	离职	在职	离职	在职	离职	在职	离职	在职	离职				
1月份	4	1	3	0	7	0	6	1	25	0	6	1	13	2			=R6+P6+N6+L6+J6+H6+F6+D6			

STEP7：设置离职求和函数公式

①选中T6单元格，在该单元格中输入"=R6+P6+N6+L6+J6+H6+F6+D6"。

	T	U	V
	离职人员	离职率	总计
	5		

②点击【Enter】键后，即可为1月份离职员工进行自动求和；继续选中T6单元格，把鼠标放到单元格内的右下角处。

在职人员	离职人员	离职率	总计
66	5		
69	2		
69	2		
69	2		
69	2		
69	2		
69	2		
69	2		
69	2		
69	2		
69	2		
68	3		

③按住鼠标左键，然后向下拖拉至T17。

STEP8：设置"总计"求和函数公式

①选中V6单元格，在该单元格中输入"=S6+T6"。

在职人员	离职人员	离职率	总计
66	5		=S6+T6

②点击【Enter】键后，即可为1月份在职、离职员工的总数进行自动求和；继续选中V6单元格，把鼠标放到单元格内的右下角处。

在职人员	离职人员	离职率	总计
66	5		71

③按住鼠标左键，然后向下拖拉至V17。

在职人员	离职人员	离职率	总计
66	5		71
69	2		71
69	2		71
69	2		71
69	2		71
69	2		71
69	2		71
69	2		71
69	2		71
69	2		71
69	2		71
68	3		71

STEP9：设置除法函数公式

①选中U6单元格，然后在该单元格中输入"=T6/V6"。

在职人员	离职人员	离职率	总计
66	5	=T6/V6	

②点击【Enter】键；再选择【开始】选项卡，然后点击【数字】选项组中的【%】，即可得出1月份的离职率；继续选中U6单元格，把鼠标放到单元格内的右下角处。

U	V

离职率	总计
7%	71
	71

③按住鼠标左键，然后向下拖拉至U17。

离职率	总计
7%	71
3%	71
3%	71
3%	71
3%	71
3%	71
3%	71
3%	71
3%	71
3%	71
3%	71
4%	71

④最终的效果如左图所示。

每月部门人员统计表

月份	财务部		行政部		营运部		航空部		货物部		申诉部		客服部		IT部		在职人员	离职人员	离职率	总计
	在职	离职	在职	离职	在职	离职	在职	离职	在职	离职	在职	离职	在职	离职	在职	离职				
1月份	4	1	3	0	7	0	6	1	25	0	6	1	13	2	2	0	66	5	7%	71
2月份	5	0	3	0	6	1	7	0	24	1	7	0	15	0	2	0	69	2	3%	71
3月份	5	0	3	0	7	0	6	1	25	0	6	1	15	0	2	0	69	2	3%	71
4月份	5	0	3	0	6	1	7	0	24	1	7	0	15	0	2	0	69	2	3%	71
5月份	5	0	3	0	7	0	6	1	25	0	6	1	15	0	2	0	69	2	3%	71
6月份	5	0	3	0	6	1	7	0	24	1	7	0	15	0	2	0	69	2	3%	71
7月份	5	0	3	0	7	0	6	1	25	0	6	1	15	0	2	0	69	2	3%	71
8月份	5	0	3	0	6	1	7	0	24	1	7	0	15	0	2	0	69	2	3%	71
9月份	5	0	3	0	7	0	6	1	25	0	6	1	15	0	2	0	69	2	3%	71
10月份	5	0	3	0	6	1	7	0	24	1	7	0	15	0	2	0	69	2	3%	71
11月份	5	0	3	0	7	0	6	1	25	0	6	1	15	0	2	0	69	2	3%	71
12月份	5	0	3	0	6	1	7	0	23	2	7	0	15	0	2	0	68	3	4%	71

操作小技巧

在查找文字的"字体"时，逐个查找会非常麻烦。但如果我们已经知道要选择哪种字体，就可以在【字体】选项下方的文本框中，直接输入字体的名称，然后单击【Enter】键即可。

人事任命通报表

表格说明：

对很多公司来说，内部的人事任命是比较常见的。用Excel制作表格，可以在单元格内添加标注，非常适合以电子邮件的方式发送至公司内部的员工。

本节任务：

本节为大家详细介绍使用Excel 2016制作一份人事任命通报表。本节学习的重点是掌握添加标注的操作方法。

学习目标：

◎ 掌握给Excel表格中的单元格添加标注。

◎ 熟练掌握Excel中美化表格的操作方法。

具体步骤：

STEP1：创建文件名称并设置行高

①新建一个Excel工作表，并将其命名为"人事任命通报表"。

②在打开的空白工作簿中用鼠标选中第2行单元格，然后在功能区中选择【格式】，用左键点击后即会出现下拉菜单，继续点击【行高】，在弹出的【行高】对话框中，把行高设置为38，然后单击【确定】。

③用同样的方法，把第3至第10行的行高设置为30。

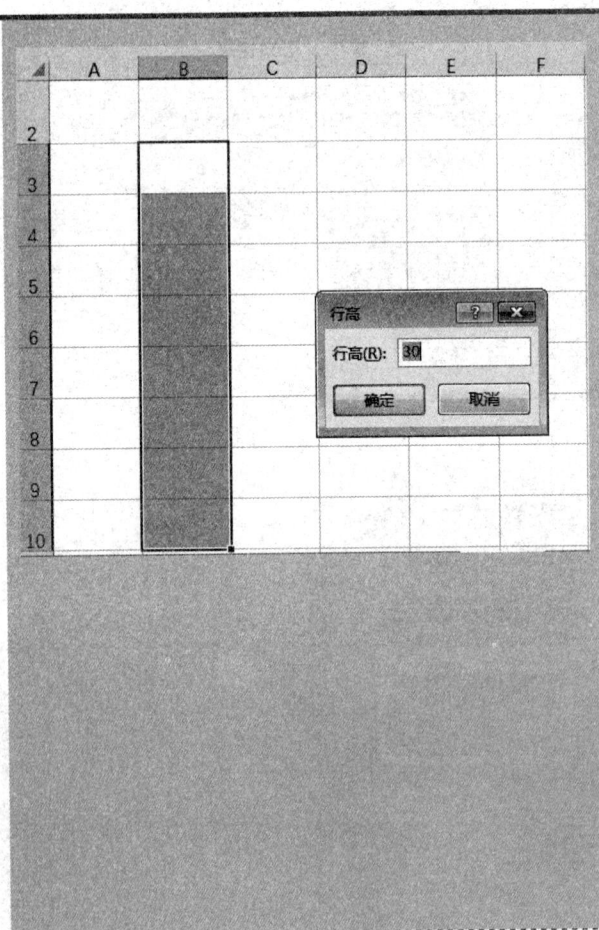

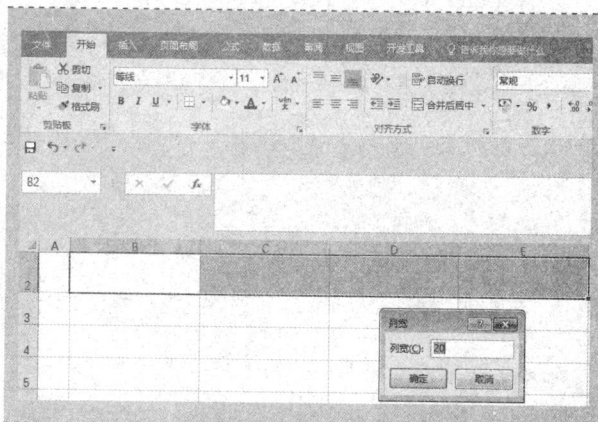

STEP2：设置列宽

用鼠标选中B至E列单元格，然后在功能区选择【格式】，用左键点击后即会出现下拉菜单，继续点击【列宽】，在弹出的【列宽】对话框中，把列宽设置为20，然后单击【确定】。

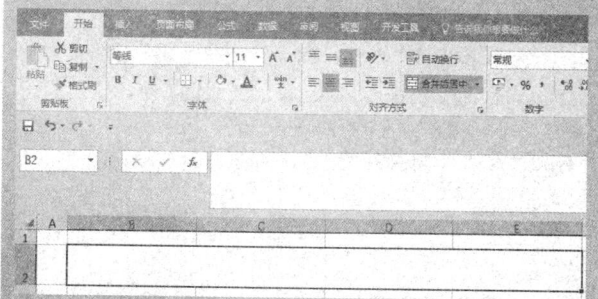

STEP3：合并单元格

用鼠标选中B2:E2，然后在功能区选择【合并后居中】按钮，用鼠标左键点击。

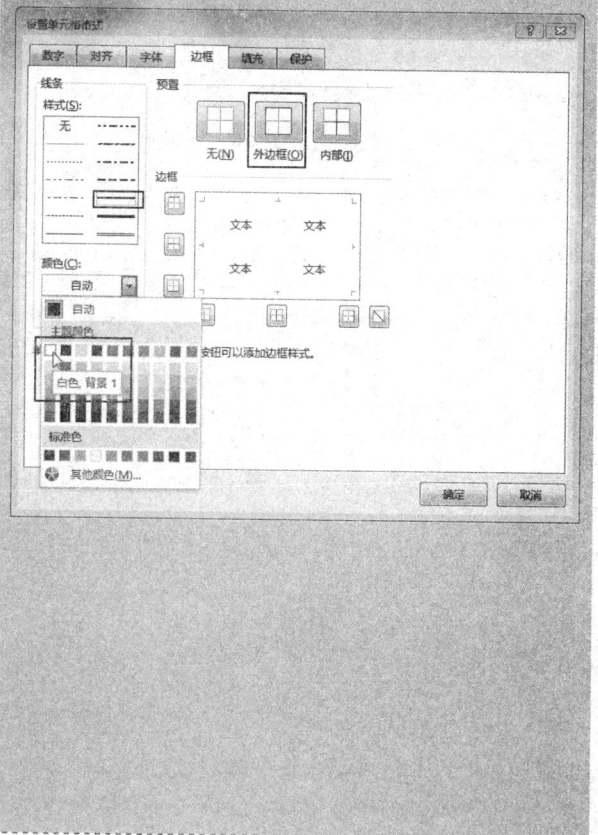

STEP4：设置边框线

①用鼠标选中B3:E10，单击鼠标右键，在弹出的菜单中选择【设置单元格格式】；用鼠标点击后，就会出现【设置单元格格式】对话框；选择粗线，并将【颜色】设置为【白色】，然后点击【外边框】按钮。

②选择细线，然后点击【内部】按钮。

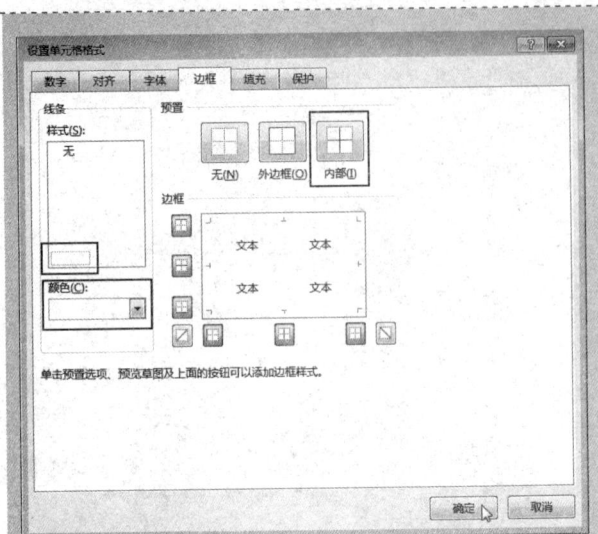

③继续切换至【填充】选项卡，在【背景色】选项组中单击【其他颜色】按钮，在弹出的对话框中选择【自定义】，然后将RGB的数值分别设置为220、230、241。

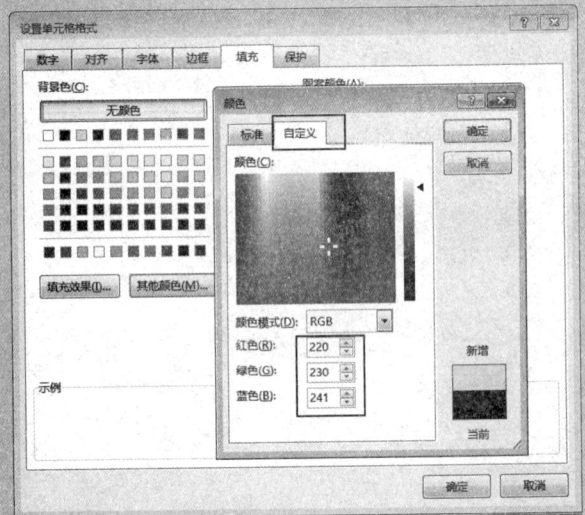

④先点击【颜色】对话框中的【确定】，然后再点击整个对话框中的【确定】，最终的效果如右图所示。

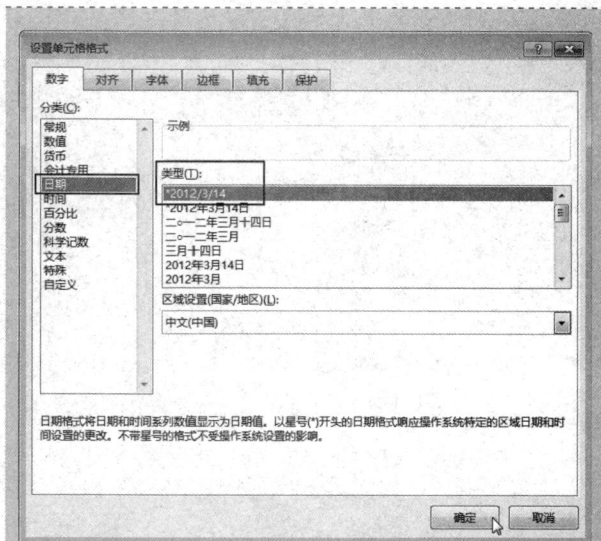

STEP5：设置日期格式

选中D4:D10单元格区域，单击鼠标右键，在弹出的快捷菜单中选择【设置单元格格式】；点击后，在该对话框中选择【数字】选项卡中的【日期】选项；然后在【类型】列表框中选择日期类型，最后单击【确定】。

STEP6：输入内容

①用鼠标选中B2:E2，然后在单元格内输入"人事任命通报表"；选中该单元格，将【字号】设置为26；在功能区中点击【垂直居中】和【居中】，并用【Ctrl+B】快捷键将文字加粗。

②在B3:E10区域内的单元格中分别输入文字，并按照前面提到的方法对文字进行适当调整。

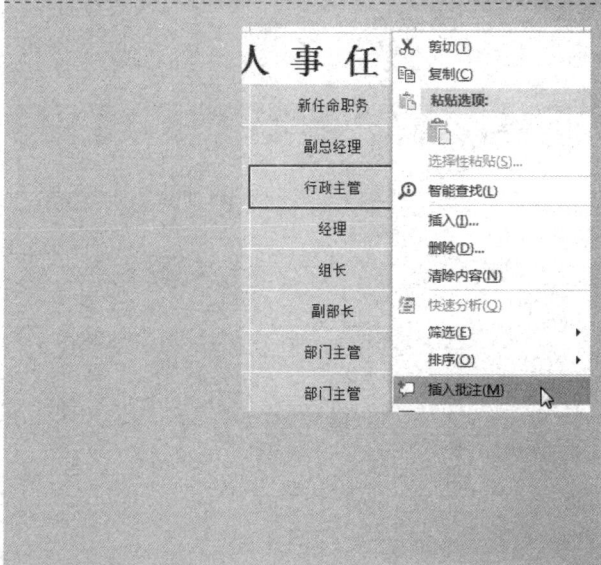

STEP7：插入批注

①用鼠标选中C5单元格，点击鼠标右键，在弹出的快捷菜单中选择【插入批注】。

人 事 任 命 通 报 表

姓名	新任命职务	任职时间	原职务
王华	副总经理	2016/3/3	部门经理
赵婷	行政主管	2016/7/8	行政文员
李军虎	经理	2016/8/16	副经理
黄亚强	组长	2016/9/10	职员
赵亮	副部长	2016/10/13	部门主管
许明明	部门主管	2016/11/26	销售
王子龙	部门主管	2016/12/1	职员

②点击后，就会弹出一个标注标签；在标签中输入"人力资源部"。

③用同样的方法，为其他单元格插入标注。

STEP8：美化表格

①按住【Ctrl】键，然后分别选中第4、6、8、10行的单元格区域，在功能区选择【字体】选项组中的【填充颜色】，将颜色设为【蓝色，个性色1，淡色40%】。

②选中B2:E2单元格区域，然后选择【字体】选项组中的【填充颜色】，将颜色设为【蓝色，个性色1，深色25%】；继续选中B2:E2单元格区域，然后选择【字体】选项组中的【字体颜色】，将颜色设为【白色】。

③选中B3:E10单元格区域，然后选择【字体】选项组中的【字体颜色】，将颜色设为【蓝色，个性色1，深色50%】；最终的效果如右图所示。

在本节中，我们会对很多单元格进行同一项操作，此时就可使用【Ctrl】键。比如，我们在对第4、6、8、10行进行颜色填充时，就可以先按住【Ctrl】键，再选中第4、6、8、10行，然后进行操作。

公司高层一览表

表格说明：

公司的高层人员对于公司的发展至关重要。因此，掌握并随时更新公司的高层人员名单，对人力资源部门来说是一项非常重要的工作。

本节任务：

本节介绍如何使用Excel 2016制作一份公司高层一览表。本节学习的重点是掌握单元格的套用表格格式。

学习目标：

◎ 学习为Excel单元格设置套用表格格式的方法。

◎ 熟练掌握Excel表格中的基本操作。

具体步骤：

STEP1：创建文件名称并设置行高

①新建一个Excel工作表，并将其命名为"公司高层一览表"。

②在打开的空白工作簿中用鼠标选中第2行单元格，然后在功能区中选择【格式】，用左键点击后即会出现下拉菜单，继续点击【行高】，在弹出的【行高】对话框中，把行高设置为30，然后单击【确定】。

③用同样的方法，把第4行的行高设置为25，把第5至第14行的行高设置为20。

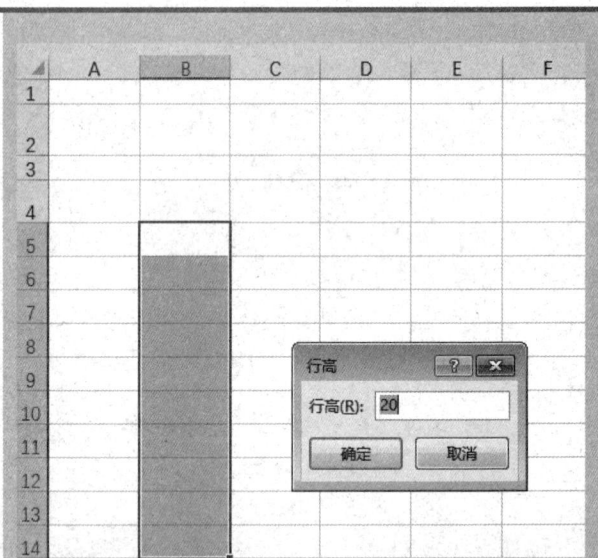

STEP2：设置列宽

用鼠标选中B至I列单元格，然后在功能区选择【格式】，用左键点击后即会出现下拉菜单，继续点击【列宽】，在弹出的【列宽】对话框中，把列宽设置为13，然后单击【确定】。

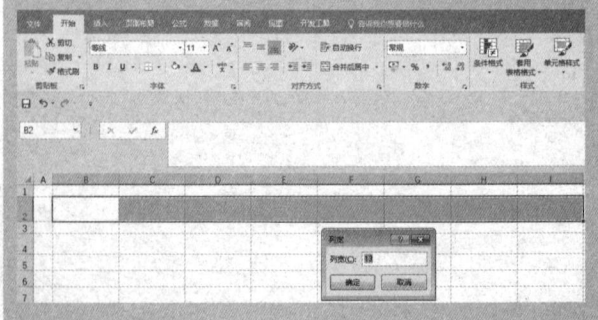

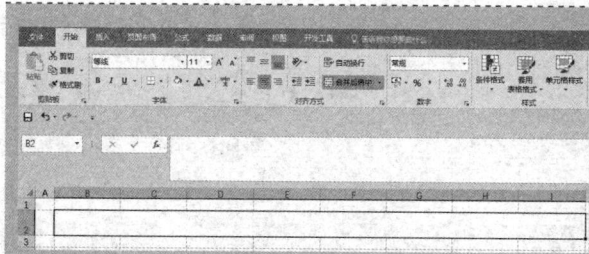

STEP3：合并单元格

用鼠标选中B2:I2，然后在功能区选择【合并后居中】按钮，用鼠标左键点击。

STEP4：设置边框线

①用鼠标选中B3:I3，在【开始】选项卡中的【字体】选项组选择【边框】；在下拉菜单中选择【上框线和粗下框线】。

②点击后，效果如左图所示。

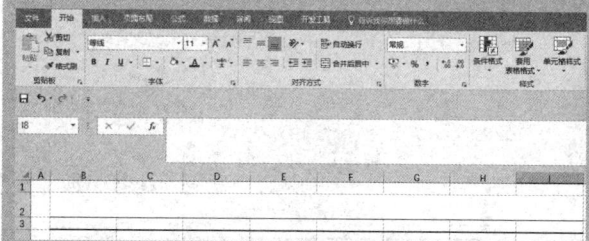

STEP5：输入文字内容

①用鼠标选中B2:I2，然后在单元格内输入"公司高层一览表"；选中该单元格，将【字号】设置为24；在功能区中点击【垂直居中】和【居中】，并用【Ctrl+B】快捷键将文字加粗。

②在B3:I14区域内的单元格内分别输入文字，并按照前面提到的方法对文字进行适当调整。

公司高层一览表

员工编号	姓名	职位	年龄	学历	任职年限	年薪（万元）	备注
GB001	刘文棠	总经理	43	硕士	13	100	
GB002	王明	副总经理	35	本科	10	50	
GB003	李兴华	办公室主任	38	本科	9	12	
GB004	张天汝	财务总监	39	硕士	9	20	
GB005	谢烨	技术总监	35	硕士	9	30	
GB006	郑文	销售总监	34	本科	8	40	
GB007	张华	人事总监	36	本科	8	20	
GB008	刘晓宇	运营经理	40	本科	8	16	
GB009	赵明	后勤主任	36	专科	7	12	
GB010	田立超	行政经理	38	本科	7	15	

制表人：张萍　审核人：李悦　制表日期：2017/3/31

STEP6：设置单元格格式

①选中B4:I14单元格区域，切换至【开始】选项卡中的【样式】组；单击【套用表格格式】按钮，在弹出的列表中，选择【金色，表样式中等深浅5】。

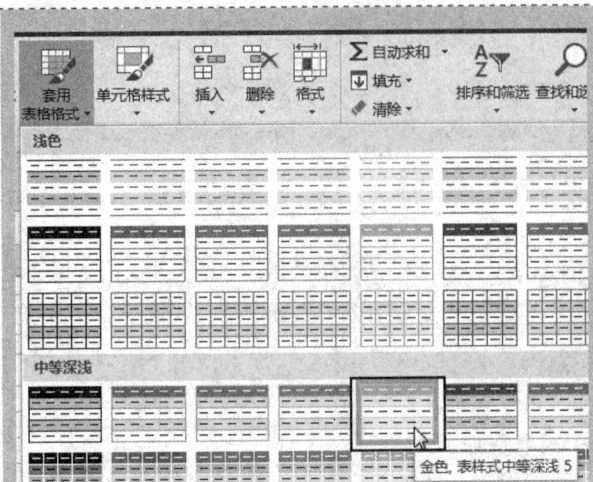

②用鼠标点击后，即可弹出【套用表格式】对话框。

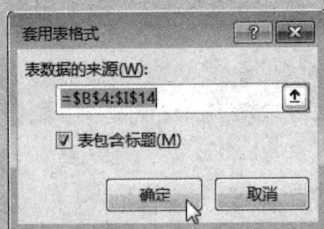

③单击【确定】后，最终的效果如右图所示。

员工编号	姓名	职位	年龄	学历	任职年限	年薪（万元）	备注
GB001	刘文泉	总经理	43	硕士	13	100	
GB002	王明	副总经理	35	本科	10	50	
GB003	李兴华	办公室主任	38	本科	9	12	
GB004	张天汝	财务总监	39	硕士	9	20	
GB005	谢锋	技术总监	35	硕士	9	30	
GB006	苑文	销售总监	34	本科	8	40	
GB007	张华	人事总监	36	本科	8	20	
GB008	刘晓宇	运营经理	40	本科	8	16	
GB009	赵明	后勤主任	36	专科	7	12	
GB010	田立超	行政经理	38	本科	7	15	

STEP7：美化表格

①选中B2:I2单元格区域，在功能区选择【字体】选项组中的【填充颜色】，将颜色设为【金色，个性色4，深色25%】。

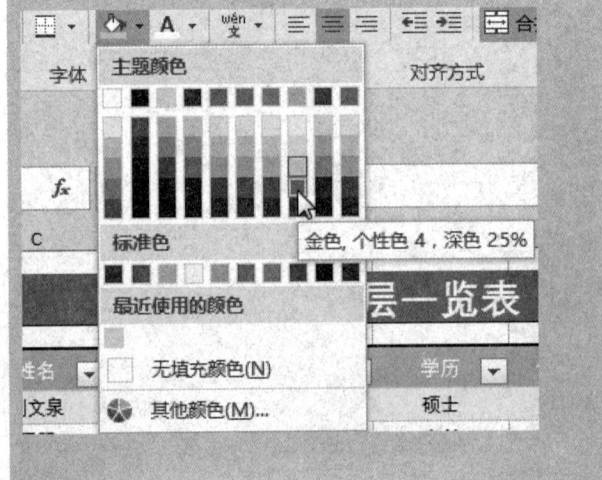

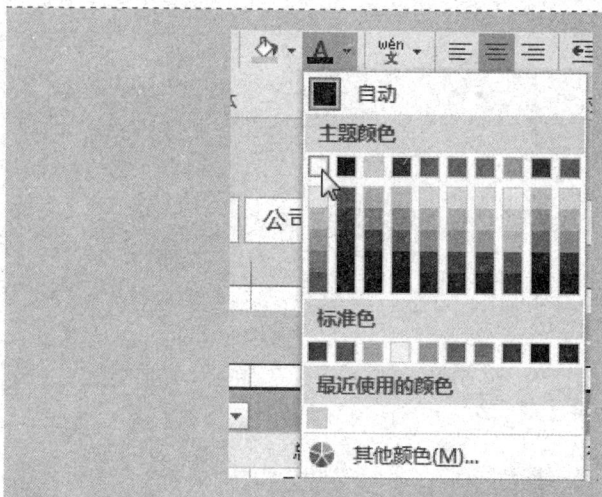

②继续选中B2:I2单元格区域，然后选择【字体】选项组中的【字体颜色】，将颜色设为【白色】。

③最终的效果如左图所示。

员工编号	姓名	职位	年龄	学历	任职年限	年薪（万元）	备注
							公司高层一览表
制表人：张萍		审核人：李悦			制表日期：2017/3/31		
GB001	刘文泉	总经理	43	硕士	13	100	
GB002	王明	副总经理	35	本科	10	50	
GB003	李兴华	办公室主任	38	本科	9	12	
GB004	张天汝	财务总监	39	硕士	9	20	
GB005	谢婷	技术总监	35	硕士	9	30	
GB006	郑文	销售总监	34	本科	8	40	
GB007	张华	人事总监	36	本科	8	20	
GB008	刘晓宇	运营经理	40	本科	8	16	
GB009	赵明	后勤主任	36	专科	7	12	
GB010	田立超	行政经理	38	本科	7	15	

操作小技巧

如果在操作的过程中出现了错误，而要恢复到上一步骤，则可使用【Ctrl+Z】快捷键，其作用为撤销上一个操作命令。

人事变更表

表格说明：

人事变更通常包括职位的调动、升迁、转正以及薪酬变动等，由人事部负责统计并下发至各个部门执行。

本节任务：

本节为大家介绍如何使用Excel 2016制作一份公司员工的人事变更表。本节学习的重点是掌握取消网格线的操作方法。

学习目标：

◎ 熟练掌握Excel表格中单元格边框的设置方法。

◎ 学习Excel表格中取消网格线的操作方法。

具体步骤：

STEP1：创建文件名称并设置行高

①新建一个Excel工作表，并将其命名为"人事变更表"。

②在打开的空白工作簿中用鼠标选中第2行单元格，然后在功能区中选择【格式】，用左键点击后即会出现下拉菜单，继续点击【行高】，在弹出的【行高】对话框中，把行高设置为32，然后单击【确定】。

③用同样的方法，把第3、第4行的行高设置为25，把第5至第16行的行高设置为20。

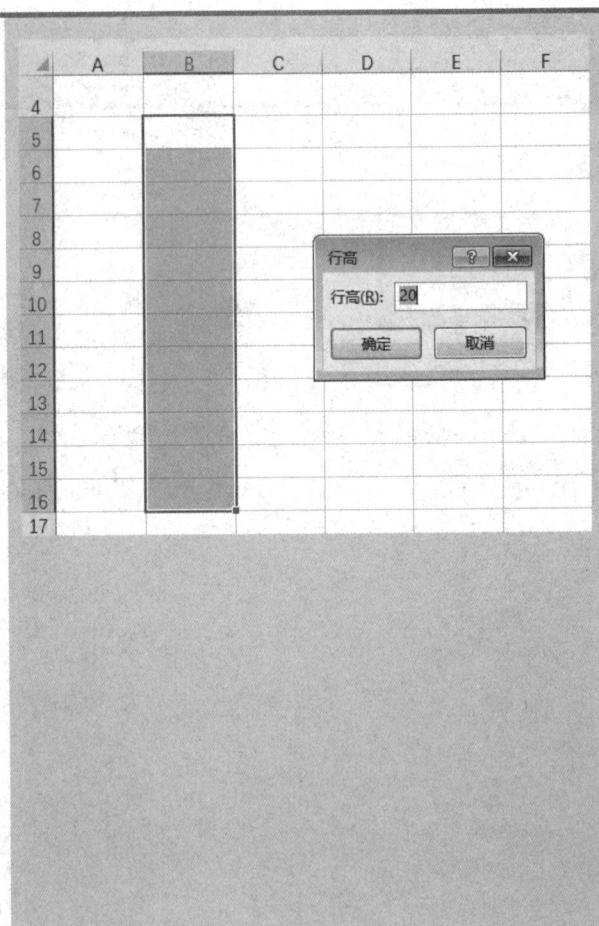

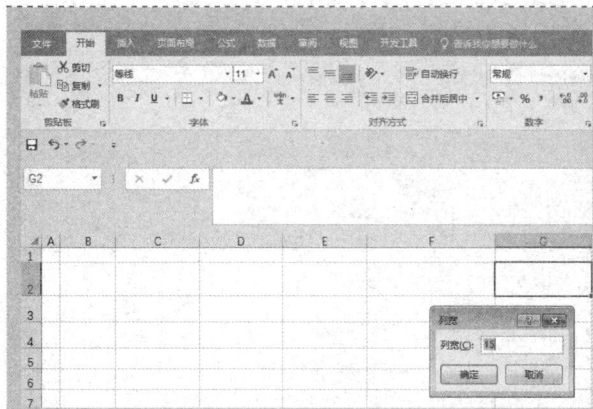

STEP2：设置列宽

①用鼠标选中C、D、E列单元格，然后在功能区选择【格式】，用左键点击后即会出现下拉菜单，继续点击【列宽】，在弹出的【列宽】对话框中，把列宽设置为13，然后单击【确定】

②用同样的方法，将F列单元格的列宽设置为20，将G列单元格的列宽设置为15。

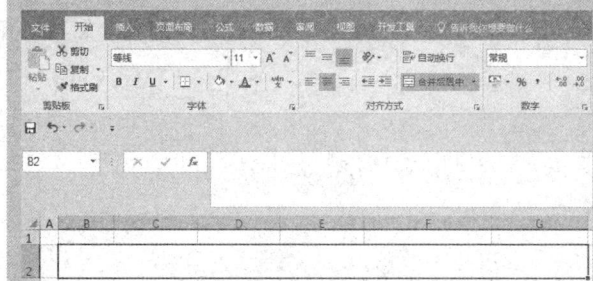

STEP3：合并单元格

用鼠标选中B2:G2，然后在功能区选择【合并后居中】按钮，用鼠标左键点击。

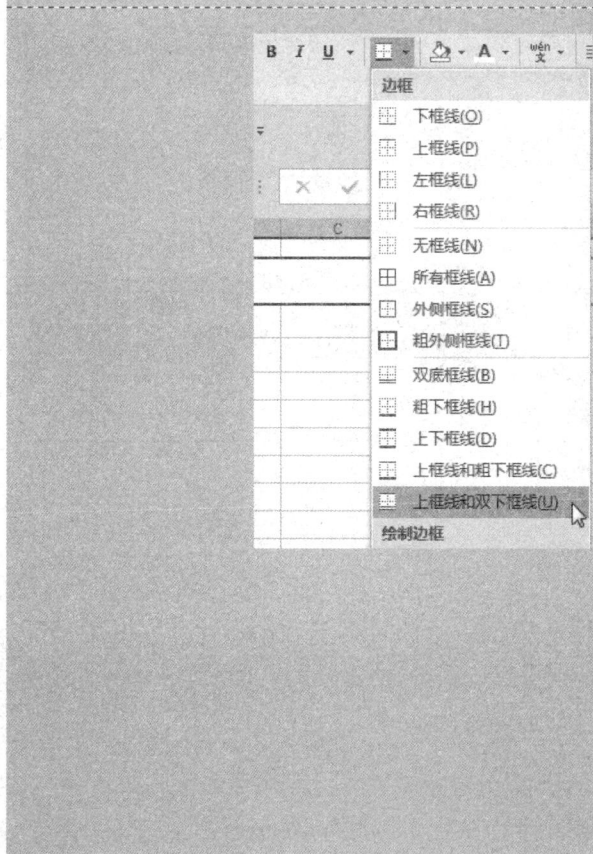

STEP4：设置边框线

①用鼠标选中B2:G20，切换至【开始】选项卡；在【字体】组中将【边框】设置为【上框线和双下框线】。

②选中B4:G16单元格，单击鼠标右键，在弹出的菜单中选择【设置单元格格式】；用鼠标点击后，就会出现【设置单元格格式】对话框；切换至【边框】选项卡，选择粗线，并将【边框】设置为如右图所示的样式，来为单元格设置顶部边框。

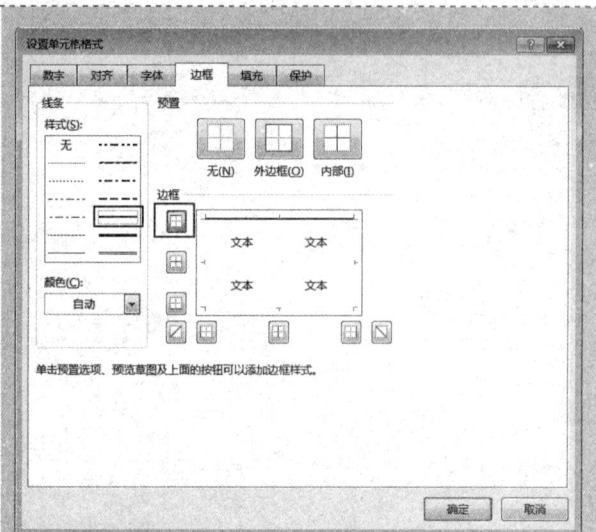

③继续在【样式】中选择细线，并将【边框】设置为如右图所示的样式，然后单击【确定】按钮。

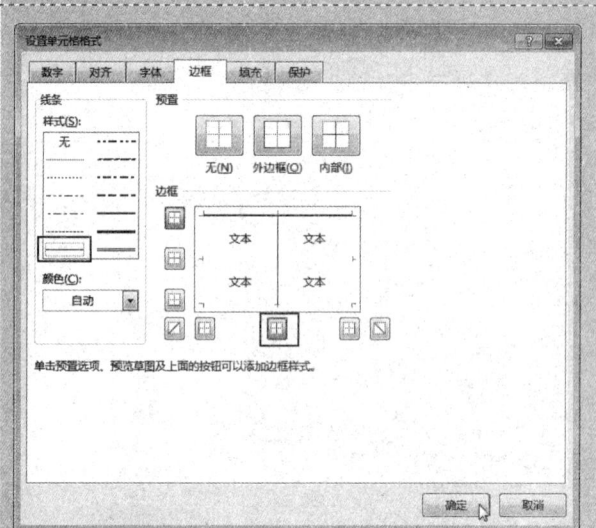

④点击【确定】后，最终的效果如右图所示。

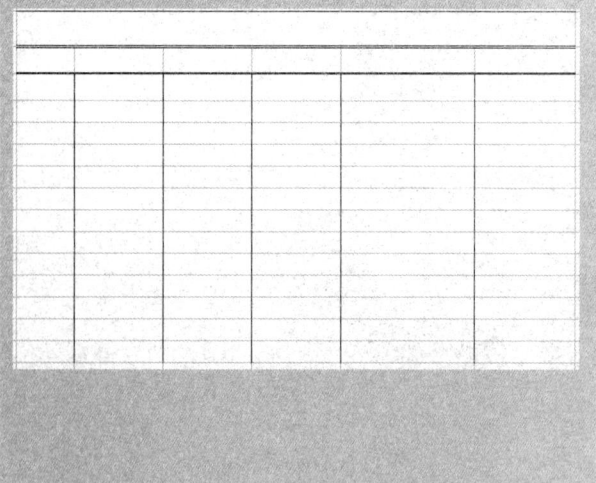

序号	姓名	人员编号	变动说明	资料更改	备注
日期：2017/1/11			填制：王晓旭		编号：0001
1	李男	G00011	调职	由市场部调至工程部	下月开始执行
2	张强	G00012	调职	由技术部调至采购部	本月开始执行
3	蔡国涛	G00013	升职	由销售主管升为销售经理	下月开始执行
4	贺秀文	G00014	升职	由技术员升为技术主管	下月开始执行
5	李德	Y00018	试用期满	转为正式员工	本月开始执行
6	刘晓虎	Y00019	试用期满	转为正式员工	本月开始执行
7	赵斌	Y00020	试用期满	转为正式员工	本月开始执行
8	唐树龙	Y00021	试用期满	转为正式员工	下月开始执行
9	梅岳	Y00022	试用期满	转为正式员工	下月开始执行
10	田炳文	C01030	薪资调整	由5000元调至6000元	下月开始执行
11	张天晨	C01031	薪金调整	由4000元调至5000元	下月开始执行
12	刘志国	C01022	薪资调整	由5500元调至6000元	下月开始执行

STEP5：输入内容

①用鼠标选中B2:G2，然后在单元格内输入"人事变更表"；选中该单元格，将【字号】设置为24；在功能区中点击【垂直居中】和【居中】，并用【Ctrl+B】快捷键将文字加粗。

②在B3:G16区域内的单元格中分别输入下列文字，并按照前面提到的方法对文字进行适当调整。

STEP6：美化表格

①按住【Ctrl】键，然后分别选中B5:G5、B7:G7、B9:G9、B11:G11、B13:G13单元格区域，在功能区选择【字体】选项组中的【填充颜色】，将颜色设为【蓝色，个性色1，淡色60%】。

②选中B2:G2单元格区域，在功能区选择【字体】选项组中的【填充颜色】，将颜色设为【蓝色，个性色1】。

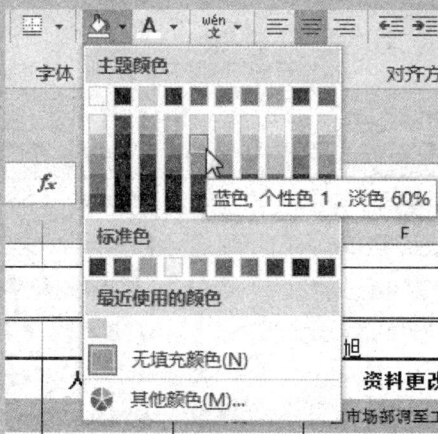

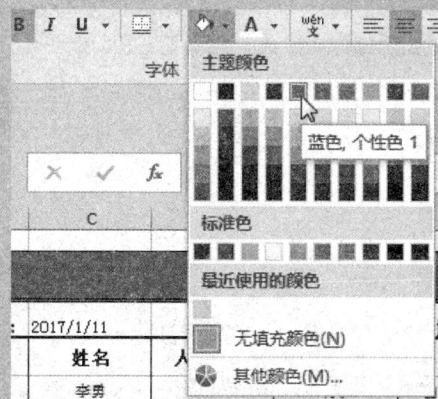

③继续选中B2:G2单元格区域，然后选择【字体】选项组中的【字体颜色】，将颜色设为【白色】。

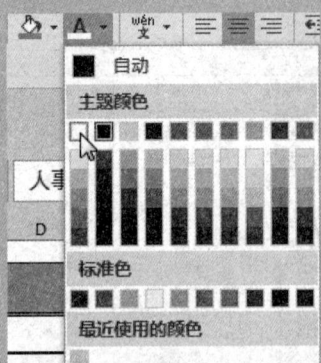

STEP7：取消网格线

①切换至【视图】选项卡，在【显示】选项组中，取消选中【网格线】复选框。

②最终的效果如右图所示。

人事变更表

日期：2017/1/11　　　　　填制：王晓姐　　　　　编号：0001

序号	姓名	人员编号	变动说明	资料更改	备注
1	李勇	G00011	调职	由市场部调至工程部	下月开始执行
2	张强	G00012	调职	由技术部调至采购部	本月开始执行
3	蔡国涛	C00013	升职	由销售主管升为销售经理	下月开始执行
4	贺秀文	G00014	升职	由技术员升为技术主管	本月开始执行
5	李强	Y00018	试用期满	转为正式员工	本月开始执行
6	刘晓虎	Y00019	试用期满	转为正式员工	本月开始执行
7	赵斌	Y00020	试用期满	转为正式员工	本月开始执行
8	唐树龙	Y00021	试用期满	转为正式员工	本月开始执行
9	杨岳	Y00022	试用期满	转为正式员工	下月开始执行
10	田炳文	C01030	薪资调整	由5000元调至6000元	下月开始执行
11	张天晨	C01031	薪金调整	由4000元调至5000元	本月开始执行
12	刘志国	C01022	薪资调整	由5500元调至6000元	下月开始执行

操作小技巧

在制作Excel表格时，我们有时会对整个表格进行字体的设置。此时，我们可以使用【Ctrl+A】快捷键，将整个表格全部选中，然后为表格设置字体。

员工通讯录快速查询表

表格说明：

当公司通讯录的员工数量超过100人时，员工的相关信息就很难快速查询了。此时，为员工通讯录的Excel表格添加函数，使得操作者能够快速查找员工信息，就显得十分必要。

本节任务：

本节为大家详细介绍如何使用Excel 2016制作一份员工通讯录快速查询表。本节学习的重点是掌握INDEX函数的设置方法。

学习目标：

◎ 学习INDEX函数的使用方法。

◎ 掌握设置MATCH函数的操作方法。

具体步骤：

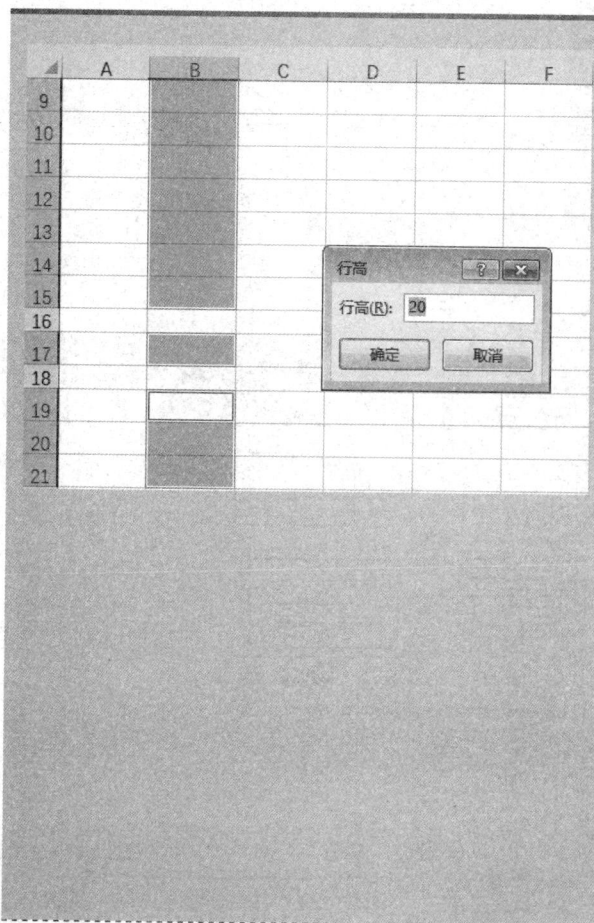

STEP1：创建文件名称并设置行高

①新建一个Excel工作表，并将其命名为"员工通讯录快速查询表"。

②在打开的空白工作簿中用鼠标选中第2行单元格，然后在功能区中选择【格式】，用左键点击后即会出现下拉菜单，继续点击【行高】，在弹出的【行高】对话框中，把行高设置为40，然后单击【确定】。

③用同样的方法，把第3至第15行、第17行以及第19至第21行的行高设置为20。

STEP2：设置列宽

①用鼠标选中E列单元格，然后在功能区选择【格式】，用左键点击后即会出现下拉菜单，继续点击【列宽】，在弹出的【列宽】对话框中，把列宽设置为12，然后单击【确定】。

②用同样的方法，将F、G列单元格的列宽设置为14。

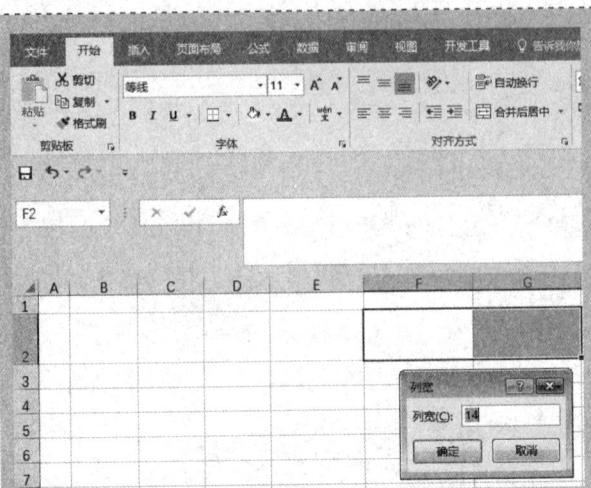

STEP3：合并单元格

①用鼠标选中B2:G2，然后在功能区选择【合并后居中】按钮，用鼠标左键点击。

②用同样的方法，将B17:C17、B19:G19单元格分别进行合并，最终的效果如右图所示。

STEP4：设置边框线

①用鼠标选中B3:G15，单击鼠标右键，在弹出的菜单中选择【设置单元格格式】；用鼠标点击后，就会出现【设置单元格格式】对话框；点击【边框】选项卡，选择细线，然后点击【内部】按钮；再选择粗线，然后点击【外边框】按钮，最后点击【确定】。

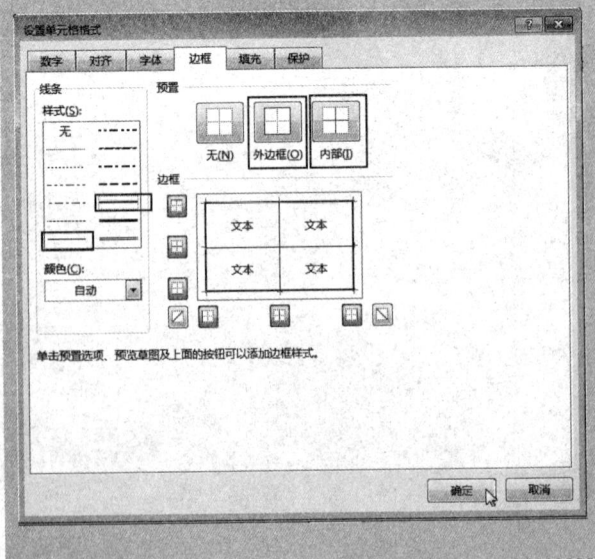

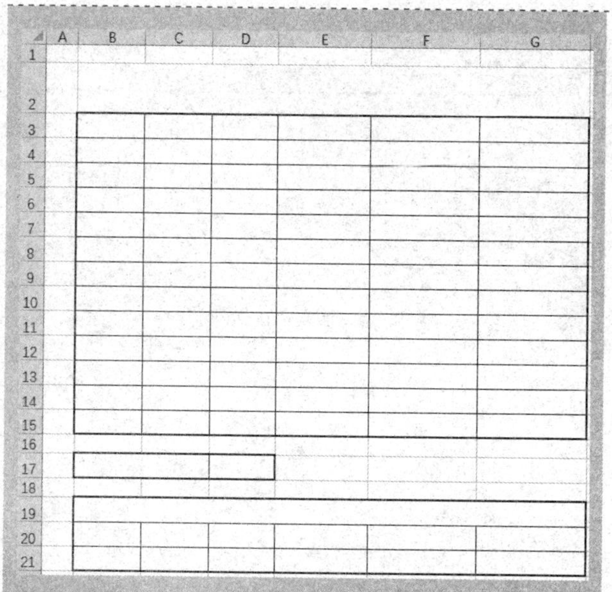

②用同样的方法，为B17:D17、B19:G21设置边框，最终的效果如左图所示。

员工通讯录快速查询表

工号	姓名	性别	职务	手机	电子邮箱
X001	张勇	男	总经理	139****5312	LDY0@126.com
X002	刘健	男	行政总监	139****5313	WJ0@126.com
X003	刘琳	女	财务总监	139****5314	HXW0@126.com
X004	何雯雯	女	财务主管	139****5315	LRL0@126.com
X005	潘宇	男	技术总监	139****5316	JT0@126.com
X006	郑婷	女	销售总监	139****5317	HXW0@126.com
X007	李煜	男	人事总监	139****5318	WM0@126.com
X008	王强	男	职员	139****5319	LM0@126.com
X009	朱平	男	职员	139****5320	ZGM0@126.com
X010	唐树龙	男	职员	139****5321	KK0@126.com
X011	赵俐	女	职员	139****5322	LC0@126.com
X012	李晓	女	职员	139****5323	CC0@126.com

输入要查询的姓名：

查询结果					
工号	姓名	性别	职务	手机	电子邮箱

STEP5：输入内容

①用鼠标选中B2:G2，然后在单元格内输入"员工通讯录快速查询表"；选中该单元格，将【字号】设置为20；在功能区中点击【垂直居中】和【居中】，并用【Ctrl+B】快捷键将文字加粗。

②在B3:G15、B17:D17、B19:G21区域内的单元格中分别输入文字，并按照前面提到的方法对文字进行适当调整。

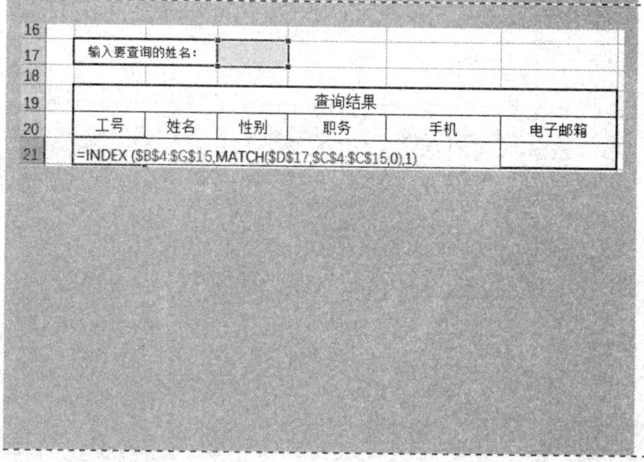

STEP6：设置函数

①用鼠标左键双击B21单元格，然后输入INDEX函数公式"=INDEX($B$4:$G$15,MATCH($D$17,$C$4:$C$15,0),1)"。

②单击【Enter】键；然后在C21、D21、E21、F21、G21单元格内，分别输入

"=INDEX($B$4:$G$15,MATCH($D$17,$C$4:$C$15,0),2)"

"=INDEX($B$4:$G$15,MATCH($D$17,$C$4:$C$15,0),3)"

"=INDEX($B$4:$G$15,MATCH($D$17,$C$4:$C$15,0),4)"

"=INDEX($B$4:$G$15,MATCH($D$17,$C$4:$C$15,0),5)"

"=INDEX($B$4:$G$15,MATCH($D$17,$C$4:$C$15,0),6)"，

输入后的效果如右图所示。

16					
17	输入要查询的姓名：				
18					
19		查询结果			
20	工号	姓名	性别	职务	手机	电子邮箱
21	#N/A	#N/A	#N/A	#N/A	#N/A	#N/A

③在D17单元格输入"张勇"，然后单击【Enter】键进行验证，即可快速得出"张勇"的基本资料，效果如右图所示。

16					
17	输入要查询的姓名：	张勇			
18					
19		查询结果			
20	工号	姓名	性别	职务	手机	电子邮箱
21	X001	张勇	男	总经理	139****5312	LDYO@126.com

STEP7：美化表格

①按住【Ctrl】键，然后分别选中B17:D17、B20:G20单元格区域，在功能区选择【字体】选项组中的【填充颜色】，将颜色设为【蓝色，个性色1】。

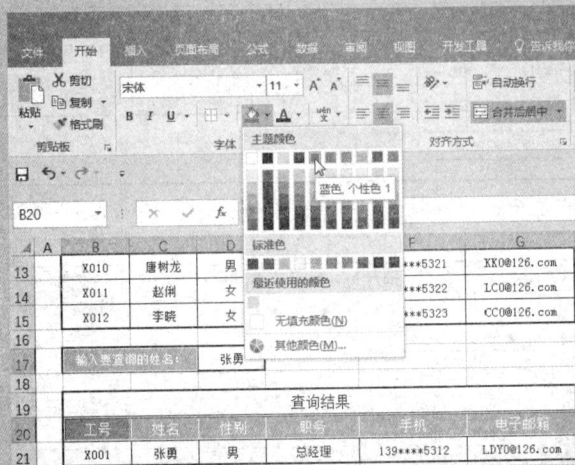

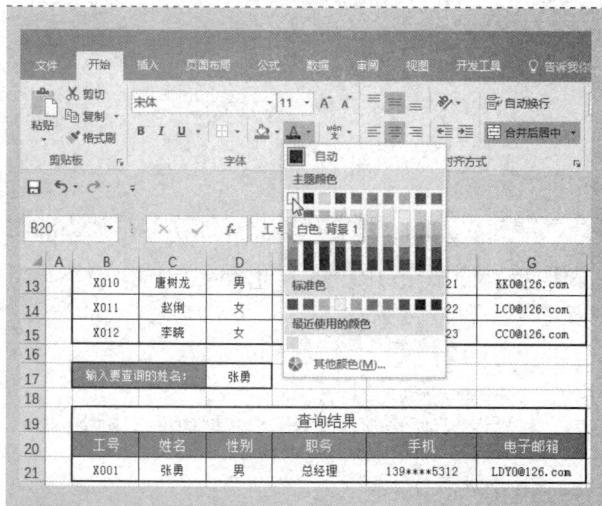

②继续选中B17:D17、B20:G20单元格区域，然后选择【字体】选项组中的【字体颜色】，将颜色设为【白色，背景色1】。

工号	姓名	性别	职务	手机	电子邮箱
X010	唐树龙	男			KKO@126.com
X011	赵俐	女			LCO@126.com
X012	李晓	女			CCO@126.com

输入要查询的姓名：	张勇

查询结果					
工号	姓名	性别	职务	手机	电子邮箱
X001	张勇	男	总经理	139****5312	LDYO@126.com

③最终的效果如左图所示。

员工通讯录快速查询表

工号	姓名	性别	职务	手机	电子邮箱
X001	张勇	男	总经理	139****5312	LDYO@126.com
X002	刘健	男	行政总监	139****5313	WJO@126.com
X003	刘琳	女	财务总监	139****5314	HXWO@126.com
X004	何雯雯	女	财务主管	139****5315	LRLO@126.com
X005	潘宇	男	技术总监	139****5316	JTO@126.com
X006	郑婷	女	销售总监	139****5317	HXWO@126.com
X007	李煜	男	人事总监	139****5318	WMO@126.com
X008	王强	男	职员	139****5319	LMO@126.com
X009	朱平	男	职员	139****5320	ZGMO@126.com
X010	唐树龙	男	职员	139****5321	KKO@126.com
X011	赵俐	女	职员	139****5322	LCO@126.com
X012	李晓	女	职员	139****5323	CCO@126.com

输入要查询的姓名：	张勇

查询结果					
工号	姓名	性别	职务	手机	电子邮箱
X001	张勇	男	总经理	139****5312	LDYO@126.com

操作小技巧

在复制函数公式的时候，我们需要在Excel的编辑栏内，选中函数公式后再进行复制。这是因为，如果直接选中单元格进行复制，就会连同单元格的格式一起复制。

员工档案资料表

表格说明：

员工档案资料表，是每个公司人事部门都需要建立的一项基础表格，通常包括员工的基本信息，比如工资、学历、岗位、入职、离职等，而每个HR的工作也都会与这个表格息息相关。

本节任务：

使用Excel 2016制作一份员工档案资料表。本节学习的重点是掌握F2快捷键的使用方法。

学习目标：

◎ 掌握Excel表格中的套用单元格的样式列表。

◎ 熟练掌握Excel表格的基本操作。

具体步骤：

STEP1：创建文件名称并设置行高

①新建一个Excel工作表，并将其命名为"员工档案资料表"。

②在打开的空白工作簿中用鼠标选中第2行单元格，然后在功能区中选择【格式】，用左键点击后即会出现下拉菜单，继续点击【行高】，在弹出的【行高】对话框中，把行高设置为50，然后单击【确定】。

③用同样的方法，把第3行的行高设置为25，第4至第15行的行高设置为20。

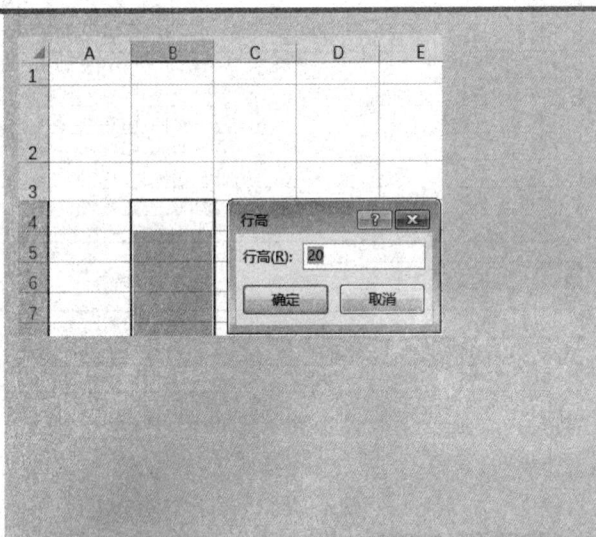

STEP2：设置列宽

按住【Ctrl】键，然后用鼠标选中B、C、E、F、H、J、K列单元格，接着在功能区选择【格式】，用左键点击后即会出现下拉菜单，继续点击【列宽】，在弹出的【列宽】对话框中，把列宽设置为12，然后单击【确定】。

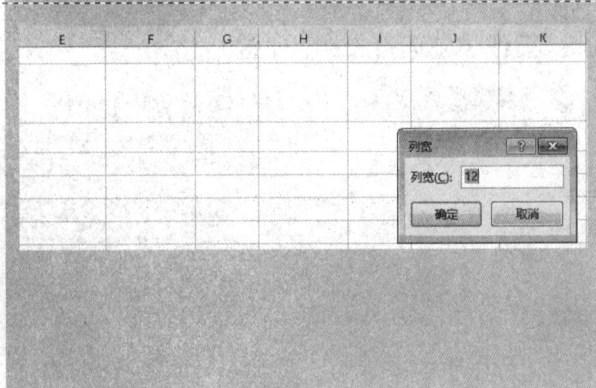

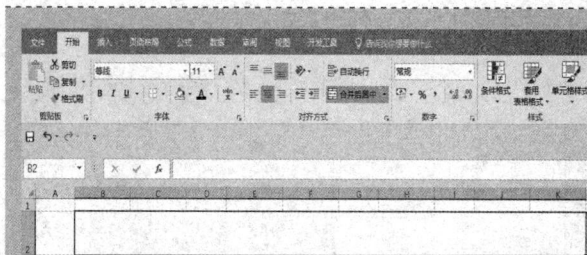

STEP3：合并单元格

用鼠标选中B2:K2，然后在功能区选择【合并后居中】按钮，用鼠标左键点击，最终的效果如左图所示。

员工编号	员工姓名	性别	所在部门	出生日期	年龄	入职时间	学历	基本工资	联系方式
X001	张勇	男	研发部	1977/3/23		2006/8/1	博士	15000	139****5312
X002	刘健	男	研发部	1974/1/13		2010/2/1	本科	10000	139****5313
X003	刘畔	女	销售部	1973/10/2		2012/2/1	本科	8000	139****5314
X004	何雪霏	女	会计部	1980/4/18		2014/8/1	本科	8500	139****5315
X005	潘宇	男	研发部	1978/5/11		2014/8/1	本科	8000	139****5316
X006	郑娜	女	人事部	1982/8/15		2014/2/1	本科	7000	139****5317
X007	李煜	男	会计部	1982/4/15		2015/1/1	硕士	7000	139****5318
X008	王强	男	销售部	1975/1/19		2015/1/1	本科	5000	139****5319
X009	朱平	男	研发部	1987/1/18		2015/2/1	本科	8000	139****5320
X010	唐树龙	男	人事部	1986/5/16		2016/8/1	本科	5200	139****5321
X011	赵刚	女	销售部	1989/10/9		2016/1/1	本科	4500	139****5322
X012	宇统	女	销售部	1982/11/8		2016/1/1	本科	3500	139****5323

STEP4：输入内容

①用鼠标选中B2:K2，然后在单元格内输入"员工档案资料表"；选中该单元格，将【字号】设置为36；在功能区中点击【垂直居中】和【居中】，并用【Ctrl+B】快捷键将文字加粗。

②在B3:K15区域内的单元格内分别输入文字，并按照前面提到的方法对文字进行适当调整。

STEP5：输入函数

①选中G4单元格，并输入"=YEAR(TODAY())-YEAR(F4)"。

②按【Enter】键确认；然后将单元格的【数字格式】设置为【常规】。

③将鼠标放在G4单元格内的右下角，并按住鼠标左键，向下拖拉至G15。

④选中J4:J15单元格区域，然后将单元格的【数字格式】设置为【货币】。

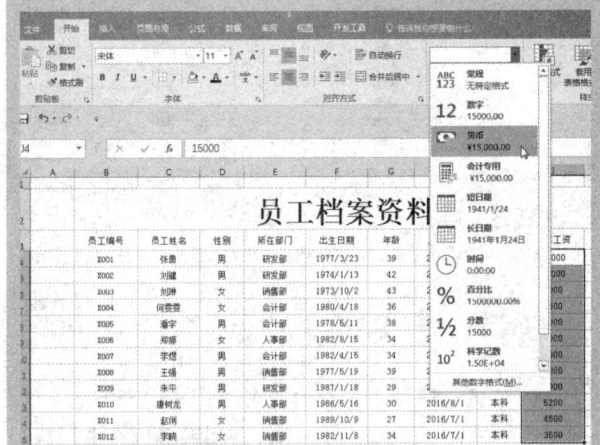

STEP6：设置单元格的表格格式

①选中B3:K15单元格区域，切换至【开始】选项卡中的【样式】组；单击【套用表格格式】按钮，在弹出的列表中，选择【蓝色，表样式中等深浅6】。

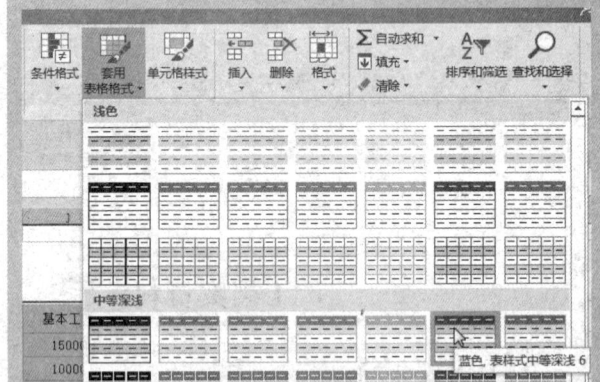

②用鼠标点击后，即可弹出【套用表格式】对话框。

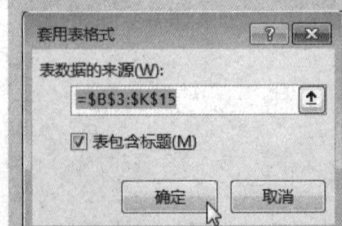

③单击【确定】后，最终的效果如左图所示。

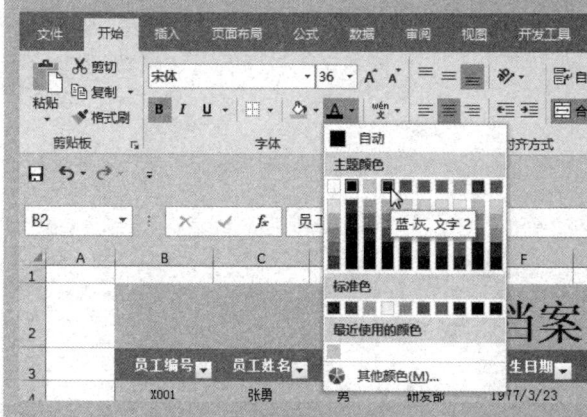

STEP7：美化表格

①选中B2:K2单元格区域，在功能区选择【字体】选项组中的【填充颜色】，将颜色设为【蓝-灰，文字2，淡色80%】。

②继续选中B2:K2单元格区域，然后选择【字体】选项组中的【字体颜色】，将颜色设为【白色】。

③最终的效果如左图所示。

员工档案资料表

员工编号	员工姓名	性别	所在部门	出生日期	年龄	入职时间	学历	基本工资	联系方式
I001	张勇	男	研发部	1977/3/23	39	2006/8/1	博士	¥15,000.00	139****5312
I002	刘健	男	研发部	1974/1/13	42	2010/2/1	本科	¥10,000.00	139****5313
I003	刘珊	女	销售部	1973/10/2	43	2012/2/1	本科	¥8,000.00	139****5314
I004	何婆婆	女	会计部	1980/4/18	36	2014/8/1	本科	¥8,500.00	139****5315
I005	番宇	男	会计部	1978/5/11	38	2014/8/1	本科	¥8,000.00	139****5316
I006	郑振	女	人事部	1982/8/15	34	2014/2/1	本科	¥7,000.00	139****5317
I007	李煜	男	会计部	1982/4/15	34	2015/7/1	硕士	¥7,000.00	139****5318
I008	王强	男	销售部	1977/5/19	39	2015/7/1	本科	¥5,000.00	139****5319
I009	朱平	男	研发部	1987/1/18	29	2015/2/1	本科	¥3,900.00	139****5320
I010	唐树龙	男	人事部	1986/5/16	30	2014/8/1	本科	¥5,200.00	139****5321
I011	赵洲	女	销售部	1989/10/9	27	2016/7/1	本科	¥4,500.00	139****5322
I012	李晓	女	销售部	1982/11/8	34	2016/7/1	本科	¥3,500.00	139****5323

操作小技巧

　　需要对一个单元格的数据进行修改时，我们通常会双击该单元格转入编辑状态，或者将鼠标直接放在编辑栏的单元格内容处后进行修改。如果使用【F2】快捷键，即可直接转入编辑的状态。

员工内部调动申请表

表格说明：

员工的内部调动，是为了让各类员工都能够在公司内部进行有序、有效的合理流动，以达到人尽其才、各尽其能的目的。

本节任务：

本节介绍如何使用Excel 2016制作一份公司员工内部调动申请表。本节学习的重点是擦除边框的操作方法。

学习目标：

◎ 熟练掌握Excel表格中的合理布局。

◎ 学习Excel表格中擦除边框的操作方法。

具体步骤：

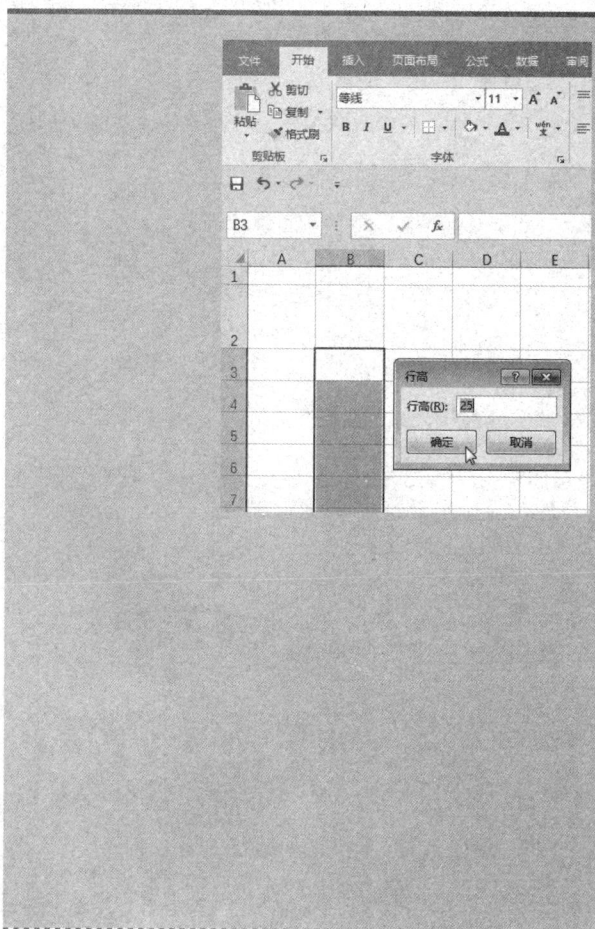

STEP1：创建文件名称并设置行高

①新建一个Excel工作表，并将其命名为"员工内部调动申请表"。

②在打开的空白工作簿中用鼠标选中第2行单元格，然后在功能区中选择【格式】，用左键点击后即会出现下拉菜单，继续点击【行高】，在弹出的【行高】对话框中，把行高设置为50，然后单击【确定】。

③用同样的方法，把第3至第26行的行高设置为25。

STEP2：合并单元格

①用鼠标选中B2:J2，然后在功能区选择【合并后居中】按钮，用鼠标左键点击。

②用同样的方法，将B3:B5、B6:B8、B9:B15、B16:B22、C3:D3、E3:F3、G3:H3、I3:J3、C4:G4、C5:G5、G7:H7、G8:H8单元格进行合并。

STEP3：输入内容

①用鼠标选中B2:J2，然后在单元格内输入"员工内部调动申请表"；选中该单元格，将【字号】设置为20；在功能区中点击【垂直居中】和【居中】，并用【Ctrl+B】快捷键将文字加粗。

②在B3:I26区域内的单元格中分别输入文字，将【字号】设置为12，并按照前面提到的方法对文字进行适当调整，最终的效果如右图所示。

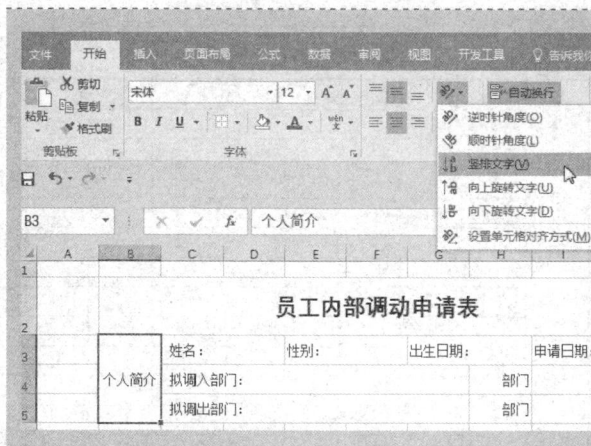

STEP4：设置竖排文字

①用鼠标选中"个人简介"的单元格，然后在功能区内选择【方向】，点击后在弹出的列表中选择【竖排文字】，然后点击。

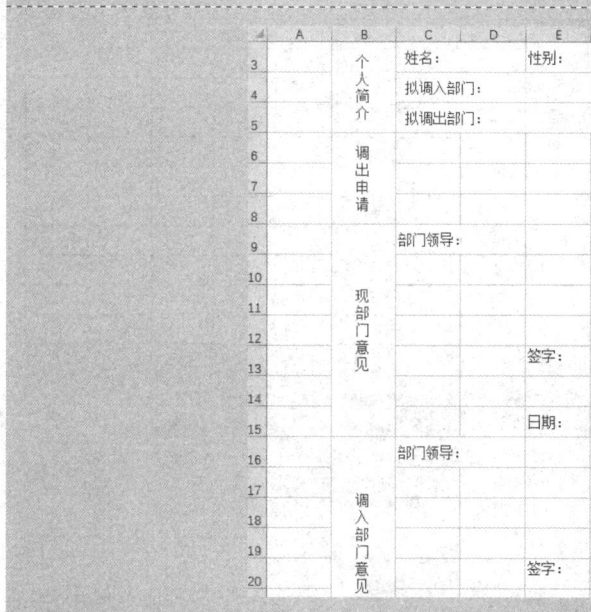

②用鼠标点击后即可变成竖排文字；然后重复前面的步骤，把"调出申请""现部门意见"和"调入部门意见"所在的单元格都设置为竖排文字，最终的效果如左图所示。

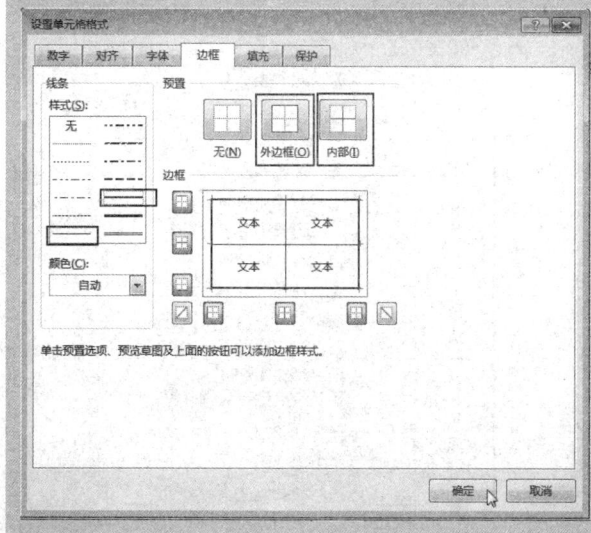

STEP5：设置边框线

①用鼠标选中B3:J26单元格区域，单击鼠标右键，在弹出的菜单中选择【设置单元格格式】；用鼠标点击后，就会出现【设置单元格格式】对话框；点击【边框】，选择细线，然后点击【内部】按钮；再选择粗线，然后点击【外边框】按钮。

②点击【确定】后，最终的效果如右图所示。

员工内部调动申请表

个人简介	姓名：	性别：		出生日期：		申请日期：	
	拟调入部门：				部门		职务
	拟调出部门：				部门		职务
调出申请					请调人签名：		
					日　期：		
现部门意见	部门领导：			主管领导：			
			签字：			签字：	
			日期：			日期：	
调入部门意见	部门领导：			主管领导：			
			签字：			签字：	
			日期：			日期：	
人事部：				单位盖章			
			签字：			签字：	
			日期：			日期：	

STEP6：擦除多余边框线

①切换至【开始】选项卡，在【字体】组中单击【边框】右侧的下三角按钮，在弹出的下拉列表中选择【擦除边框】。

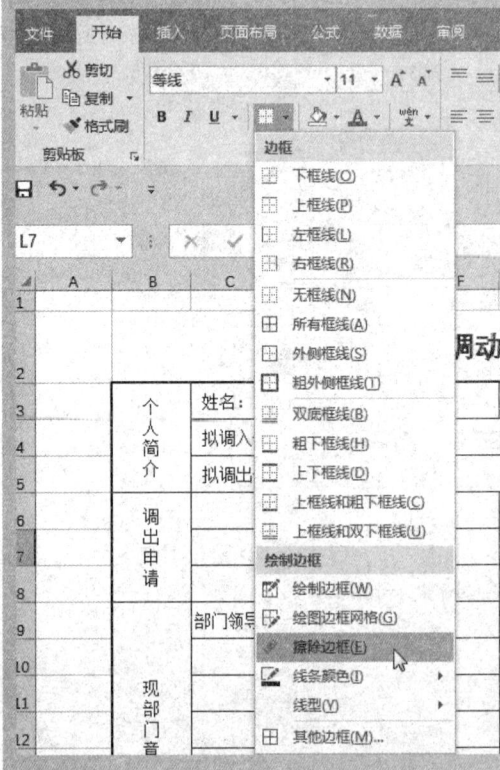

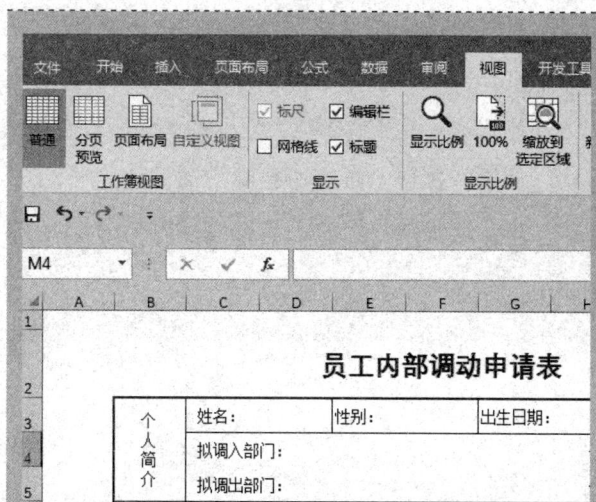

②用鼠标点击后，即可在单元格内擦除多余的边框线；切换至【视图】选项卡，取消勾选【显示】选项组中【网格线】复选框。

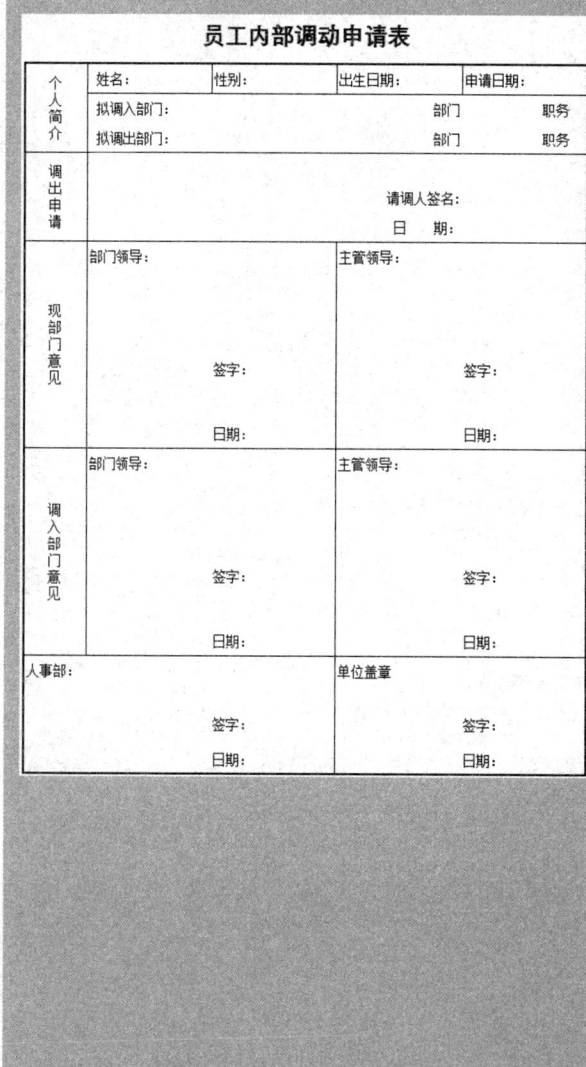

普通　分页预览　页面布局　自定义视图　　☑标尺　☑编辑栏　　显示比例　100%　缩放到选定区域
　　　　工作簿视图　　　　　　　☐网格线　☑标题　　　　　　显示比例

M4

员工内部调动申请表

个人简介	姓名：		性别：		出生日期：
	拟调入部门：				
	拟调出部门：				

③最终的效果如左图所示。

员工内部调动申请表

个人简介	姓名：	性别：	出生日期：	申请日期：
	拟调入部门：		部门　　　职务	
	拟调出部门：		部门　　　职务	
调出申请		请调人签名：　　日　期：		
现部门意见	部门领导：　　　　　签字：　　　　　日期：	主管领导：　　　　　签字：　　　　　日期：		
调入部门意见	部门领导：　　　　　签字：　　　　　日期：	主管领导：　　　　　签字：　　　　　日期：		
人事部：　　　　　签字：　　　　　日期：		单位盖章　　　　　签字：　　　　　日期：		

操作小技巧

　　本节介绍了擦除边框线的操作方法。如果在操作中不小心擦除了需要的边框线，我们还可以使用【绘制边框线】按钮添加边框线。但要注意，在绘制前应设置好边框线的粗细和颜色。

第五章

追求无极限，员工的培训管理

现代企业越来越重视员工的培训管理工作，因为这样能够大大提升员工的知识和工作技能等个人素质，使其能够不断适应企业未来的发展需要。本章在介绍员工培训管理中常用表格的同时，还着重介绍Excel中各种快捷键的操作方法，使得读者能够进一步熟悉、掌握制作Excel表格的基本操作，进而逐渐提升自己的工作效率。

员工培训管理概述

企业培训指的是为了提高员工的素质、能力、工作绩效以及对企业的贡献，而开展的有计划、有系统的培养与训练活动，促使员工发挥出最大的潜力，以提高其个人能力并提升企业的业绩，进而实现个人与企业的共同发展。

员工培训的意义

员工培训是现代企业人力资源管理中的一项重要内容。而企业是否具有核心竞争力，关键在于企业中的人才是否具有竞争力以及是否具有较强的工作能力。企业通过对员工进行系统培训，能使其能力不断提高，并最终达到提升企业核心竞争力的目标。

具体来说，员工培训的意义有以下几点：

（1）培养更多合格、优秀的人才。企业通过实施有效的内部培训，能够获得更多合格、优秀的员工，而且企业的中层管理者的管理专业素质也会得到显著提升。

（2）激发员工的积极性和创造性。在企业人力资源开发与管理的过程中，对员工持续不断地培训，不但能让员工不断提高自身的知识和能力，还会让他们发自内心地感激企业为他们提供了成长和发展的空间，进而实现自我价值。这样的结果，既鼓舞士气、激发潜能，又能充分调动员工的积极性和创造性，并极大地增强企业的向心力与凝聚力。

（3）为企业留住人才。培训是企业留住人才的重要手段，如果没有企业的管理培训，则绝大多数优秀的员工是不会留下来的，因为没有人喜欢始终留在知识和能力很难得到提升的企业中。

（4）吸引优秀人才。培训不但是企业不断发展、进步的需要，更是人才自身的需要。因此，重视管理培训的企业才能吸引更多优秀人才的加入。

（5）增强企业的核心竞争力。对企业而言，培训员工是增强其核心竞争力的有效手段之一。这是因为，在竞争激烈的市场经济中，最能体现竞争优势的就是企业的人才优势，而企业的人才优势，通常是依靠企业的员工培训得以实现的。

（6）提高企业的经济效益。企业通过员工培训，能不断提升员工的职业技能，这能为企业的发展注入巨大的能量，进而使企业的经济效益不断提升。

员工培训的原则

（1）经常鼓励员工积极参加由企业组织的学习和培训。

（2）应预先制定培训后期要求员工达到的标准。

（3）应对员工的学习与培训积极指导。

（4）员工的学习与培训，应是主动的而不是被动的。

（5）所有参加培训的员工，都能从培训中有所收获。

（6）应采用适当的培训方式和方法，而且培训方式要力求多样化。

（7）对不同层次、不同类别的培训员工，应当采取不同的培训方式。

（8）通过培训，为员工提供一些晋升的机会。

员工培训的分类

（1）按照培训周期分，可分为年度培训与月度培训。

（2）按照培训时间分，可分为不定期培训与定期培训。

（3）按照培训方式分，可分为脱产培训与不脱产培训。

（4）按照培训对象分，可分为总经理、副总经理和总监级人员等高层人员培训，部门经理和主管级以上人员等中层人员培训，普通员工培训，特殊岗位员工培训，新聘员工培训等。

员工培训的实施规则

（1）人力资源部按照公司的"培训实施计划"，按期实施并负责全部培训事宜，如安排场地、教具借调和教材分发及通知受训部门等。

（2）在员工的各项培训结束后，人力资源部应安排考核测验，并由培训师负责监考，考核测验题目则由培训师于开课前递交人力资源部审核。

（3）对所有培训学员应有签到记录，以便人力资源部检查培训人员的出席情况。

（4）所有受训人员应准时出席，因故不能参加培训者必须提前办理请假手续。

（5）人力资源部应定期检查、评估各项训练课程的实施效果，并记录有关评估的内容，最后递交各有关部门参考，并予以改进。

（6）各项培训考核测验因故缺席者，可事后参加补考，补考测验不到者，成绩应以零分计算。

（7）员工培训测验的成绩应列入绩效考核积分，对于成绩不合格者，人力资源部应履行人事建议权。

总之，培训既能够让员工自强，又能让企业的血液不断更新，并使企业永远保持旺盛的活力和竞争力。

员工培训问卷调查表

表格说明：

问卷调查是对员工培训需求进行调查的一种方式，即人力资源部门将培训事项设计成具体的问题，然后请相关人员回答，并发表一些自己的建议和意见。最终，人力资源部门可以根据调查结果进行整理、分析，进而对培训项目做出适当的改进和修正。

本节任务：

本节为大家详细介绍如何使用Excel 2016制作一份员工培训问卷调查表。本节学习的重点是在单元格内插入各种符号。

学习目标：

◎ 学会插入带括号字母、数字的操作方法。

◎ 熟练掌握Excel表格中的基本操作。

具体步骤：

STEP1：创建文件名称并设置行高

①新建一个Excel工作表，并将其命名为"员工培训问卷调查表"。

②在打开的空白工作簿中用鼠标选中第2行单元格，然后在功能区中选择【格式】，用左键点击后即会出现下拉菜单，继续点击【行高】，在弹出的【行高】对话框中，把行高设置为26，然后单击【确定】。

③用同样的方法，把第3的行高设置为43，把第4的行高设置为18，把第5至第12行的行高设置为23，把第13至第16行的行高设置为83。

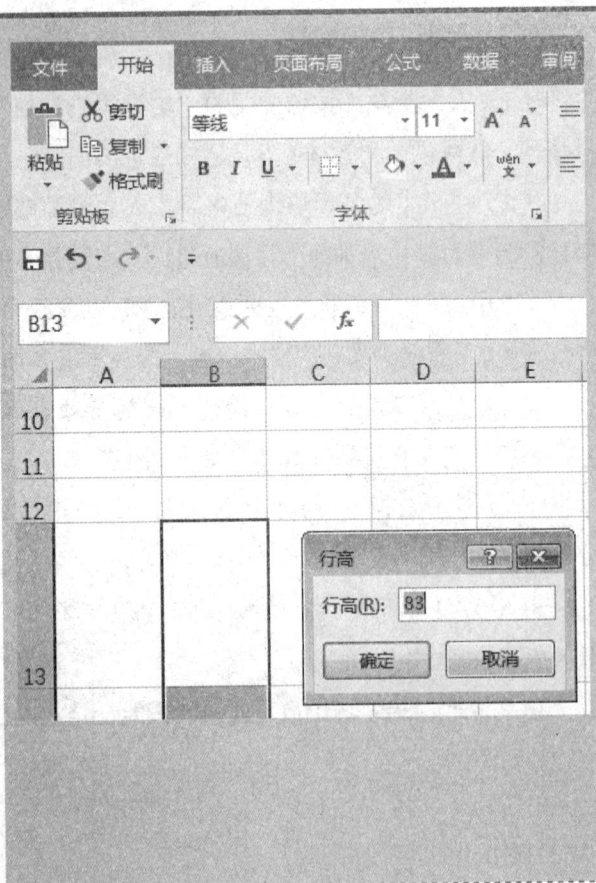

STEP2：设置列宽

①用鼠标选中B列单元格，然后在功能区选择【格式】，用左键点击后即会出现下拉菜单，继续点击【列宽】，在弹出的【列宽】对话框中，把列宽设置为35，然后单击【确定】。

②用同样的方法，将C、E、G、I列单元格的列宽设置为2.2；将D、F、H、J列单元格的列宽设置为7。

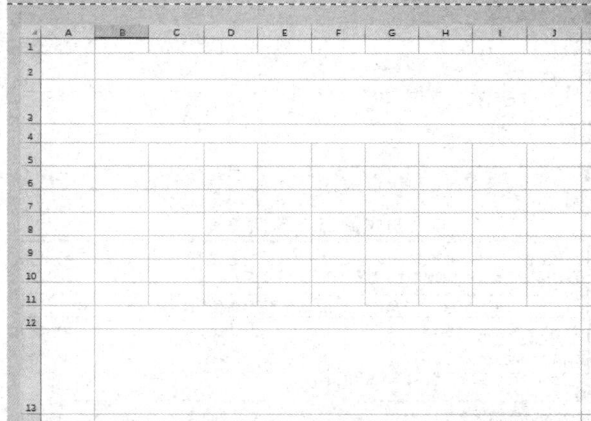

STEP3：合并单元格

①用鼠标选中B2:J2，然后在功能区选择【合并后居中】按钮，用鼠标左键点击。

②用同样的方法，将B3:J3、B12:J12、B13:J13、B14:J14、B15:J15、B16:J16单元格进行合并。

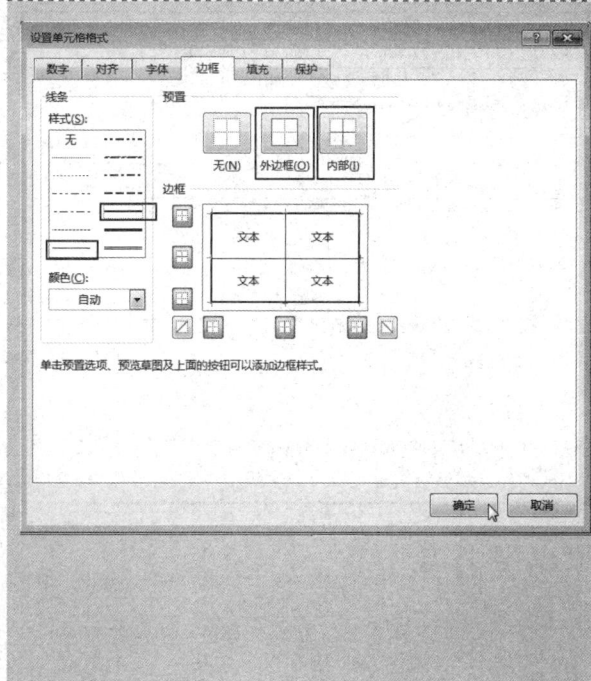

STEP4：设置边框线

①用鼠标选中B3:J16单元格区域，单击鼠标右键，在弹出的菜单中选择【设置单元格格式】；用鼠标点击后，就会出现【设置单元格格式】对话框；点击【边框】选项卡，选择细线，然后点击【内部】按钮；再选择粗线，然后点击【外边框】按钮。

②点击【确定】后，最终的效果如右图所示。

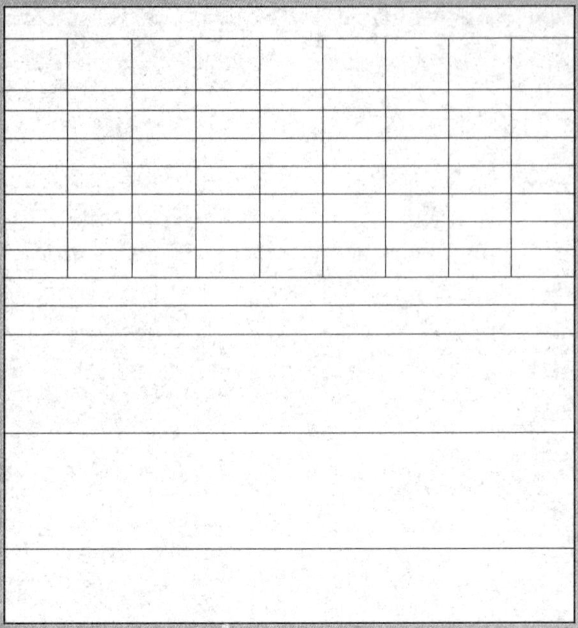

STEP5：输入内容

①用鼠标选中B2:J2，然后在单元格内输入"员工培训问卷调查表"；选中该单元格，将【字号】设置为18；在功能区中点击【垂直居中】和【居中】，并用【Ctrl+B】快捷键将文字加粗。

②在B3:J20区域内的单元格中分别输入文字。其中，将B4:J4、B12:J12区域内的字体大小设置为12，B5:J11、B13:J20区域内的字体大小设置为10；然后按照前面提到的方法对文字进行适当调整。

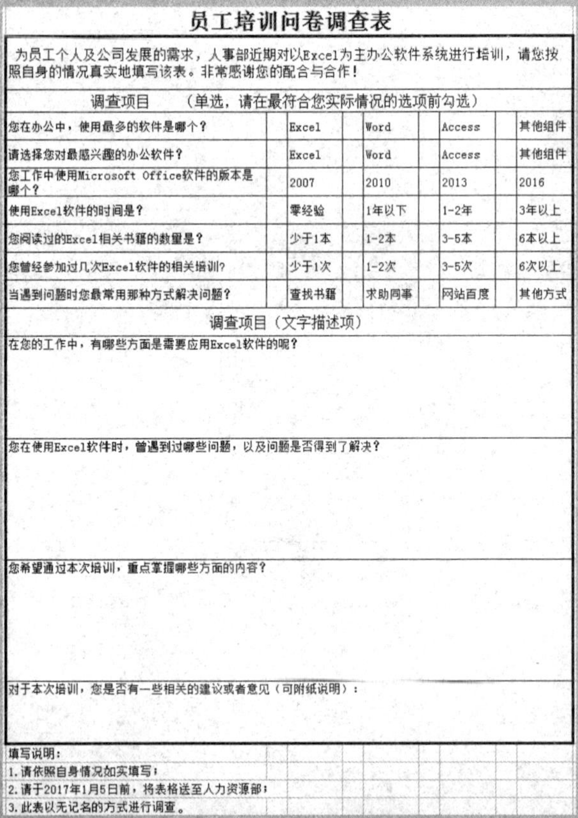

员工培训问卷调查表

为员工个人及公司发展的需求，人事部近期对以Excel为主办公软件系统进行培训，请您按照自身的情况真实地填写该表。非常感谢您的配合与合作！

调查项目 （单选，请在最符合您实际情况的选项前勾选）			
您在办公中，使用最多的软件是哪个？	Excel	Word	Access	其他组件
请选择您对最感兴趣的办公软件？	Excel	Word	Access	其他组件
您工作中使用Microsoft Office软件的版本是哪个？	2007	2010	2013	2016
使用Excel软件的时间是？	零经验	1年以下	1-2年	3年以上
您阅读过的Excel相关书籍的数量是？	少于1本	1-2本	3-5本	6本以上
您曾经参加过几次Excel软件的相关培训？	少于1次	1-2次	3-5次	6次以上
当遇到问题时您最常用那种方式解决问题？	查找书籍	求助同事	网站百度	其他方式

调查项目（文字描述项）

在您的工作中，有哪些方面是需要应用Excel软件的呢？

您在使用Excel软件时，曾遇到过哪些问题，以及问题是否得到了解决？

您希望通过本次培训，重点掌握哪些方面的内容？

对于本次培训，您是否有一些相关的建议或者意见（可附纸说明）：

填写说明：
1.请依照自身情况如实填写；
2.请于2017年1月5日前，将表格送至人力资源部；
3.此表以无记名的方式进行调查。

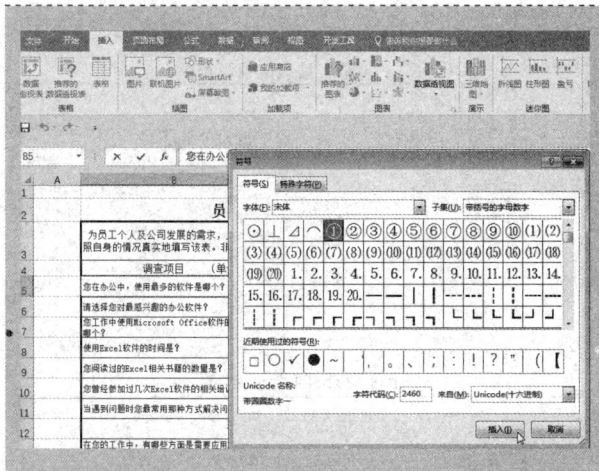

STEP6：插入符号

①双击B5单元格，并将光标放在文字的最前端；切换至【插入】选项卡，在【符号】选项组中单击【符号】按钮，在弹出的【符号】对话框中，单击【子集】，然后找到【带括号的字母数字】，并选中①。

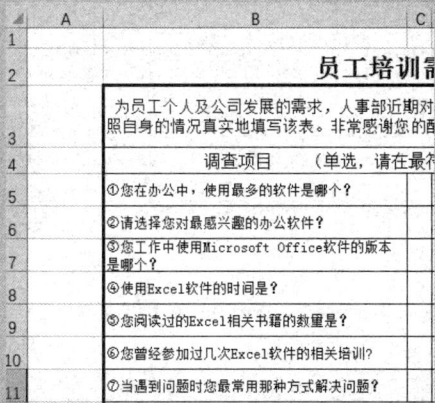

②用鼠标点击【插入】后，即可在单元格内插入符号①；然后再点击【关闭】，将对话框关闭；用同样的方法，在B6至B11单元格内插入相应的数字符号。

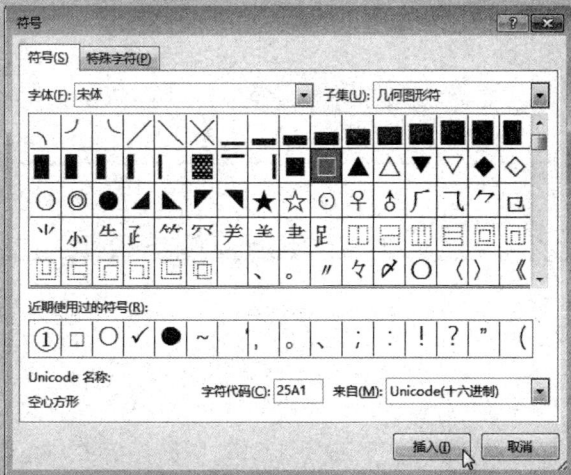

STEP7：插入特殊符号"□"

①选中C5单元格，继续切换至【插入】选项卡，在【符号】选项组中单击【符号】按钮，在弹出的【符号】对话框中，单击【子集】下拉按钮，然后找到【几何图形符】中的"□"。

②用鼠标点击【插入】后，即可在单元格内插入符号"□"；然后再点击【关闭】，将对话框关闭；用同样的方法，在其他单元格内，都插入相应的特殊符号"□"。

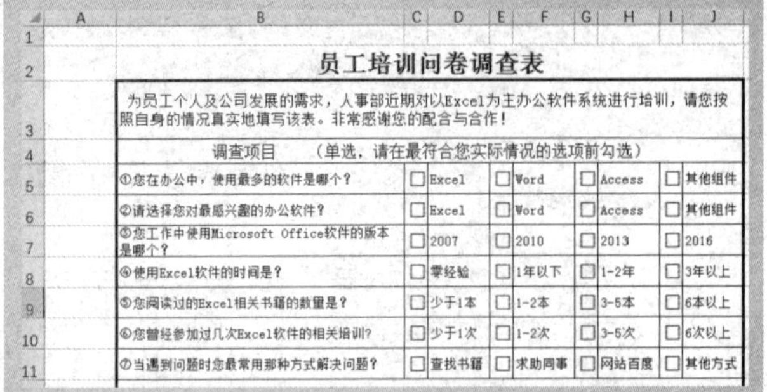

	A	B		C	D E	F G	H I	J
1								

员工培训问卷调查表

为员工个人及公司发展的需求，人事部近期对以Excel为主办公软件系统进行培训，请您按照自身的情况真实地填写该表。非常感谢您的配合与合作！

调查项目　　（单选，请在最符合您实际情况的选项前勾选）

①您在办公中，使用最多的软件是哪个？	□Excel	□Word	□Access	□其他组件
②请选择您对最感兴趣的办公软件？	□Excel	□Word	□Access	□其他组件
③您工作中使用Microsoft Office软件的版本是哪个？	□2007	□2010	□2013	□2016
④使用Excel软件的时间是？	□零经验	□1年以下	□1-2年	□3年以上
⑤您阅读过的Excel相关书籍的数量是？	□少于1本	□1-2本	□3-5本	□6本以上
⑥您曾经参加过几次Excel软件的相关培训？	□少于1次	□1-2次	□3-5次	□6次以上
⑦当遇到问题时您最常用那种方式解决问题？	□查找书籍	□求助同事	□网站百度	□其他方式

③最终的效果如右图所示。

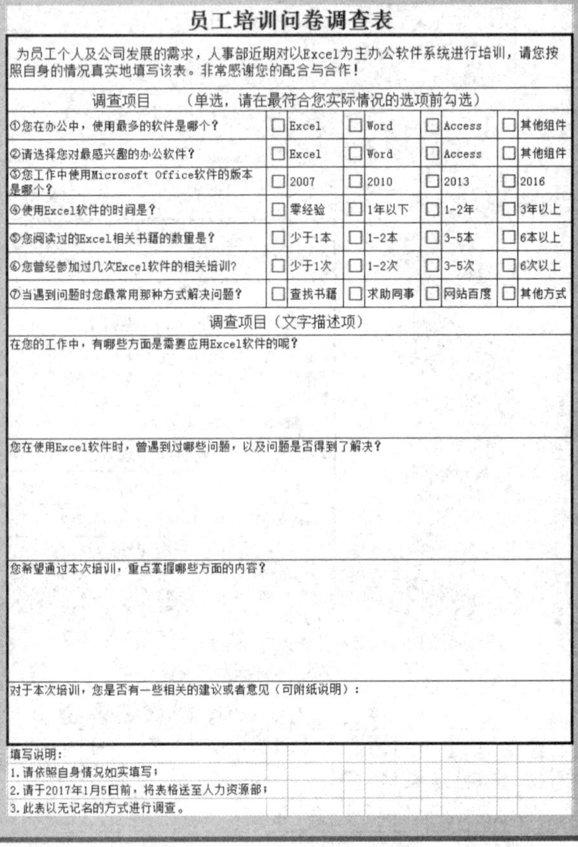

员工培训问卷调查表

为员工个人及公司发展的需求，人事部近期对以Excel为主办公软件系统进行培训，请您按照自身的情况真实地填写该表。非常感谢您的配合与合作！

调查项目　　（单选，请在最符合您实际情况的选项前勾选）

①您在办公中，使用最多的软件是哪个？ □Excel □Word □Access □其他组件
②请选择您对最感兴趣的办公软件？ □Excel □Word □Access □其他组件
③您工作中使用Microsoft Office软件的版本是哪个？ □2007 □2010 □2013 □2016
④使用Excel软件的时间是？ □零经验 □1年以下 □1-2年 □3年以上
⑤您阅读过的Excel相关书籍的数量是？ □少于1本 □1-2本 □3-5本 □6本以上
⑥您曾经参加过几次Excel软件的相关培训？ □少于1次 □1-2次 □3-5次 □6次以上
⑦当遇到问题时您最常用那种方式解决问题？ □查找书籍 □求助同事 □网站百度 □其他方式

调查项目（文字描述项）

在您的工作中，有哪些方面是需要应用Excel软件的呢？

您在使用Excel软件时，曾遇到过哪些问题，以及问题是否得到了解决？

您希望通过本次培训，重点掌握哪些方面的内容？

对于本次培训，您是否有一些相关的建议或者意见（可附纸说明）：

填写说明：
1.请你照自身情况如实填写；
2.请于2017年1月5日前，将表格送至人力资源部；
3.此表以无记名的方式进行调查。

操作小技巧

在对列宽数值相同却并不相连的单元格进行设置时，我们可按住【Ctrl】键，然后再选中这些单元格。比如，在本节对C、E、G、I列单元格进行列宽设置时，我们即可执行此操作。

员工培训费用预算表

表格说明：

做员工培训费用预算，是人力资源部门的一项基础性工作。通常来说，预算是对预期的成本费用加以控制，但其重点应放在对"过程"的控制上，而不仅仅是对"结果"进行控制。

本节任务：

本节介绍如何使用Excel 2016制作一份员工培训费用预算表。本节学习的重点是掌握自动求和的设置方法。

学习目标：

◎ 掌握在一个单元格内，同时输入函数公式和文字内容的方法。

◎ 掌握Excel表格中自动求和的设置方法。

具体步骤：

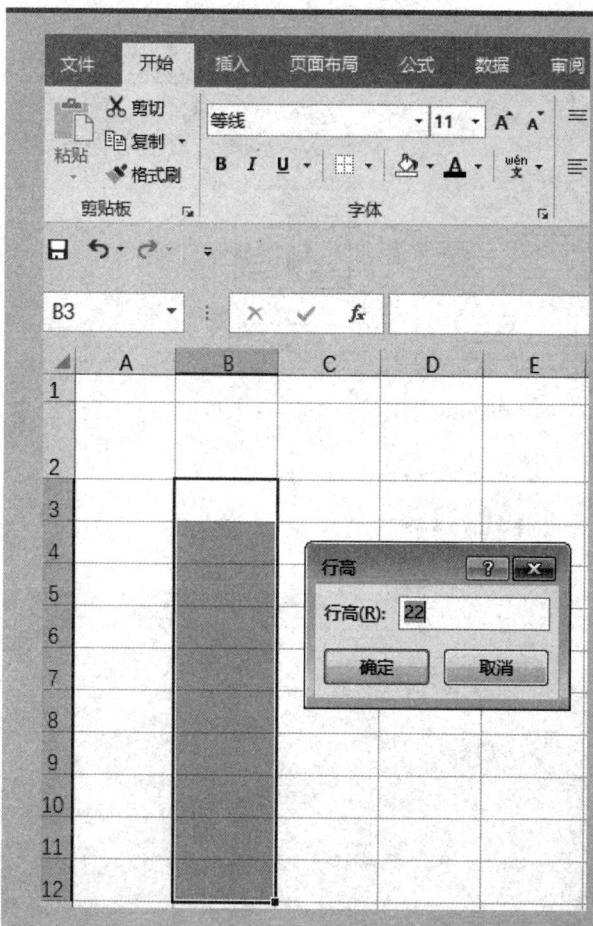

STEP1：创建文件名称并设置行高

①新建一个Excel工作表，并将其命名为"员工培训费用预算表"。

②在打开的空白工作簿中用鼠标选中第2行单元格，然后在功能区中选择【格式】，用左键点击后即会出现下拉菜单，继续点击【行高】，在弹出的【行高】对话框中，把行高设置为40，然后单击【确定】。

③用同样的方法，把第3至第12行的行高设置为22。

STEP2：设置列宽

用鼠标选中B至G列单元格，然后在功能区选择【格式】，用左键点击后即会出现下拉菜单，继续点击【列宽】，在弹出的【列宽】对话框中，把列宽设置为12，然后单击【确定】。

STEP3：合并单元格

①用鼠标选中B2:G2，然后在功能区选择【合并后居中】按钮，用鼠标左键点击。

②用同样的方法，将F3:G3、B5:C5、D5:G5单元格进行合并，最终的效果如右图所示。

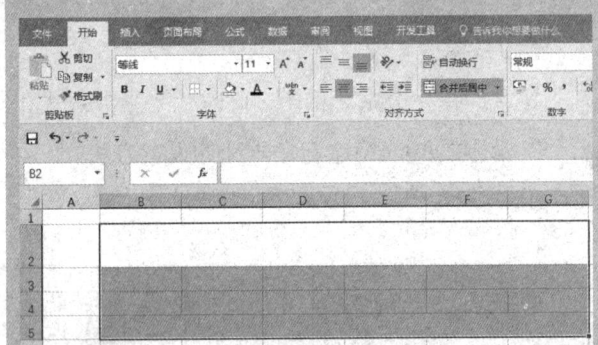

STEP4：设置边框线

①用鼠标选中B4:G12，单击鼠标右键，在弹出的菜单中选择【设置单元格格式】；用鼠标点击后，就会出现【设置单元格格式】对话框；点击【边框】选项卡，然后在【颜色】组中将线条颜色设置为【橙色，个性色2，深色25%】；选择细线，然后点击【内部】按钮；再选择粗线，然后点击【外边框】按钮。

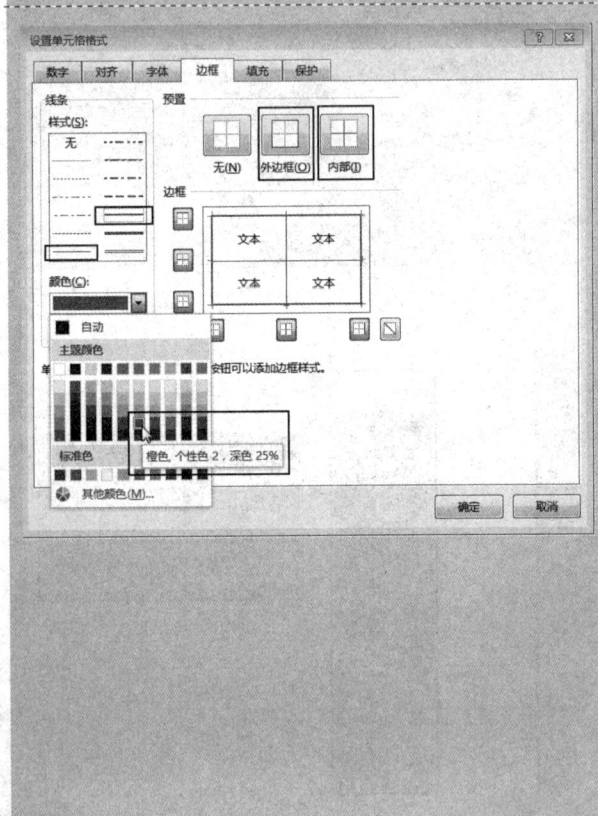

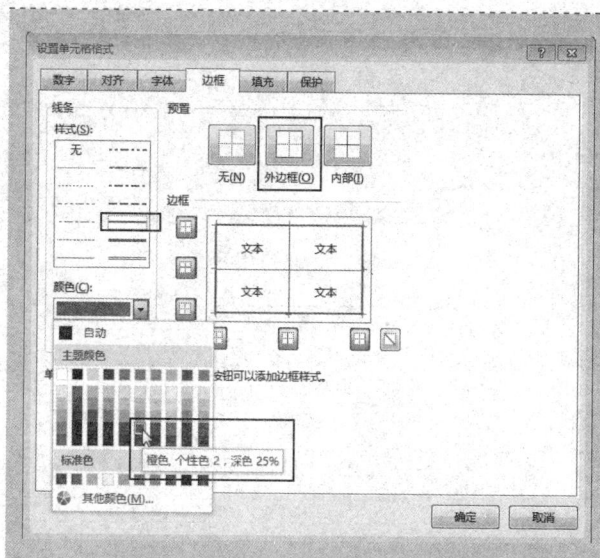

②点击【确定】；继续用鼠标选中B4:C12，单击鼠标右键，在弹出的菜单中选择【设置单元格格式】；用鼠标点击后，就会出现【设置单元格格式】对话框；点击【边框】选项卡，然后在【颜色】组中将线条颜色设置为【橙色，个性色2，深色25%】；选择粗线，然后点击【外边框】按钮。

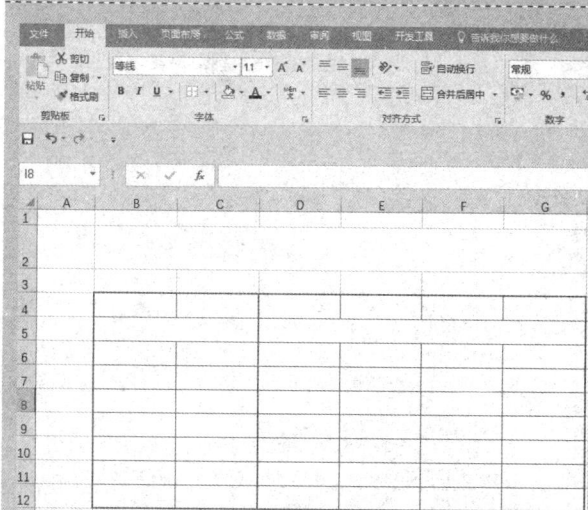

③点击【确定】后，最终的效果如左图所示。

STEP5：输入内容

①用鼠标选中B2:G2，然后在单元格内输入"员工培训费用预算表"；选中该单元格，将【字号】设置为22；在功能区中点击【垂直居中】和【居中】，并用【Ctrl+B】快捷键将文字加粗。

②在B3:G13区域内的单元格内分别输入文字，并按照前面提到的方法对文字进行适当调整。

145

STEP6：设置函数

①选中C6:C11单元格区域，切换至【公式】选项卡，点击【函数】组中的【自动求和】，在弹出的下拉列表中选择【求和】选项。

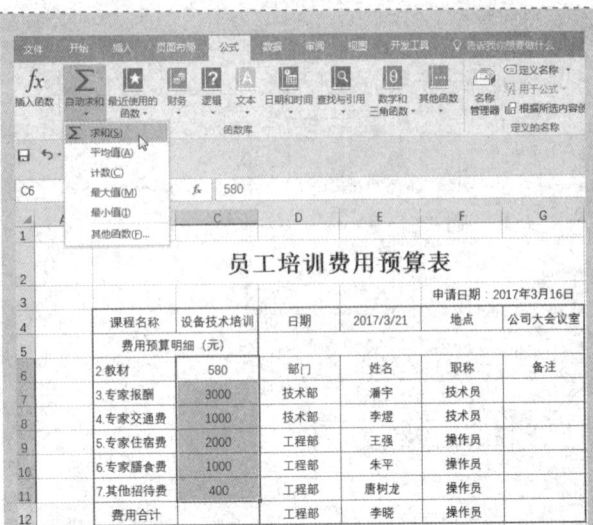

②单击后，即可为所选数字自动求和。

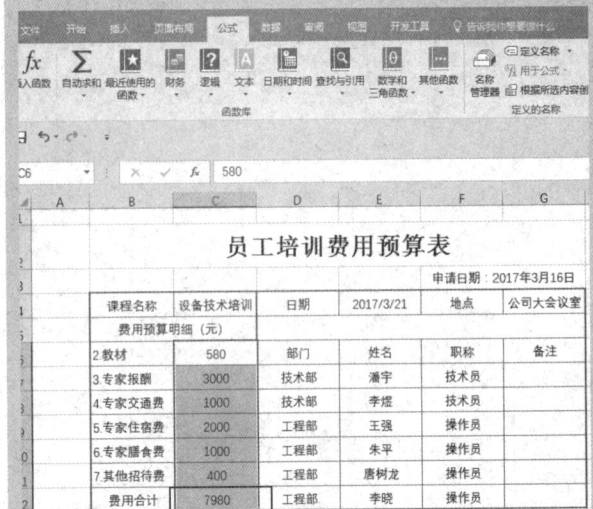

③选中D5:G5单元格区域，然后在编辑栏中输入"="参加培训人员名单(计"&COUNTA(E7:E12)&"人)""。

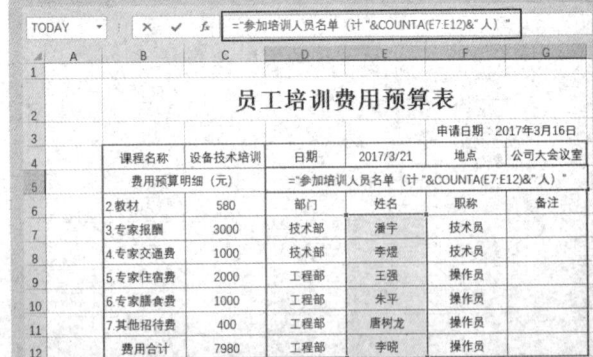

④按【Enter】键后，即可显示参加培训人员名单的人数。

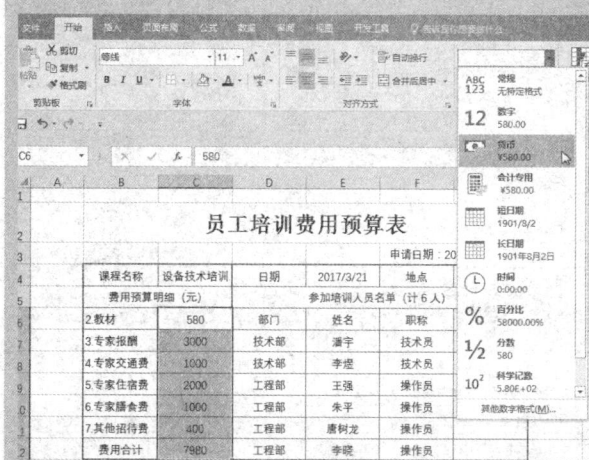

⑤继续选中C6:C12单元格区域，然后切换至【开始】选项卡；在【数字】组中选择【货币】。

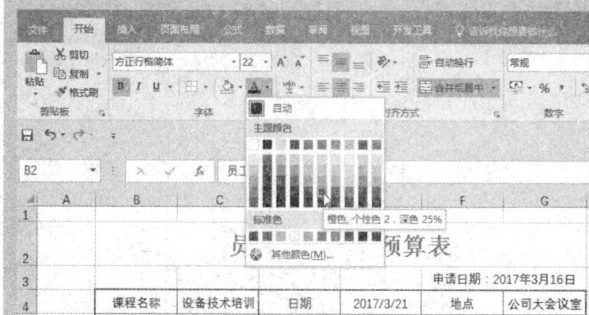

STEP7：美化表格

①选中B2:G2单元格区域，然后选择【字体】选项组中的【字体颜色】，将颜色设为【橙色，个性色2，深色25%】。

②选中B5:G5单元格区域，在功能区选择【字体】选项组中的【填充颜色】，将颜色设为【橙色，个性色2，淡色60%】。

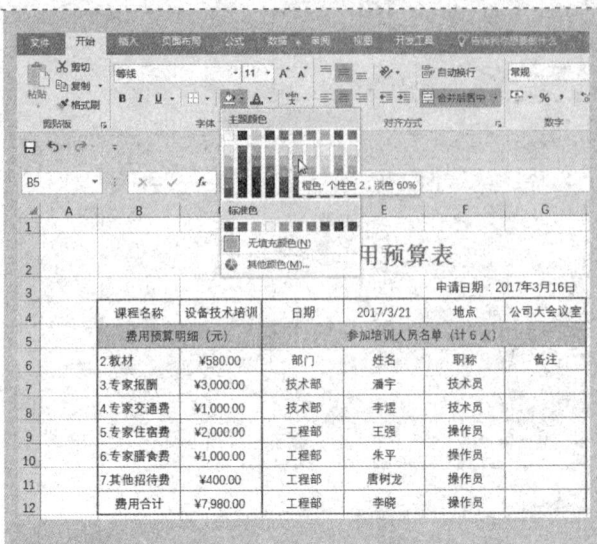

③最终的效果如右图所示。

员工培训费用预算表					
			申请日期：2017年3月16日		
课程名称	设备技术培训	日期	2017/3/21	地点	公司大会议室
费用预算明细（元）		参加培训人员名单（计6人）			
2.教材	¥580.00	部门	姓名	职称	备注
3.专家报酬	¥3,000.00	技术部	潘宇	技术员	
4.专家交通费	¥1,000.00	技术部	李煜	技术员	
5.专家住宿费	¥2,000.00	工程部	王强	操作员	
6.专家膳食费	¥1,000.00	工程部	朱平	操作员	
7.其他招待费	¥400.00	工程部	唐树龙	操作员	
费用合计	¥7,980.00	工程部	李晓	操作员	

操作小技巧

执行完【合并后居中】命令后，如果想取消该单元格的合并，则我们只要再次执行【合并后居中】命令即可。

新员工入职培训计划表

表格说明：

新员工进入公司并办好入职手续后，应由人力资源部门对其进行入职培训，通常包括公司发展历史与愿景、组织架构、主要业务、相关政策与福利以及个人绩效考核评定等内容。入职培训有利于新员工尽早适应并融入公司。

本节任务：

本节为大家详细介绍如何使用Excel 2016制作一份新员工入职培训计划表。本节学习的重点是掌握竖排文字的设置方法。

学习目标：

◎ 学习Excel表格中设置文字自动换行的方法。

◎ 掌握Excel表格中的竖排文字的设置方法。

具体步骤：

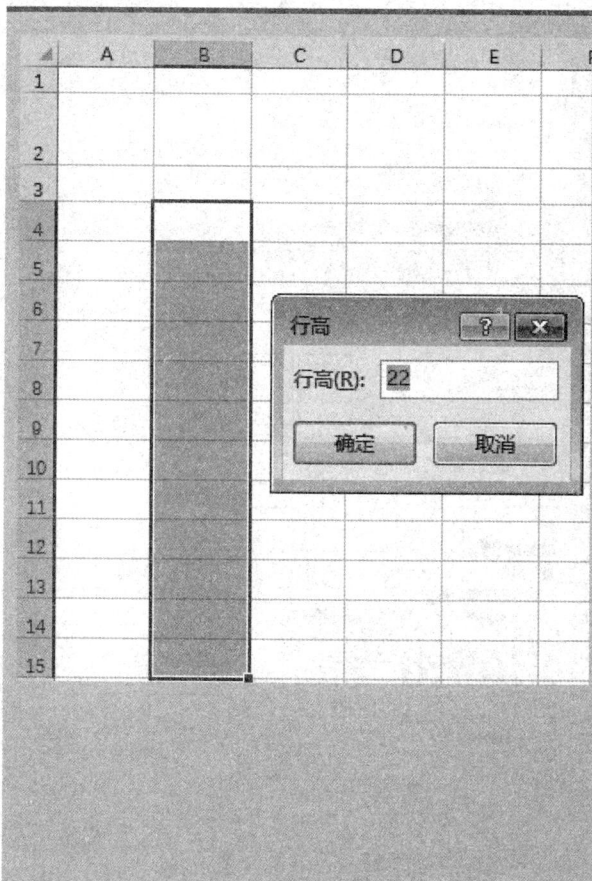

STEP1：创建文件名称并设置行高

①新建一个Excel工作表，并将其命名为"新员工入职培训计划表"。

②在打开的空白工作簿中用鼠标选中第2行单元格，然后在功能区中选择【格式】，用左键点击后即会出现下拉菜单，继续点击【行高】，在弹出的【行高】对话框中，把行高设置为40，然后单击【确定】。

③用同样的方法，把第3行的行高设置为20，第4至第15行的行高设置为22，最终效果如左图所示。

STEP2：设置列宽

①按住【Ctrl】键，用鼠标分别选中B、G列单元格，然后在功能区选择【格式】，用左键点击后即会出现下拉菜单，继续点击【列宽】，在弹出的【列宽】对话框中，把列宽设置为4，然后单击【确定】。

②用同样的方法，将C至F以及H、I列单元格的列宽设置为12。

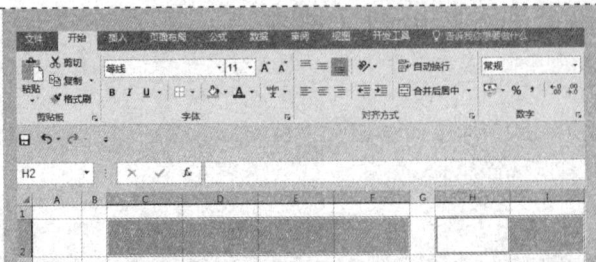

STEP3：合并单元格

①用鼠标选中B2:I2，然后在功能区选择【合并后居中】按钮，用鼠标左键点击。

②用同样的方法，将如右图所示的单元格进行合并。

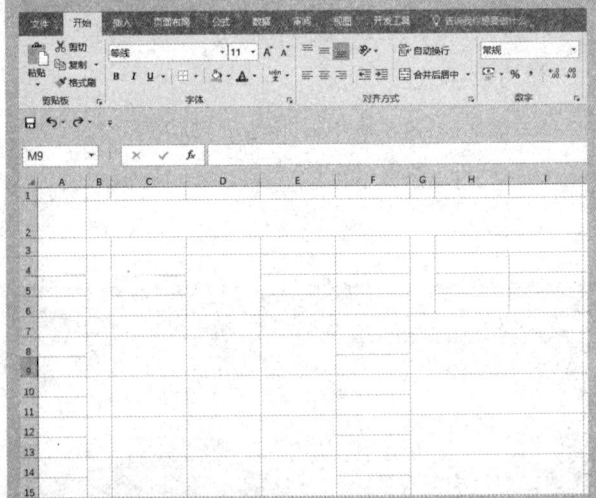

STEP4：设置边框线

①用鼠标选中B4:I15，单击鼠标右键，在弹出的菜单中选择【设置单元格格式】；用鼠标点击后，就会出现【设置单元格格式】对话框；点击【边框】选项卡，然后在【颜色】组中将线条颜色设置为【蓝色，个性色1，深色25%】；选择细线，然后点击【内部】按钮；再选择粗线，然后点击【外边框】按钮。

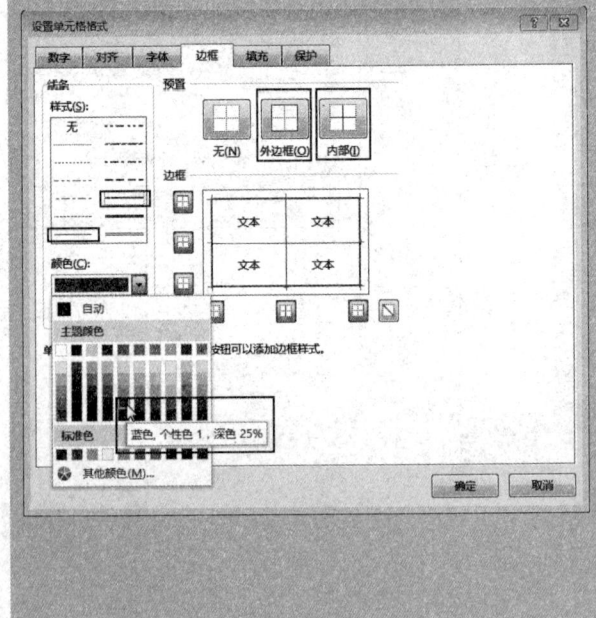

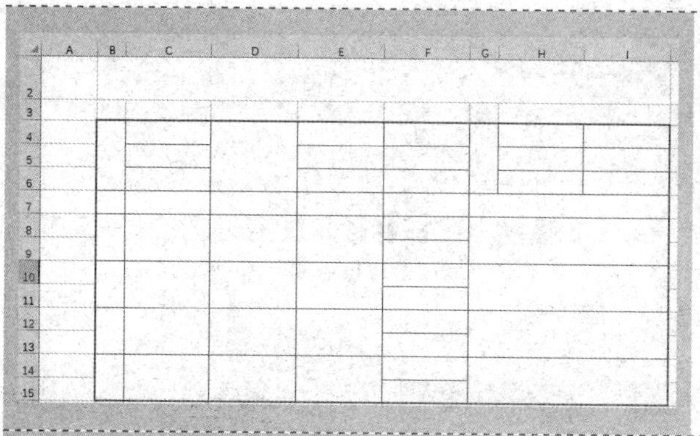

②点击【确定】后，最终的效果如左图所示。

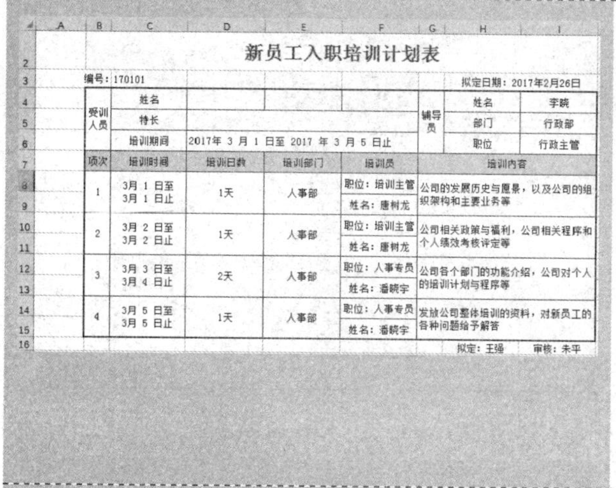

新员工入职培训计划表

编号：170101　　拟定日期：2017年2月26日

受训人员	姓名				辅导员	姓名	李晓
	特长					部门	行政部
	培训期间	2017年 3 月 1 日至 2017 年 3 月 5 日止				职位	行政主管
项次	培训时间	培训日数	培训部门	培训员	培训内容		
1	3月 1 日至 3月 1 日止	1天	人事部	职位：培训主管 姓名：唐树龙	公司的发展历史与愿景，以及公司的组织架构和主要业务等		
2	3月 2 日至 3月 2 日止	1天	人事部	职位：培训主管 姓名：唐树龙	公司相关政策与福利，公司相关程序和个人绩效考核评定等		
3	3月 3 日至 3月 4 日止	2天	人事部	职位：人事专员 姓名：潘晓宇	公司各个部门的功能介绍，公司对个人的培训计划与程序等		
4	3月 5 日至 3月 5 日止	1天	人事部	职位：人事专员 姓名：潘晓宇	发放公司整体培训的资料，对新员工的各种问题给予解答		

拟定：王强　　审核：朱平

STEP5：输入内容

①用鼠标选中B2:I2，然后在单元格内输入“新员工入职培训计划表”；选中该单元格，将【字号】设置为20；在功能区中点击【垂直居中】和【居中】，并用【Ctrl+B】快捷键将文字加粗。

②在B3:I16区域内的单元格中分别输入文字，并按照前面提到的方法对文字进行适当调整。

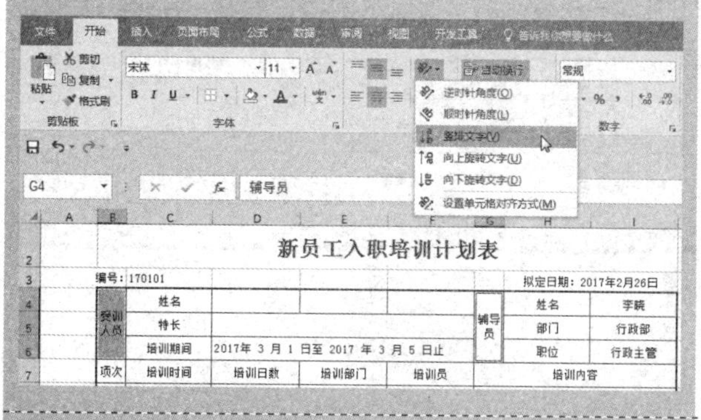

STEP6：设置竖排文字

①按住【Ctrl】键，用鼠标分别选中B4:B6和G4:G6；在【开始】选项卡【对齐方式】选项组中，选择【方向】按钮，在弹出的下拉列表中选择【竖排文字】。

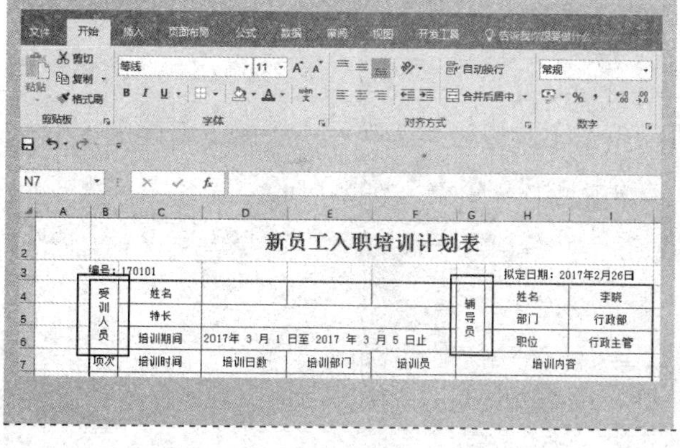

②用鼠标点击后，即可将这两个单元格内的文字变成竖排文字，最终效果如左图所示。

STEP7：美化表格

①选中B2:I2单元格区域，然后选择
【字体】选项组中的【字体颜色】，将颜
色设为【蓝色，个性色1，深色25%】。

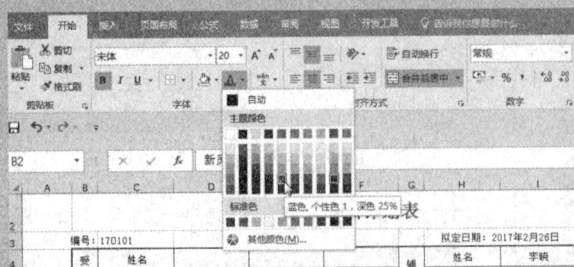

②继续选中B7:I7单元格区域，然后选
择【字体】选项组中的【填充颜色】，将
颜色设为【蓝色，个性色1，淡色60%】。

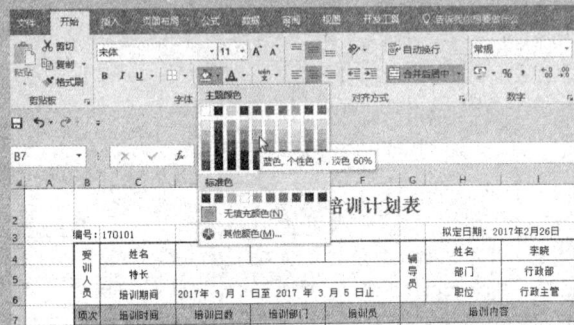

③最终的效果如右图所示。

操作小技巧

　　在新建Excel工作表时，我们可以单击【快速访问工具栏】中的【新建】按
钮，也可以使用【Ctrl+N】快捷键，来快速创建一个空白的Excel工作表。

员工培训成绩表

表格说明：

员工的培训结束之后，培训主管部门应当组织培训员工进行统一考试，以及时评测、汇总员工的培训效果，并将其作为员工个人资料予以保存、归档。

本节任务：

本节介绍如何使用Excel 2016制作一份员工培训成绩统计表。本节学习的重点是掌握AVERAGE（平均算术）函数的设置方法。

学习目标：

◎ 学习设置AVERAGE（平均算术）函数的方法。

◎ 学习设置RANK（排名）函数的方法。

具体步骤：

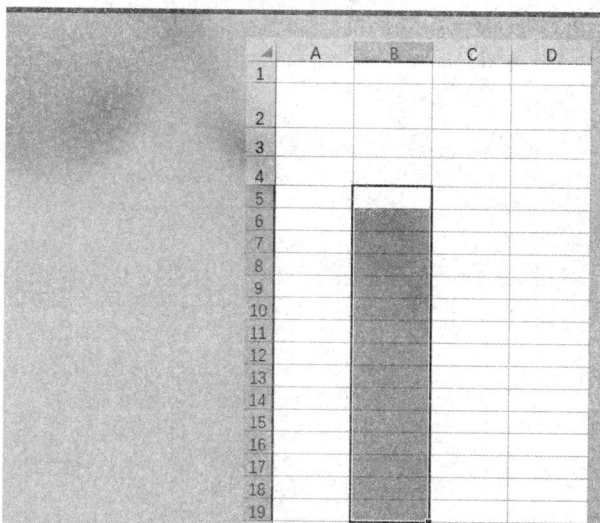

STEP1：创建文件名称并设置行高

①新建一个Excel工作表，并将其命名为"员工培训成绩表"。

②在打开的空白工作簿中用鼠标选中第2行单元格，然后在功能区中选择【格式】，用左键点击后即会出现下拉菜单，继续点击【行高】，在弹出的【行高】对话框中，把行高设置为30，然后单击【确定】。

③用同样的方法，把第3、第4行的行高设置为20，第5至第19行的行高设置为15。

STEP2：设置列宽

用鼠标选中B至L列单元格，然后在功能区选择【格式】，用左键点击后即会出现下拉菜单，继续点击【列宽】，在弹出的【列宽】对话框中，把列宽设置为10，然后单击【确定】，最终的效果如左图所示。

STEP3：合并单元格

①用鼠标选中B2:L2，然后在功能区选择【合并后居中】按钮，用鼠标左键点击。

②用同样的方法，将J3:L3单元格进行合并，最终的效果如右图所示。

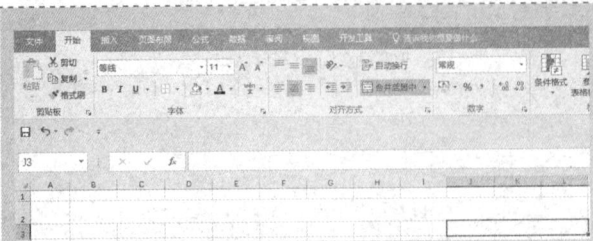

STEP4：设置边框线

①用鼠标选中B4:L18，单击鼠标右键，在弹出的菜单中选择【设置单元格格式】；用鼠标点击后，就会出现【设置单元格格式】对话框；点击【边框】选项卡，选择细线，然后点击【内部】按钮；再选择粗线，然后点击【外边框】按钮。

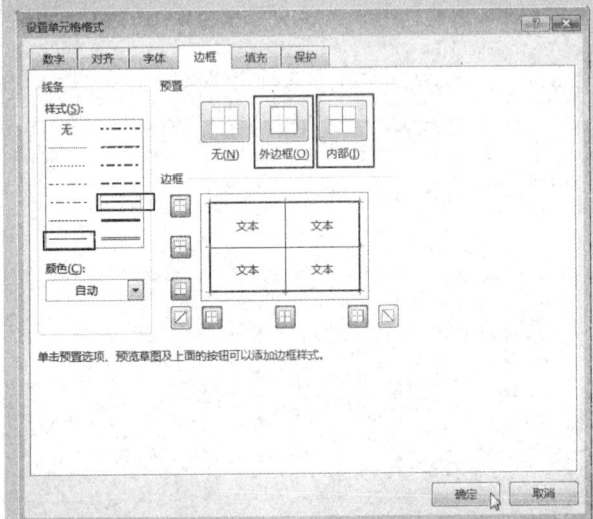

②点击【确定】后，效果如右图所示。

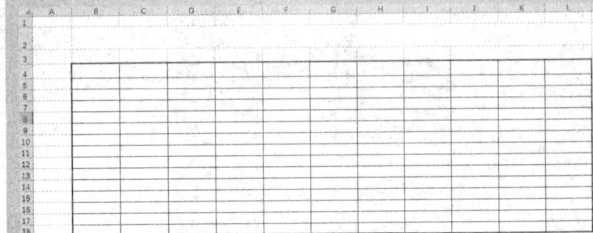

STEP5：输入内容

①用鼠标选中B2:I2，然后在单元格内输入"员工培训成绩表"；选中该单元格，将【字号】设置为20；在功能区中点击【垂直居中】和【居中】，并用【Ctrl+B】快捷键将文字加粗。

②在B3:L19区域内的单元格中分别输入文字，并按照前面提到的方法对文字进行适当调整。

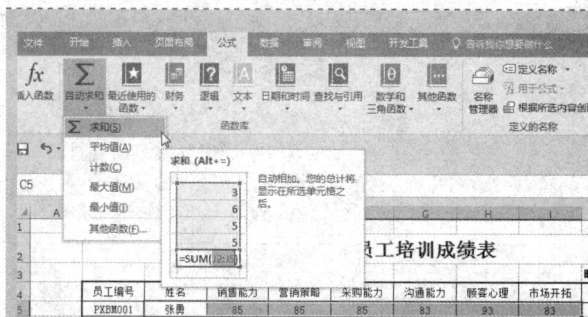

STEP6：设置求和函数

①选中D5:I5，切换至【公式】选项卡，点击【函数】组中的【自动求和】按钮，在弹出的下拉列表中选择【求和】选项。

②单击后，即可为所选单元格的数字自动求和；选中J5单元格，并将鼠标放在单元格内的右下角。

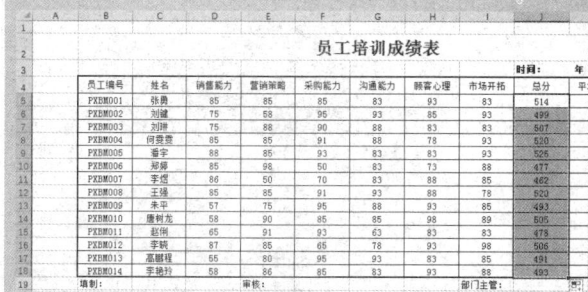

③按住鼠标左键，然后向下拖拉至J18。

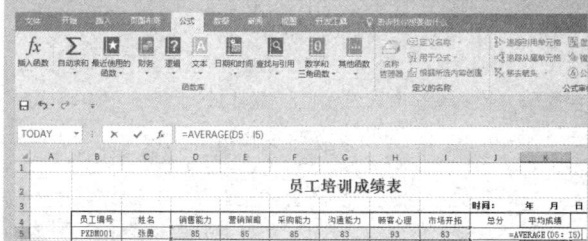

STEP7：设置AVERAGE（算术平均）函数

①用鼠标双击K5单元格，然后输入公式"=AVERAGE(D5:I5)"，如左图所示。

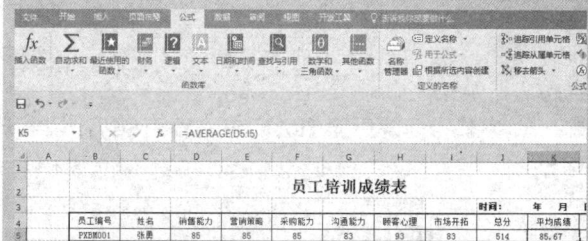

②按【Enter】键确认，即可得出相应的结果；继续选中K5单元格，并将鼠标放在单元格内的右下角。

③按住鼠标左键，然后向下拖拉至K18；继续选中K5:K18单元格区域，在【开始】选项卡中选择【数字】选项组，将该区域内的【小数位数】设置为2；最终的效果如右图所示。

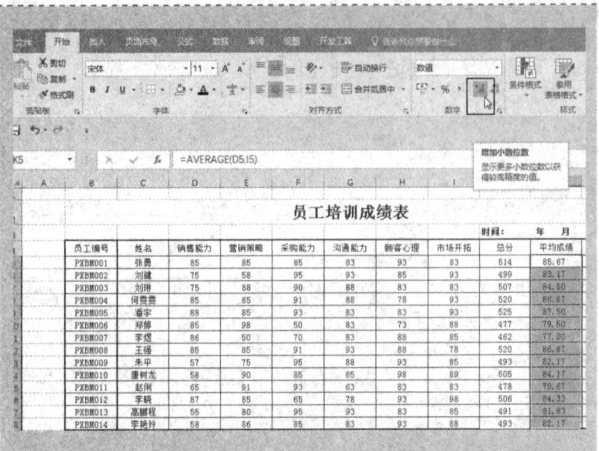

STEP8：设置RANK（排名）函数

①用鼠标双击L5单元格，然后输入公式"=RANK.EQ(K5,$K$5:$K$24)"。

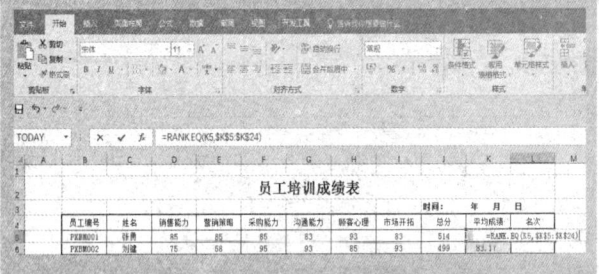

②按【Enter】键确认，即可得出相应的名次；继续选中L5单元格，并将鼠标放在单元格内的右下角。

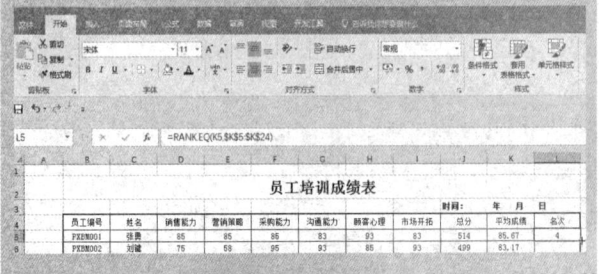

③按住鼠标左键，然后向下拖拉至L18；最终的效果如右图所示。

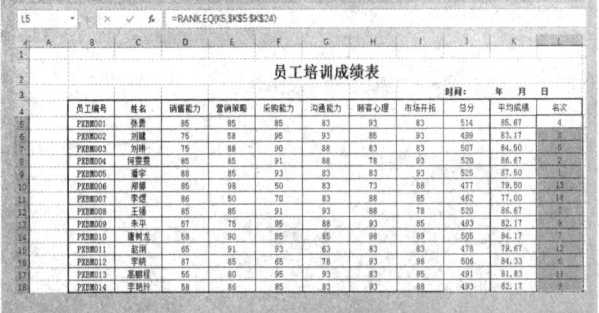

STEP9：美化表格

①选中B2:L3单元格区域，在功能区选择【字体】选项组中的【填充颜色】，将颜色设为【浅蓝】。

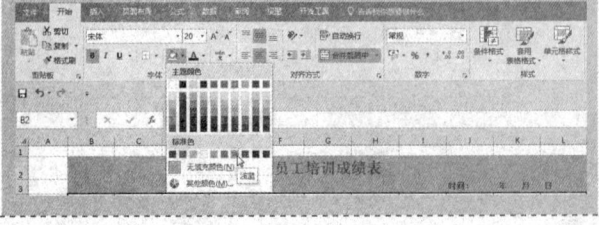

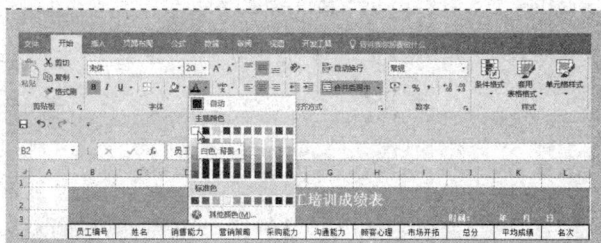

②继续选中B2:L3单元格区域，然后选择【字体】选项组中的【字体颜色】，将颜色设为【白色，背景1】。

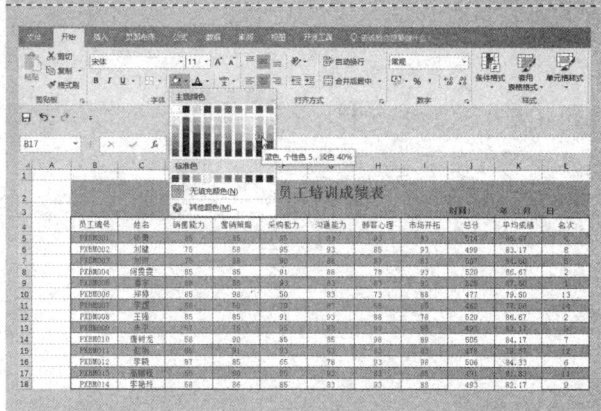

③按住【Ctrl】键，用鼠标分别选中B5:L5、B7:L7、B9:L9、B11:L11、B13:L13、B15:L15、B17:L17；在功能区选择【字体】选项组中的【填充颜色】，将颜色设为【蓝色，个性色5，淡色40%】。

④最终的效果如左图所示。

操作小技巧

我们可以手动调节行高和列宽。比如，如果想调节第2行的行高，就可以将鼠标的光标放在第2行和第3行之间的分割线处，当鼠标的光标变成"双向箭头"时，即可通过拖动鼠标左键来调整第2行的行高，直至调整到合适的位置。

培训成绩查询表

表格说明：

人力资源部门对员工培训的成绩进行统计、存档之后，还应当制作一份培训成绩查询表。这样便于相关人员通过输入员工的编号进行快速查询。

本节任务：

本节为大家详细介绍如何通过上节的员工培训成绩表来制作一份相应的培训成绩查询表。本节学习的重点是掌握VLOOKUP（纵向查找）函数的设置方法。

学习目标：

◎ 学习VLOOKUP（纵向查找）函数的使用方法。

◎ 掌握Excel表格的基本操作。

具体步骤：

STEP1：创建文件名称并设置行高

①新建一个Excel工作表，并将其命名为"培训成绩查询表"。

②在打开的空白工作簿中用鼠标选中第2行单元格，然后在功能区中选择【格式】，用左键点击后即会出现下拉菜单，继续点击【行高】，在弹出的【行高】对话框中，把行高设置为40，然后单击【确定】。

③用同样的方法，把第3至第12行的行高设置为20。

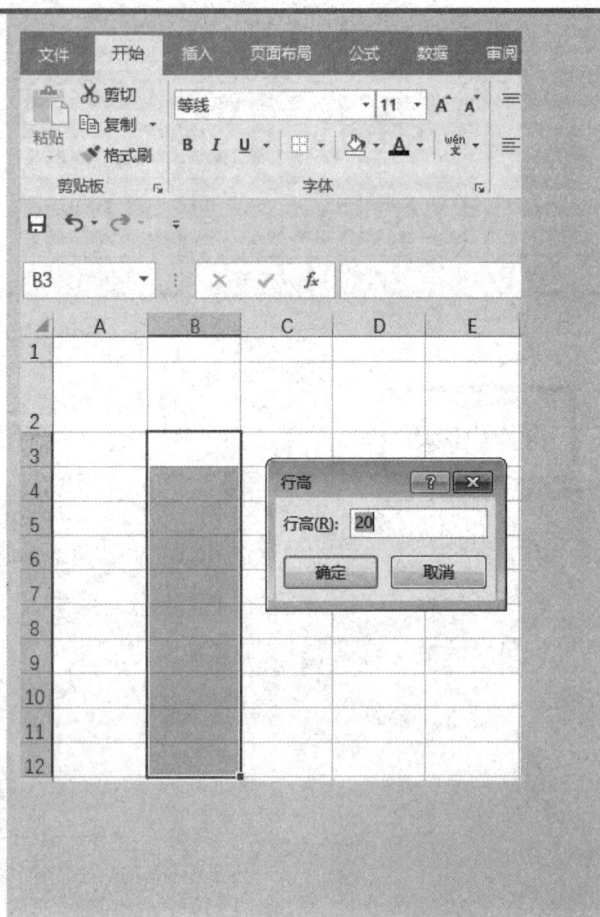

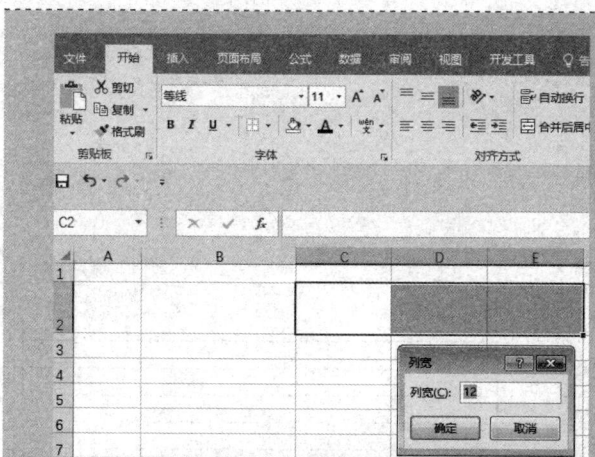

STEP2：设置列宽

①用鼠标选中B列单元格，然后在功能区选择【格式】，用左键点击后即会出现下拉菜单，继续点击【列宽】，在弹出的【列宽】对话框中，把列宽设置为20，然后单击【确定】。

②用同样的方法，将C至E列单元格的列宽设置为12。

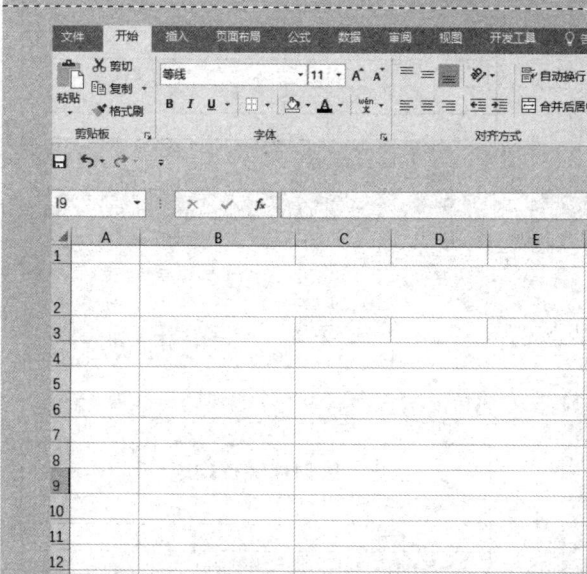

STEP3：合并单元格

①用鼠标选中B2:E2，然后在功能区选择【合并后居中】按钮，用鼠标左键点击。

②用同样的方法，将如左图所示的单元格分别进行合并。

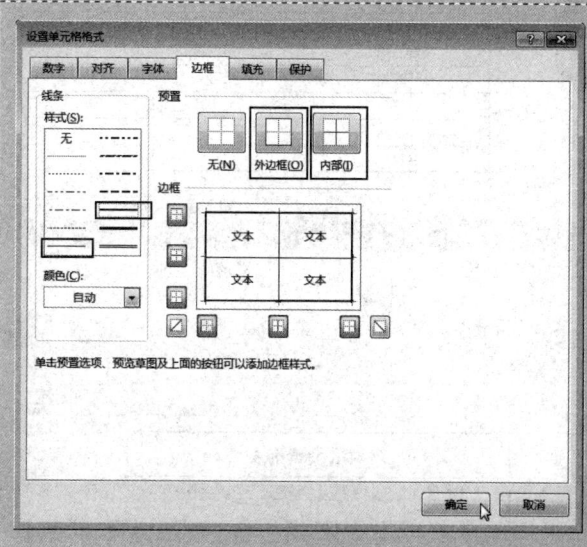

STEP4：设置边框线

①用鼠标选中B3:E12，单击鼠标右键，在弹出的菜单中选择【设置单元格格式】；用鼠标点击后，就会出现【设置单元格格式】对话框；点击【边框】，选择细线，然后点击【内部】按钮；再选择粗线，然后点击【外边框】按钮。

②点击【确定】后，最终的效果如右图所示。

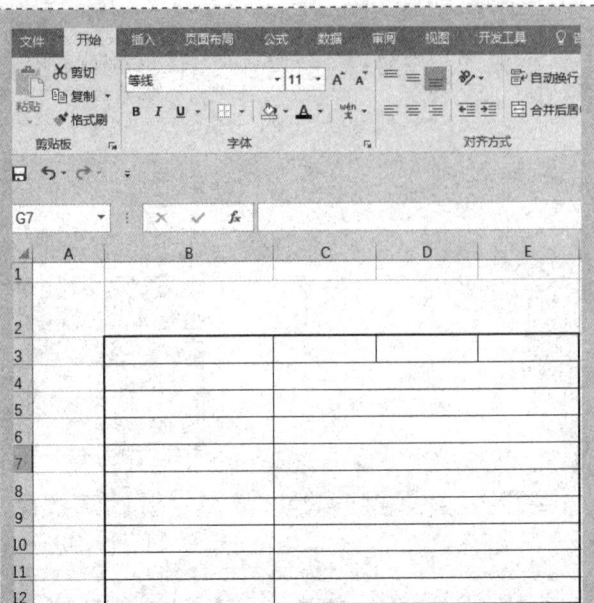

STEP5：输入内容

①用鼠标选中B2:E2，然后在单元格内输入"培训成绩查询表"；选中该单元格，将【字号】设置为24；在功能区中点击【垂直居中】和【居中】，并用【Ctrl+B】快捷键将文字加粗。

②在B3:E12区域内的单元格中分别输入文字，并按照前面提到的方法对文字进行适当调整。

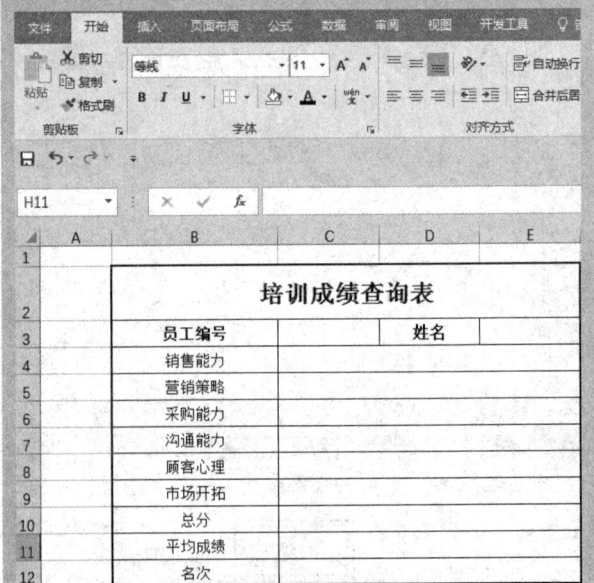

STEP6：设置查询函数

①在C3单元格内输入编号"PXBM001"，然后选中E3单元格，并输入公式"=VLOOKUP($C$3,员工培训成绩统计表!$B$4:$L$18,2)"。

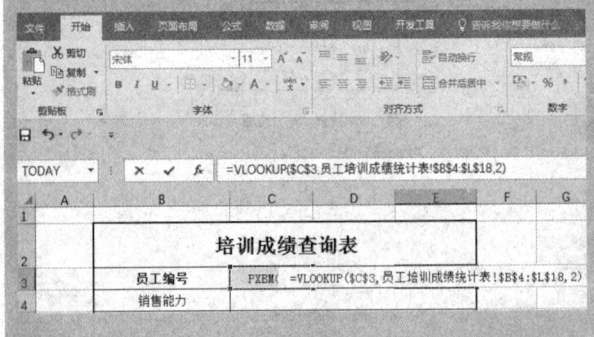

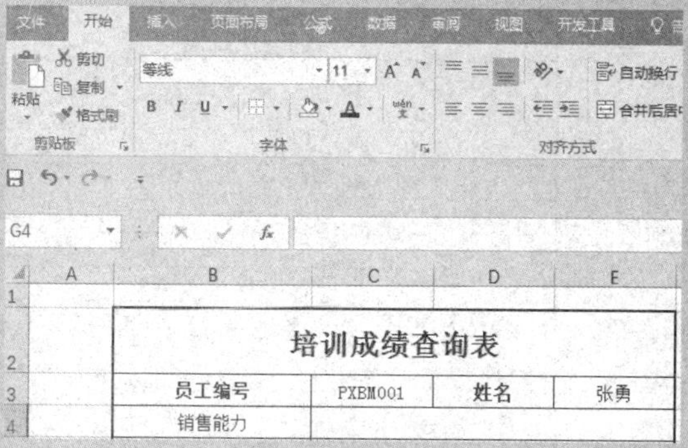

②单击【Enter】键，即可显示"员工编号"所对应的"员工姓名"。

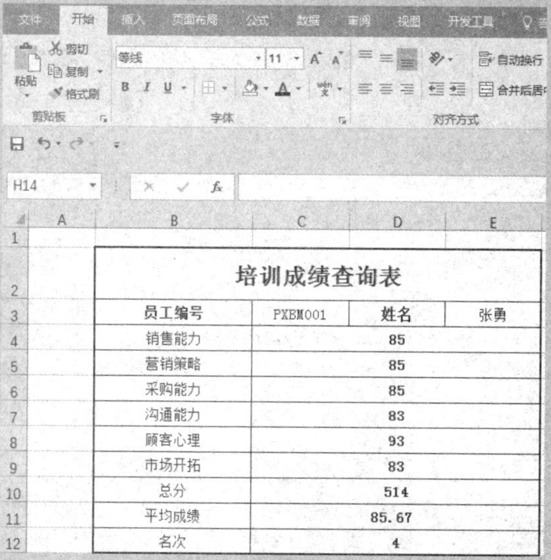

③使用同样的方法，继续在C4:E4、C5:E5、C6:E6、C7:E7、C8:E8、C9:E9、C10:E10、C11:E11、C12:E12单元格内，分别输入：

"=VLOOKUP($C$3,员工培训成绩统计表!$B$4:$L$18,3)"

"=VLOOKUP($C$3,员工培训成绩统计表!$B$4:$L$18,4)"

"=VLOOKUP($C$3,员工培训成绩统计表!$B$4:$L$18,5)"

"=VLOOKUP($C$3,员工培训成绩统计表!$B$4:$L$18,6)"

"=VLOOKUP($C$3,员工培训成绩统计表!$B$4:$L$18,7)"

"=VLOOKUP($C$3,员工培训成绩统计表!$B$4:$L$18,8)"

"=VLOOKUP($C$3,员工培训成绩统计表!$B$4:$L$18,9)"

"=VLOOKUP($C$3,员工培训成绩统计表!$B$4:$L$18,10)"

"=VLOOKUP($C$3,员工培训成绩统计表!$B$4:$L$18,11)"，

在分别单击【Enter】键确认后，最终的效果如左图所示。

④继续在C3中输入编号"PXBM004"，点击【Enter】键，即可得出该编号所对应的员工姓名，并完成验证，最终的效果如右图所示。

STEP7：美化表格

①按住【Ctrl】键，然后分别选中B2:E2、B3:B12以及D3单元格，在功能区选择【字体】选项组中的【填充颜色】，将颜色设为【浅蓝】。

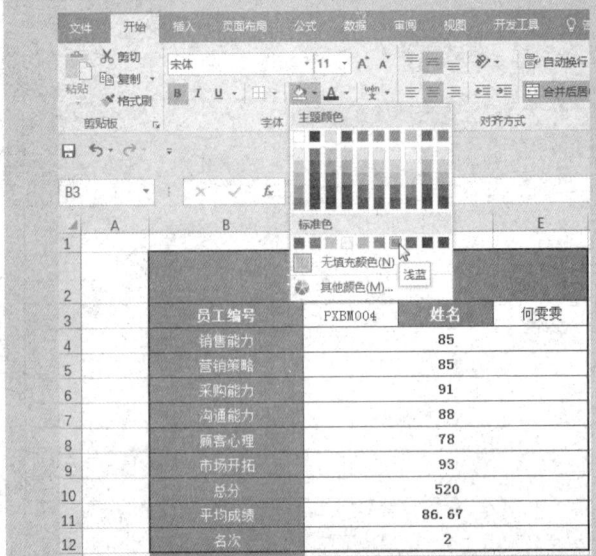

②继续选中该单元格区域，然后选择【字体】选项组中的【字体颜色】，将颜色设为【白色，背景1】。

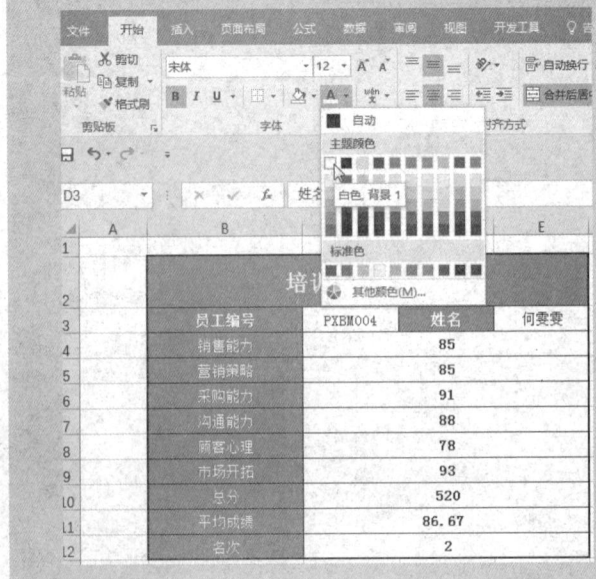

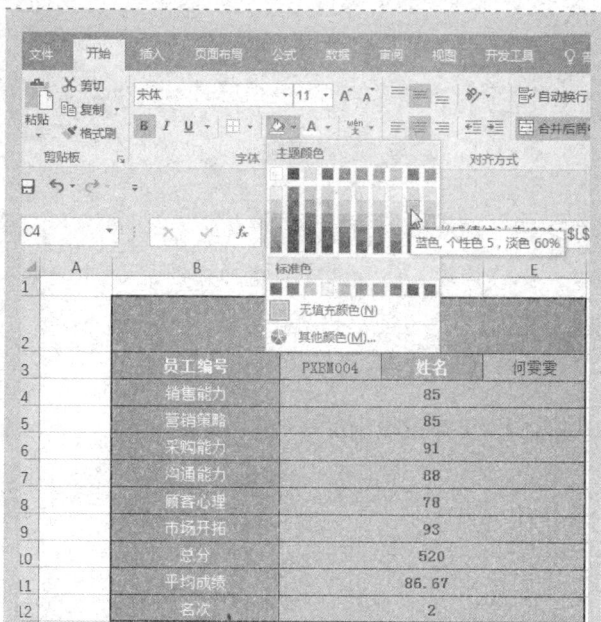

③按住【Ctrl】键，然后分别选中C3、E3单元格以及C4:E12单元格区域，在功能区选择【字体】选项组中的【填充颜色】，将颜色设为【蓝色，个性色5，淡色60%】。

	A	B			E
1					
2					
3		员工编号	PXEM004	姓名	何雯雯
4		销售能力		85	
5		营销策略		85	
6		采购能力		91	
7		沟通能力		88	
8		顾客心理		78	
9		市场开拓		93	
10		总分		520	
11		平均成绩		86.67	
12		名次		2	

④最终的效果如左图所示。

培训成绩查询表

员工编号	PXEM004	姓名	何雯雯
销售能力		85	
营销策略		85	
采购能力		91	
沟通能力		88	
顾客心理		78	
市场开拓		93	
总分		520	
平均成绩		86.67	
名次		2	

操作小技巧

如果想要取消包含边框格式的单元格区域，执行【开始】【字体】【边框】【无框线】命令，即可取消之前设置好的边框格式。

培训反馈表

表格说明：

培训反馈表是在每次培训后，针对培训学员做出的培训满意度的反馈调查，通常以现场发放调查表的形式来完成。反馈内容主要涵盖总体评价、培训课程、讲师授课、培训组织、合理化建议等几个核心的调查内容。

本节任务：

本节为大家详细介绍如何使用Excel 2016制作一份员工培训反馈表。

学习目标：

◎ 学习设置竖排文字的快速方法。

◎ 熟练掌握Excel表格的基本操作。

具体步骤：

STEP1：创建文件名称并设置行高

①新建一个Excel工作表，并将其命名为"培训反馈表"。

②在打开的空白工作簿中用鼠标选中第2行单元格，然后在功能区中选择【格式】，用左键点击后即会出现下拉菜单，继续点击【行高】，在弹出的【行高】对话框中，把行高设置为30，然后单击【确定】。

③用同样的方法，把第3至第6行的行高设置为20，把第7至第17行的行高设置为30。

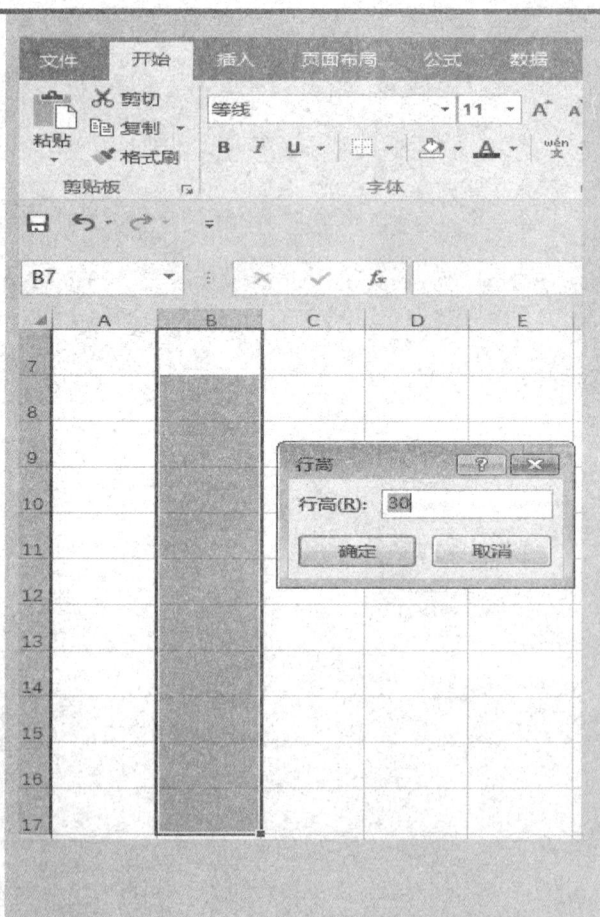

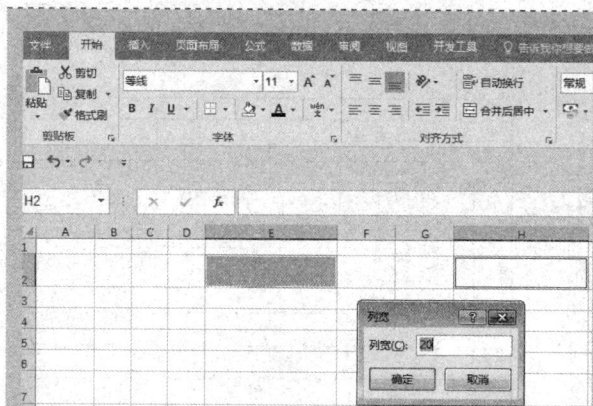

STEP2：设置列宽

①用鼠标选中B至D列单元格，然后在功能区选择【格式】，用左键点击后即会出现下拉菜单，继续点击【列宽】，在弹出的【列宽】对话框中，把列宽设置为5，然后单击【确定】。

②用同样的方法，将E和H列单元格的列宽设置为20。

STEP3：合并单元格

①用鼠标选中B2:H2单元格区域，然后在功能区选择【合并后居中】按钮，用鼠标左键点击。

②用同样的方法，将如左图所示的单元格分别进行合并。

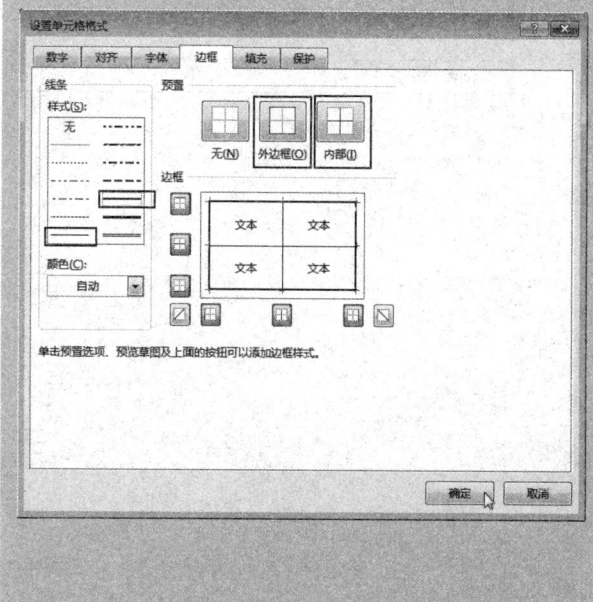

STEP4：设置边框线

①用鼠标选中B3:H17单元格区域，单击鼠标右键，在弹出的菜单中选择【设置单元格格式】；用鼠标点击后，就会出现【设置单元格格式】对话框；点击【边框】选项卡，选择细线，然后点击【内部】按钮；再选择粗线，然后点击【外边框】按钮。

②点击【确定】后，效果如右图所示。

STEP5：输入内容

①用鼠标选中B2:H2，然后在单元格内输入"培训反馈表"；选中该单元格，将【字号】设置为18；在功能区中点击【垂直居中】和【居中】，并用【Ctrl+B】快捷键将文字加粗。

②在B3:H17区域内的单元格中分别输入文字，并按照前面提到的方法对文字进行适当调整。

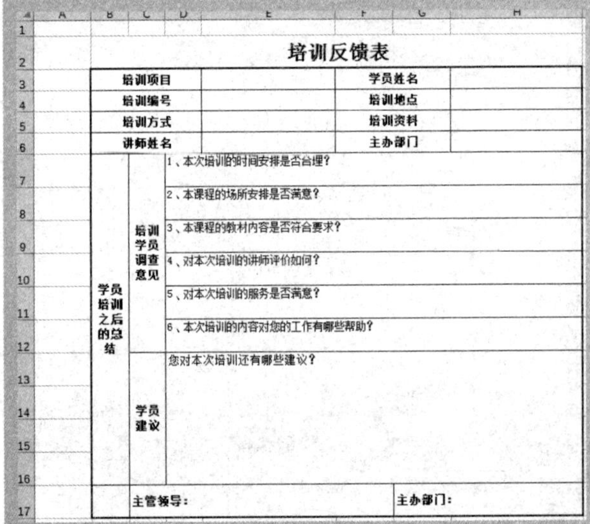

培训反馈表

培训项目		学员姓名	
培训编号		培训地点	
培训方式		培训资料	
讲师姓名		主办部门	

学员培训之后的总结 / 培训学员调查意见

1、本次培训的时间安排是否合理？

2、本课程的场所安排是否满意？

3、本课程的教材内容是否符合要求？

4、对本次培训的讲师评价如何？

5、对本次培训的服务是否满意？

6、本次培训的内容对您的工作有哪些帮助？

您对本次培训还有哪些建议？

学员建议

主管领导：   主办部门：

STEP6：设置竖排文字

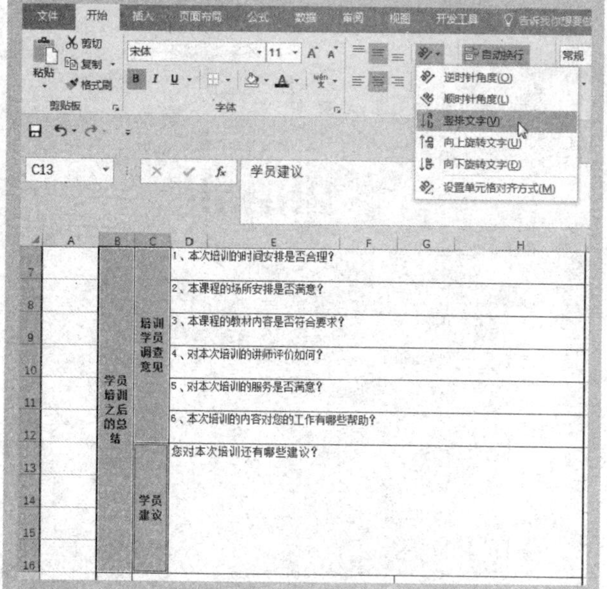

①按住【Ctrl】键，用鼠标分别选中B7:B16、C7:C12和C12:C16单元格；在【开始】选项卡【对齐方式】选项组中，选择【方向】按钮，在弹出的下拉列表中选择【竖排文字】。

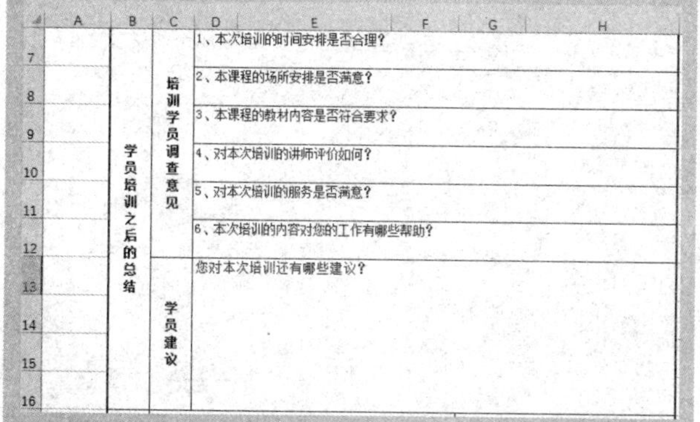

②用鼠标点击后，即可将这3个单元格内的文字变成竖排文字，最终效果如左图所示。

STEP7：美化表格

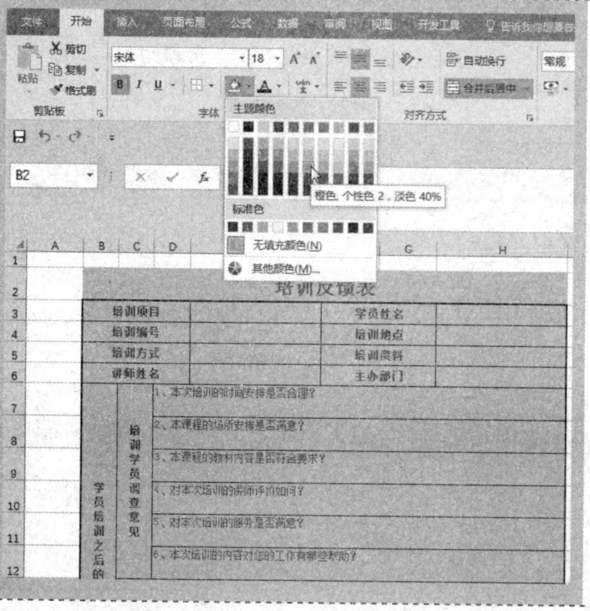

①按住【Ctrl】键，然后选中B2:H17单元格区域，并在功能区选择【字体】选项组中的【填充颜色】，将颜色设为【橙色，个性色2，淡色40%】。

②继续选中B2:H17单元格区域，然后选择【字体】选项组中的【字体颜色】，将颜色设为【蓝色，个性色5，深色50%】。

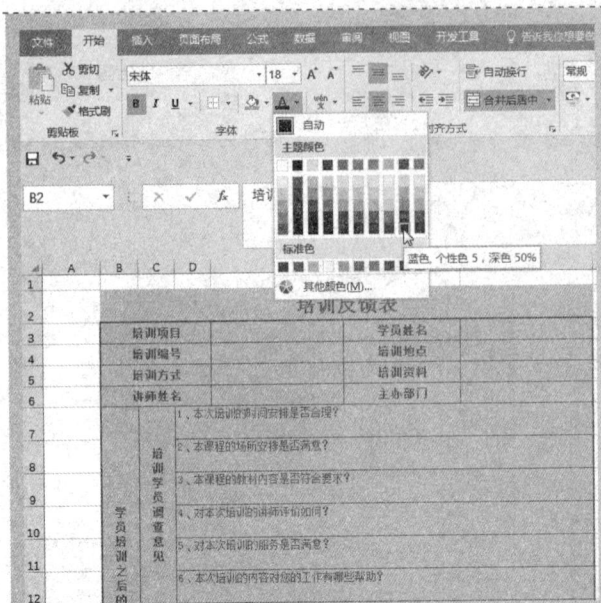

③最终的效果如右图所示。

操作小技巧

如果要将文字改为竖排文字，我们也可以使用【Ctrl+1】快捷键弹出【设置单元格格式】对话框，然后在【对齐】选项卡中的【方向】选项组中，单击左侧黑色竖条文本，即可改变文字方向。

学员培训评估表

表格说明：

学员的培训完成之后，人力资源部门应主动要求学员对此次培训的效果进行评估。其中主要对此次培训的内容、培训讲师的水平以及培训的组织工作做出评定。

本节任务：

本节介绍如何使用Excel 2016制作一份学员培训评估表。本节学习的重点是掌握插入符号的操作方法。

学习目标：

◎ 学习插入符号的操作方法。

◎ 掌握制作Excel表格的基本操作方法。

具体步骤：

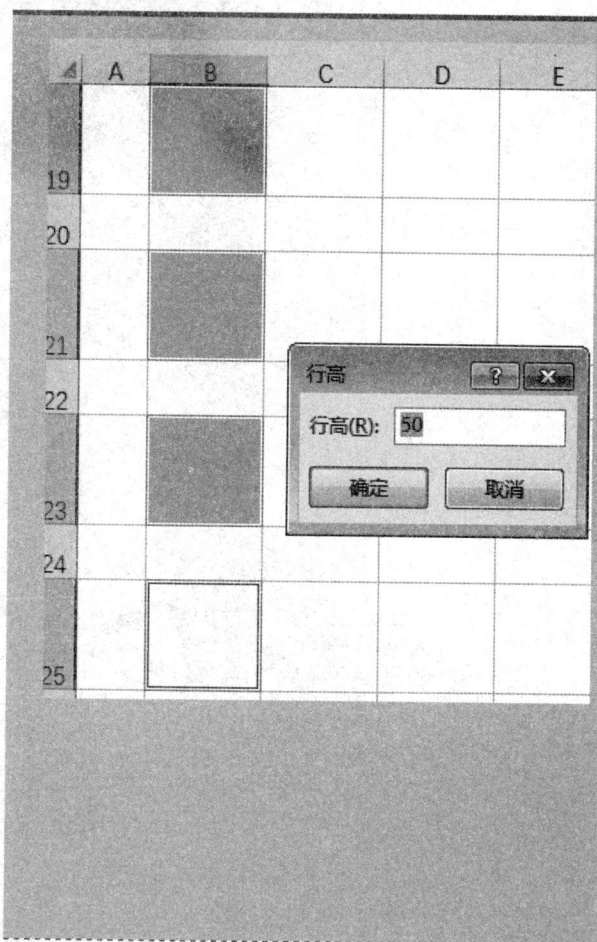

STEP1：创建文件名称并设置行高

①新建一个Excel工作表，并将其命名为"学员培训评估表"。

②在打开的空白工作簿中用鼠标选中第2行单元格，然后在功能区中选择【格式】，用左键点击后即会出现下拉菜单，继续点击【行高】，在弹出的【行高】对话框中，把行高设置为40，然后单击【确定】。

③用同样的方法，把第3至第16行以及第18、20、22、24行的行高设置为25，把第17、19、21、23、25行的行高设置为50。

STEP2：设置列宽

①按住【Ctrl】键，用鼠标选中B、C列单元格，然后在功能区选择【格式】，用左键点击后即会出现下拉菜单，继续点击【列宽】，在弹出的【列宽】对话框中，把列宽设置为10，然后单击【确定】。

②用同样的方法，将D列单元格的列宽设置为15。

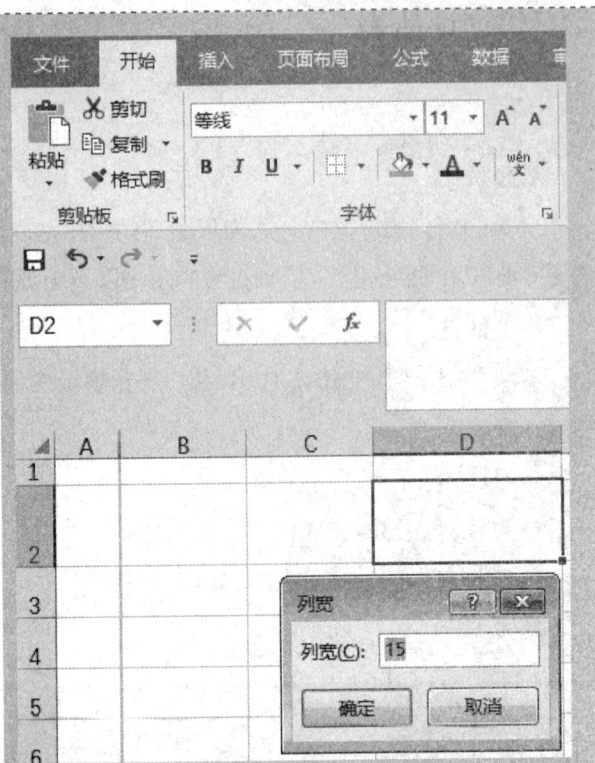

STEP3：合并单元格

①用鼠标选中B2:I2，然后在功能区选择【合并后居中】按钮，用鼠标左键点击。

②用同样的方法，按右图所示将单元格分别进行合并。

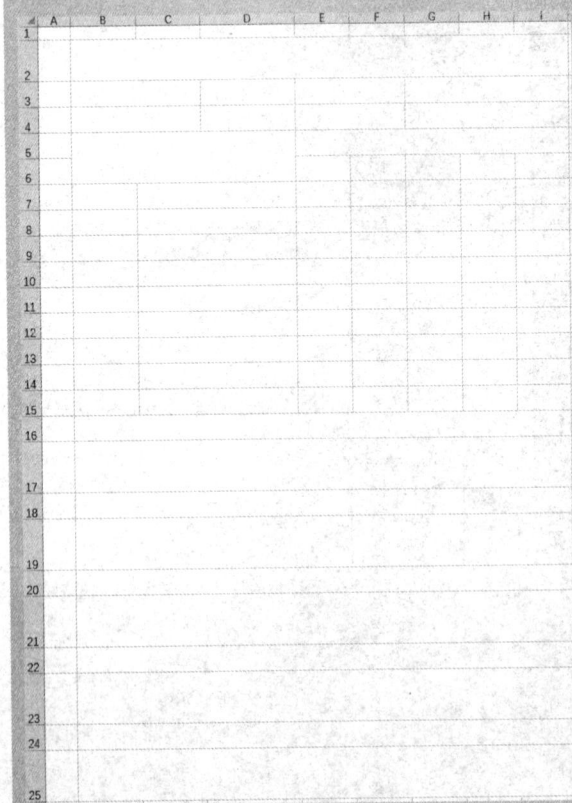

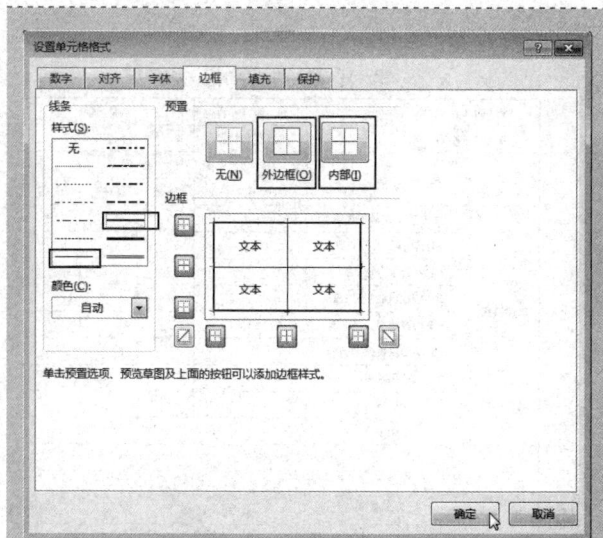

STEP4：设置边框线

①用鼠标选中B3:I25，单击鼠标右键，在弹出的菜单中选择【设置单元格格式】；用鼠标点击后，就会出现【设置单元格格式】对话框；点击【边框】选项卡，选择细线，然后点击【内部】按钮；再选择粗线，然后点击【外边框】按钮。

②点击【确定】后，最终的效果如左图所示。

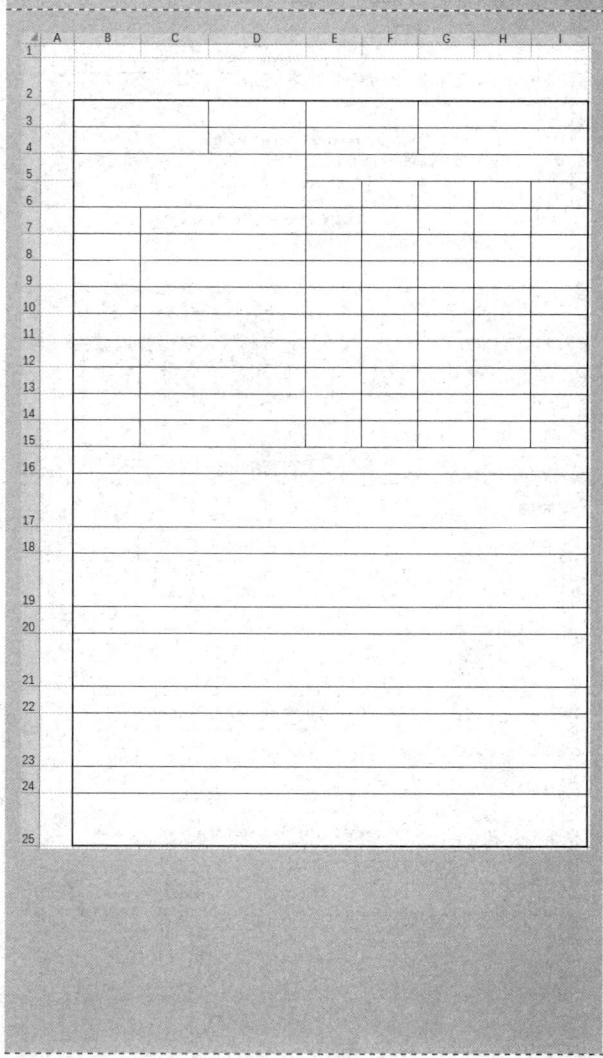

STEP5：输入内容

①用鼠标选中B2:I2，然后在单元格内输入"员工培训评估表"；选中该单元格，将【字号】设置为20；在功能区中点击【垂直居中】和【居中】，并用【Ctrl+B】快捷键将文字加粗。

②在B3:I25区域内的单元格中分别输入文字，并按照前面提到的方法对文字进行适当调整。

学 员 培 训 评 估 表							
培 训 时 间	2017/1/15		培 训 内 容		电商运营		
学 员 姓 名	李军虎		培 训 讲 师		刘宝全		
评 估 项 目			评 估 得 分				
			劣-0	差-1	好-3	良-4	优-5
培训内容	深度适中、易于理解						
	切合实际、便于应用						
培训讲师	教学方法						
	讲课进度与现场气氛						
	授课内容清晰、有条理						
	鼓励学员积极参与情况						
培训组织	培训时间						
	培训课程						
	培训设备						
培训收获							
对电商运营的基本知识，有了很多具体的了解。							
此次培训对员工在工作上的帮助							
通过本次培训，能够避免在工作中出现很多不必要的错误。							
对此次培训的整体评价							
老师讲课非常认真，收获颇丰。							
对下次工作培训的意见和建议							
希望多一些类似培训，以不断提高自身的技能。							
还希望公司组织哪些方面的培训							
希望公司在Excel操作方面，多一些培训课程。							

STEP6：插入符号

①选中C7单元格，然后切换至【插入】选项卡，单击【符号】选项组中的【符号】按钮，即会弹出【符号】对话框；在对话框中，将【子集】设置为【数学运算符】，然后在列表框中选择"√"。

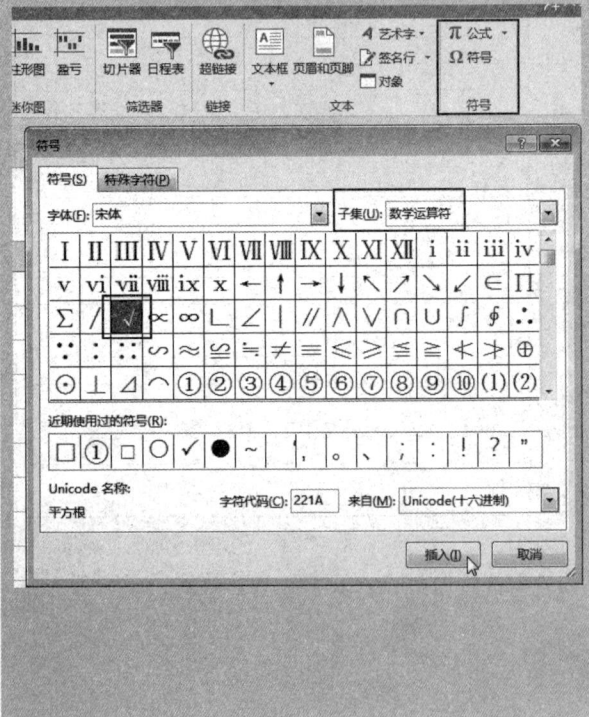

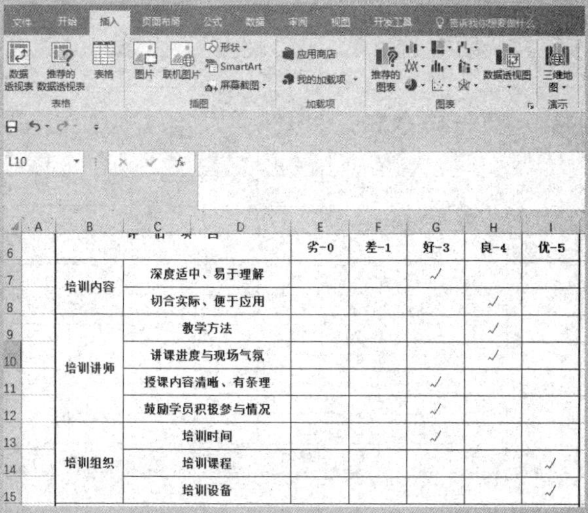

②用鼠标点击【插入】，然后再点击【关闭】，即可在单元格内插入符号"√"；用同样的方法，在其他单元格内插入"√"，最终的效果如左图所示。

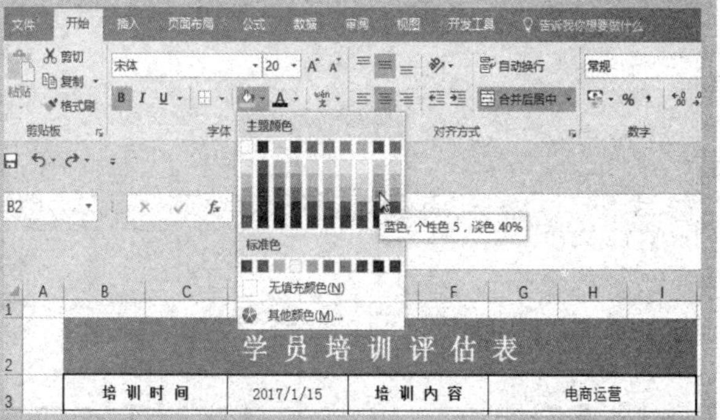

				劣-0	差-1	好-3	良-4	优-5
	培训内容		深度适中、易于理解		√			
			切合实际、便于应用			√		
	培训讲师		教学方法			√		
			讲课进度与现场气氛			√		
			授课内容清晰、有条理			√		
			鼓励学员积极参与情况			√		
	培训组织		培训时间			√		
			培训课程					√
			培训设备					√

STEP7：美化表格

①选中B2:I2单元格区域，在功能区选择【字体】选项组中的【填充颜色】，将颜色设为【蓝色，个性色5，淡色40%】。

②按住【Ctrl】键，然后分别选中如右图所示的单元格区域，并在功能区选择【字体】选项组中的【填充颜色】，将颜色设为【蓝色，个性色5，淡色80%】，最终的效果如右图所示。

学 员 培 训 评 估 表

培训时间	2017/1/15	培训内容	电商运营
学员姓名	李军虎	培训讲师	刘宝全

评 估 项 目		评 估 得 分				
		劣-0	差-1	好-3	良-4	优-5
培训内容	深度适中、易于理解			√		
	切合实际、便于应用				√	
培训讲师	教学方法				√	
	讲课进度与现场气氛				√	
	授课内容清晰、有条理			√		
	鼓励学员积极参与情况			√		
培训组织	培训时间			√		
	培训课程					√
	培训设备					√

培训收获
对电商运营的基本知识，有了很多具体的了解。

此次培训对员工在工作上的帮助
通过本次培训，能够避免在工作中出现很多不必要的错误。

对此次培训的整体评价
老师讲课非常认真，收获颇丰

对下次工作培训的意见和建议
希望多一些类似培训，以不断提高自身的技能

还希望公司组织那些方面的培训
希望公司在Excel操作方面，多一些培训课程

操作小技巧

当完成一个Excel表格时，我们需要将其另存于电脑中的某个存储区域。此时，我们单击【F12】快捷键，即可快速弹出"另存为"的对话框。

第六章

谋求共赢，员工的薪酬社保管理

企业的薪酬是每个员工最为关心的事情之一，一个企业如果拥有很好的薪酬福利体系，就能发挥出非常重要的激励作用。而对人力资源部门来说，薪酬管理主要包括对员工的薪酬策略、薪酬结构和薪酬构成进行决策。在本章的案例中，我们可以通过Excel强大的数据计算功能，详细地分析薪酬、社保管理的各项数据，以便于在简化烦琐的数据统计工作的基础上，提供一劳永逸的工作解决方案。

薪酬管理概述

企业的薪酬管理，就是企业管理者对其员工工作报酬的支付标准、发放水平、要素结构以及管理系统，进行不断调整和确定的过程。在现代企业的人力资源管理中，薪酬管理是其核心管理要素。这是因为，这些具体与常规的管理过程，能够体现出企业的战略方向、管理者的决策意图以及企业对不同员工群体的行为导向。

薪酬管理的性质

1. 薪酬管理是企业人力资源管理中的一项重要内容

在企业的人力资源管理中，对员工的薪酬管理是一项重要内容，因为很多企业的成功经验表明，它们都与选择比较合理的薪酬制度与管理机制有关。

2. 薪酬管理是对人的管理

传统的工资管理仅仅具有物质报酬分配的性质，因为管理者很少考虑被管理者的行为特征。但现代企业的薪酬管理已经突破了传统的局限，管理者将薪酬管理作为企业目标的实现与员工内部激励的一个重要组成因素。即现代企业的薪酬管理，已经把物质报酬的管理过程与员工激励过程紧密地结合起来，进而成为一个有效激励员工的激励系统。

3. 成功的薪酬管理，是一个企业不断发展的动力所在

企业不断发展前进的动力，在于选择适合本企业发展的机制，其中就包括薪酬管理机制。而在现代企业的人力资源管理中，薪酬管理也被认为是一项最困难、最敏感以及政策性最强的工作，因为薪酬水平的高低与薪酬分配是企业与员工之间、员工与员工之间最主要的利益冲突点。同时，国内外众多知名企业的实践表明，一个科学而公平的薪酬制度，是企业不断发展壮大的重要保证；反之，企业不科学、不公平的薪酬体系，会极大地打击员工的积极性，进而影响企业的发展。

薪酬管理的目标

1. 薪酬管理是对人力资源的一种投资行为

企业的管理者不能仅仅将员工的薪酬当作企业的运营成本，而应更多地考虑如何有效地利用这种投资，对企业有限的资源进行合理、有效的利用，使其投放在企业最有效的领域，发挥其最有效的作用。

2. 吸引更多的员工进入企业

在企业的经营活动中，员工是最基本的要素。正如沃尔玛的创始人山姆·沃尔顿所说的

那样："组织要获取成功，人就是关键所在，技术可以购买和复制，它在商业游戏上是公平的，而人是不能被复制的。"如果企业支付的薪酬在本行业或本地区非常具有竞争力，就能够吸引更多、更好的应聘者进入企业中。

3. 留住公司有价值的员工

如果只是吸引很多应聘者进入企业，而不能留住他们继续在企业中为企业经营持续服务，薪酬管理就完全失去了意义。虽然有非常多的要素能够影响员工是否继续留在一个企业工作，但不可否认的是，薪酬及其组合策略以及薪酬分配的公平性是对员工产生影响的最基本因素。

4. 激励员工不断地提高工作效率与工作绩效

企业薪酬体系的设计，既要能够促进劳动生产率的提高，又要有利于劳动成本的控制。虽然说企业只依靠一个很好的薪酬福利设计与管理不能完全保证提高劳动生产率，但如果企业没有一个很好的薪酬和福利，就不能实现提高生产率的目的。因此，一个很好的薪酬设计体系，是提高劳动生产率的必要条件。

5. 与国家的相关立法及规定相吻合

目前，每个国家都将薪酬和福利作为其劳动就业立法的重点领域，尤其是在西方的发达国家。因此，保持企业薪酬体系设计的合法性已经成为人力资源部门薪酬管理的重要目标。

加班统计表

表格说明：

在实际工作中，为了能够及时完成工作任务，经常会出现加班的情况。按照《劳动法》的规定，正常工作日加班应支付150%的工资报酬；休息日加班应支付200%的工资报酬；法定节假日加班应支付300%的工资报酬。

本节任务：

本节介绍如何利用Excel强大的计算功能制作一份加班统计表。本节学习的重点是掌握ROUND函数的设置方法。

学习目标：

◎ 学习设置加班时间舍入计算公式的操作方法。

◎ 学习设置加班费的计算公式的操作方法。

具体步骤：

STEP1：创建文件名称并设置行高

①新建一个Excel工作表，并将其命名为"加班统计表"。

②在打开的空白工作簿中用鼠标选中第2行单元格，然后在功能区中选择【格式】，用左键点击后即会出现下拉菜单，继续点击【行高】，在弹出的【行高】对话框中，把行高设置为25，然后单击【确定】。

③用同样的方法，把第3行的行高设置为30，把第4至第14行的行高设置为18。

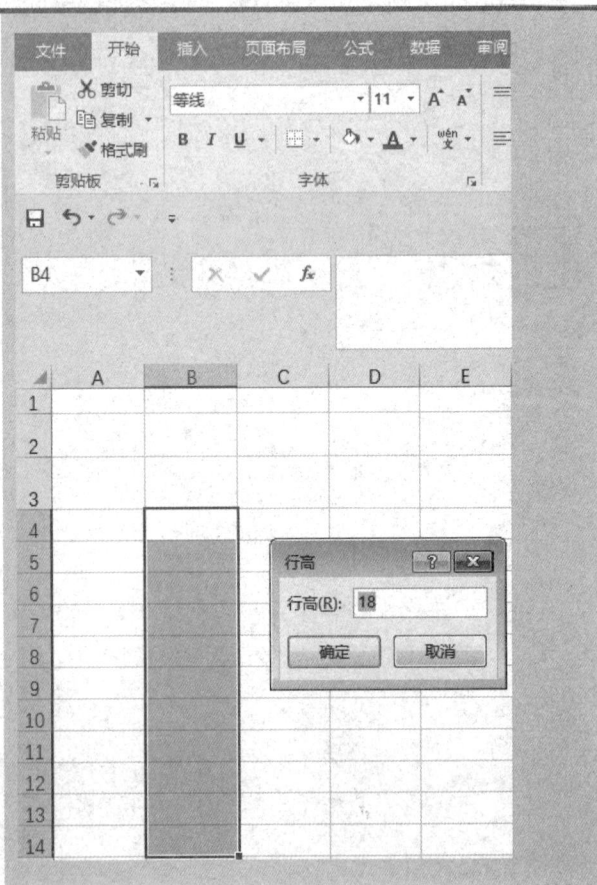

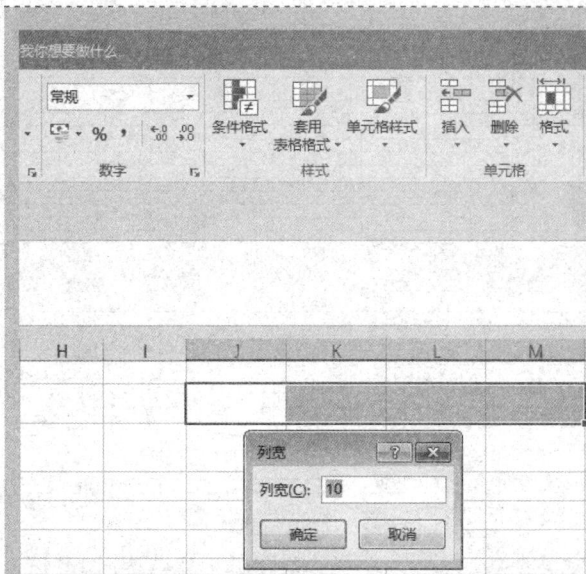

STEP2：设置列宽

①按住【Ctrl】键，用鼠标分别选中B、C、E列单元格，然后在功能区选择【格式】，用左键点击后即会出现下拉菜单，继续点击【列宽】，在弹出的【列宽】对话框中，把列宽设置为4.25，然后单击【确定】。

②用同样的方法，将D列单元格的列宽设置为7，将F、G列单元格的列宽设置为20，J至M列单元格的列宽设置为10。

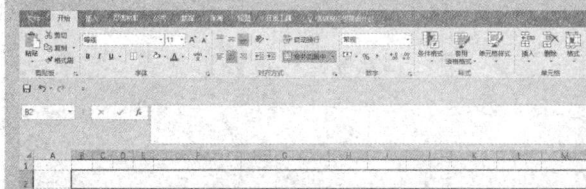

STEP3：合并单元格

用鼠标选中B2:M2，然后在功能区选择【合并后居中】按钮，用鼠标左键点击，最终的效果如左图所示。

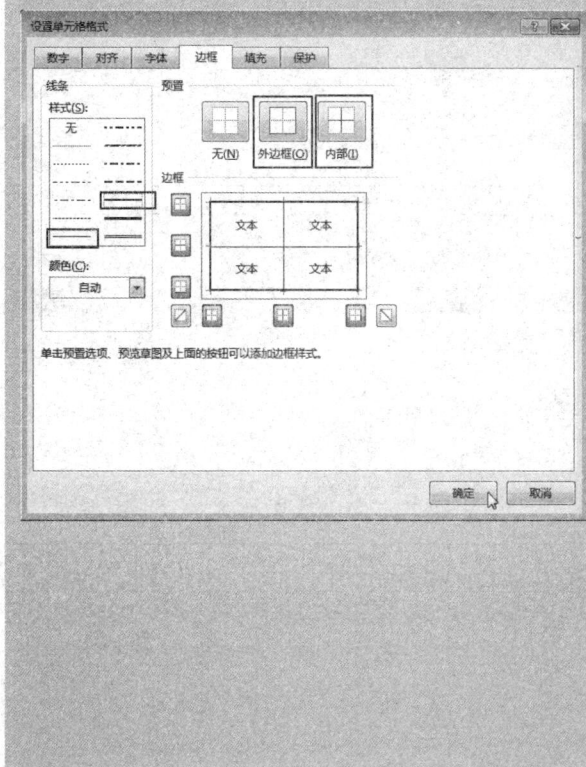

STEP4：设置边框线

①用鼠标选中B3:M14，单击鼠标右键，在弹出的菜单中选择【设置单元格格式】；用鼠标点击后，就会出现【设置单元格格式】对话框；点击【边框】选项卡，选择细线，然后点击【内部】按钮；再选择粗线，然后点击【外边框】按钮。

②点击【确定】后，最终的效果如右图所示。

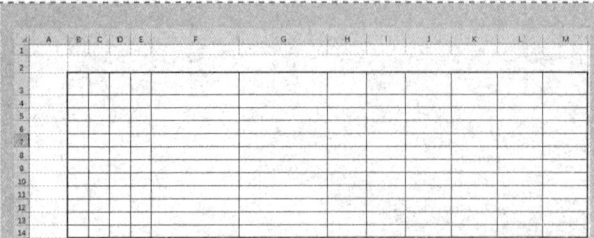

STEP5：输入内容

①用鼠标选中B2:M2，然后在单元格内输入"加班统计表"；选中该单元格，将【字号】设置为18；在功能区中点击【垂直居中】和【居中】，并用【Ctrl+B】快捷键将文字加粗。

②在B3:M19区域内的单元格中分别输入文字，并按照前面提到的方法对文字进行适当调整。

STEP6：设置求差函数

①选中J4单元格，然后输入"=SUM(I4-H4)"。

②单击【Enter】键，即可自动求差；继续选中J4单元格，并将鼠标放在单元格内的右下角处。

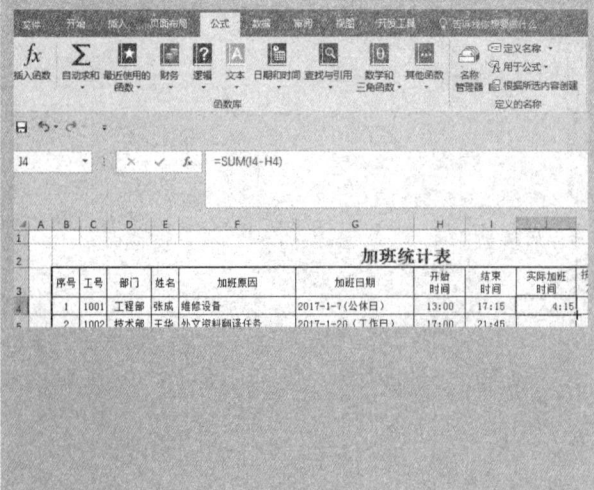

③按住鼠标左键，向下拖拉至J7。

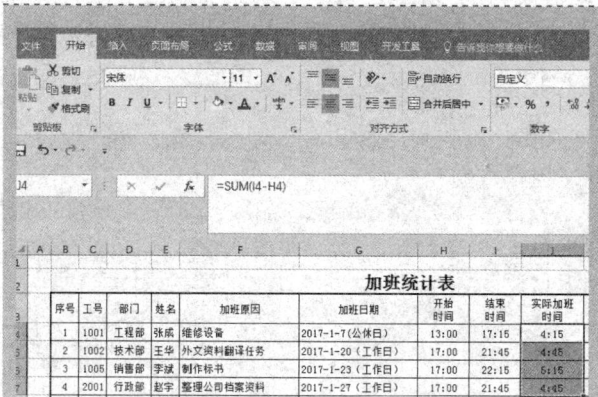

④用鼠标选中J14，然后输入"=SUM（J4:J7）"。

⑤单击【Enter】键，即可自动求和。

STEP7：设置加班时间舍入计算公式

①选中K4单元格，然后输入"=ROUND(TEXT(J4,"[h].mmss")+0.2,0)"。

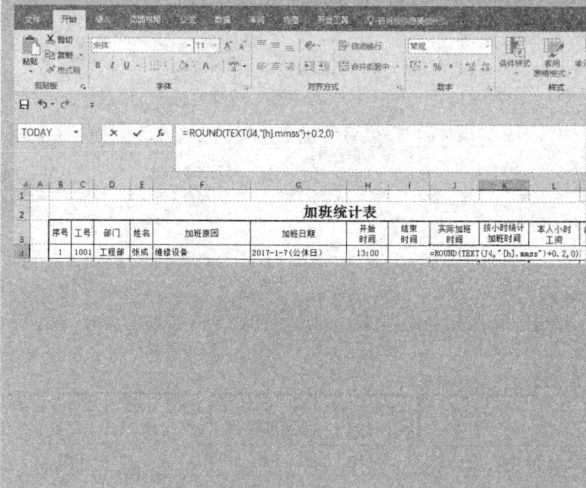

②单击【Enter】键后，即可得出舍入的加班时间；继续选中K4，并将鼠标放在单元格内的右下角。

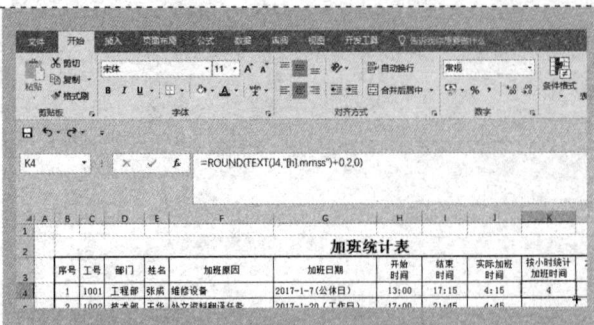

③按住鼠标左键，然后向下拖拉至K7。

STEP8：设置加班费计算公式

①选中M4单元格，然后输入"=ROUND(K4＊L4＊2,2)"（注：休息日加班工资乘2）。

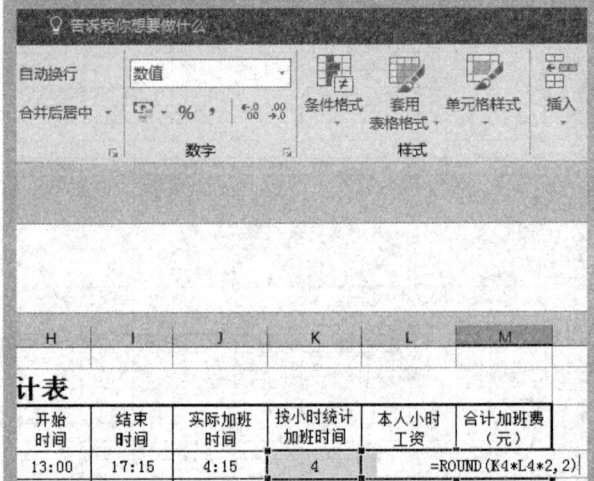

开始时间	结束时间	实际加班时间	按小时统计加班时间	本人小时工资	合计加班费（元）
13:00	17:15	4:15	4		=ROUND(K4*L4*2,2)

②单击【Enter】键后，即可得出休息日的加班费用。

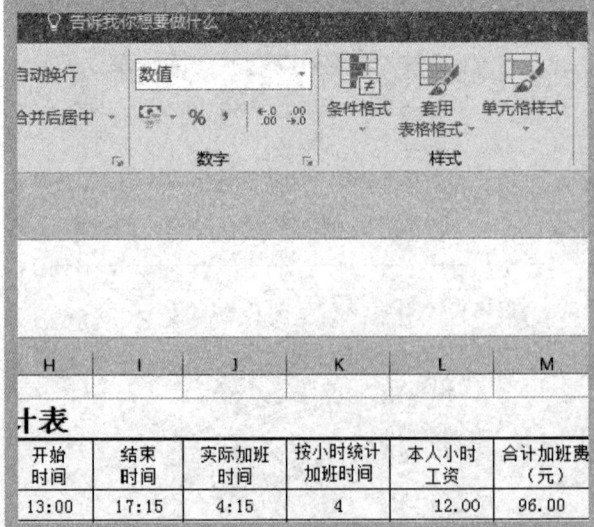

开始时间	结束时间	实际加班时间	按小时统计加班时间	本人小时工资	合计加班费（元）
13:00	17:15	4:15	4	12.00	96.00

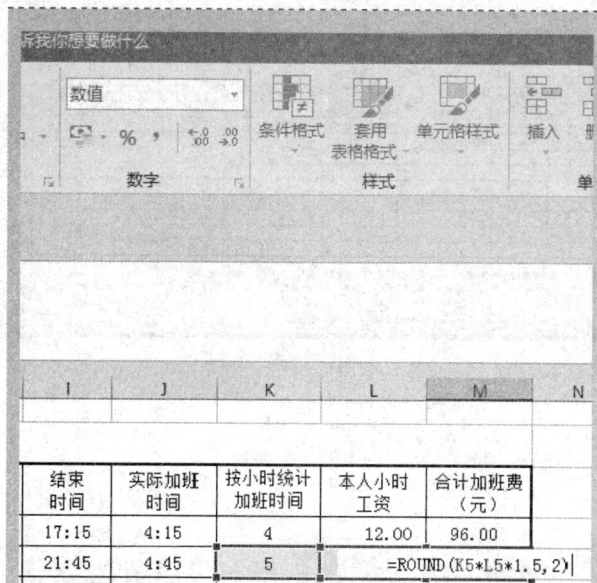

③选中M5单元格区域，然后输入"=ROUND(K5＊L5＊1.5,2)"（注：工作日加班工资乘1.5）。

结束时间	实际加班时间	按小时统计加班时间	本人小时工资	合计加班费（元）
17:15	4:15	4	12.00	96.00
21:45	4:45	5		=ROUND(K5*L5*1.5,2)

④按【Enter】键后，即可得出工作日的加班费用；继续选中M5，并将鼠标左键放在单元格内的右下角；按住鼠标左键，然后拖拉至M7，即可得出M6和M7在工作日的加班费用。

计表

开始时间	结束时间	实际加班时间	按小时统计加班时间	本人小时工资	合计加班费（元）
13:00	17:15	4:15	4	12.00	96.00
17:00	21:45	4:45	5	16.80	126.00
17:00	22:15	5:15	5	18.90	141.75
17:00	21:45	4:45	5	20.60	154.50

⑤选中M14，然后输入"=ROUND(SUM(M4:M7),2)"。

实际加班时间	按小时统计加班时间	本人小时工资	合计加班费（元）
4:15	4	12.00	96.00
4:45	5	16.80	126.00
5:15	5	18.90	141.75
4:45	5	20.60	154.50
19:00			=ROUND(SUM(M4:M7),2)

⑥单击【Enter】键，即可得出以上人员的合计加班费用，最终的效果如右图所示。

				加班统计表						
序号	工号	部门	姓名	加班原因	加班日期	开始时间	结束时间	实际加班时间	按小时统计加班时间	本人小时工资	合计加班费（元）
1	1001	工程部	张成	维修设备	2017-1-7(公休日)	13:00	17:15	4:15	4	12.00	96.00
2	1002	技术部	王华	外文资料翻译任务	2017-1-20（工作日）	17:00	21:45	4:45	5	16.80	126.00
3	1005	销售部	李斌	制作标书	2017-1-23（工作日）	17:00	22:15	5:15	5	18.90	141.75
4	2001	行政部	赵宇	整理公司档案资料	2017-1-27（工作日）	17:00	21:45	4:45	5	20.60	154.50
5											
6											
7											
8											
9											
10											
	合计							19:00			518.25

备注：
1. 按照公司薪酬管理制度的相关规定，实际加班时间如果超过半小时但不足1个小时，应按照1小时计算加班费用。
2. 统计加班费是以本人小时工资作为基数，工作日加班按照1.5倍小时工资计算，休息日加班按照2倍小时工资计算，节日按照3倍小时工资计算。

制表时间：　年　月　日　　　制表人：

操作小技巧

在对不同的区域执行单元格合并的操作时，我们可执行【开始】【对齐方式】【合并后居中】【跨越合并】命令。比如，对A1:A2和B1:B2进行合并单元格时，我们选中A1:B2单元格区域，然后执行上述命令即可。

员工带薪年假统计表

表格说明：

由国务院正式颁布的《职工带薪年假休息条例》于2008年1月1日正式开始实行。该条例规定：工作满1年不满10年，年休假为5天；满10年不满20年，年休假10天；工作20年以上，年休假为15天。

本节任务：

本节为大家详细介绍如何使用Excel 2016制作一份员工带薪年假统计表。本节学习的重点是掌握内存数组公式的设置方法。

学习目标：

◎ 掌握计算工龄函数公式的设置方法。

◎ 学习设置内存数组公式和IF函数计算员工年假天数的方法。

具体步骤：

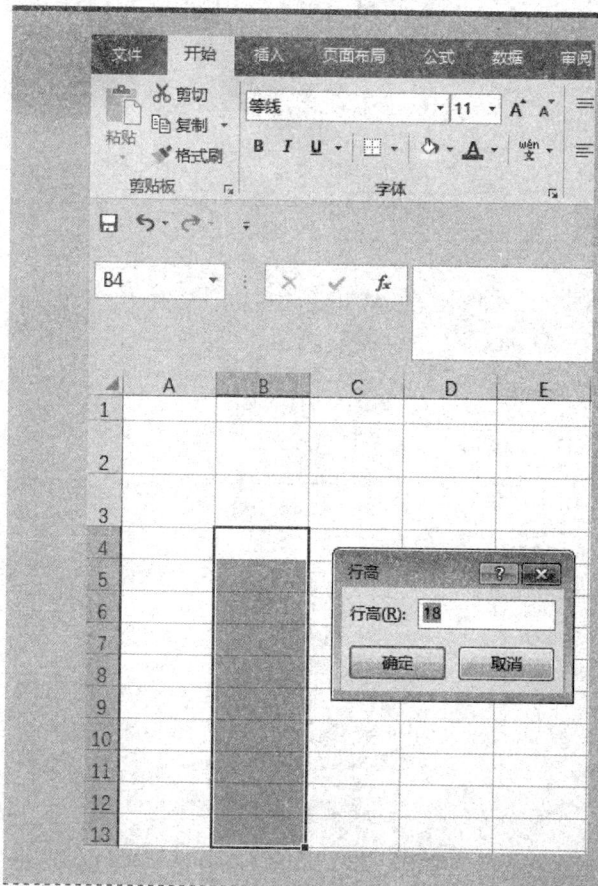

STEP1：创建文件名称并设置行高

①新建一个Excel工作表，并将其命名为"员工带薪年假统计表"。

②在打开的空白工作簿中用鼠标选中第2行单元格，然后在功能区中选择【格式】，用左键点击后即会出现下拉菜单，继续点击【行高】，在弹出的【行高】对话框中，把行高设置为30，然后单击【确定】。

③用同样的方法，把第3行的行高设置为30，把第4至第13行单元格的行高设置为18。

STEP2：设置列宽

①用鼠标选中E列单元格，然后在功能区选择【格式】，用左键点击后即会出现下拉菜单，继续点击【列宽】，在弹出的【列宽】对话框中，把列宽设置为11，然后单击【确定】。

②用同样的方法，将G、H列单元格的列宽设置为15。

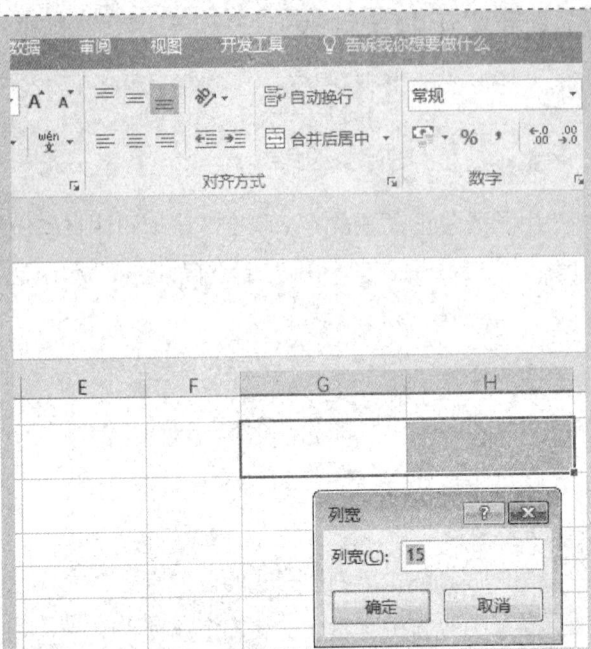

STEP3：合并单元格

用鼠标选中B2:H2，然后在功能区选择【合并后居中】按钮，用鼠标左键点击，最终的效果如右图所示。

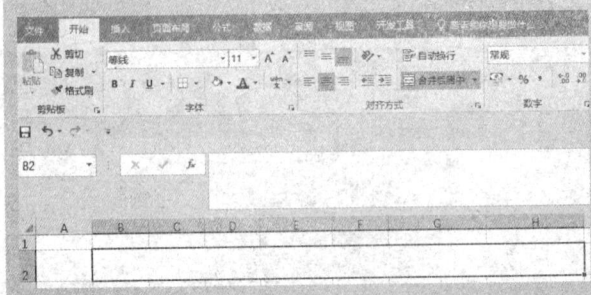

STEP4：设置边框线

①用鼠标选中B3:H13单元格区域，单击鼠标右键，在弹出的菜单中选择【设置单元格格式】；用鼠标点击后，就会出现【设置单元格格式】对话框；点击【边框】选项卡，选择细线，然后点击【内部】按钮；再选择粗线，然后点击【外边框】按钮。

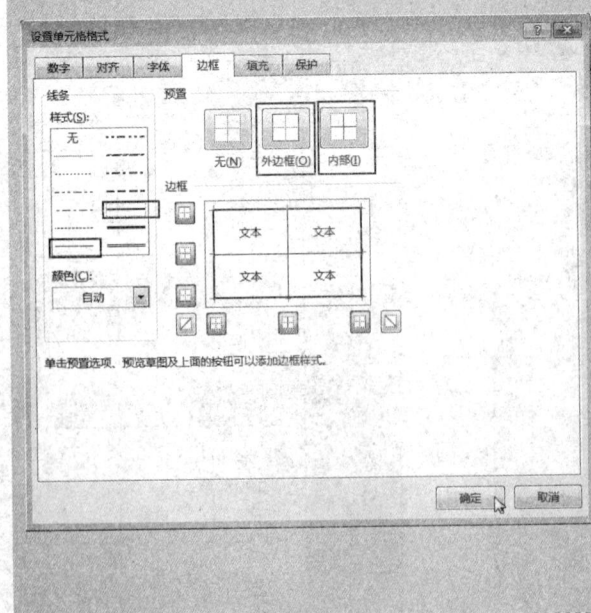

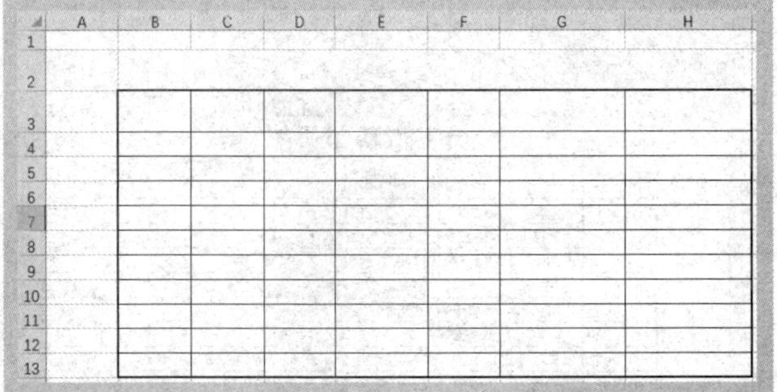

②点击确定后，效果如左图所示。

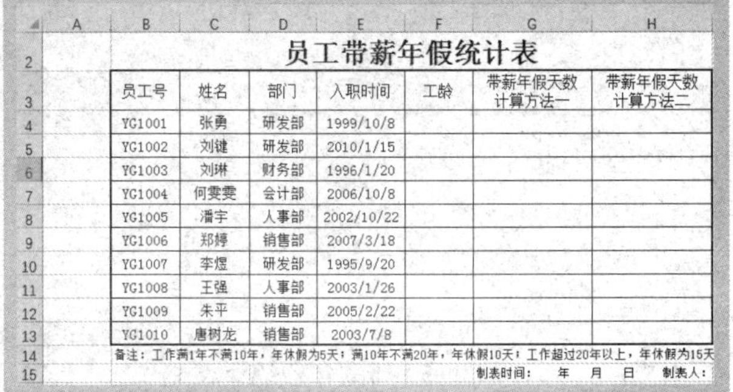

员工带薪年假统计表

员工号	姓名	部门	入职时间	工龄	带薪年假天数计算方法一	带薪年假天数计算方法二
YG1001	张勇	研发部	1999/10/8			
YG1002	刘键	研发部	2010/1/15			
YG1003	刘琳	财务部	1996/1/20			
YG1004	何雯雯	会计部	2006/10/8			
YG1005	潘宇	人事部	2002/10/22			
YG1006	郑婷	销售部	2007/3/18			
YG1007	李煜	研发部	1995/9/20			
YG1008	王强	人事部	2003/1/26			
YG1009	朱平	销售部	2005/2/22			
YG1010	唐树龙	销售部	2003/7/8			

备注：工作满1年不满10年，年休假为5天；满10年不满20年，年休假10天；工作超过20年以上，年休假为15天。

制表时间：　　年　　月　　日　　制表人：

STEP5：输入内容

①用鼠标选中B2:H2，然后在单元格内输入"员工带薪年假统计表"；选中该单元格，将【字号】设置为22；在功能区中点击【垂直居中】和【居中】，并用【Ctrl+B】快捷键将文字加粗。

②将B3:H15区域内的单元格输入文字，并按照前面提到的方法将文字进行适当的调整。

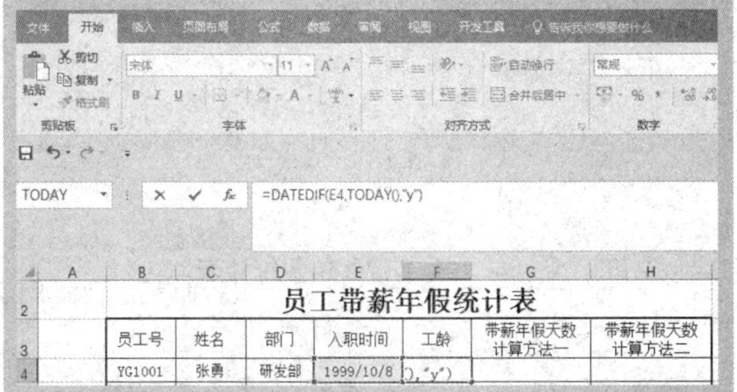

STEP6：设置计算工龄公式

①选中F4单元格，然后输入"=DATEDIF(E4,TODAY(),"y")"。

TODAY　　=DATEDIF(E4,TODAY(),"y")

员工号	姓名	部门	入职时间	工龄	带薪年假天数计算方法一	带薪年假天数计算方法二
YG1001	张勇	研发部	1999/10/8	),"y")		

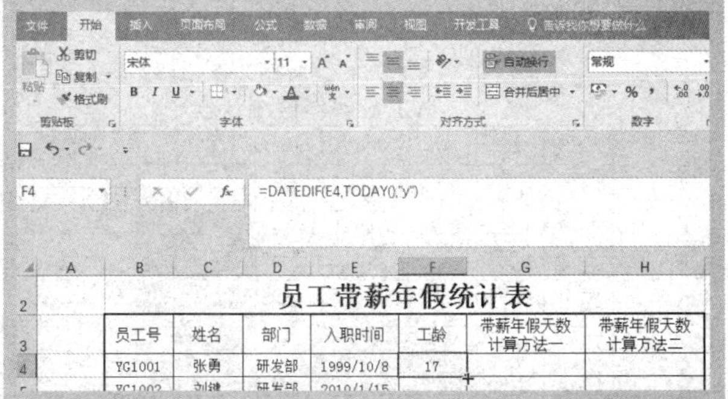

②单击【Enter】键，即可显示该员工的工龄；继续选中F4单元格，并将鼠标放在单元格内的右下角处。

F4　　=DATEDIF(E4,TODAY(),"y")

员工带薪年假统计表

员工号	姓名	部门	入职时间	工龄	带薪年假天数计算方法一	带薪年假天数计算方法二
YG1001	张勇	研发部	1999/10/8	17		
YG1002	刘键	研发部	2010/1/15			

③按住鼠标左键，向下拖拉至F13，即可为其他员工计算工龄，最终的效果如右图所示。

F4 | =DATEDIF(E4,TODAY(),"y")

员工带薪年假统计表

员工号	姓名	部门	入职时间	工龄	带薪年假天数计算方法一	带薪年假天数计算方法二
YG1001	张勇	研发部	1999/10/8	17		
YG1002	刘键	研发部	2010/1/15	6		
YG1003	刘琳	财务部	1996/1/20	20		
YG1004	何雯雯	会计部	2006/10/8	10		
YG1005	潘宇	人事部	2002/10/22	14		
YG1006	郑婷	销售部	2007/3/18	9		
YG1007	李煜	研发部	1995/9/20	21		
YG1008	王强	人事部	2003/1/26	13		
YG1009	朱平	销售部	2005/2/22	11		
YG1010	唐树龙	销售部	2003/7/8	13		

备注：工作满1年不满10年，年休假为5天；满10年不满20年，年休假为10天；工作超过20年以上，年休假为15天

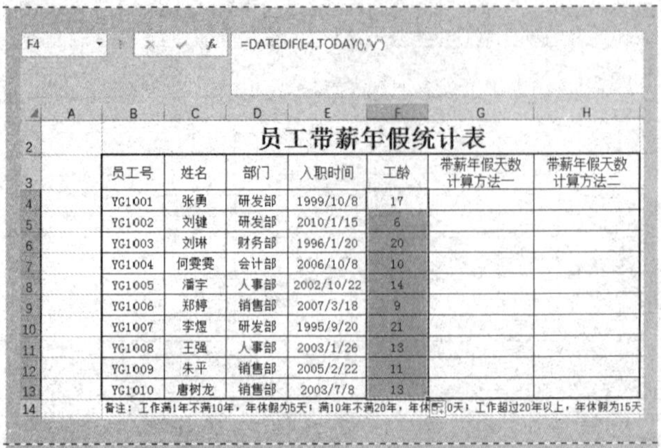

STEP7：设置IF函数计算年假天数法

①选中G4单元格，然后输入"=IF(F4<1,0,IF(F4<10,5,IF(F4<20,10,15)))"。

TODAY | =IF(F4<1,0,IF(F4<10,5,IF(F4<20,10,15)))

员工带薪年假统计表

员工号	姓名	部门	入职时间	工龄	带薪年假天数计算方法一	带薪年假天数计算方法二
YG1001	张勇	研发部	1999/10/8	17	=IF(F4<1,0,IF(F4<10,5,IF(F4<20,10,15)))	
YG1002	刘键	研发部	2010/1/15	6		
YG1003	刘琳	财务部	1996/1/20	20		

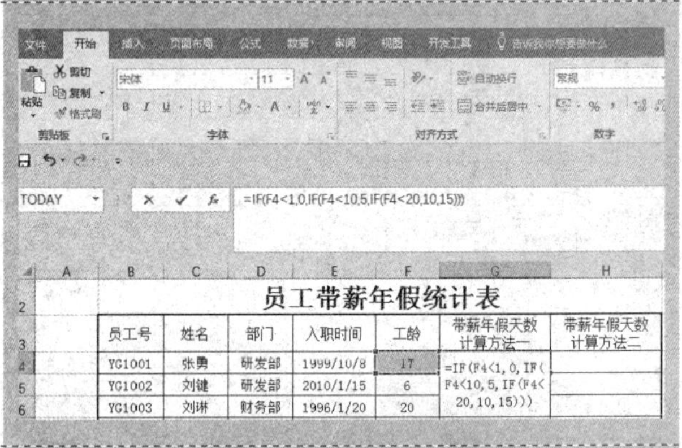

②单击【Enter】键后，即可得出该员工带薪年假的天数；继续选中G4，并将鼠标放在单元格内的右下角。

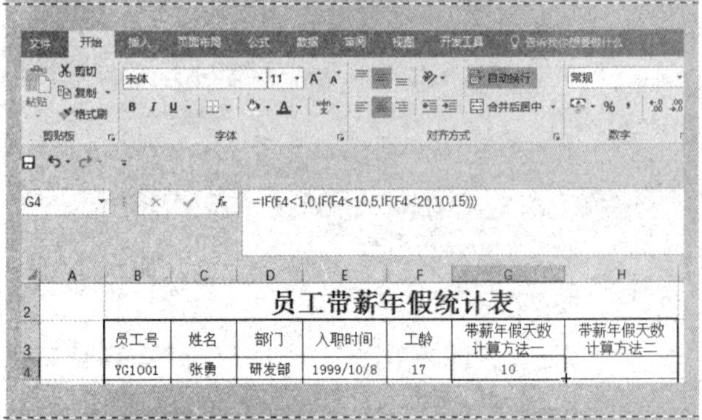

G4 | =IF(F4<1,0,IF(F4<10,5,IF(F4<20,10,15)))

员工带薪年假统计表

员工号	姓名	部门	入职时间	工龄	带薪年假天数计算方法一	带薪年假天数计算方法二
YG1001	张勇	研发部	1999/10/8	17	10	

③按住鼠标左键，然后向下拖拉至G13，最终的效果如右图所示。

G4 | =IF(F4<1,0,IF(F4<10,5,IF(F4<20,10,15)))

员工带薪年假统计表

员工号	姓名	部门	入职时间	工龄	带薪年假天数计算方法一	带薪年假天数计算方法二
YG1001	张勇	研发部	1999/10/8	17	10	
YG1002	刘键	研发部	2010/1/15	6	5	
YG1003	刘琳	财务部	1996/1/20	20	15	
YG1004	何雯雯	会计部	2006/10/8	10	10	
YG1005	潘宇	人事部	2002/10/22	14	10	
YG1006	郑婷	销售部	2007/3/18	9	5	
YG1007	李煜	研发部	1995/9/20	21	15	
YG1008	王强	人事部	2003/1/26	13	10	
YG1009	朱平	销售部	2005/2/22	11	10	
YG1010	唐树龙	销售部	2003/7/8	13	10	

备注：工作满1年不满10年，年休假为5天；满10年不满20年，年休假10天；工作超过20年以上，年休假为15天

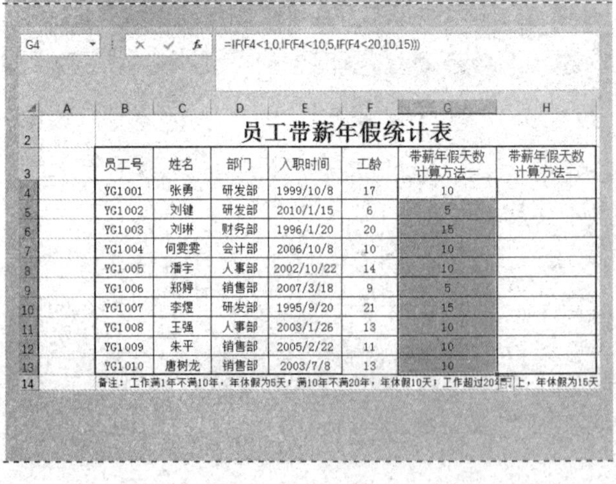

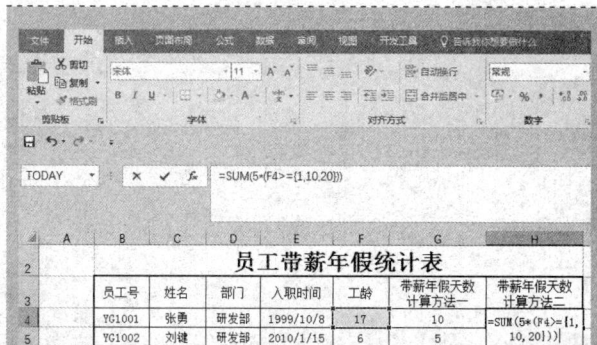

①选中H4单元格，然后输入"=SUM(5＊(F4>={1,10,20}))"。

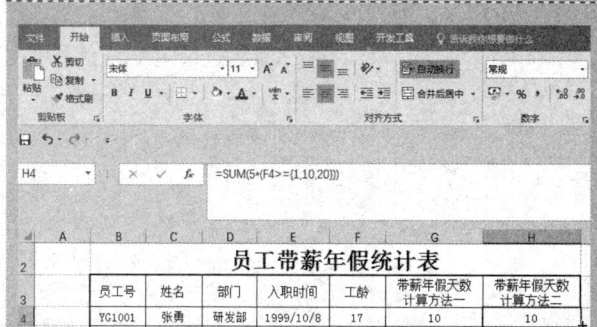

②单击【Enter】键后，即可得出该员工带薪年假的天数；继续选中H4，并将鼠标放在单元格内的右下角。

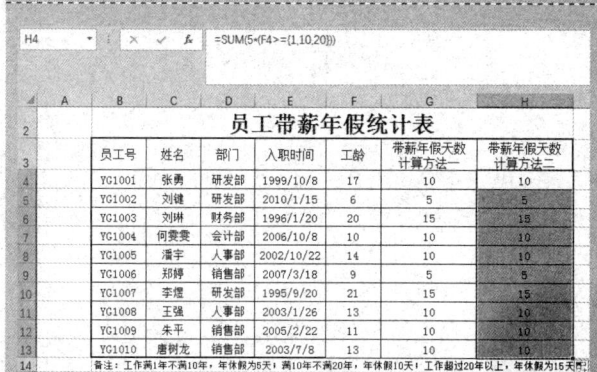

③按住鼠标左键，然后向下拖拉至H13。

④最终的效果如左图所示。

员工带薪年假统计表

员工号	姓名	部门	入职时间	工龄	带薪年假天数计算方法一	带薪年假天数计算方法二
YG1001	张勇	研发部	1999/10/8	17	10	10
YG1002	刘键	研发部	2010/1/15	6	5	5
YG1003	刘琳	财务部	1996/1/20	20	15	15
YG1004	何雯雯	会计部	2006/10/8	10	10	10
YG1005	潘宇	人事部	2002/10/22	14	10	10
YG1006	郑婷	销售部	2007/3/18	9	5	5
YG1007	李煜	研发部	1995/9/20	21	15	15
YG1008	王强	人事部	2003/1/26	13	10	10
YG1009	朱平	销售部	2005/2/22	11	10	10
YG1010	唐树龙	销售部	2003/7/8	13	10	10

备注：工作满1年不满10年，年休假为5天；满10年不满20年，年休假10天！工作超过20年以上，年休假为15天

制表时间： 年 月 日 制表人：

操作小技巧

　　如果想要在Excel表格中隐藏【编辑栏】【标题】或【标尺】等界面，我们可以在【视图】中的【显示】选项组，将【编辑栏】【标题】或【标尺】的复选框取消。

销售部门奖金计算表

表格说明：

对企业的销售部门来说，奖金的计算方法通常与其销售金额相对应，并且采用不同的销售金额来计提奖金的比例。

本节任务：

本节为大家详细介绍使用Excel 2016制作一份销售部门奖金计算表。本节学习的重点是掌握奖金计算公式的设置方法。

学习目标：

◎ 学习奖金计算的函数公式。

◎ 熟练掌握Excel表格中的基本操作。

具体步骤：

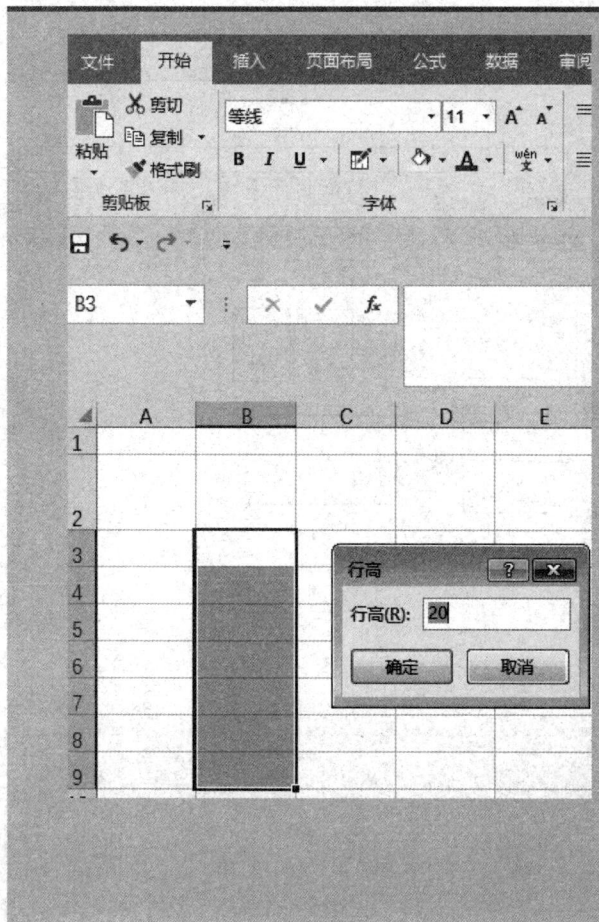

STEP1：创建文件名称并设置行高

①新建一个Excel工作表，并将其命名为"销售部门奖金计算表"。

②在打开的空白工作簿中用鼠标选中第2行单元格，然后在功能区中选择【格式】，用左键点击后即会出现下拉菜单，继续点击【行高】，在弹出的【行高】对话框中，把行高设置为40，然后单击【确定】。

③用同样的方法，把第3至第9行的行高设置为20。

STEP2：设置列宽

①用鼠标选中B列单元格，然后在功能区选择【格式】，用左键点击后即会出现下拉菜单，继续点击【列宽】，在弹出的【列宽】对话框中，把列宽设置为4.5，然后单击【确定】。

②用同样的方法，将F、G、H列单元格的列宽设置为11。

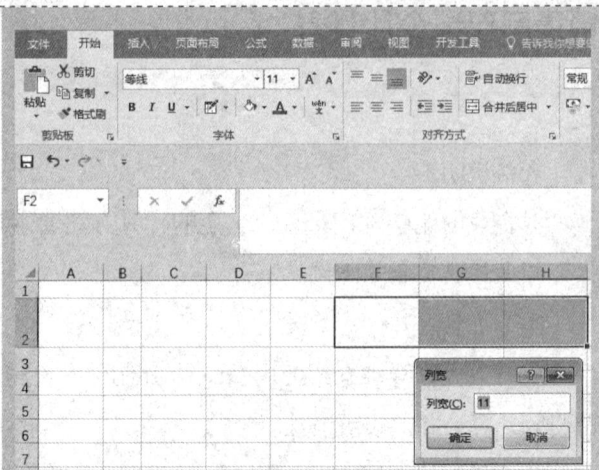

STEP3：合并单元格

①用鼠标选中B2:H2，然后在功能区选择【合并后居中】按钮，用鼠标左键点击。

②用同样的方法，将B3:H3单元格进行合并，最终的效果如右图所示。

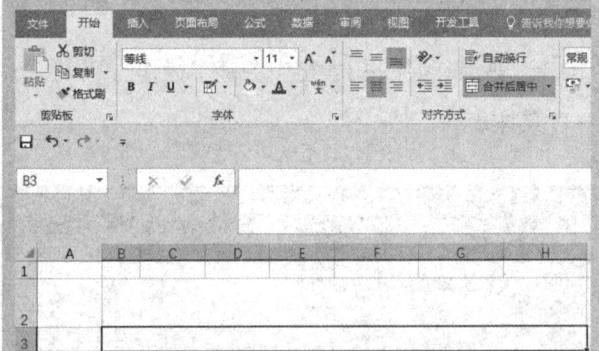

STEP4：设置边框线

①用鼠标选中B4:H9，单击鼠标右键，在弹出的菜单中选择【设置单元格格式】；用鼠标点击后，就会出现【设置单元格格式】对话框；点击【边框】，选择细线，然后点击【内部】按钮；再选择粗线，然后点击【外边框】按钮。

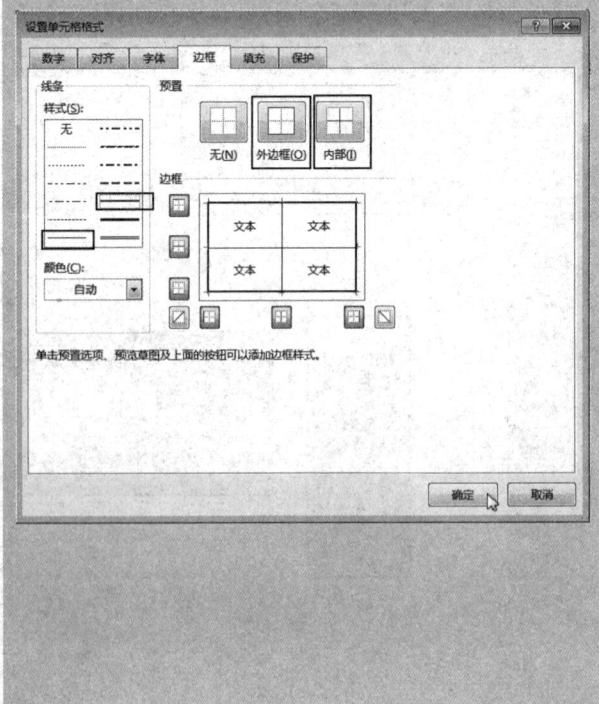

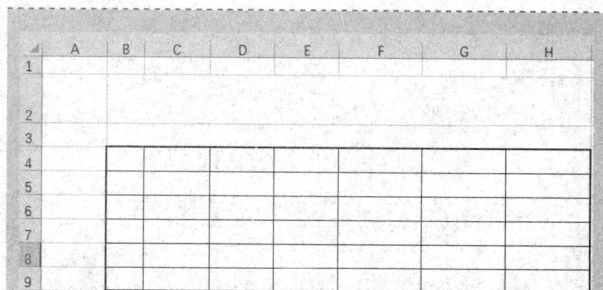

②点击【确定】后，最终的效果如左图所示。

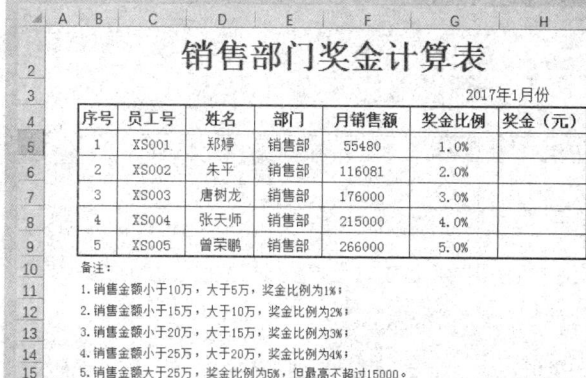

STEP5：输入内容

①用鼠标选中B2:H2，然后在单元格内输入"销售部门奖金计算表"；选中该单元格，将【字号】设置为26；在功能区中点击【垂直居中】和【居中】，并用【Ctrl+B】快捷键将文字加粗。

②在B3:H15区域内的单元格中分别输入文字，并按照前面提到的方法对文字进行适当调整。

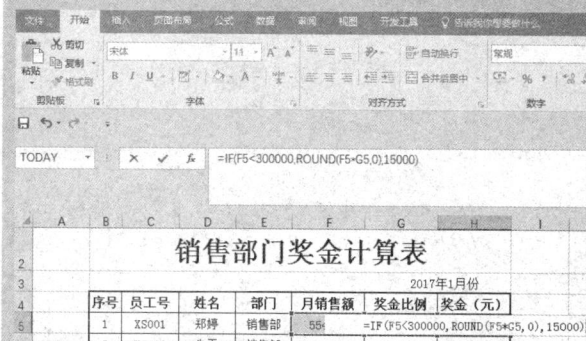

销售部门奖金计算表

2017年1月份

序号	员工号	姓名	部门	月销售额	奖金比例	奖金（元）
1	XS001	郑婷	销售部	55480	1.0%	
2	XS002	朱平	销售部	116081	2.0%	
3	XS003	唐树龙	销售部	176000	3.0%	
4	XS004	张天师	销售部	215000	4.0%	
5	XS005	曾荣鹏	销售部	266000	5.0%	

备注：
1.销售金额小于10万，大于5万，奖金比例为1%；
2.销售金额小于15万，大于10万，奖金比例为2%；
3.销售金额小于20万，大于15万，奖金比例为3%；
4.销售金额小于25万，大于20万，奖金比例为4%；
5.销售金额大于25万，奖金比例为5%，但最高不超过15000。

STEP6：设置奖金计算函数

①选中H5单元格，然后输入"=IF(F5<300000,ROUND(F5＊G5,0),15000)"。

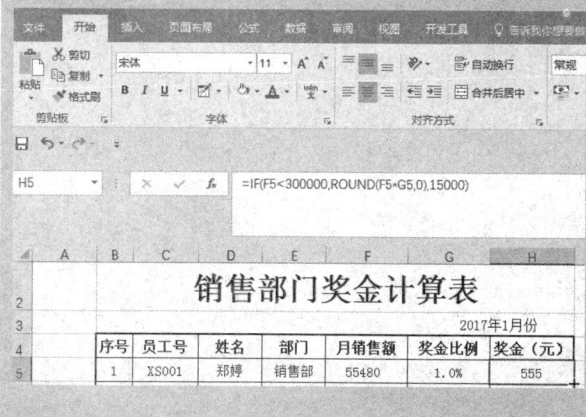

②点击【Enter】键后，即可得出该员工的奖金金额；继续选中H5，然后将鼠标左键放在单元格内的右下角。

③按住鼠标左键，然后向下拖拉至H9。

| H5 | | | ✕ ✓ fx | =IF(F5<300000,ROUND(F5*G5,0),15000) | | | |

销售部门奖金计算表

2017年1月份

序号	员工号	姓名	部门	月销售额	奖金比例	奖金（元）
1	XS001	郑婷	销售部	55480	1.0%	555
2	XS002	朱平	销售部	116081	2.0%	2322
3	XS003	唐树龙	销售部	176000	3.0%	5280
4	XS004	张天师	销售部	215000	4.0%	8600
5	XS005	曾荣鹏	销售部	266000	5.0%	13300

备注：

④最终的效果如右图所示。

销售部门奖金计算表

2017年1月份

序号	员工号	姓名	部门	月销售额	奖金比例	奖金（元）
1	XS001	郑婷	销售部	55480	1.0%	555
2	XS002	朱平	销售部	116081	2.0%	2322
3	XS003	唐树龙	销售部	176000	3.0%	5280
4	XS004	张天师	销售部	215000	4.0%	8600
5	XS005	曾荣鹏	销售部	266000	5.0%	13300

备注：
1.销售金额小于10万，大于5万，奖金比例为1%；
2.销售金额小于15万，大于10万，奖金比例为2%；
3.销售金额小于20万，大于15万，奖金比例为3%；
4.销售金额小于25万，大于20万，奖金比例为4%；
5.销售金额大于25万，奖金比例为5%，但最高不超过15000。

操作小技巧

在调整单元格内的【列宽】时，我们也可以通过用鼠标左键双击两列之间的分割线，即可快速调整列宽，使其与单元格内的文字长度相匹配。

考勤统计表

表格说明：

员工的考勤统计表是由考勤表数据汇总得出的，其中包括员工在上一个月内的病假、事假及迟到等考勤数据。人事部门根据考勤统计表，一方面可以监督员工的出勤状况，另一方面能为薪酬表提供相应的考勤扣额数据。

本节任务：

本节为大家详细介绍如何使用Excel 2016制作一份考勤统计表。本节学习的重点是掌握满勤奖的设置方法。

学习目标：

◎ 学习满勤奖的设置方法。

◎ 熟练掌握制作Excel表格的基本操作。

具体步骤：

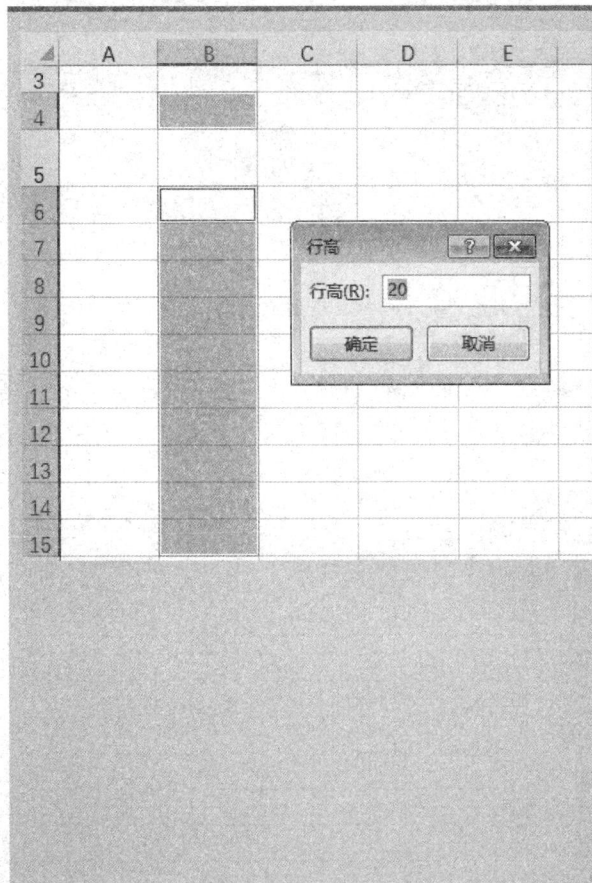

STEP1：创建文件名称并设置行高

①新建一个Excel工作表，并将其命名为"考勤统计表"。

②在打开的空白工作簿中用鼠标选中第2行单元格，然后在功能区中选择【格式】，用左键点击后即会出现下拉菜单，继续点击【行高】，在弹出的【行高】对话框中，把行高设置为40，然后单击【确定】。

③用同样的方法，把第5行的行高设置为30，第4及第6至第15行的行高设置为20。

STEP2：设置列宽

用鼠标选中C至L列单元格，然后在功能区选择【格式】，用左键点击后即会出现下拉菜单，继续点击【列宽】，在弹出的【列宽】对话框中，把列宽设置为6，然后单击【确定】。

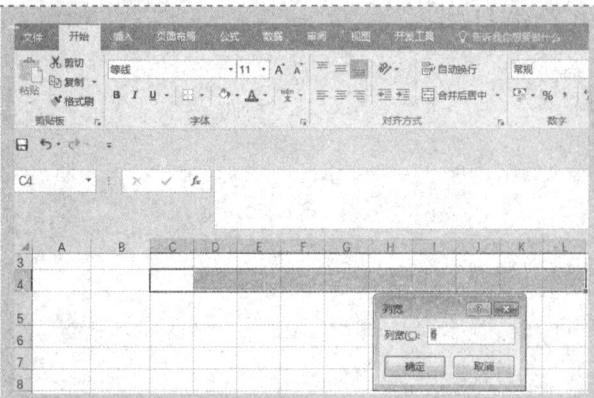

STEP3：合并单元格

①用鼠标选中B2:N2，然后在功能区选择【合并后居中】按钮，用鼠标左键点击。

②用同样的方法，按右图所示进行单元格合并。

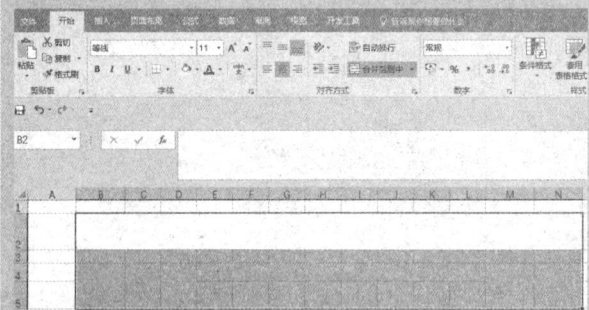

STEP4：设置边框线

①用鼠标选中B4:N15，单击鼠标右键，在弹出的菜单中选择【设置单元格格式】；用鼠标点击后，就会出现【设置单元格格式】对话框；点击【边框】，选择细线，然后点击【内部】按钮；再选择粗线，然后点击【外边框】按钮。

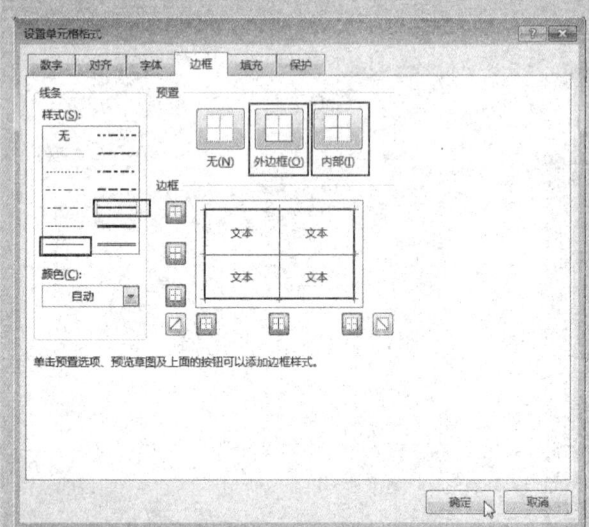

②点击【确定】后，最终的效果如右图所示。

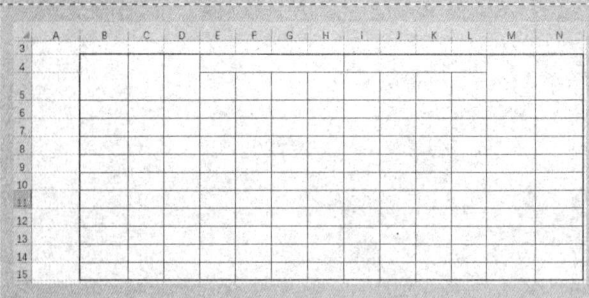

考 勤 统 计 表

月份：

员工号	姓名	部门	请假统计				迟到统计				应扣总额	满勤奖
			病假	事假	旷工	应扣额	半小时内	1小时内	1小时以上	应扣额		
YG1001	张勇	研发部		1								
YG1002	刘健	研发部	1					1				
YG1003	刘琳	财务部										
YG1004	何雯雯	会计部	1				1					
YG1005	潘宇	人事部										
YG1006	郑婷	销售部	3				1					
YG1007	李煜	研发部			2							
YG1008	王强	人事部					1					
YG1009	朱平	销售部			1			1				
YG1010	唐树龙	销售部	1	1								

备注：
1. 迟到半小时之内扣50元，迟到1小时之内扣100元，迟到1小时以上扣200元。
2. 病假扣100元，事假扣200元，旷工扣300元。
3. 满勤奖为200元。

STEP5：输入内容

①用鼠标选中B2:N2，然后在单元格内输入"考勤统计表"；选中该单元格，将【字号】设置为24；在功能区中点击【垂直居中】和【居中】，并用【Ctrl+B】快捷键将文字加粗。

②在B3:H19区域内的单元格中分别输入文字，并按照前面提到的方法对文字进行适当调整。

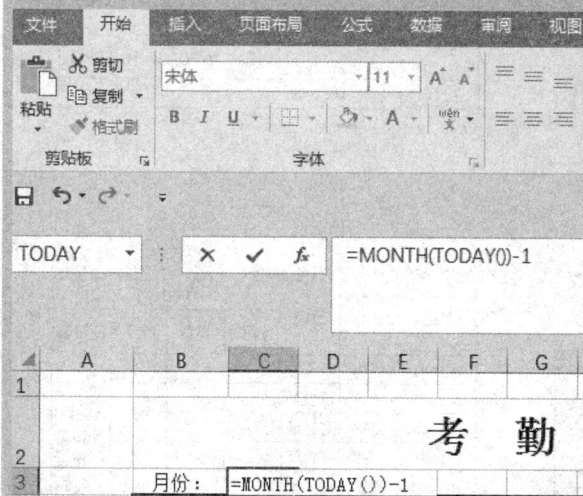

STEP6：设置显示月份公式

①选中C3单元格，然后输入"=MONTH(TODAY())-1"。

②单击【Enter】键，即可显示应统计考勤的月份（即上一个月）。

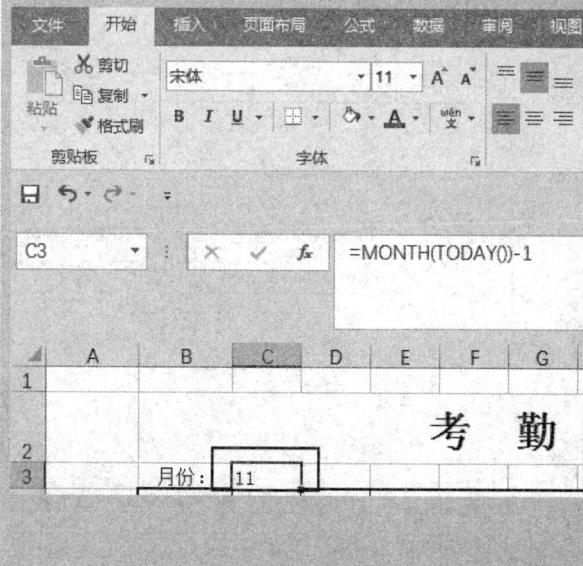

STEP7：设置"请假应扣额"计算公式

①选中H6单元格，然后输入"=E6＊50+F6＊200+G6＊300"。

| | fx | =E6*50+F6*200+G6*300 |

	A	B	C	D	E	F	G	H	I
1									
2					考　勤　统　计				
3		月份：	11						
4		员工号	姓名	部门	请假统计				
5					病假	事假	旷工	应扣额	半小时内
6		YG1001	张勇	研发部				=E6*50+F6*200+G6*300	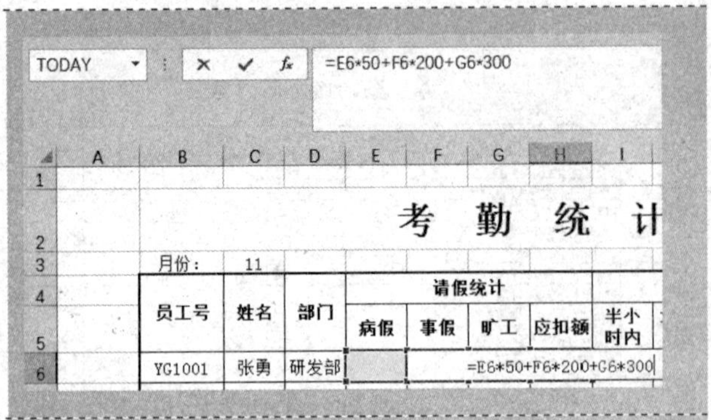

②单击【Enter】键后，即可得出该员工的"请假应扣额"；继续选中H6，并将鼠标放在单元格内的右下角。

| H6 | | fx | =E6*50+F6*200+G6*300 |

	A	B	C	D	E	F	G	H
4		员工号	姓名	部门	请假统计			
5					病假	事假	旷工	应扣额
6		YG1001	张勇	研发部		1		200

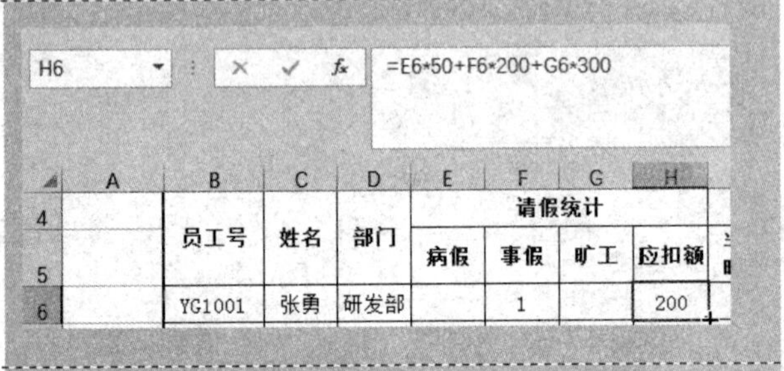

③按住鼠标左键，然后向下拖拉至H15，效果如右图所示。

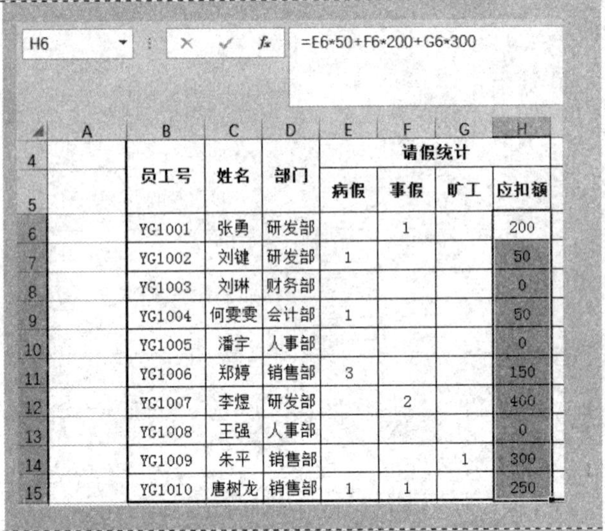

| H6 | | fx | =E6*50+F6*200+G6*300 |

	A	B	C	D	E	F	G	H
4		员工号	姓名	部门	请假统计			
5					病假	事假	旷工	应扣额
6		YG1001	张勇	研发部		1		200
7		YG1002	刘键	研发部	1			50
8		YG1003	刘琳	财务部				0
9		YG1004	何雯雯	会计部	1			50
10		YG1005	潘宇	人事部				0
11		YG1006	郑婷	销售部	3			150
12		YG1007	李煜	研发部		2		400
13		YG1008	王强	人事部				0
14		YG1009	朱平	销售部			1	300
15		YG1010	唐树龙	销售部	1	1		250

STEP8：设置"迟到应扣额"计算公式

①选中L6单元格，然后输入"=I6＊50+J6＊100+K6＊200"。

| TODAY | | fx | =I6*50+J6*100+K6*200 |

	A	B	C	D	E	F	G	H	I	J	K	L	M
4		员工号	姓名	部门	请假统计				迟到统计				应扣总额
5					病假	事假	旷工	应扣额	半小时内	1小时内	1小时以上	应扣额	
6		YG1001	张勇	研发部		1		200				=I6*50+J6*100+K6*200	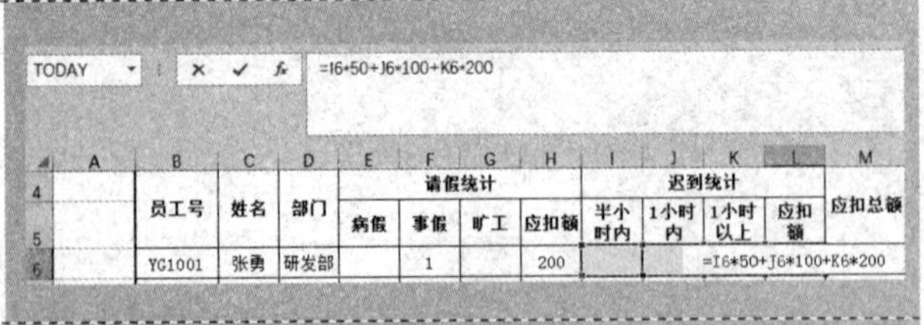

②单击【Enter】键后，即可得出该员工的"迟到应扣额"；继续选中L6，并将鼠标放在单元格内的右下角。

| L6 | | fx | =I6*50+J6*100+K6*200 |

	A	B	C	D	E	F	G	H	I	J	K	L
4		员工号	姓名	部门	请假统计				迟到统计			
5					病假	事假	旷工	应扣额	半小时内	1小时内	1小时以上	应扣额
6		YG1001	张勇	研发部		1		200				0

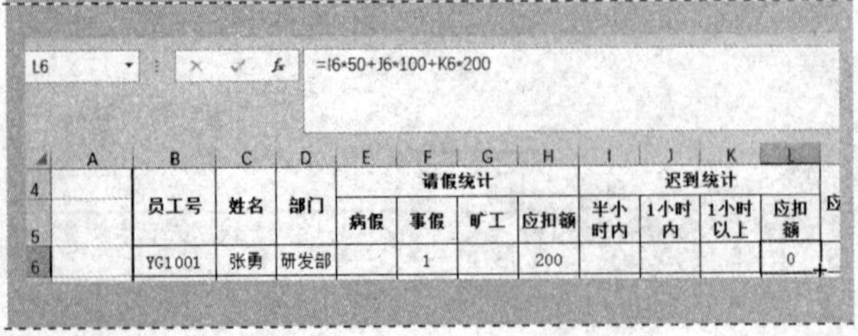

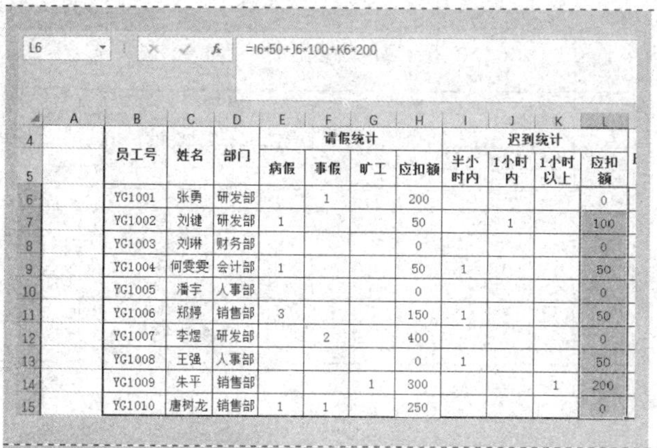

③按住鼠标左键，然后向下拖拉至L15，效果如左图所示。

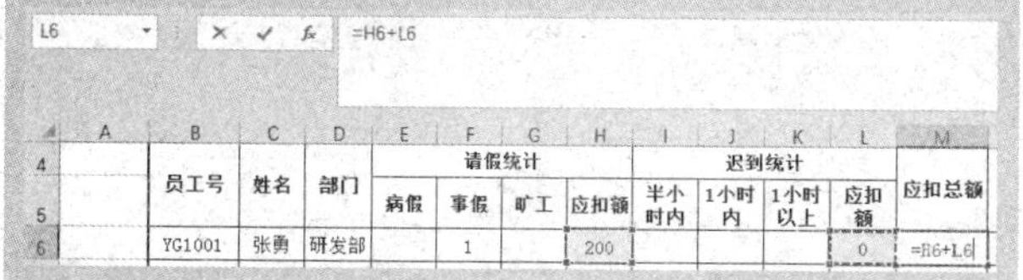

L6 = =I6*50+J6*100+K6*200

员工号	姓名	部门	病假	事假	旷工	应扣额	半小时内	1小时内	1小时以上	应扣额
			请假统计				迟到统计			
YG1001	张勇	研发部		1		200				0
YG1002	刘键	研发部	1			50		1		100
YG1003	刘琳	财务部				0				0
YG1004	何雯雯	会计部	1			50	1			50
YG1005	潘宇	人事部				0				0
YG1006	郑婷	销售部	3			150	1			50
YG1007	李煜	研发部		2		400				0
YG1008	王强	人事部				0	1			50
YG1009	朱平	销售部			1	300			1	200
YG1010	唐树龙	销售部	1	1		250				0

STEP9：设置"应扣总额"计算公式

①选中M6单元格，然后输入"=H6+L6"。

L6 = =H6+L6

员工号	姓名	部门	病假	事假	旷工	应扣额	半小时内	1小时内	1小时以上	应扣额	应扣总额
			请假统计				迟到统计				
YG1001	张勇	研发部		1		200					=H6+L6

②单击【Enter】键后，即可得出该员工的"应扣总额"；用前面介绍的"按住鼠标左键，拖拉复制"的方法，即可得出M7至M15单元格内的数值，最终效果如左图所示。

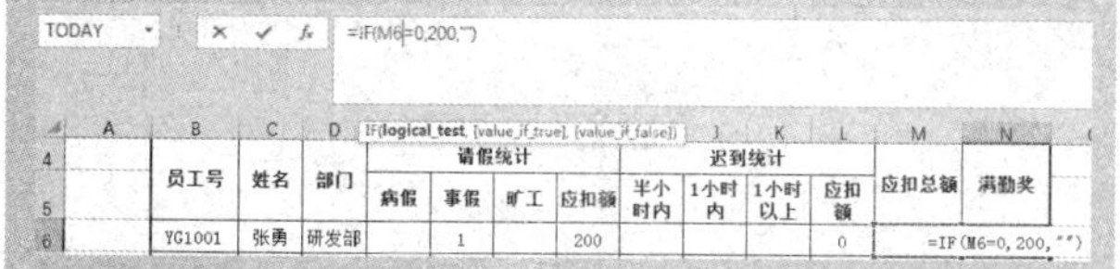

员工号	姓名	部门	病假	事假	旷工	应扣额	半小时内	1小时内	1小时以上	应扣额	应扣总额	满勤奖
			请假统计				迟到统计					
YG1001	张勇	研发部		1		200				0	200	
YG1002	刘键	研发部	1			50		1		100	150	
YG1003	刘琳	财务部				0				0	0	
YG1004	何雯雯	会计部	1			50	1			50	100	
YG1005	潘宇	人事部				0				0	0	
YG1006	郑婷	销售部	3			150	1			50	200	
YG1007	李煜	研发部		2		400				0	400	
YG1008	王强	人事部				0	1			50	50	
YG1009	朱平	销售部			1	300			1	200	500	
YG1010	唐树龙	销售部	1	1		250				0	250	

STEP10：设置"满勤奖"计算公式

①选中N6单元格，然后输入"=IF(M6=0,200,"")"。

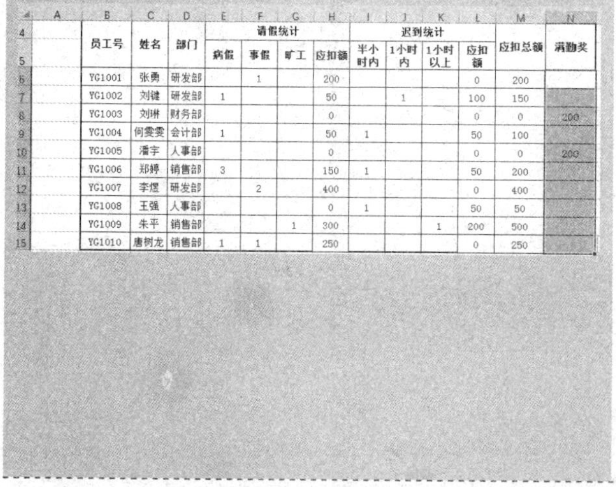

TODAY = =IF(M6=0,200,"")

IF(logical_test, [value_if_true], [value_if_false])

员工号	姓名	部门	病假	事假	旷工	应扣额	半小时内	1小时内	1小时以上	应扣额	应扣总额	满勤奖
			请假统计				迟到统计					
YG1001	张勇	研发部		1		200				0		=IF(M6=0,200,"")

②单击【Enter】键后，即可得出该员工的"满勤奖"；用前面介绍的"按住鼠标左键，拖拉复制"的方法，即可得出N7至N15单元格内的数值。

员工号	姓名	部门	病假	事假	旷工	应扣额	半小时内	1小时内	1小时以上	应扣额	应扣总额	满勤奖
			请假统计				迟到统计					
YG1001	张勇	研发部		1		200				0	200	
YG1002	刘键	研发部	1			50		1		100	150	
YG1003	刘琳	财务部				0				0	0	200
YG1004	何雯雯	会计部	1			50	1			50	100	
YG1005	潘宇	人事部				0				0	0	200
YG1006	郑婷	销售部	3			150	1			50	200	
YG1007	李煜	研发部		2		400				0	400	
YG1008	王强	人事部				0	1			50	50	
YG1009	朱平	销售部			1	300			1	200	500	
YG1010	唐树龙	销售部	1	1		250				0	250	

③最终的效果如右图所示。

考 勤 统 计 表

员工号	姓名	部门	请假统计				迟到统计				应扣总额	满勤奖
			病假	事假	旷工	应扣额	半小时内	1小时内	1小时以上	应扣额		
YG1001	张勇	研发部		1		200					0	200	
YG1002	刘健	研发部	1			50		1		100	150	
YG1003	刘琳	财务部				0				0	0	200
YG1004	何雯雯	会计部	1			50	1			50	100	
YG1005	潘宇	人事部				0				0	0	200
YG1006	郑烨	销售部	3			150	1			50	200	
YG1007	李煜	研发部		2		400				0	400	
YG1008	王强	人事部								50	50	
YG1009	朱平	销售部			1	300			1	200	500	
YG1010	唐树龙	销售部	1	1		250				0	250	

备注：
1. 迟到半小时之内扣50元，迟到1小时之内扣100元，迟到1小时以上扣200元。
2. 病假扣100元，事假扣200元，旷工扣300元。
3. 满勤奖为200元。

操作小技巧

　　通常在Excel默认的工作簿中，只有Sheet1、Sheet2、Sheet3三个工作表。如果要重新创建工作表，我们可以单击Sheet3工作表后面的【插入工作表】按钮，重新插入一个新的工作表。

员工月度工资统计表

表格说明：

核定员工的工资是人力资源部门每个月的必备工作，具体表现为制作每个月份的员工月度工资统计表。这份表格通常由基础工资、福利补贴、奖金、加班费、缺勤以及保险和个税等项目组成。

本节任务：

本节介绍如何使用Excel 2016制作一份员工月度工资统计表。本节学习的重点是掌握个人所得税的设置方法。

学习目标：

◎ 掌握代缴费用的计算方法。

◎ 掌握工资个人所得税的计算方法。

具体步骤：

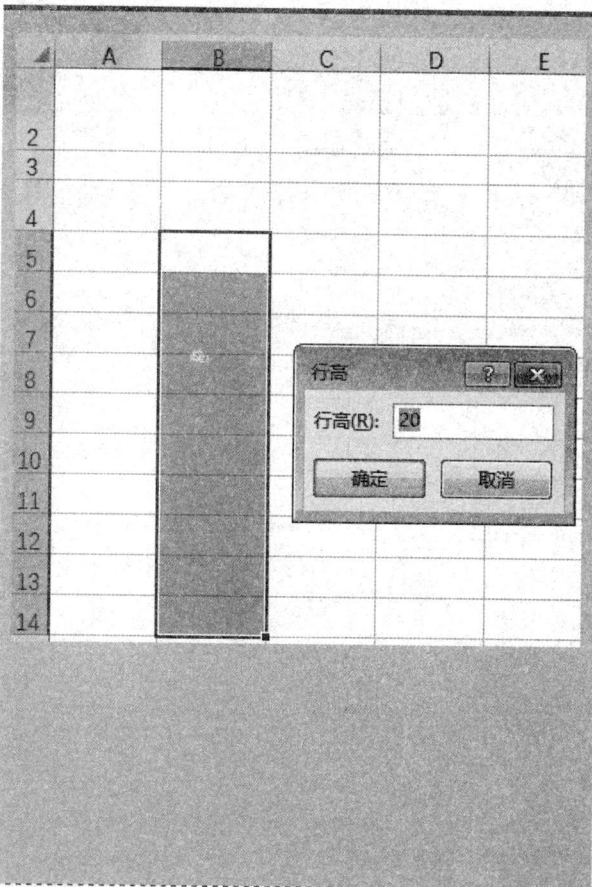

STEP1：创建文件名称并设置行高

①新建一个Excel工作表，并将其命名为"员工月度工资统计表"。

②在打开的空白工作簿中用鼠标选中第2行单元格，然后在功能区中选择【格式】，用左键点击后即会出现下拉菜单，继续点击【行高】，在弹出的【行高】对话框中，把行高设置为40，然后单击【确定】。

③用同样的方法，把第4行的行高设置为25，把第5至第14行的行高设置为20。

STEP2：设置列宽

用鼠标选中E至L列单元格，然后在功能区选择【格式】，用左键点击后即会出现下拉菜单，继续点击【列宽】，在弹出的【列宽】对话框中，把列宽设置为11，然后单击【确定】。

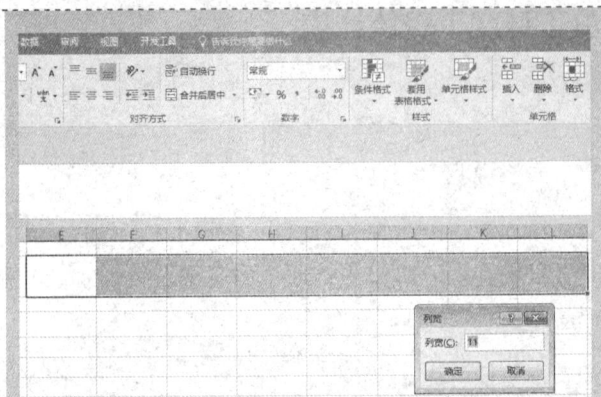

STEP3：合并单元格

①用鼠标选中B2:L2，然后在功能区选择【合并后居中】按钮，用鼠标左键点击。

②用同样的方法，将B16:E16、B17:C17、D17:D18、E17:E18单元格进行合并。

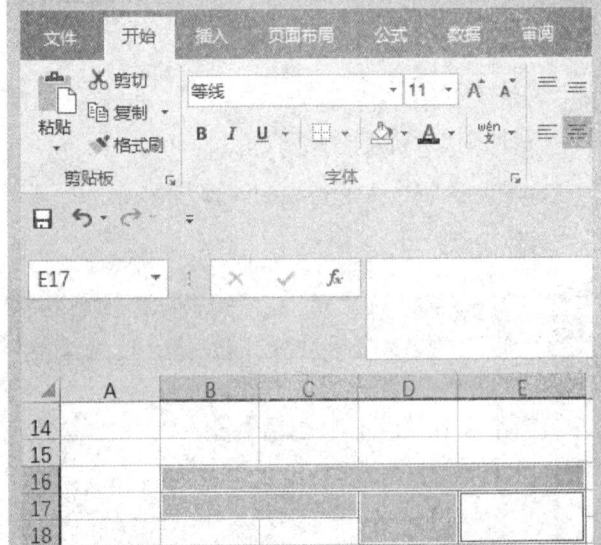

STEP4：设置边框线

①用鼠标分别选中B4:L14和B16:E25单元格区域，单击鼠标右键，在弹出的菜单中选择【设置单元格格式】；用鼠标点击后，就会出现【设置单元格格式】对话框；点击【边框】，选择细线，然后点击【内部】按钮；再选择粗线，然后点击【外边框】按钮。

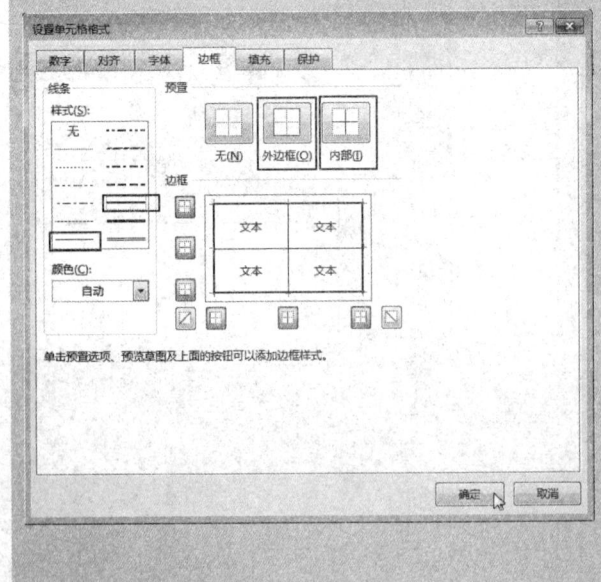

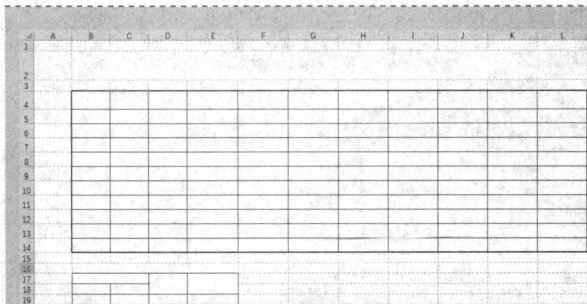

②点击【确定】后，最终的效果如左图所示。

STEP5：输入内容

①用鼠标选中B2:L2，然后在单元格内输入"员工月度工资统计表"；选中该单元格，将【字号】设置为26；在功能区中点击【垂直居中】和【居中】，并用【Ctrl+B】快捷键将文字加粗。

②在B3:L25区域内的单元格中分别输入文字，并按照前面提到的方法对文字进行适当调整。

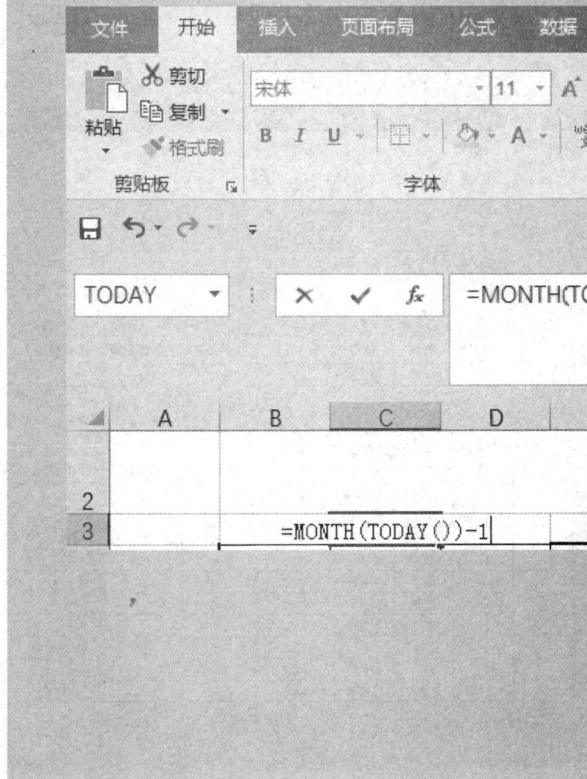

STEP6：设置显示"月份"公式

①选中C3单元格，然后输入"=MONTH(TODAY())-1"。

②单击【Enter】键，即可显示应统计的月份（即上一个月）。

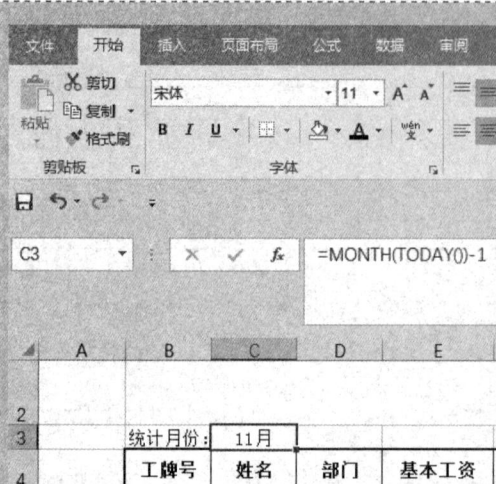

STEP7：设置"代扣代缴额"计算公式

①选中H5单元格，然后输入"=E5＊19%+3"。

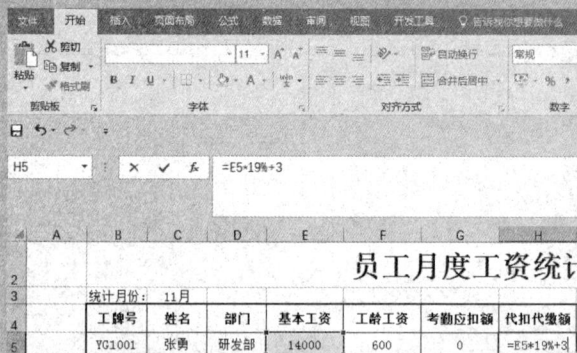

②单击【Enter】键后，即可得出该员工的"代扣代缴额"；继续选中H5，并将鼠标放在单元格内的右下角。

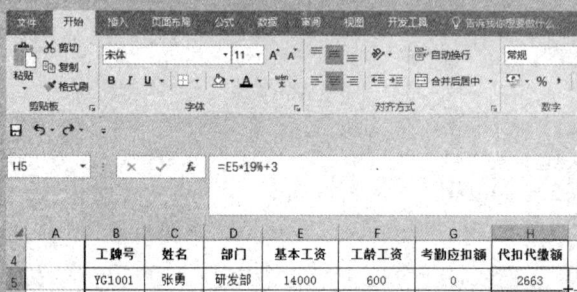

③按住鼠标左键，然后向下拖拉至H14，效果如右图所示。

	A	B	C	D	E	F	G	H
4		工牌号	姓名	部门	基本工资	工龄工资	考勤应扣额	代扣代缴额
5		YG1001	张勇	研发部	14000	600	0	2663
6		YG1002	刘健	研发部	8000	600	450	1523
7		YG1003	刘琳	财务部	9000	500	0	1713
8		YG1004	何雯雯	会计部	6000	500	300	1143
9		YG1005	潘宇	人事部	7000	600	0	1333
10		YG1006	郑博	销售部	3000	600	250	573
11		YG1007	李煜	研发部	8000	200	0	1523
12		YG1008	王强	人事部	6500	100	600	1238
13		YG1009	朱平	销售部	3000	300	300	573
14		YG1010	唐树龙	销售部	3000	300	50	573

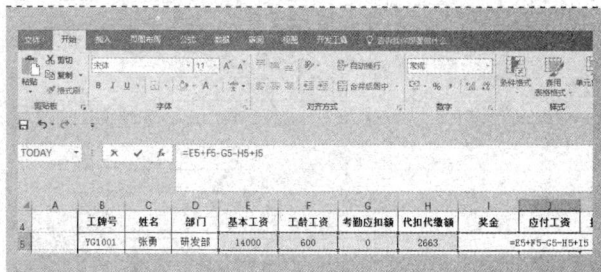

STEP8：设置"应付工资"计算公式

①选中J5单元格，然后输入"=E5+F5-G5-H5+I5"。

	A	B	C	D	E	F	G	H	I	
		工牌号	姓名	部门	基本工资	工龄工资	考勤应扣额	代扣代缴额	奖金	应付工资
4										
5		YG1001	张勇	研发部	14000	600	0	2663		=E5+F5-G5-H5+I5

②单击【Enter】键后，即可得出该员工的"应付工资"数据；用前面介绍的"按住鼠标左键，拖拉复制"的方法，即可得出J6至J14单元格内的数值，最终效果如左图所示。

	A	B	C	D	E	F	G	H	I	应付工资
		工牌号	姓名	部门	基本工资	工龄工资	考勤应扣额	代扣代缴额	奖金	
4										
5		YG1001	张勇	研发部	14000	600	0	2663	200	12137
6		YG1002	刘键	研发部	8000	600	450	1523	0	6627
7		YG1003	刘琳	财务部	9000	500	0	1713	200	7987
8		YG1004	何雯雯	会计部	6000	500	300	1143	0	5057
9		YG1005	潘宇	人事部	7000	600	0	1333	200	6467
10		YG1006	郑婷	销售部	3000	600	250	573	555	3382
11		YG1007	李煜	研发部	8000	200	0	1523	200	6877
12		YG1008	王端	人事部	6500	100	600	1238	0	4762
13		YG1009	朱平	销售部	3000	300	300	573	2322	4749
14		YG1010	唐树龙	销售部	3000	300	50	573	5280	7957

STEP9：设置"扣除个税"计算公式

①选中K5单元格，然后输入

"=IF(J5>3500,VLOOKUP((J5-3500),$B$18:$E$25,3)＊(J5-3500),0)-IF(J5>3500,VLOOKUP((J5-3500),$B$18:$E$25,4))"。

=IF(J5>3500,VLOOKUP((J5-3500),$B$18:$E$25,3)-(J5-3500),0)-IF(J5>3500,VLOOKUP((J5-3500),$B$18:$E$25,4))

D	E	F	G	H	I	J	K
部门	基本工资	工龄工资	考勤应扣额	代扣代缴额	奖金	应付工资	扣除个税
研发部	14000	600	=IF(J5>3500,VLOOKUP((J5-3500),$B$18:$E$25,3)*(J5-3500),0)-				
研发部	8000	600	450	1523		6627	

②单击【Enter】键后，即可得出该员工的"扣除个税"金额；用前面介绍的"按住鼠标左键，拖拉复制"的方法，即可得出K6至K14单元格内的数值，最终效果如左图所示。

D	E	F	G	H	I	J	K
部门	基本工资	工龄工资	考勤应扣额	代扣代缴额	奖金	应付工资	扣除个税
研发部	14000	600	0	2663	200	12137	1172.4
研发部	8000	600	450	1523	0	6627	207.7
财务部	9000	500	0	1713	200	7987	343.7
会计部	6000	500	300	1143	0	5057	80.7
人事部	7000	600	0	1333	200	6467	191.7
销售部	3000	600	250	573	555	3332	0
研发部	8000	200	0	1523	200	6877	232.7
人事部	6500	100	600	1238	0	4762	37.86
销售部	3000	300	300	573	2322	4749	37.47
销售部	3000	300	50	573	5280	7957	340.7

STEP10：设置"实付工资"计算公式

①选中L5单元格，然后输入"=J5-K5"。

=J5-K5

D	E	F	G	H	I	J	K	L
部门	基本工资	工龄工资	考勤应扣额	代扣代缴额	奖金	应付工资	扣除个税	实付工资
研发部	14000	600	0	2663	200	12137	1172.4	=J5-K5

②单击【Enter】键后，即可得出该员工的"应付工资"；用前面介绍的"按住鼠标左键，拖拉复制"的方法，即可得出L6至L14单元格内的数值，最终的效果如右图所示。

工龄工资	考勤应扣额	代扣代缴额	奖金	应付工资	扣除个税	实付工资
600	0	2663	200	12137	1172.4	10964.6
600	450	1523	0	6627	207.7	6419.3
500	0	1713	200	7987	343.7	7643.3
500	300	1143	0	5057	50.7	5006.3
600	0	1333	200	6467	191.7	6275.3
600	250	573	555	3332	0	3332
200	0	1523	200	6877	232.7	6644.3
100	600	1238	0	4762	37.86	4724.14
300	300	573	2322	4749	37.47	4711.53
300	50	573	5280	7957	340.7	7616.3

STEP11：为数字设置货币符号

①选中E5:J14单元格区域，切换至【开始】选项卡，在【数字】组中选择【货币】。

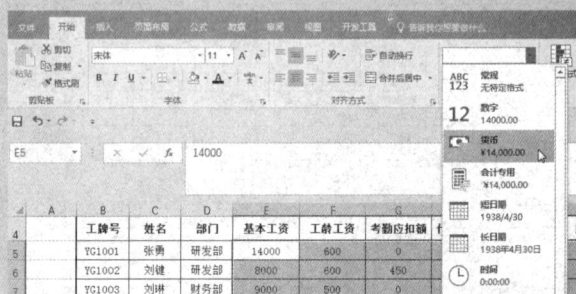

②用鼠标点击后，即可为数字设置货币符号，最终的效果如右图所示。

操作小技巧

如果想要自定义文本的显示方向，我们可以使用【Ctrl+1】快捷键，在弹出的【设置单元格格式】对话框中选择【对齐】，然后在【方向】选项组中设置方向的显示角度，或者直接输入显示角度。

员工月度工资部门汇总表

表格说明：

制作完成员工月度工资统计表后，人力资源部门还需要按照部门来统计当月工资小计。在本节的案例中，我们可以用Excel的分类汇总功能来大大减少统计的工作量。

本节任务：

本节介绍如何使用Excel 2016制作员工月度工资部门汇总表。本节学习的重点是掌握分类汇总的操作方法。

学习目标：

◎ 掌握Excel表格中排序的操作方法。

◎ 掌握Excel表格中分类汇总的操作方法。

具体步骤：

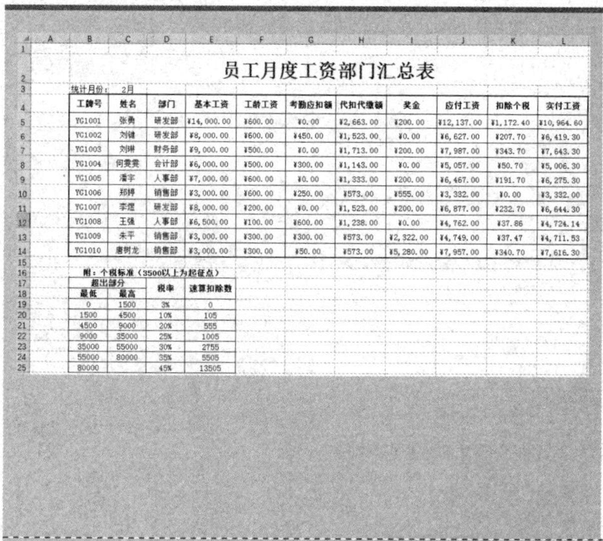

STEP1：创建文件名称

①新建一个Excel工作表，并将其命名为"员工月度工资部门汇总表"。

②打开上一节制作的Excel表格——员工月度工资统计表，选中B2:L25单元格区域，并用【Ctrl+C】快捷键将其复制；在打开的空白工作簿中选中B2单元格，然后使用【Ctrl+V】快捷键进行粘贴；选中B2:L2，然后输入"员工月度工资部门汇总表"，效果如左图所示。

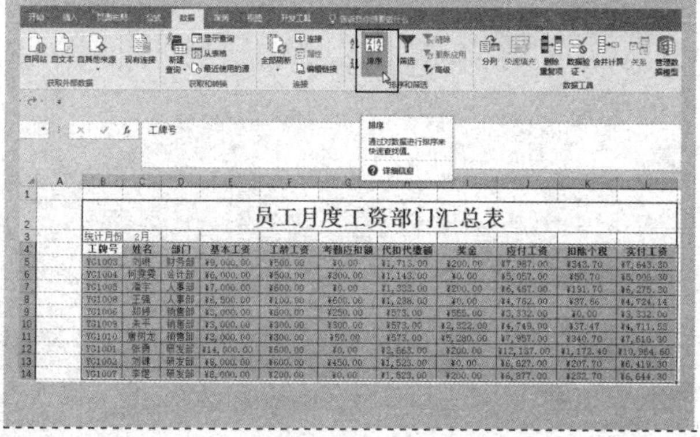

STEP2：对部门进行排序

①用鼠标选中B4:L14单元格区域，切换至【数据】选项卡，在【排序和筛选】组中选择【排序】。

②点击后，即可弹出【排序】对话框；然后在【列】中选择【列D】，在【次序】中选择【升序】。

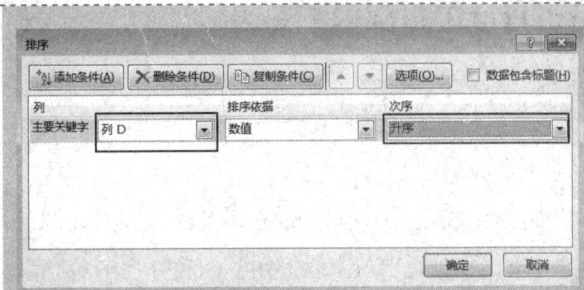

③点击【确定】后，效果如右图所示。

STEP3：对各个部门进行分类汇总

①用鼠标继续选中B4:L14单元格区域，切换至【数据】选项卡，在【分级显示】组中选择【分类汇总】。

②点击后，即可出现【分类汇总】对话框；然后在【分类字段】中选择【部门】，在【汇总方式】中选择【求和】，在【选定汇总项】中选择【实付工资】。

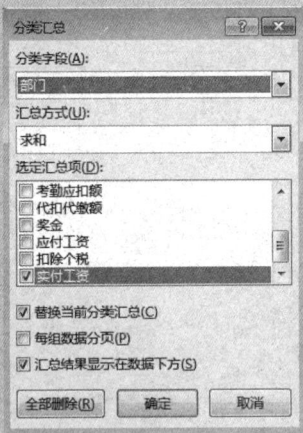

③用鼠标点击【确定】后，即可对各个部门的工资进行分类汇总，最终效果如右图所示。

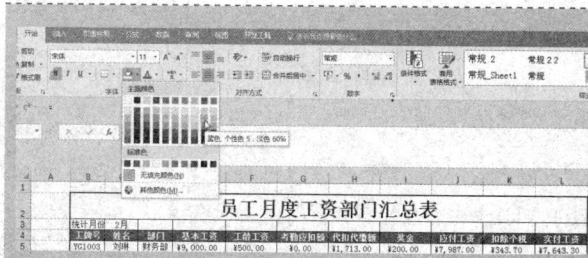

STEP4：美化表格

①选中B4:L4单元格，切换至【开始】选项卡，在【填充颜色】选项组中将颜色设为【蓝色，个性色5，淡色60%】，效果如左图所示。

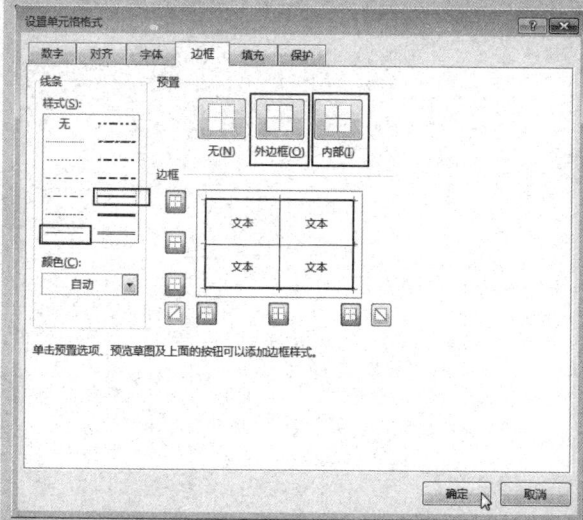

②用鼠标选中B2:L20单元格区域，单击鼠标右键，在弹出的菜单中选择【设置单元格格式】；用鼠标点击后，就会出现【设置单元格格式】对话框；点击【边框】，选择细线，然后点击【内部】按钮；再选择粗线，然后点击【外边框】按钮。

③点击【确定】后，最终的效果如左图所示。

員工月度工资部门汇总表

工牌号	姓名	部门	基本工资	工龄工资	考勤应扣款	代扣代缴额	奖金	应付工资	扣除个税	实付工资
YG1003	刘琳	财务部	¥9,000.00	¥500.00	¥0.00	¥1,713.00	¥200.00	¥7,987.00	¥343.70	¥7,643.30
		财务部汇总								¥7,643.30
YG1004	何雯雯	会计部	¥6,000.00	¥500.00	¥300.00	¥1,143.00	¥0.00	¥5,057.00	¥50.70	¥5,006.30
		会计部汇总								¥5,006.30
YG1005	潘宇	人事部	¥7,000.00	¥600.00	¥0.00	¥1,333.00	¥200.00	¥6,467.00	¥191.70	¥6,275.30
YG1008	王强	人事部	¥6,500.00	¥100.00	¥600.00	¥1,238.00	¥0.00	¥4,762.00	¥37.86	¥4,724.14
		人事部汇总								¥10,999.44
YG1006	郑博	销售部	¥3,000.00	¥600.00	¥250.00	¥573.00	¥555.00	¥3,332.00	¥0.00	¥3,332.00
YG1009	朱平	销售部	¥3,000.00	¥300.00	¥300.00	¥573.00	¥2,322.00	¥4,749.00	¥37.47	¥4,711.53
YG1010	唐树龙	销售部	¥3,000.00	¥300.00	¥50.00	¥573.00	¥5,280.00	¥7,957.00	¥340.70	¥7,616.30
		销售部汇总								¥15,659.83
YG1001	张勇	研发部	¥14,000.00	¥600.00	¥0.00	¥2,663.00	¥200.00	¥12,137.00	¥1,172.40	¥10,964.60
YG1002	刘婵	研发部	¥8,000.00	¥600.00	¥450.00	¥1,523.00	¥0.00	¥6,627.00	¥207.70	¥6,419.30
YG1007	李璎	研发部	¥8,000.00	¥200.00	¥0.00	¥1,523.00	¥200.00	¥6,877.00	¥232.70	¥6,644.30
		研发部汇总								¥24,028.20
		总计								¥63,337.07

附：个税标准（3500以上为起征点）

超出部分		税率	速算扣除数
最低	最高		
	1500	3%	0
1500	4500	10%	105
4500	9000	20%	555
9000	35000	25%	1005
35000	55000	30%	2755
55000	80000	35%	5505
80000		45%	13505

单元格中出现"######"，说明该单元格列宽的设置比较小，不能完全显示出这个单元格的内容，此时，我们需要适当增加该单元格的列宽。

员工工资条

表格说明：

在每个月发工资时，人力资源部门需要给员工制作一份工资条作为发薪凭证。同时，员工也可以通过工资条来查看当月工资的扣除情况。而用普通方法录入工资条，不但十分麻烦而且极易出错，运用Excel的排序功能，即可快速自动生成批量的工资条。

本节任务：

本节为大家详细介绍如何使用Excel 2016来批量制作员工工资条。本节学习的重点是掌握排序功能。

学习目标：

◎ 学习Excel的排序功能。

◎ 掌握【F4】【F5】等快捷键的使用方法。

具体步骤：

STEP1：创建文件名并复制内容

①新建一个Excel工作表，并将其命名为"员工工资条"。

②打开前面制作的Excel表格——员工月度工资统计表，用鼠标将B4:L14单元格区域选中，再用【Ctrl+C】快捷键将其复制，然后用【Ctrl+V】快捷键粘贴在一个空白的记事本中（注：之所以用记事本对内容进行"复制、粘贴"，是为了将原Excel单元格中的函数去掉，以便于后来的操作）。

③在记事本中继续用【Ctrl+C】快捷键复制刚刚粘贴的内容，并重新切换至"员工工资条"Excel工作表；用鼠标选中C2单元格，然后使用【Ctrl+V】快捷键进行粘贴。

STEP2：设置序号

①选中B4单元格，然后输入序号；选中B5单元格，然后输入数字1；继续选中B5，然后将鼠标放在单元格内的右下角。

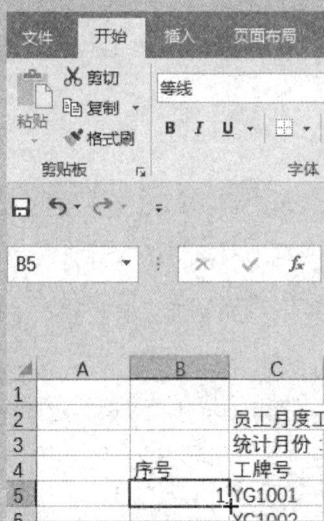

②按住【Ctrl】键，然后再按住鼠标左键向下拖拉至B14。

③用鼠标分别选中A2、A3和A4单元格，并分别输入0、0.1和0.2；用前面步骤中提到的方法，在A5至A14单元格内输入数字1至10，最终的效果如右图所示。

	A	B	C	D	E
10	6	6	YG1006	郑婷	销售部
11	7	7	YG1007	李煜	研发部
12	8	8	YG1008	王强	人事部
13	9	9	YG1009	朱平	销售部
14	10	10	YG1010	唐树龙	销售部
15	1.2				
16	2.2				
17	3.2				
18	4.2				
19	5.2				
20	6.2				
21	7.2				
22	8.2				
23	9.2				
24					

④选中A15，输入1.2；继续选中该单元格，并将鼠标放在单元格内的右下角；按住【Ctrl】键，然后再按住鼠标左键向下拖拉至A23，最终的效果如左图所示。

	A	B	C	D	E
5	1	1	YG1001	张勇	研发部
6	2	2	YG1002	刘键	研发部
7	3	3	YG1003	刘琳	财务部
8	4	4	YG1004	何雯雯	会计部
9	5	5	YG1005	潘宇	人事部
10	6	6	YG1006	郑婷	销售部
11	7	7	YG1007	李煜	研发部
12	8	8	YG1008	王强	人事部
13	9	9	YG1009	朱平	销售部
14	10	10	YG1010	唐树龙	销售部
15	1.2				
16	2.2				
17	3.2				
18	4.2				
19	5.2				
20	6.2				
21	7.2				
22	8.2				
23	9.2				

STEP3：进行排序

①用鼠标选中A5:A23。

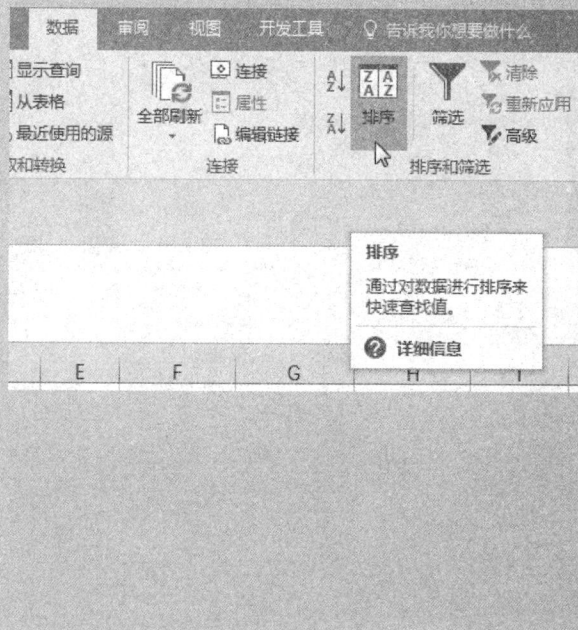

②切换至【数据】选项卡，然后在【排序和筛选】选项组中选择【排序】。

数据　审阅　视图　开发工具　告诉我你想要做什么

显示查询
从表格
最近使用的源
双和转换

全部刷新
连接
属性
编辑链接
连接

排序
筛选
清除
重新应用
高级
排序和筛选

排序
通过对数据进行排序来快速查找值。
详细信息

	E	F	G	H	I

③用鼠标点击后，即可弹出【排序提醒】对话框；选中【扩展选定区域】，然后单击【排序】按钮。

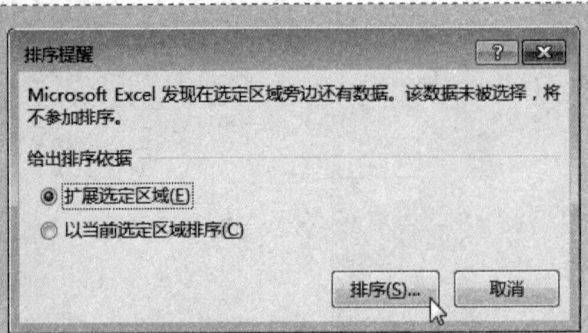

④点击后即会出现【排序】对话框，在【列】中选择【列A】，在【排序依据】中选择【数值】，在【次序】中选择【升序】。

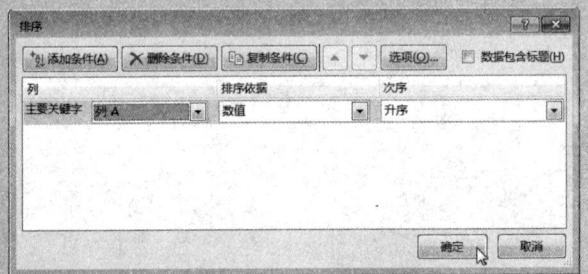

⑤点击【确定】后，最终的效果如右图所示。

STEP4：填充空格区域

①用鼠标选中B6:M23单元格区域，然后单击【F5】快捷键；在弹出的【定位】对话框中，点击【定位条件】。

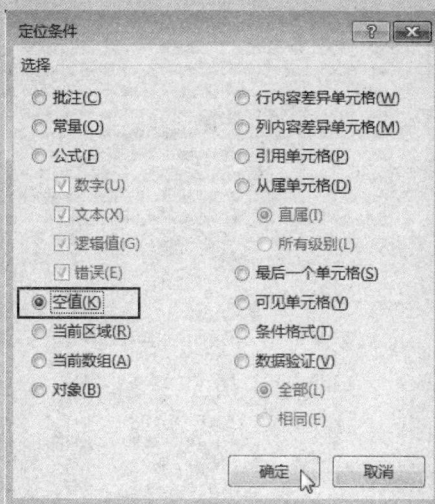

②点击后，即会弹出【定位条件】对话框；然后选择【空值】。

③点击【确定】后，效果如左图所示。

④在B6单元格中输入"="，然后在键盘中，按向上的方向键"↑"2次，效果如左图所示。

⑤继续连按2次【F4】键，效果如左图所示。

⑥最后按【Ctrl+Enter】键，最终的效果如右图所示。

STEP5：插入空格

①用鼠标选中A24单元格，然后输入数字1.1；继续选中A24单元格，并将鼠标放在该单元格内的右下角。

	A	B	C	D	E
7	2		2	YG1002	刘键	研发部
8	2.2	序号		工牌号	姓名	部门
9	3		3	YG1003	刘琳	财务部
10	3.2	序号		工牌号	姓名	部门
11	4		4	YG1004	何雯雯	会计部
12	4.2	序号		工牌号	姓名	部门
13	5		5	YG1005	潘宇	人事部
14	5.2	序号		工牌号	姓名	部门
15	6		6	YG1006	郑婷	销售部
16	6.2	序号		工牌号	姓名	部门
17	7		7	YG1007	李煜	研发部
18	7.2	序号		工牌号	姓名	部门
19	8		8	YG1008	王强	人事部
20	8.2	序号		工牌号	姓名	部门
21	9		9	YG1009	朱平	销售部
22	9.2	序号		工牌号	姓名	部门
23	10		10	YG1010	唐树龙	销售部
24	1.1					

②按住【Ctrl】键的同时按住鼠标左键向下拖拉至A32单元格。

	A	B	C	D	E
13	5		5	YG1005	潘宇	人事部
14	5.2	序号		工牌号	姓名	部门
15	6		6	YG1006	郑婷	销售部
16	6.2	序号		工牌号	姓名	部门
17	7		7	YG1007	李煜	研发部
18	7.2	序号		工牌号	姓名	部门
19	8		8	YG1008	王强	人事部
20	8.2	序号		工牌号	姓名	部门
21	9		9	YG1009	朱平	销售部
22	9.2	序号		工牌号	姓名	部门
23	10		10	YG1010	唐树龙	销售部
24	1.1					
25	2.1					
26	3.1					
27	4.1					
28	5.1					
29	6.1					
30	7.1					
31	8.1					
32	9.1					

③选中A5:A32单元格区域，切换至【数据】选项卡，然后在【排序和筛选】选项组中选择【排序】；用鼠标点击后，即可弹出【排序提醒】对话框；选中【扩展选定区域】，然后单击【排序】按钮。

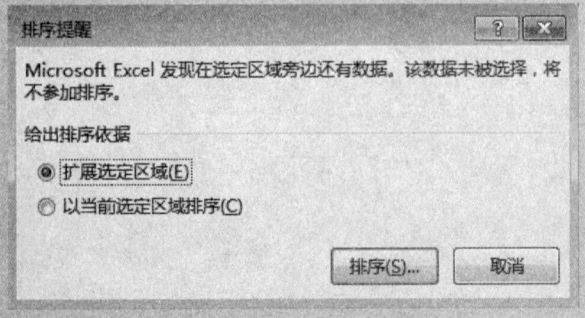

排序提醒

Microsoft Excel 发现在选定区域旁边还有数据。该数据未被选择，将不参加排序。

给出排序依据

◉ 扩展选定区域(E)

◎ 以当前选定区域排序(C)

排序(S)...　　取消

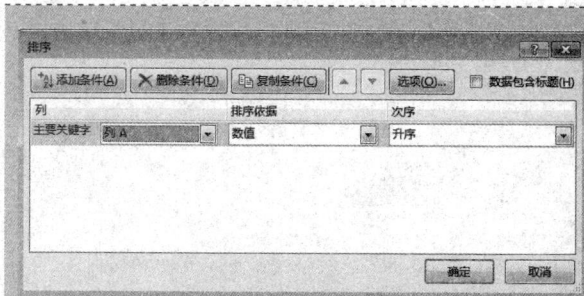

④点击后即会出现【排序】对话框，在【列】中选择【列A】，在【排序依据】中选择【数值】，在【次序】中选择【升序】。

⑤点击【确定】后，即可插入空格，最终的效果如左图所示。

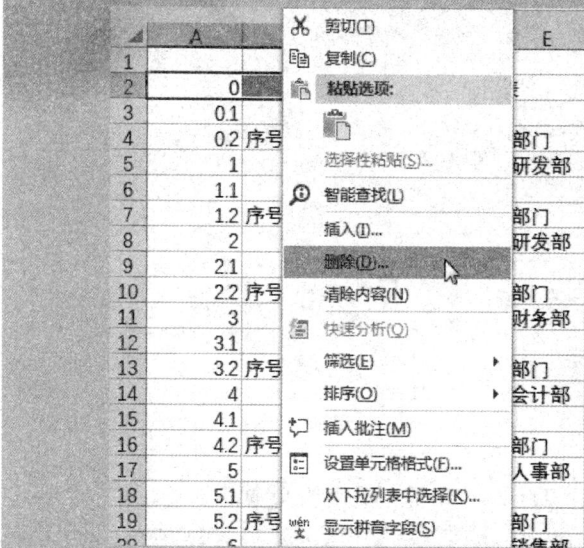

STEP6：删除多余列

①用鼠标选中A1:B1，然后单击鼠标右键，在弹出的快捷菜单中选择【删除】。

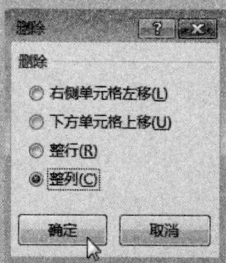

②在弹出的【删除】对话框中，选择【整列】。

③点击【确定】后，即可将多余的两列删除，效果如右图所示。

	A	B	C	D	E
2	员工月度工资统计表				
3	统计月份：11月				
4	工牌号	姓名	部门	基本工资	工龄工资
5	YG1001	张勇	研发部	¥14,000.00	¥600.00
6					
7	工牌号	姓名	部门	基本工资	工龄工资
8	YG1002	刘键	研发部	¥8,000.00	¥600.00
9					
10	工牌号	姓名	部门	基本工资	工龄工资
11	YG1003	刘琳	财务部	¥9,000.00	¥500.00
12					
13	工牌号	姓名	部门	基本工资	工龄工资
14	YG1004	何雯雯	会计部	¥6,000.00	¥500.00
15					
16	工牌号	姓名	部门	基本工资	工龄工资
17	YG1005	潘宇	人事部	¥7,000.00	¥600.00
18					
19	工牌号	姓名	部门	基本工资	工龄工资
20	YG1006	郑婷	销售部	¥3,000.00	¥600.00

STEP7：调整表格

①选择A4:K32单元格区域，切换至【开始】选项卡，在【对齐方式】选项组中分别点击【垂直居中】和【居中】按钮。

②在【开始】选项卡中，继续选择【单元格】选项组中的【格式】，在弹出的下拉菜单中选择【自动调整列宽】。

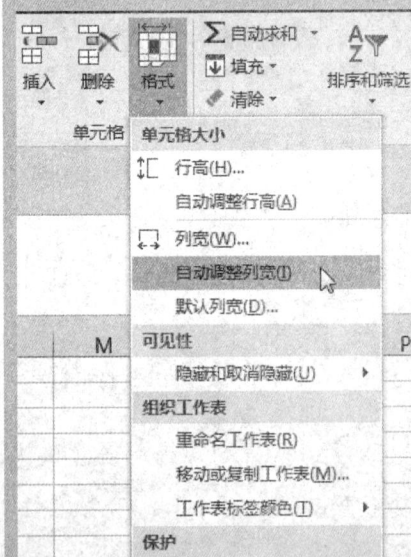

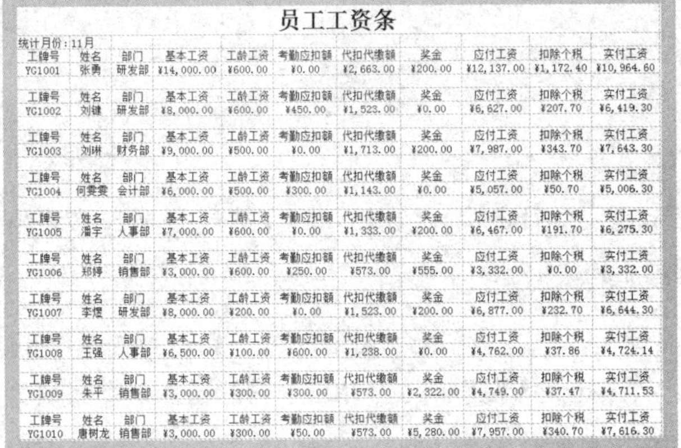

员工工资条

统计月份：11月

工编号	姓名	部门	基本工资	工龄工资	考勤应扣额	代扣代缴额	奖金	应付工资	扣除个税	实付工资
YG1001	张勇	研发部	¥14,000.00	¥600.00	¥0.00	¥2,663.00	¥200.00	¥12,137.00	¥1,172.40	¥10,964.60
YG1002	刘键	研发部	¥8,000.00	¥600.00	¥450.00	¥1,523.00	¥0.00	¥6,627.00	¥207.70	¥6,419.30
YG1003	刘琳	财务部	¥9,000.00	¥500.00	¥0.00	¥1,713.00	¥200.00	¥7,987.00	¥343.70	¥7,643.30
YG1004	何雯雯	会计部	¥6,000.00	¥500.00	¥300.00	¥1,143.00	¥0.00	¥5,057.00	¥50.70	¥5,006.30
YG1005	潘宇	人事部	¥7,000.00	¥600.00	¥0.00	¥1,333.00	¥200.00	¥6,467.00	¥191.70	¥6,275.30
YG1006	郑婷	销售部	¥3,000.00	¥600.00	¥250.00	¥573.00	¥555.00	¥3,332.00	¥0.00	¥3,332.00
YG1007	李煜	研发部	¥8,000.00	¥200.00	¥0.00	¥1,523.00	¥200.00	¥6,877.00	¥232.70	¥6,644.30
YG1008	王强	人事部	¥6,500.00	¥600.00	¥0.00	¥1,238.00	¥0.00	¥4,762.00	¥37.86	¥4,724.14
YG1009	朱平	销售部	¥3,000.00	¥300.00	¥300.00	¥573.00	¥2,922.00	¥4,749.00	¥37.47	¥4,711.53
YG1010	唐树龙	销售部	¥3,000.00	¥300.00	¥50.00	¥573.00	¥5,280.00	¥7,957.00	¥340.70	¥7,616.30

③选中A2:K2，在【开始】选项卡中，选择【对齐方式】选项组中的【合并后居中】；继续选中该单元格，并输入"员工工资条"，然后将【字体】设置为24，并用【Ctrl+B】快捷键把文字加粗，最终的效果如左图所示。

操作小技巧

当单元格内插入"控件"后，如果想要对其进行调整，我们可以先单击鼠标右键来选中"控件"，然后再对其进行调整。

员工社保缴费申请表

表格说明：

员工社保缴费申请表是用来统计员工应缴纳的社会保险情况的电子表格。此外，该表格还能为公司的财务部门核算保险费用提供相应的依据。

本节任务：

本节介绍如何使用Excel 2016制作一份员工社保缴费申请表。本节学习的重点是掌握数字货币格式的设置方法。

学习目标：

◎ 学习乘法函数公式的设置方法。

◎ 掌握美化Excel表格的操作方法。

具体步骤：

STEP1：创建文件名称并设置行高

①新建一个Excel工作表，并将其命名为"员工社保缴费申请表"。

②在打开的空白工作簿中用鼠标选中第2行单元格，然后在功能区中选择【格式】，用左键点击后即会出现下拉菜单，继续点击【行高】，在弹出的【行高】对话框中，把行高设置为40，然后单击【确定】。

③用同样的方法，把第3行的行高设置为25，把第4至第16行的行高设置为20。

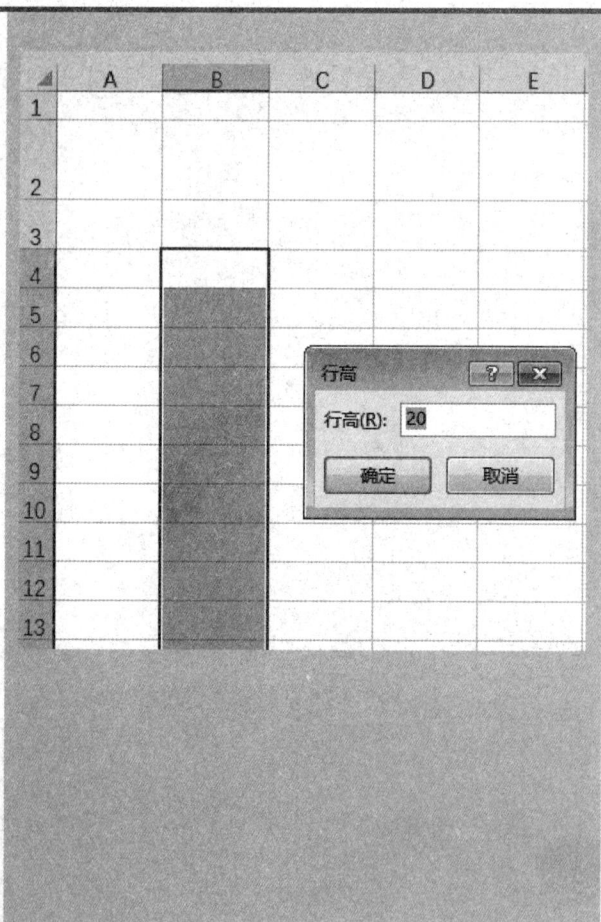

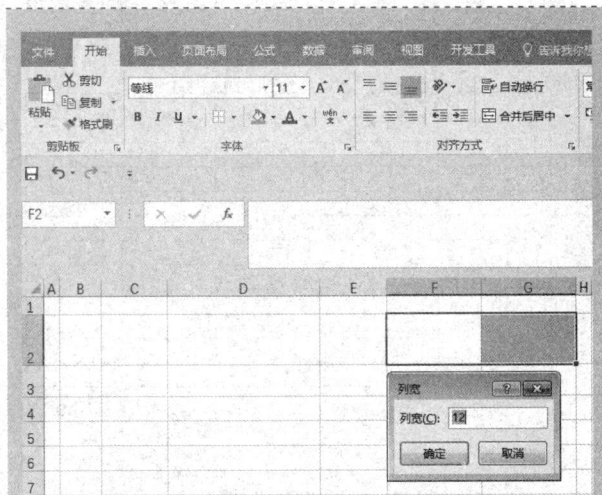

STEP2：设置列宽

①用鼠标选中B列单元格，然后在功能区选择【格式】，用左键点击后即会出现下拉菜单，继续点击【列宽】，在弹出的【列宽】对话框中，把列宽设置为5。

②用同样的方法，把A和H列单元格的列宽设置为1.5，把D列单元格的列宽设置为20，把F和G列单元格的列宽设置为12，然后单击【确定】。

STEP3：合并单元格

①用鼠标选中B2:G2，然后在功能区选择【合并后居中】按钮，用鼠标左键点击。

②用同样的方法，按左图所示进行单元格合并。

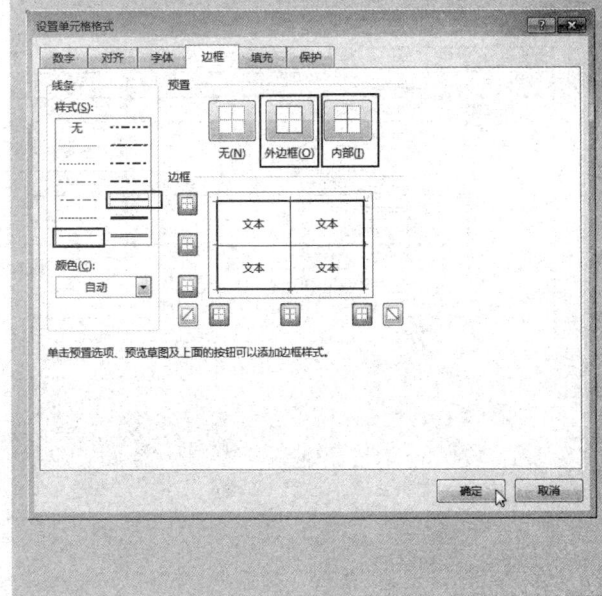

STEP4：设置边框线

①用鼠标选中B4:G15单元格区域，单击鼠标右键，在弹出的菜单中选择【设置单元格格式】；用鼠标点击后，就会出现【设置单元格格式】对话框；点击【边框】，选择细线，然后点击【内部】按钮；再选择粗线，然后点击【外边框】按钮。

②点击【确定】后，最终的效果如右图所示。

	A	B	C	D	E	F	G
3							
4							
5							
6							
7							
8							
9							
10							
11							
12							
13							
14							
15							

STEP5：输入内容

①用鼠标选中B2:G2，然后在单元格内输入"员工社保缴费申请表"；选中该单元格，将【字号】设置为22；在功能区中点击【垂直居中】和【居中】，并用【Ctrl+B】快捷键将文字加粗。

②在B3:G16区域内的单元格中分别输入文字，并按照前面提到的方法对文字进行适当调整。

员工社保缴费申请表

单位名称（章）：				单位代码：		
序号	姓名	员工身份证号	月份	月均工资	月缴费基数	
1	张勇	1500xxxxxxxxx1256	12			
2	刘键	1500xxxxxxxxx1257	12			
3	刘琳	1500xxxxxxxxx1258	12			
4	何雯雯	1500xxxxxxxxx1259	12			
5	潘宇	1500xxxxxxxxx1260	12			
6	郑婷	1500xxxxxxxxx1261	12			
7	李煜	1500xxxxxxxxx1262	12			
8	王强	1500xxxxxxxxx1263	12			
9	朱平	1500xxxxxxxxx1264	12			
10	唐树龙	1500xxxxxxxxx1265	12			
合计						
社保机构审核章：					日期：	

STEP6：设置乘法函数公式

①选中G5单元格，然后输入"=F5＊9%"。

员工社保缴费申请表

单位名称（章）：				单位代码：		
序号	姓名	员工身份证号	月份	月均工资	月缴费基数	
1	张勇	1500xxxxxxxxx1256	12	14000	=F5*9%	
2	刘键	1500xxxxxxxxx1257	12	8000		
3	刘琳	1500xxxxxxxxx1258	12	9000		
4	何雯雯	1500xxxxxxxxx1259	12	6000		
5	潘宇	1500xxxxxxxxx1260	12	7000		
6	郑婷	1500xxxxxxxxx1261	12	3000		
7	李煜	1500xxxxxxxxx1262	12	8000		
8	王强	1500xxxxxxxxx1263	12	6500		
9	朱平	1500xxxxxxxxx1264	12	3000		
10	唐树龙	1500xxxxxxxxx1265	12	3000		
合计						

员工社保缴费申请表

单位名称（章）：　　　　　　　　　　单位代码：

序号	姓名	员工身份证号	月份	月均工资	月缴费基数
1	张勇	1500xxxxxxxxxx1256	12	14000	1260.00
2	刘键	1500xxxxxxxxxx1257	12	8000	
3	刘琳	1500xxxxxxxxxx1258	12	9000	
4	何雯雯	1500xxxxxxxxxx1259	12	6000	
5	潘宇	1500xxxxxxxxxx1260	12	7000	
6	郑婷	1500xxxxxxxxxx1261	12	3000	
7	李煜	1500xxxxxxxxxx1262	12	8000	
8	王强	1500xxxxxxxxxx1263	12	6500	
9	朱平	1500xxxxxxxxxx1264	12	3000	
10	唐树龙	1500xxxxxxxxxx1265	12	3000	
合计					

②单击【Enter】键后，即可得出该员工应缴纳的社保基数；继续选中G5单元格，然后将鼠标放在单元格内的右下角。

员工社保缴费申请表

单位名称（章）：　　　　　　　　　　单位代码：

序号	姓名	员工身份证号	月份	月均工资	月缴费基数
1	张勇	1500xxxxxxxxxx1256	12	14000	1260.00
2	刘键	1500xxxxxxxxxx1257	12	8000	720.00
3	刘琳	1500xxxxxxxxxx1258	12	9000	810.00
4	何雯雯	1500xxxxxxxxxx1259	12	6000	540.00
5	潘宇	1500xxxxxxxxxx1260	12	7000	630.00
6	郑婷	1500xxxxxxxxxx1261	12	3000	270.00
7	李煜	1500xxxxxxxxxx1262	12	8000	720.00
8	王强	1500xxxxxxxxxx1263	12	6500	585.00
9	朱平	1500xxxxxxxxxx1264	12	3000	270.00
10	唐树龙	1500xxxxxxxxxx1265	12	3000	270.00
合计					

③按住鼠标左键，然后向下拖拉至G14，效果如左图所示。

STEP7：设置求和函数公式

①选中F5:F14单元格区域，切换至【公式】选项卡；点击【自动求和】，在弹出的下拉列表中选择【求和】。

员工社保缴费申请表

单位名称（章）：　　　　　　　　　　单位代码：

序号	姓名	员工身份证号	月份	月均工资	月缴费基数
1	张勇	1500xxxxxxxxxx1256	12	14000	1260.00
2	刘键	1500xxxxxxxxxx1257	12	8000	720.00
3	刘琳	1500xxxxxxxxxx1258	12	9000	810.00
4	何雯雯	1500xxxxxxxxxx1259	12	6000	540.00
5	潘宇	1500xxxxxxxxxx1260	12	7000	630.00
6	郑婷	1500xxxxxxxxxx1261	12	3000	270.00
7	李煜	1500xxxxxxxxxx1262	12	8000	720.00
8	王强	1500xxxxxxxxxx1263	12	6500	585.00
9	朱平	1500xxxxxxxxxx1264	12	3000	270.00
10	唐树龙	1500xxxxxxxxxx1265	12	3000	270.00
合计					

②点击后，即可为该单元格区域求和；用同样的方法，为G5:G14单元格区域内的数字求和。

员工社保缴费申请表

单位名称（章）：　　　　　　　　　单位代码：

序号	姓名	员工身份证号	月份	月均工资	月缴费基数
1	张勇	1500xxxxxxxxxx1256	12	14000	1260.00
2	刘键	1500xxxxxxxxxx1257	12	8000	720.00
3	刘琳	1500xxxxxxxxxx1258	12	9000	810.00
4	何雯雯	1500xxxxxxxxxx1259	12	6000	540.00
5	潘宇	1500xxxxxxxxxx1260	12	7000	630.00
6	郑婷	1500xxxxxxxxxx1261	12	3000	270.00
7	李煜	1500xxxxxxxxxx1262	12	8000	720.00
8	王强	1500xxxxxxxxxx1263	12	6500	585.00
9	朱平	1500xxxxxxxxxx1264	12	3000	270.00
10	唐树龙	1500xxxxxxxxxx1265	12	3000	270.00
合计				67500.00	6075.00

STEP8：为数字设置货币格式

①选中F5:G15单元格区域，切换至【开始】选项卡，在【数字】选项组中点击【自定义】，在弹出的下拉列表中选择【货币】。

②点击后，即可设置货币格式，效果如右图所示。

员工社保缴费申请表

单位名称（章）：　　　　　　　　　单位代码：

序号	姓名	员工身份证号	月份	月均工资	月缴费基数
1	张勇	1500xxxxxxxxxx1256	12	¥14,000.00	¥1,260.00
2	刘键	1500xxxxxxxxxx1257	12	¥8,000.00	¥720.00
3	刘琳	1500xxxxxxxxxx1258	12	¥9,000.00	¥810.00
4	何雯雯	1500xxxxxxxxxx1259	12	¥6,000.00	¥540.00
5	潘宇	1500xxxxxxxxxx1260	12	¥7,000.00	¥630.00
6	郑婷	1500xxxxxxxxxx1261	12	¥3,000.00	¥270.00
7	李煜	1500xxxxxxxxxx1262	12	¥8,000.00	¥720.00
8	王强	1500xxxxxxxxxx1263	12	¥6,500.00	¥585.00
9	朱平	1500xxxxxxxxxx1264	12	¥3,000.00	¥270.00
10	唐树龙	1500xxxxxxxxxx1265	12	¥3,000.00	¥270.00
合计				¥67,500.00	¥6,075.00
社保机构审核章：					日期：

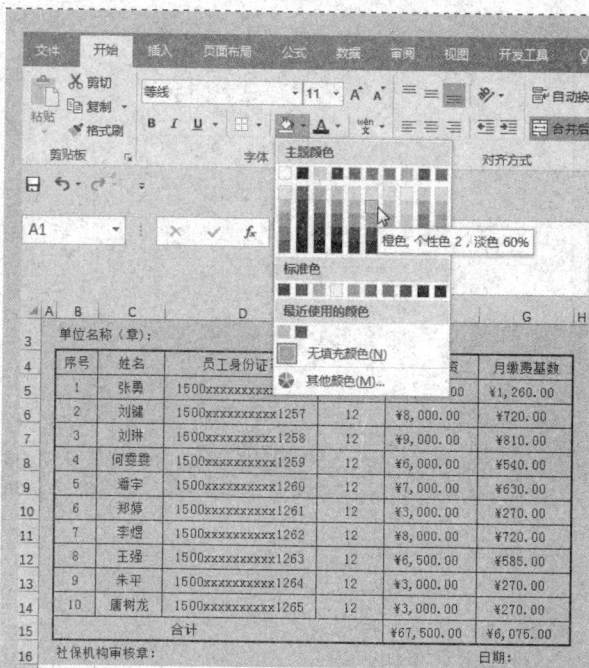

STEP9：美化表格

①选中A1:H16单元格区域，切换至【开始】选项卡，选择【字体】选项组中的【填充颜色】，将颜色设为【橙色，个性色2，淡色60%】。

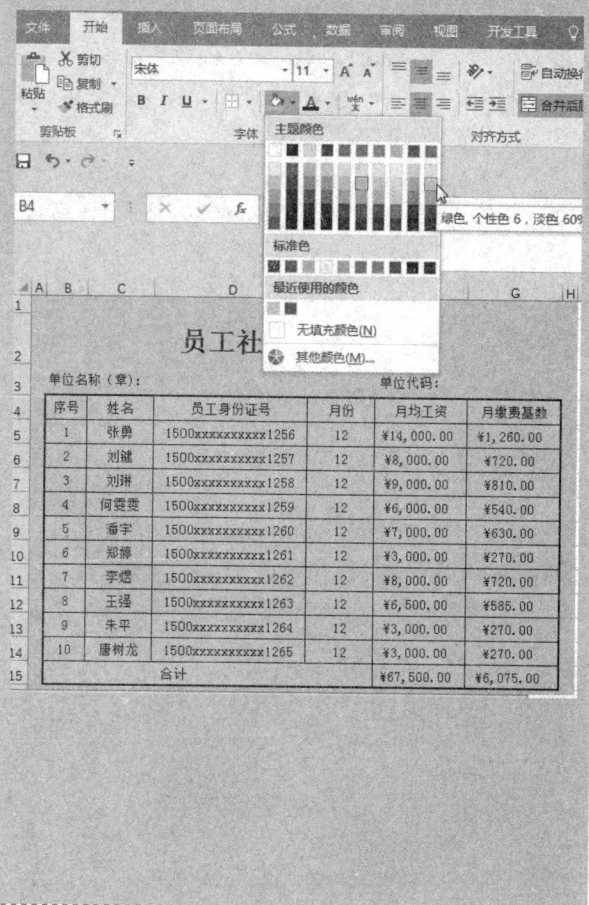

②继续选中B4:G15单元格区域，然后选择【字体】选项组中的【填充颜色】，将颜色设为【绿色，个性色6，淡色60%】。

③最终的效果如右图所示。

员工社保缴费申请表

单位名称（章）：　　　　　　　　　　　　　　　　单位代码：

序号	姓名	员工身份证号	月份	月均工资	月缴费基数
1	张勇	1500xxxxxxxxx1256	12	¥14,000.00	¥1,260.00
2	刘键	1500xxxxxxxxx1257	12	¥8,000.00	¥720.00
3	刘琳	1500xxxxxxxxx1258	12	¥9,000.00	¥810.00
4	何雯雯	1500xxxxxxxxx1259	12	¥6,000.00	¥540.00
5	潘宇	1500xxxxxxxxx1260	12	¥7,000.00	¥630.00
6	郑婷	1500xxxxxxxxx1261	12	¥3,000.00	¥270.00
7	李煜	1500xxxxxxxxx1262	12	¥8,000.00	¥720.00
8	王强	1500xxxxxxxxx1263	12	¥6,500.00	¥585.00
9	朱平	1500xxxxxxxxx1264	12	¥3,000.00	¥270.00
10	唐树龙	1500xxxxxxxxx1265	12	¥3,000.00	¥270.00
合计				¥67,500.00	¥6,075.00

社保机构审核章：　　　　　　　　　　　　　　　　日期：

操作小技巧

在本节中，当我们设置好F15单元格内的公式后，因G15单元格内的公式与F15相同，此时，我们可采取复制F15单元格内的公式，再粘贴到G15单元格的操作方式。

社保代扣代缴统计表

表格说明:

社保代扣代缴统计表用于统计每个员工每月应缴纳的社保费用,包括养老保险、失业保险、医疗保险、工伤保险、生育保险以及住房公积金的费用。其中,工伤保险与生育保险由企业单独缴纳,而剩余的费用则由企业与个人共同缴纳。

本节任务:

本节介绍如何使用Excel 2016制作一份员工每月的社保代扣代缴统计表。本节学习的重点是掌握社保费用函数公式的设置方法。

学习目标:

◎ 学习各种代缴保险费用的计算方法。

◎ 熟练掌握Excel表格中的基本操作方法。

具体步骤:

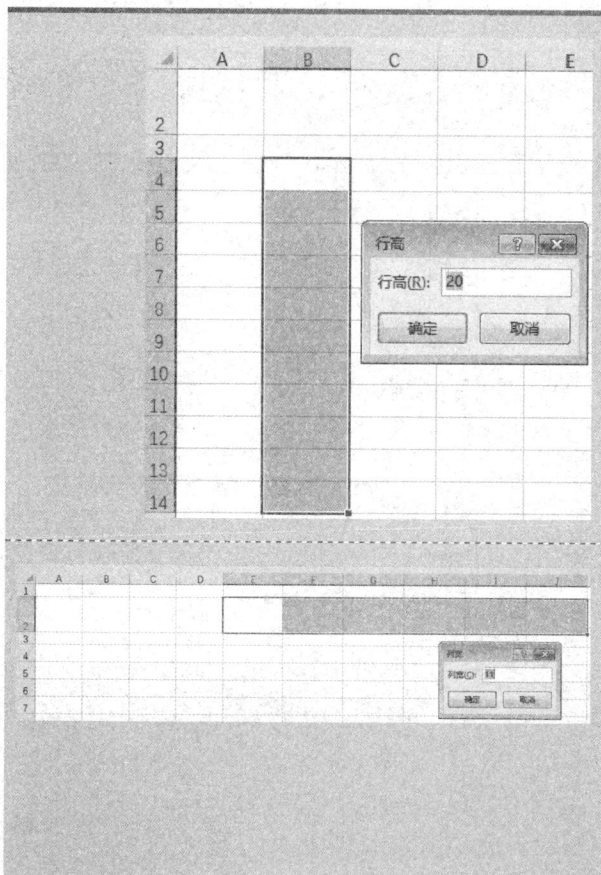

STEP1:创建文件名称并设置行高

①新建一个Excel工作表,并将其命名为"社保代扣代缴统计表"。

②在打开的空白工作簿中用鼠标选中第2行单元格,然后在功能区中选择【格式】,用左键点击后即会出现下拉菜单,继续点击【行高】,在弹出的【行高】对话框中,把行高设置为40,然后单击【确定】。

③用同样的方法,把第4至第14行的行高设置为20。

STEP2:设置列宽

用鼠标选中E至J列单元格,然后在功能区选择【格式】,用左键点击后即会出现下拉菜单,继续点击【列宽】,在弹出的【列宽】对话框中,把列宽设置为11,然后单击【确定】。

STEP3：合并单元格

用鼠标选中B2:J2，然后在功能区选择【合并后居中】按钮，用鼠标左键点击。

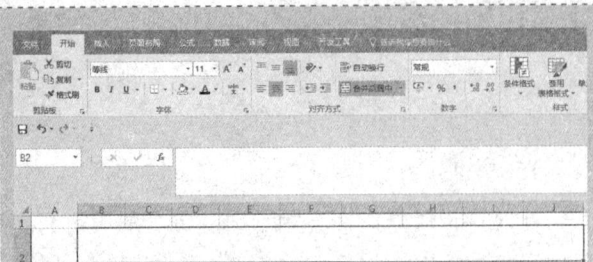

STEP4：设置边框线

①用鼠标选中B4:J14，单击鼠标右键，在弹出的菜单中选择【设置单元格格式】；用鼠标点击后，就会出现【设置单元格格式】对话框；点击【边框】，选择细线，然后点击【内部】按钮；再选择粗线，然后点击【外边框】按钮。

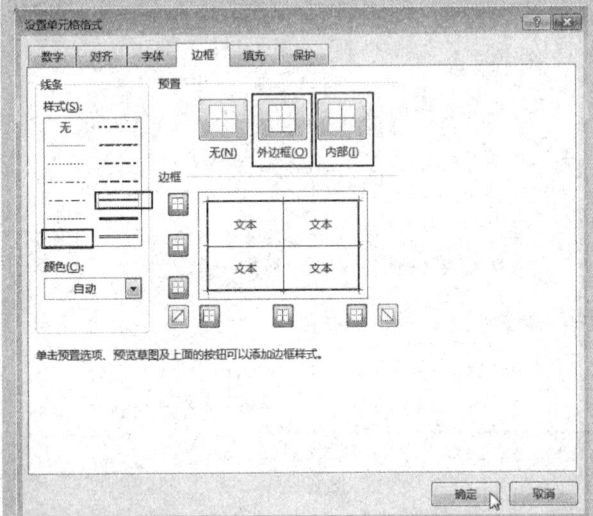

②点击【确定】后，效果如右图所示。

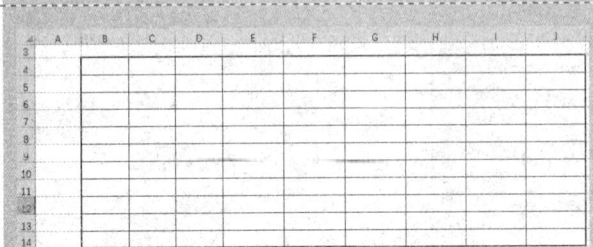

STEP5：输入内容

①用鼠标选中B2:J2，然后在单元格内输入"社保代扣代缴统计表"；选中该单元格，将【字号】设置为24；在功能区中点击【垂直居中】和【居中】，并用【Ctrl+B】快捷键将文字加粗。

②在B3:J15区域内的单元格内分别输入文字，并按照前面提到的方法对文字进行适当调整。

社保代扣代缴统计表

员工号	姓名	部门	基本工资	养老保险	医疗保险	失业保险	住房公积金	合计
YG1001	张勇	研发部	4000					
YG1002	刘健	研发部	3600					
YG1003	刘琳	财务部	3000					
YG1004	何奕菁	会计部	6000					
YG1005	潘宇	人事部	4000					
YG1006	郑梓	销售部	3600					
YG1007	李煜	研发部	3900					
YG1008	王强	人事部	3500					
YG1009	朱平	销售部	4000					
YG1010	唐树龙	销售部	5500					

备注：养老保险按工资总额8%缴纳，医疗保险按工资总额2%+3元缴纳，失业保险按工资总额1%缴纳，住房公积金按工资总额8%缴纳。

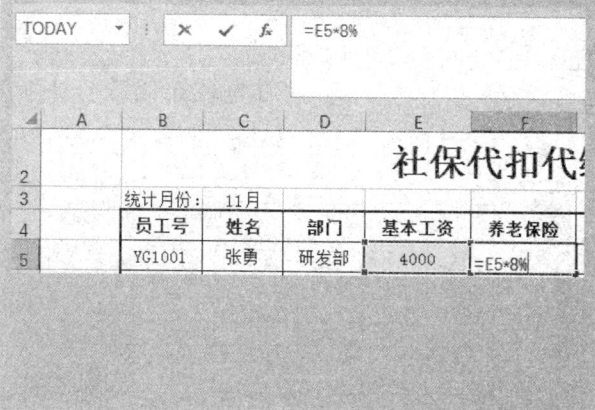

STEP6：设置显示"月份"公式

①选中C3单元格，然后输入"=MON TH(TODAY())−1"。

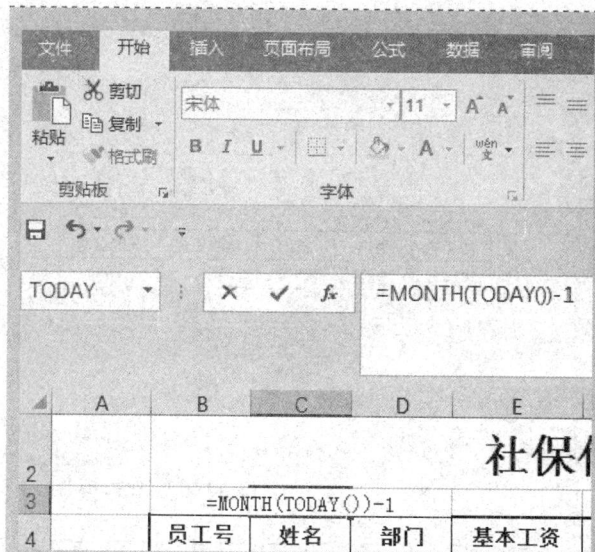

②单击【Enter】键，即可显示应统计的月份（即上一个月）。

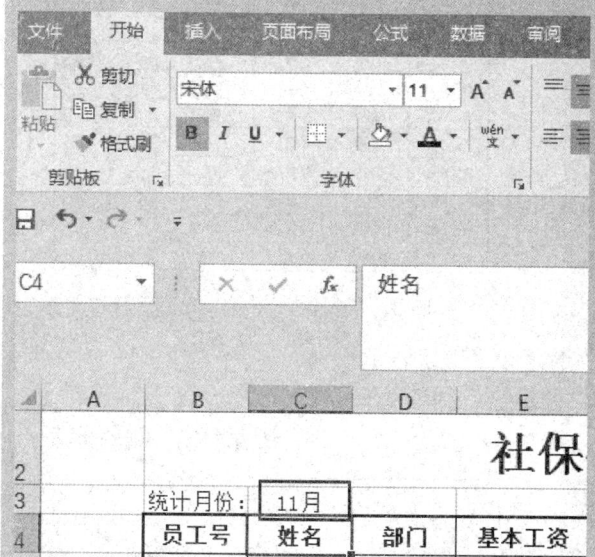

STEP7：设置"养老保险"计算公式

①选中F5单元格，然后输入"=E5 * 8%"。

②单击【Enter】键后，即可得出该员工应缴纳的"养老保险"金额；继续选中F5，并将鼠标放在单元格内的右下角。

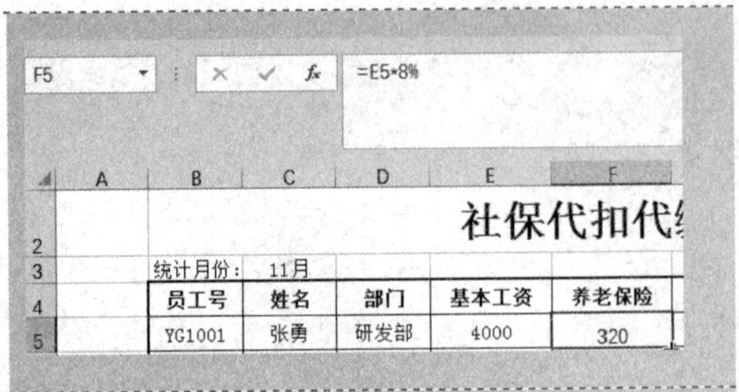

| F5 | ▼ | × ✓ _fx_ | =E5*8% |

	A	B	C	D	E	F
1						社保代扣代缴
2						
3		统计月份：	11月			
4		员工号	姓名	部门	基本工资	养老保险
5		YG1001	张勇	研发部	4000	320

③按住鼠标左键，然后向下拖拉至F14，效果如右图所示。

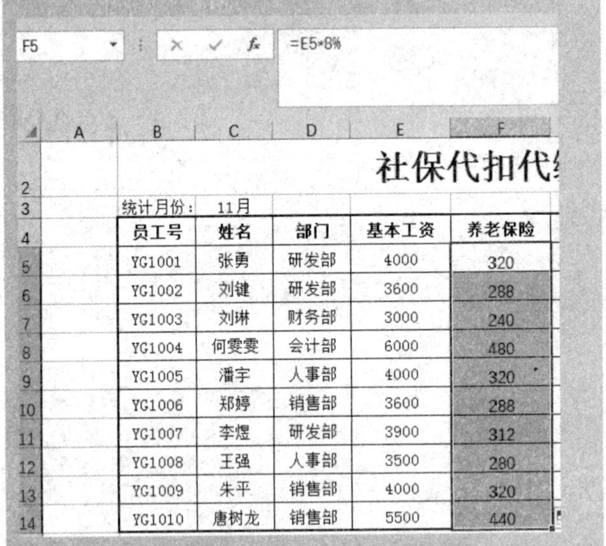

| F5 | ▼ | × ✓ _fx_ | =E5*8% |

	A	B	C	D	E	F
1						社保代扣代缴
2						
3		统计月份：	11月			
4		员工号	姓名	部门	基本工资	养老保险
5		YG1001	张勇	研发部	4000	320
6		YG1002	刘键	研发部	3600	288
7		YG1003	刘琳	财务部	3000	240
8		YG1004	何雯雯	会计部	6000	480
9		YG1005	潘宇	人事部	4000	320
10		YG1006	郑婷	销售部	3600	288
11		YG1007	李煜	研发部	3900	312
12		YG1008	王强	人事部	3500	280
13		YG1009	朱平	销售部	4000	320
14		YG1010	唐树龙	销售部	5500	440

STEP8：设置"医疗保险"计算公式

①选中G5单元格，然后输入"=E5 * 2%+3"。

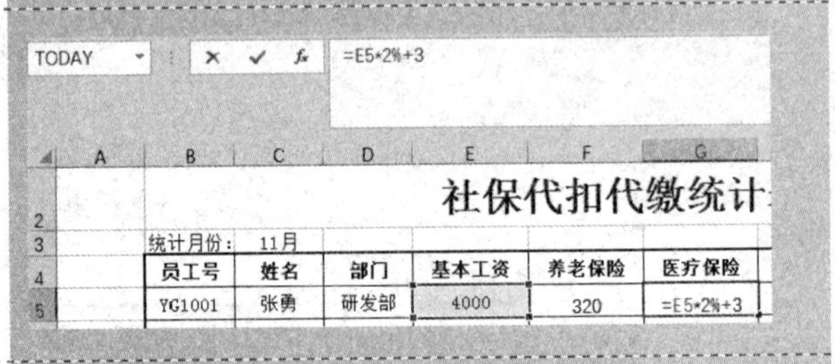

| TODAY | ▼ | × ✓ _fx_ | =E5*2%+3 |

	A	B	C	D	E	F	G
1							社保代扣代缴统计
2							
3		统计月份：	11月				
4		员工号	姓名	部门	基本工资	养老保险	医疗保险
5		YG1001	张勇	研发部	4000	320	=E5*2%+3

②单击【Enter】键后，即可得出该员工应缴纳的"医疗保险"金额；用前面介绍的"按住鼠标左键，拖拉复制"的方法，即可得出G6至G14单元格内的数值，最终的效果如右图所示。

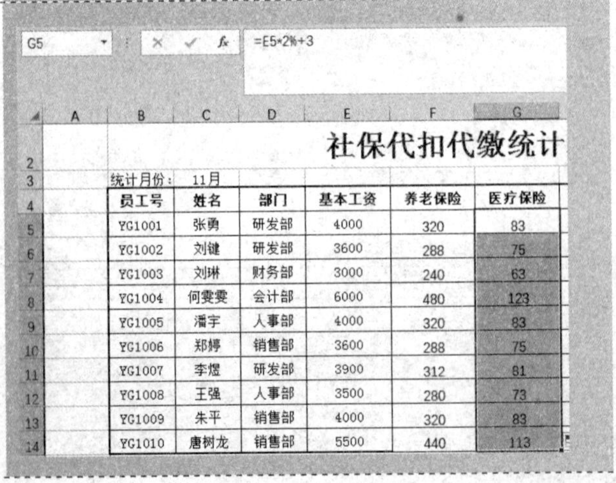

| G5 | ▼ | × ✓ _fx_ | =E5*2%+3 |

	A	B	C	D	E	F	G
1							社保代扣代缴统计
2							
3		统计月份：	11月				
4		员工号	姓名	部门	基本工资	养老保险	医疗保险
5		YG1001	张勇	研发部	4000	320	83
6		YG1002	刘键	研发部	3600	288	75
7		YG1003	刘琳	财务部	3000	240	63
8		YG1004	何雯雯	会计部	6000	480	123
9		YG1005	潘宇	人事部	4000	320	83
10		YG1006	郑婷	销售部	3600	288	75
11		YG1007	李煜	研发部	3900	312	81
12		YG1008	王强	人事部	3500	280	73
13		YG1009	朱平	销售部	4000	320	83
14		YG1010	唐树龙	销售部	5500	440	113

| TODAY | | × | ✓ | f_x | =E5*1% |

社保代扣代缴统计表

统计月份: 11月

员工号	姓名	部门	基本工资	养老保险	医疗保险	失业保险
YG1001	张勇	研发部	4000	320	83	=E5*1%

STEP9:设置"失业保险"计算公式

①选中H5单元格,然后输入"=E5＊1%"。

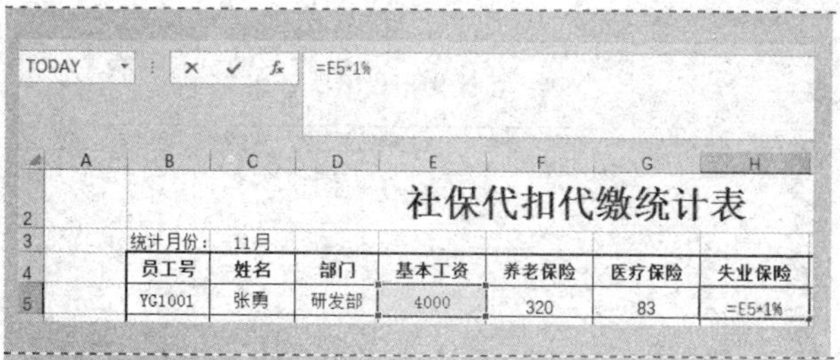

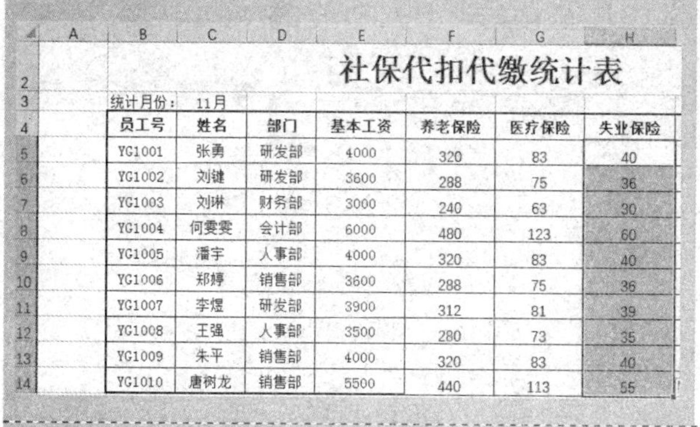

社保代扣代缴统计表

统计月份: 11月

员工号	姓名	部门	基本工资	养老保险	医疗保险	失业保险
YG1001	张勇	研发部	4000	320	83	40
YG1002	刘键	研发部	3600	288	75	36
YG1003	刘琳	财务部	3000	240	63	30
YG1004	何雯雯	会计部	6000	480	123	60
YG1005	潘宇	人事部	4000	320	83	40
YG1006	郑婷	销售部	3600	288	75	36
YG1007	李煜	研发部	3900	312	81	39
YG1008	王强	人事部	3500	280	73	35
YG1009	朱平	销售部	4000	320	83	40
YG1010	唐树龙	销售部	5500	440	113	55

②单击【Enter】键后,即可得出该员工应缴纳的"失业保险"金额;用前面介绍的"按住鼠标左键,拖拉复制"的方法,即可得出H6至H14单元格内的数值,最终的效果如左图所示。

| TODAY | | × | ✓ | f_x | =E5*8% |

社保代扣代缴统计表

统计月份: 11月

员工号	姓名	部门	基本工资	养老保险	医疗保险	失业保险	住房公积金
YG1001	张勇	研发部	4000	320	83	40	=E5*8%

STEP10:设置"住房公积金"计算公式

①选中I5单元格,然后输入"=E5＊8%"。

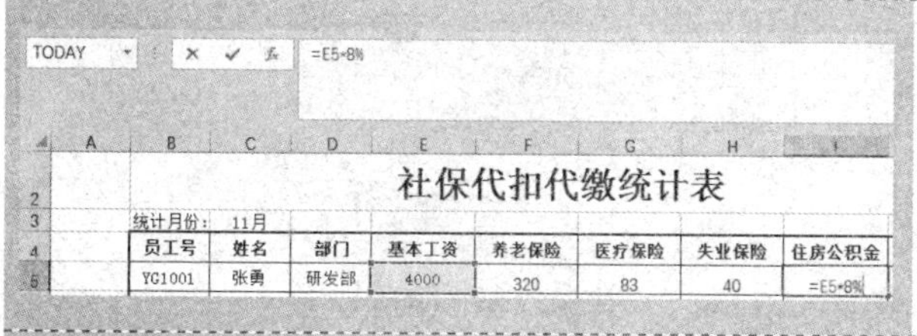

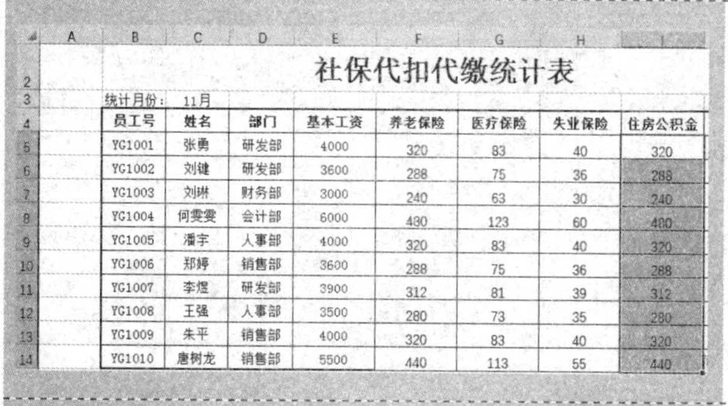

社保代扣代缴统计表

统计月份: 11月

员工号	姓名	部门	基本工资	养老保险	医疗保险	失业保险	住房公积金
YG1001	张勇	研发部	4000	320	83	40	320
YG1002	刘键	研发部	3600	288	75	36	288
YG1003	刘琳	财务部	3000	240	63	30	240
YG1004	何雯雯	会计部	6000	480	123	60	480
YG1005	潘宇	人事部	4000	320	83	40	320
YG1006	郑婷	销售部	3600	288	75	36	288
YG1007	李煜	研发部	3900	312	81	39	312
YG1008	王强	人事部	3500	280	73	35	280
YG1009	朱平	销售部	4000	320	83	40	320
YG1010	唐树龙	销售部	5500	440	113	55	440

②单击【Enter】键后,即可得出该员工应缴纳的"住房公积金"金额;用前面介绍的"按住鼠标左键,拖拉复制"的方法,即可得出I6至I14单元格内的数值,最终的效果如左图所示。

STEP11:设置"缴纳费用总和"计算公式

①选中F6:I6单元格区域,切换至【公式】选项卡;在【函数库】组中单击【自动求和】;在弹出的下拉菜单中选择【求和】。

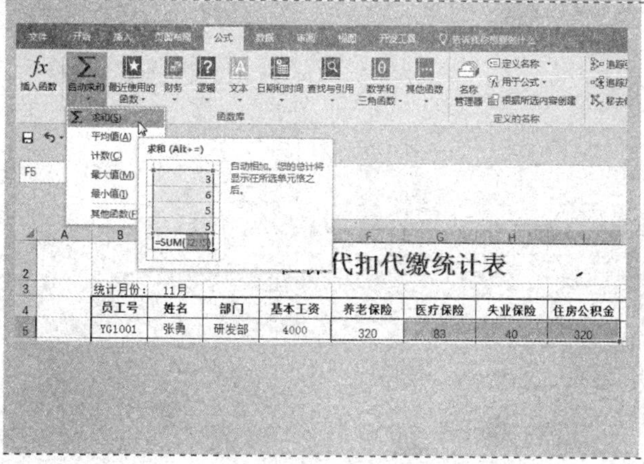

社保代扣代缴统计表

统计月份: 11月

员工号	姓名	部门	基本工资	养老保险	医疗保险	失业保险	住房公积金
YG1001	张勇	研发部	4000	320	83	40	320

②用鼠标点击后，即可为所选区域自动求和；用前面介绍的"按住鼠标左键，拖拉复制"的方法，即可得出J6至J14单元格内的数值，最终的效果如右图所示。

社保代扣代缴统计表								
统计月份：	11月							
员工号	姓名	部门	基本工资	养老保险	医疗保险	失业保险	住房公积金	合计
YG1001	张勇	研发部	4000	320	83	40	320	763
YG1002	刘健	研发部	3600	288	75	36	288	687
YG1003	刘琳	财务部	3000	240	63	30	240	573
YG1004	何爱雯	会计部	6000	480	123	60	480	1143
YG1005	潘宇	人事部	4000	320	83	40	320	763
YG1006	郑婷	销售部	3600	288	75	36	288	687
YG1007	李煜	研发部	3900	312	81	39	312	744
YG1008	王强	人事部	3500	280	73	35	280	668
YG1009	朱平	销售部	4000	320	83	40	320	763
YG1010	唐树龙	销售部	5500	440	113	55	440	1048

STEP12：为数字设置货币符号

①选中E5:J14单元格区域，切换至【开始】选项卡，在【数字】组中选择【货币】。

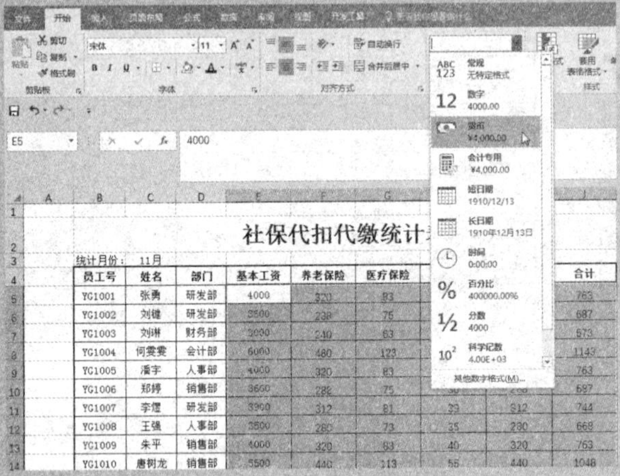

②用鼠标点击后，即可为金额设置货币符号，最终的效果如右图所示。

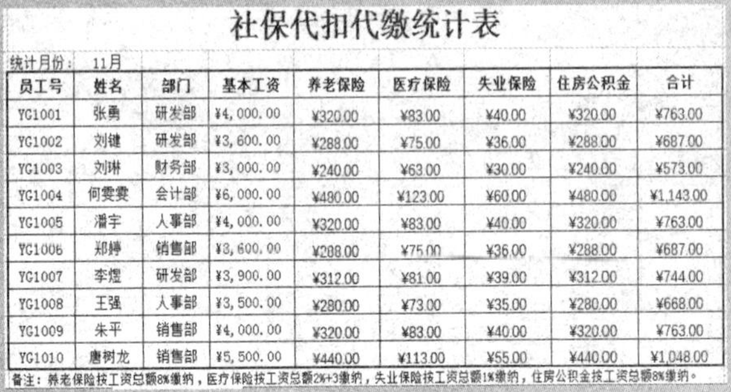

社保代扣代缴统计表								
统计月份：	11月							
员工号	姓名	部门	基本工资	养老保险	医疗保险	失业保险	住房公积金	合计
YG1001	张勇	研发部	¥4,000.00	¥320.00	¥83.00	¥40.00	¥320.00	¥763.00
YG1002	刘健	研发部	¥3,600.00	¥288.00	¥75.00	¥36.00	¥288.00	¥687.00
YG1003	刘琳	财务部	¥3,000.00	¥240.00	¥63.00	¥30.00	¥240.00	¥573.00
YG1004	何爱雯	会计部	¥6,000.00	¥490.00	¥123.00	¥60.00	¥480.00	¥1,143.00
YG1005	潘宇	人事部	¥4,000.00	¥320.00	¥83.00	¥40.00	¥320.00	¥763.00
YG1006	郑婷	销售部	¥3,600.00	¥288.00	¥75.00	¥36.00	¥288.00	¥687.00
YG1007	李煜	研发部	¥3,900.00	¥312.00	¥81.00	¥39.00	¥312.00	¥744.00
YG1008	王强	人事部	¥3,500.00	¥280.00	¥73.00	¥35.00	¥280.00	¥668.00
YG1009	朱平	销售部	¥4,000.00	¥320.00	¥83.00	¥40.00	¥320.00	¥763.00
YG1010	唐树龙	销售部	¥5,500.00	¥440.00	¥113.00	¥55.00	¥440.00	¥1,048.00

备注：养老保险按工资总额8%缴纳，医疗保险按工资总额2%+3缴纳，失业保险按工资总额1%缴纳，住房公积金按工资总额8%缴纳。

操作小技巧

如果准备自动设置数字中小数点的位数，我们可以执行【文件】【选项】命令，在弹出的【Excel选项】对话框中，激活【高级】选项卡，并启用【自动插入小数点】复选框，即可设置小数点的位数。

第七章

规划得当，员工的离职与调整管理

　　尽管从表面上看，员工的离职与跳槽只是其个人行为，但如果深度挖掘，就能够折射出企业深层次上普遍存在的问题。而当企业出现大面积人才流失的时候，管理者不只需要对离职员工进行挽留，更要对人才流失的深层次原因展开深入、细致的分析研究，并采取相应的有效对策。由于人才流失和更换所带来的成本，远比保留人才所花费的成本高；因此，人力资源部门加强对离职员工的管理，是企业保持稳定与可持续发展的关键所在。

员工离职管理概述

在企业管理中，对公司员工的关系管理非常重要。这是因为，一旦与员工的关系没有处理得当，就会令企业产生很大损失。而在管理员工关系的过程中，离职员工的管理是其中的关键，也是管理中的难点。

员工离职管理的重要性

对一个企业的人力资源部门来说，员工离职率是衡量企业内部人力资源流动状况的一个非常重要的指标。我们通过考察员工的离职率，就可以了解企业对员工吸引力的大小以及满意度方面的情况。

一方面，如果员工的离职率过高，则表明企业的员工情绪波动比较大，进而就会出现劳资关系矛盾等比较严重的状况。具体表现在，企业的凝聚力下降幅度比较大，导致人力资源成本不断增加、组织的工作效率下降等情况。

另一方面，员工的离职率也不是越低越好，因为在市场经济的激烈竞争中，企业保持适当的员工流动，可以充分利用优胜劣汰的人才竞争制度，让企业始终保持一定的活力与创新意识。

因此，对人力资源部门来说，把企业的人员流动率控制、保持在一个良性的范围内，既能保持企业拥有一定的活力，又能留下企业所需的优秀人才。这是人力资源管理的重要工作目标之一。

员工离职管理中，人事部应采取的措施

1. 与离职员工展开面谈

对那些离职的员工来说，无论他们是出于哪种原因离开公司，这只是双方雇佣关系的结束，并不意味着双方就此分道扬镳。因此，人力资源部门应当特别重视分析离职员工辞职的具体原因，并加强人力资源部门对相关薄弱环节的管理。具体来说，人力资源部门要秉持公正的原则，站在第三方的立场上与准备离职的员工进行面谈，以消除他们的担忧与顾虑，这样才能深入了解员工离职的真正原因；同时，也应积极对那些离职的员工进行挽留。

2. 与离职员工保持一定的沟通

人力资源部门与离职员工保持持续沟通，能够表明公司的一种态度，即通过沟通表达出对原职工的重视和关心，这有助于提高公司品牌的知名度和影响力。同时，针对离职员工在新公司的发展状况做出相关的跟踪记录，进而形成一个离职员工信息库，就能形成一种必要

的人才储备策略。

3. 应加强离职员工的知识转移管理

对离职员工来说，他们最重要的价值，就是在公司工作期间所积累的知识和经验、完整有效的工作流程、拓展的新技能与工作方法以及新开发的客户资源等。因此，人力资源部门应尽量做好离职员工现有知识经验的管理，使得他们的继任者可以快速、及时地掌握离职员工的经验与资源，做到"无缝衔接"。

同时，还应做好以下主要工作：

（1）明确离职员工岗位所需掌握的知识和技能；

（2）建立离职员工岗位的工作流程图；

（3）整理和归纳离职员工岗位的核心信息；

（4）通知外部客户，帮助继任员工做好工作交接；

（5）告知继任者在企业工作中需注意的隐性规则；

（6）告知离职员工应遵守保密协议与竞业禁止事宜。

分析导致员工离职的因素

人力资源部门应定期记录离职员工的信息并进行科学的统计，以分析员工流失的关键要素和员工留下的宝贵建议。具体来说，导致员工离职的关键因素有以下几个方面。

（1）领导层。领导层与员工之间的互相信任程度不高。

（2）工作任务。离职员工对上级分配的工作任务并不认可，或者是工作挑战性及工作兴趣不高。

（3）人际关系。离职员工与上司、同事、客户以及下属等多维度的人际关系处理不当。

（4）文化与目标。离职员工对公司的文化与未来发展目标并不认同。

（5）生活质量。离职员工实际的工作环境，与自身家庭生活之间缺少平衡。

（6）成长机会。离职员工获得晋升、成长、训练和学习的机会很少或未能达到预期。

（7）薪酬。离职员工的实际薪酬未能达到预期。

人力资源部门可将员工的离职原因与公司其他管理工作结合起来共同分析，比如招聘、绩效管理、职业发展渠道、薪酬制度等方面的因素，然后列出本公司的"员工流失关键要素"，最后再制订相应的改进计划。

员工离职申请及审批表

表格说明：

员工的离职有主动辞职（因个人原因离职）、被辞退（不符合岗位要求）、自动离职（合同到期未续约）、被开除（比如工作出现重大失误给公司造成损失）等几种情况，而员工主动离职需提前一个月向人力资源部门提出离职申请。

本节任务：

本节介绍如何使用Excel 2016制作一份员工离职申请及审批表。本节学习的重点是掌握【Ctrl+1】快捷键的使用方法。

学习目标：

◎ 熟练掌握Excel表格中插入各种符号的操作方法。

◎ 掌握Excel表格中快速设置边框线的方法。

具体步骤：

STEP1：创建文件名称并设置行高

①新建一个Excel工作表，并将其命名为"员工离职申请及审批表"。

②在打开的空白工作簿中用鼠标选中第2行单元格，然后在功能区中选择【格式】，用左键点击后即会出现下拉菜单，继续点击【行高】，在弹出的【行高】对话框中，把行高设置为35，然后单击【确定】。

③用同样的方法，把第3至第12行、第14行的行高设置为24，把第13行的行高设置为50。

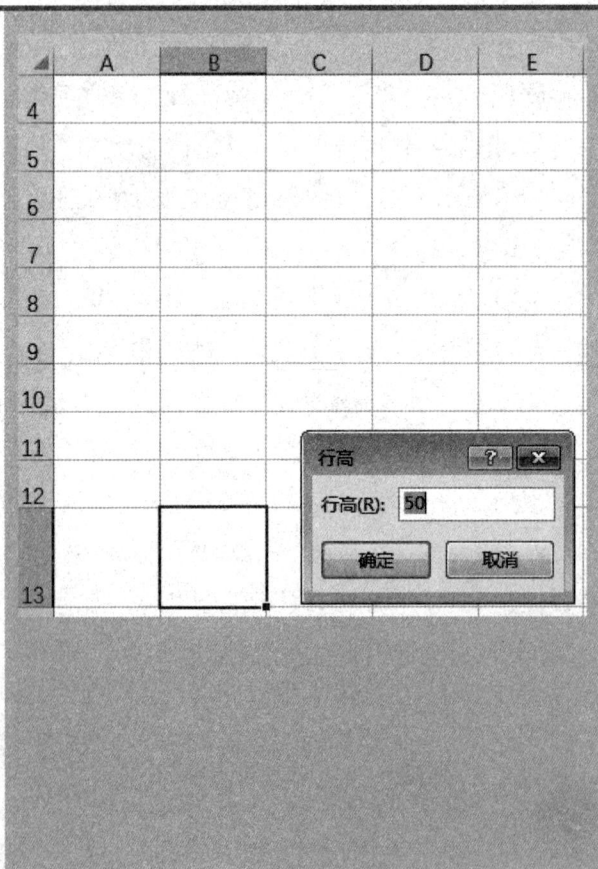

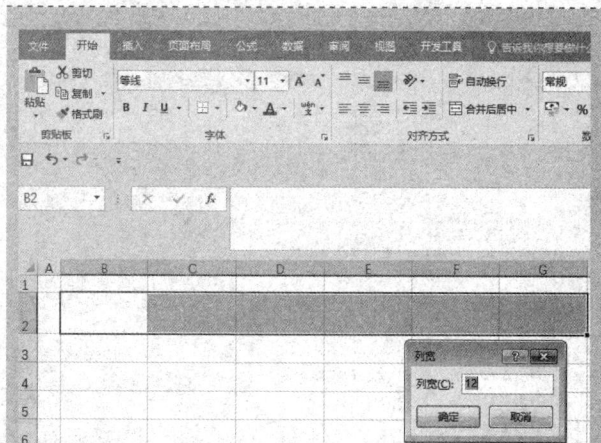

STEP2：设置列宽

　　用鼠标选中B至G列单元格，然后在功能区选择【格式】，用左键点击后即会出现下拉菜单，继续点击【列宽】，在弹出的【列宽】对话框中，把列宽设置为12，然后单击【确定】。

STEP3：合并单元格

　　①用鼠标选中 B2:G2，然后在功能区选择【合并后居中】按钮，用鼠标左键点击。

　　②用同样的方法，按左图所示进行单元格合并。

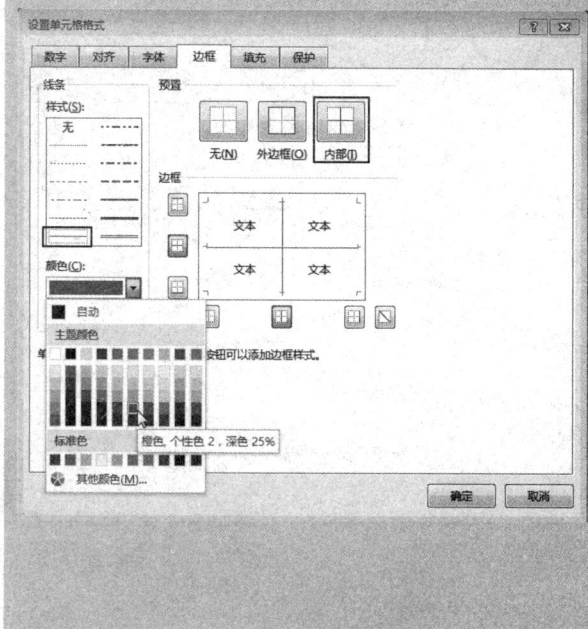

STEP4：设置边框线

　　①用鼠标选中B3:G14，使用【Ctrl+1】快捷键，就会快速弹出【设置单元格格式】对话框；点击【边框】，然后在【颜色】组中将线条颜色设置为【橙色，个性色2，深色25%】；选择细线，然后点击【内部】按钮。

②继续选择粗线，然后点击【外边框】按钮。

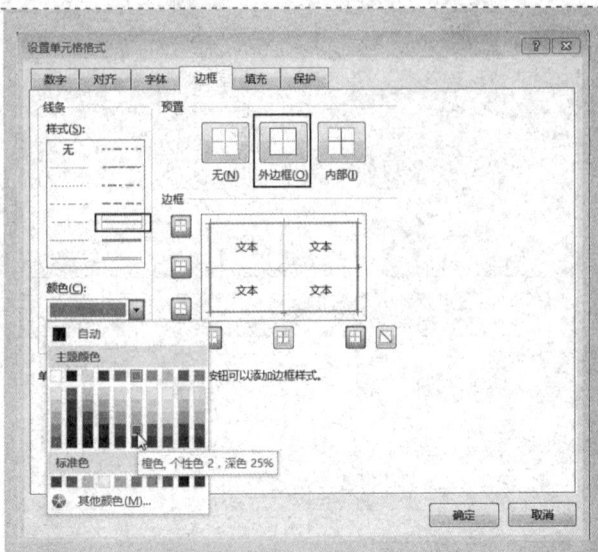

③单击【确定】，最终的效果如右图所示。

STEP5：输入内容

①用鼠标选中B2:G2，然后在单元格内输入"员工离职申请及审批表"；选中该单元格，将【字号】设置为18；在功能区中点击【垂直居中】和【居中】，并用【Ctrl+B】快捷键将文字加粗。

②在B3:G14区域内的单元格中分别输入文字，并按照前面提到的方法对文字进行适当调整。

员工离职申请及审批表

离职申请栏					
姓　名	王华	部　门	技术部	职　位	技术专员
入职时间	2015/3/1	申请离职日期	2017/2/15	离职时间	2017/3/15
离职性质	主动辞职　被辞退　自动离职　被开除				
离职原因	因个人原因主动离职			员工签字：	

离职审批栏	
部门主管意见：	部门经理意见：
不需要补充人员　需要补充人员	
副总经理意见：	总经理意见：

注：员工离职需提前一个月申请，普通员工由副总经理批准即可执行。

注：部门主管及以上人员离职，必须由总经理批准方可执行。

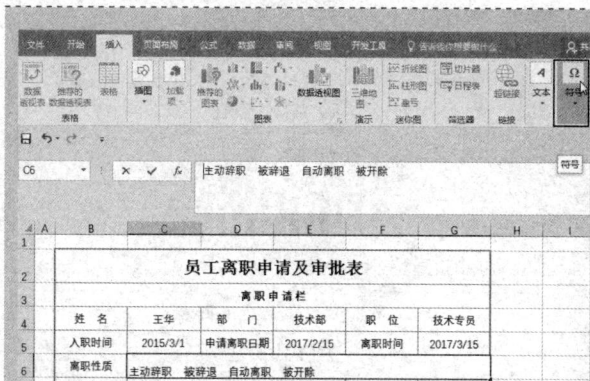

STEP6：插入符号

①选中C6:G6单元格，在编辑栏中将光标置于文字"主动辞职"的左侧；切换至【插入】选项卡，在【符号】组中单击【符号】按钮。

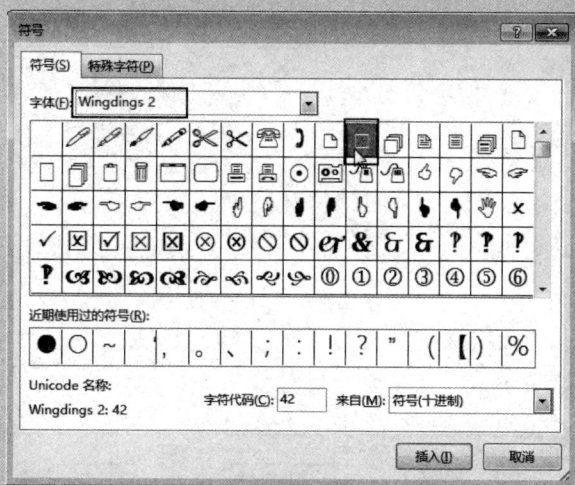

②单击后，在弹出的【符号】对话框中，选择【Wingdings 2】选项，然后在列表框中，选择如左图所示的符号；单击【插入】按钮。

③单击【关闭】按钮，即可在光标所在的位置插入所选符号；使用同样的方法，继续在C6:G6、B11:D11单元格的适当位置插入相应的符号，最终的效果如左图所示。

STEP7：美化表格

①选中B2:G2单元格区域，然后选择【字体】选项组中的【字体颜色】，将颜色设为【橙色，个性色2，深色50%】。

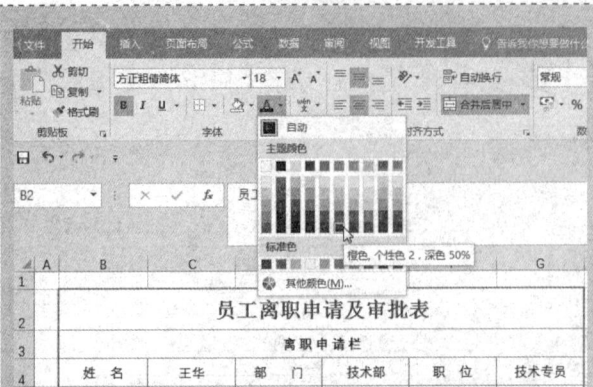

②按住【Ctrl】键，然后分别选中B3:G3、B8:G8单元格区域，在功能区选择【字体】选项组中的【填充颜色】，将颜色设为【蓝-灰，文字2，淡色80%】。

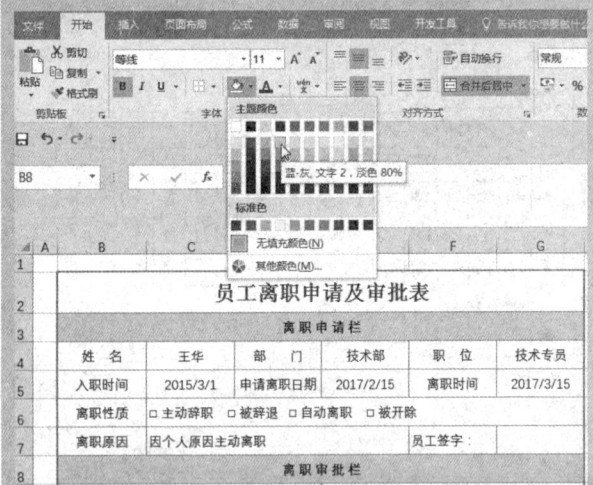

③最终的效果如右图所示。

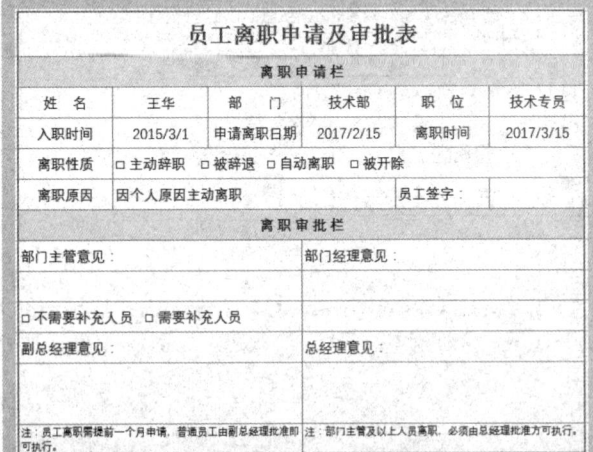

　　Excel表格中的默认列宽是8.38。如果想更改默认列宽，我们可以执行【开始】【单元格】【格式】【默认列宽】命令，在弹出的【标准列宽】对话框中，设置自己需要的列宽。

员工离职工资结算表

表格说明：

当员工准备从公司离职时，员工需要进行很多相关事宜的结算。比如，到财务部进行欠款清理、财务清算等。而人力资源部门会根据该员工的考勤记录、社保和个税扣款等信息，为其出具一份员工离职工资结算表。

本节任务：

本节为大家详细介绍如何使用Excel 2016制作一份员工离职工资结算表。本节学习的重点是掌握单元格样式的设置方法。

学习目标：

◎ 学习彩色边框线的设置方法。

◎ 掌握设置单元格样式的操作方法。

具体步骤：

STEP1：创建文件名称并设置行高

①新建一个Excel工作表，并将其命名为"员工离职工资结算表"。

②在打开的空白工作簿中用鼠标选中第2行单元格，然后在功能区中选择【格式】，用左键点击后即会出现下拉菜单，继续点击【行高】，在弹出的【行高】对话框中，把行高设置为40，然后单击【确定】。

③用同样的方法，把第3至第18行的行高设置为26。

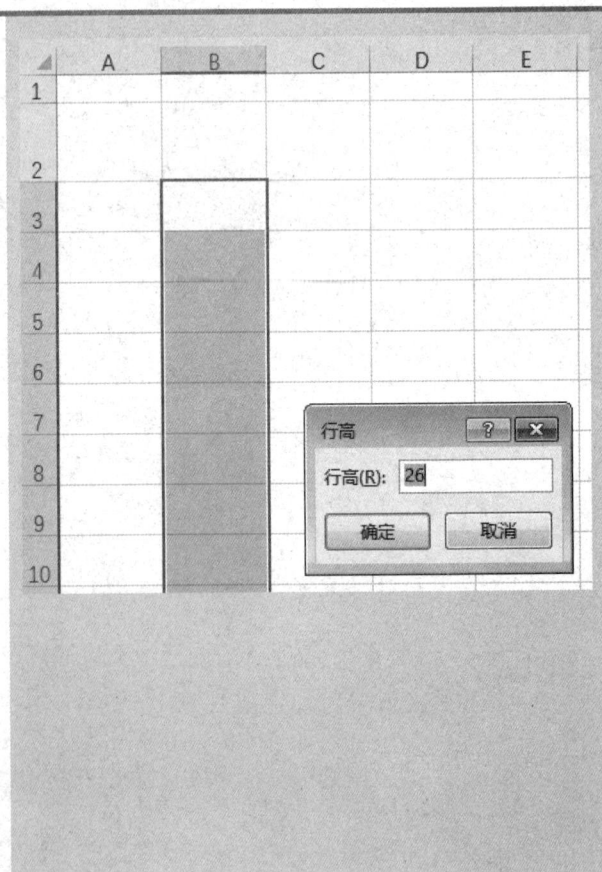

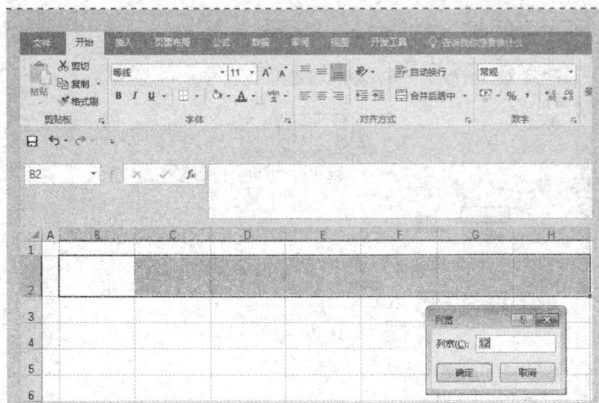

STEP2：设置列宽

用鼠标选中B至H列单元格，然后在功能区选择【格式】，用左键点击后即会出现下拉菜单，继续点击【列宽】，在弹出的【列宽】对话框中，把列宽设置为12，然后单击【确定】。

STEP3：合并单元格

①用鼠标选中 B2:H2，然后在功能区选择【合并后居中】按钮，用鼠标左键点击。

②用同样的方法，按左图所示进行单元格合并。

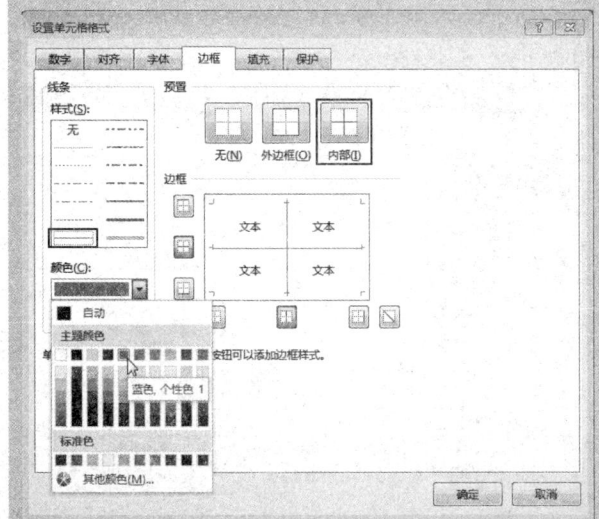

STEP4：设置边框线

①用鼠标选中B3:H18，单击鼠标右键，在弹出的菜单中选择【设置单元格格式】；用鼠标点击后，就会出现【设置单元格格式】对话框；点击【边框】，然后在【颜色】组中将线条颜色设置为【蓝色，个性色1】；选择细线，然后点击【内部】按钮。

②继续选择粗线，然后点击【外边框】按钮。

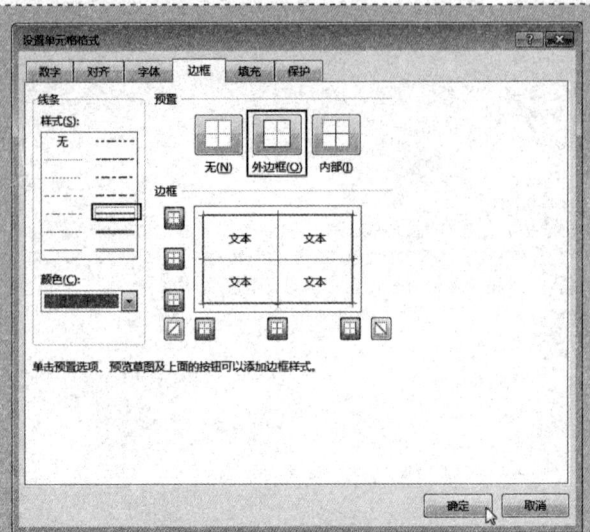

③点击【确定】后，最终的效果如右图所示。

STEP5：输入内容

①用鼠标选中B2:H2，然后在单元格内输入"员工离职工资结算表"；选中该单元格，将【字号】设置为20；在功能区中点击【垂直居中】和【居中】，并用【Ctrl+B】快捷键将文字加粗。

②在B3:H18区域内的单元格中分别输入文字，并按照前面提到的方法对文字进行适当调整（如果单元格内文字需要换行，可参考前面的小技巧，使用【Alt+Enter】快捷键操作）。

员工离职工资结算表

员工信息	姓名		部门		职位		
入职时间	年 月 日		离职日期		年 月 日		
本月考勤	出勤截止日期	年 月 日	应出勤天数		实际出勤天数		
	出差		事假		病假		
	迟到		早退		旷工		
	工作日加班		休息日加班		法定假日加班		
薪资核算	月基本工资		元/月	考勤扣款（含事假、病假、旷工、迟到、早退等）			
	应发工资（明细）						
	补发项目及具体金额						
	其它						
	其它扣款项目及金额	社保及住房公积金代代扣		元	个税代缴代扣		元
		公司物品丢失或损坏赔偿金额		元	违纪扣款		元
		其他					
	实发工资（总计）	（大写）	万 仟 佰	拾 元	角 分	￥	
审核	经办人		人力资源部				
	财务部		公司总经理				

STEP6：绘制直线

①切换至【插入】选项卡，在【插图】组中单击【形状】按钮，在弹出的下拉列表中选择【直线】。

②用鼠标点击后，即可在D16:H16单元格内绘制直线；效果如左图所示。

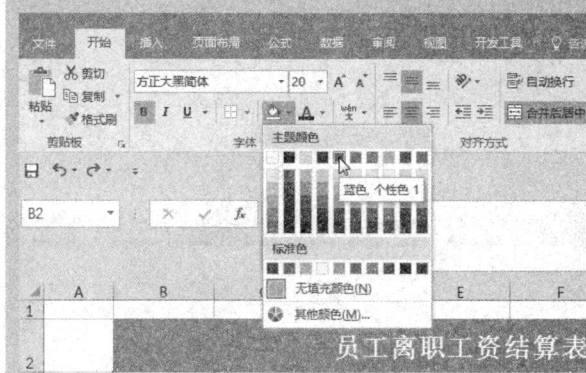

STEP7：美化表格并设置单元格样式

①选中B2:H2单元格区域，在功能区选择【字体】选项组中的【填充颜色】，将颜色设为【蓝色，个性色1】。

②继续选中该单元格，然后选择【字体】选项组中的【字体颜色】，将颜色设为【白色，背景1】。

③选中B3:B18单元格，切换至【开始】选项卡；在【样式】选项组中选择【单元格样式】；点击后在弹出的下拉列表中，选择单元格样式【20%-着色1】。

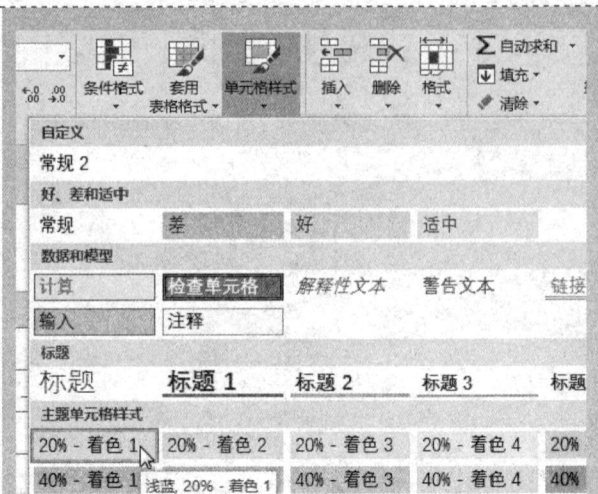

④最终的效果如右图所示。

员工离职工资结算表					
员工信息	姓名		部门		职位	
	入职时间	年 月 日	离职日期	年 月
本月考勤	出勤截止日期	年 月 日	应出勤天数		实际出勤天数
	出差		事假		病假
	迟到		早退		旷工
	工作日加班		休息日加班		法定假日加班
薪资核算	月基本工资		元/月	考勤扣款（含事假、病假、旷工、迟到、早退等）	
	应发工资（明细）				
	补发项目及具体金额				
	其 他				
	其他扣款项目及金额	社保及住房公积金代缴代扣		元	个税代缴代扣
		公司物品丢失或损坏赔偿金额		元	违纪扣款
		其 他			
	实发工资（总计）	（大写）	万 仟 佰 拾 元 角 分		

操作小技巧

当我们需要为单元格内的数字设置小数位数时，我们可以先选中该单元格区域，然后执行【开始】【数字】【增加小数位数】。如果小数位数设置过多，我们也可以执行【开始】【数字】【减少小数位数】操作。

员工离职工作交接表

表格说明：

每一位员工在离职时，都必须将当前已完成或未完成的工作，移交给交接人或主管领导，使得交接人或主管领导能够继续掌握该员工的工作进程。

本节任务：

本节介绍如何使用Excel 2016制作一份员工离职工作交接表。本节学习的重点是掌握工龄时间函数的设置方法。

学习目标：

◎ 学习快速更改文字方向的操作方法。

◎ 掌握设置工龄时间函数的方法。

具体步骤：

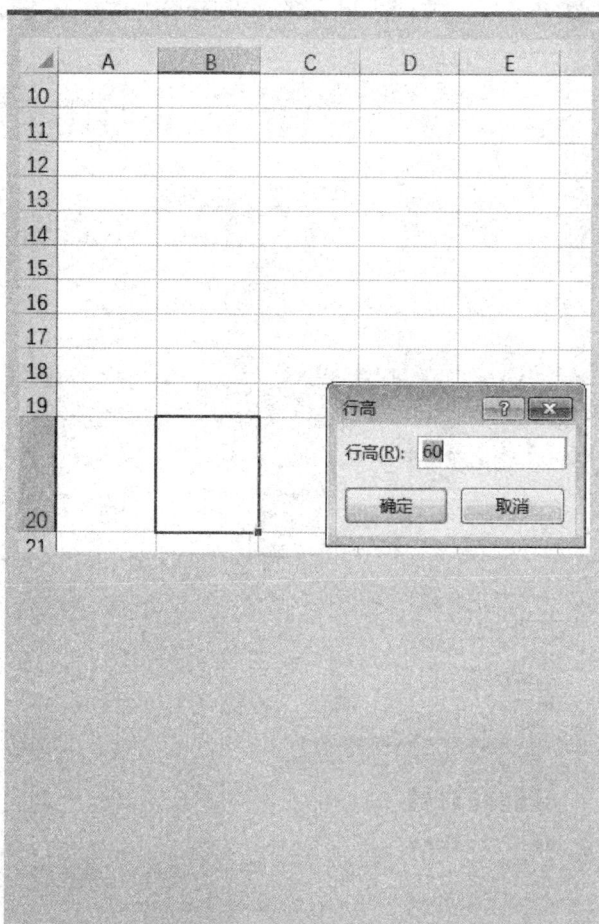

STEP1：创建文件名称并设置行高

①新建一个Excel工作表，并将其命名为"员工离职工作交接表"。

②在打开的空白工作簿中用鼠标选中第2行单元格，然后在功能区中选择【格式】，用左键点击后即会出现下拉菜单，继续点击【行高】，在弹出的【行高】对话框中，把行高设置为35，然后单击【确定】。

③用同样的方法，把第3、第4行及第6至第19行的行高设置为18，把第5行的行高设置为28，把第20行的行高设置为60。

STEP2：设置列宽

①用鼠标选中C列单元格，然后在功能区选择【格式】，用左键点击后即会出现下拉菜单，继续点击【列宽】，在弹出的【列宽】对话框中，把列宽设置为4，然后单击【确定】。

②用同样的方法，把D列单元格的列宽设置为7，把B列及E至H列单元格的列宽设置为11。

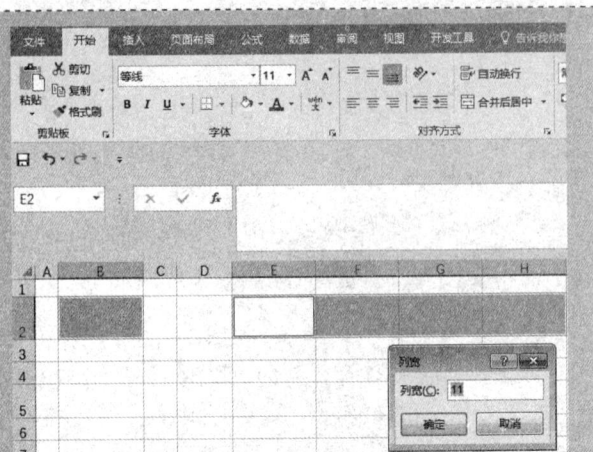

STEP3：合并单元格

①用鼠标选中B2:H2，然后在功能区选择【合并后居中】按钮，用鼠标左键点击。

②用同样的方法，按右图所示进行单元格合并。

STEP4：设置边框线

①用鼠标选中B3:H20单元格区域，单击鼠标右键，在弹出的菜单中选择【设置单元格格式】；用鼠标点击后，就会出现【设置单元格格式】对话框；点击【边框】，然后在【颜色】组中将线条颜色设置为【蓝色，个性色1】；选择细线，然后点击【内部】按钮。

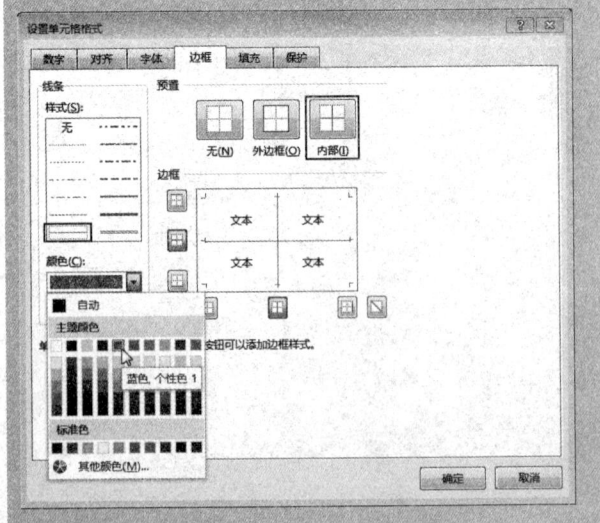

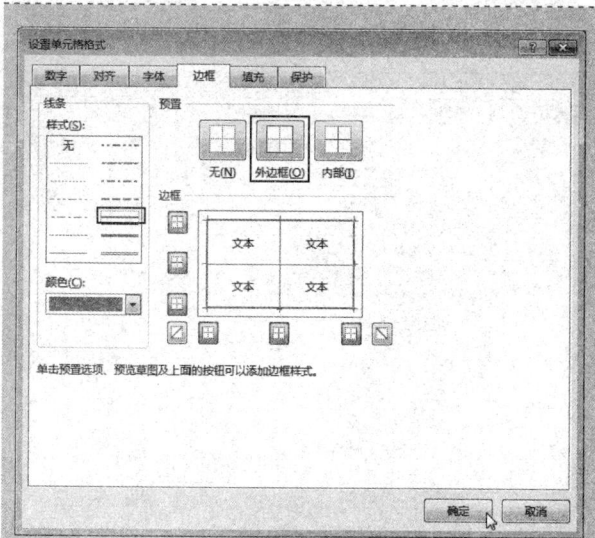

②继续选择粗线，然后点击【外边框】按钮。

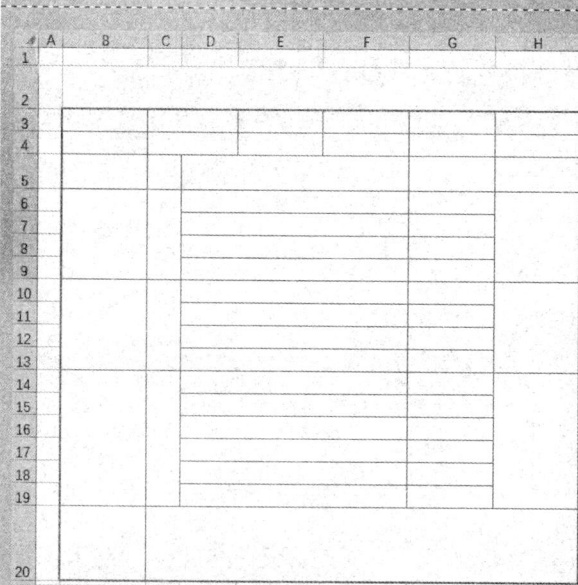

③点击【确定】后，最终的效果如左图所示。

STEP5：输入内容

①用鼠标选中B2:H2，然后在单元格内输入"员工离职工作交接表"；选中该单元格，将【字号】设置为24；在功能区中点击【垂直居中】和【居中】，并用【Ctrl+B】快捷键将文字加粗。

②在B3:H21区域内的单元格中分别输入文字，并按照前面提到的方法对文字进行适当调整（如单元格文字内容多，不能在单元格内完全显示，应执行【开始】【对齐方式】中的【自动换行】操作），最终的效果如右图所示。

STEP6：更改文字方向

①选中C6:C9单元格区域，切换至【开始】选项卡，在【对齐方式】选项组中单击【方向】按钮，在弹出的下拉列表中选择【竖排文字】。

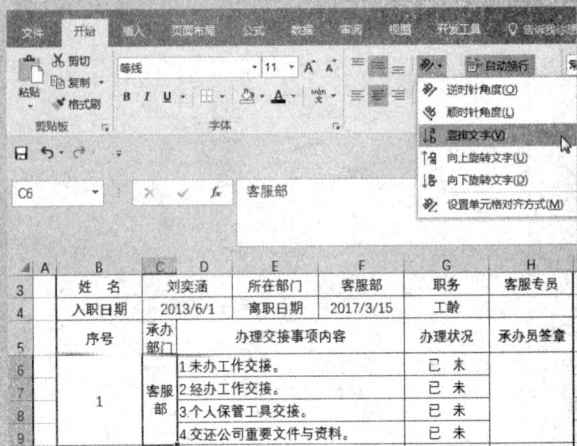

②用鼠标点击后，即可将单元格内的文字变为竖排文字；用同样的方法，将"财务部"和"人事部"变成竖排文字，效果如右图所示。

员工离职工作交接表

姓　名	刘奕涵		所在部门	客服部	职务	客服专员
入职日期	2013/6/1		离职日期	2017/3/15	工龄	
序号	承办部门		办理交接事项内容		办理状况	承办员签章
1	客服部		1.未办工作交接。		已　未	
			2.经办工作交接。		已　未	
			3.个人保管工具交接。		已　未	
			4.交还公司重要文件与资料。		已　未	
2	财务部		1.公司个人借款是否归还。		已　未	
			2.应收账款催收。		已　未	
			3.应付账款处理。		已　未	
			4.薪资结清。		已　未	
3	人事部		1.归还办公室钥匙。		已　未	
			2.收回聘用合同、保密协议。		已　未	
			3.是否申请离职证明。		已　未	
			4.财务借支等事宜是否完成。		已　未	
			5.薪资扣款计算。		已　未	
			6.住宿办理退舍。		已　未	
4	备注：					
	客服部主管：李静				总经理：王华	

文件　开始　插入　页面布局　公式　数据　审阅　视图　开发工具

等线 | 11 | A A | 自动换行
B I U | 田 | A | 逆时针角度(O) 顺时针角度(L) 竖排文字(V) 向上旋转文字(U) 向下旋转文字(D) 设置单元格对齐方式(M)

C6　　　fx　客服部

	A	B	C	D	E	F	G	H
3		姓　名	刘奕涵	所在部门		客服部	职务	客服专员
4		入职日期	2013/6/1	离职日期		2017/3/15	工龄	
5		序号	承办部门	办理交接事项内容			办理状况	承办员签章
6		1	客服部	1.未办工作交接。			已　未	
7				2.经办工作交接。			已　未	
8				3.个人保管工具交接。			已　未	
9				4.交还公司重要文件与资料。			已　未	

	A	B	C	D	E	F	G	H
6		1	客服部	1.未办工作交接。			已　未	
7				2.经办工作交接。			已　未	
8				3.个人保管工具交接。			已　未	
9				4.交还公司重要文件与资料。			已　未	
10		2	财务部	1.公司个人借款是否归还。			已　未	
11				2.应收账款催收。			已　未	
12				3.应付账款处理。			已　未	
13				4.薪资结清。			已　未	
14		3	人事部	1.归还办公室钥匙。			已　未	
15				2.收回聘用合同、保密协议。			已　未	
16				3.是否申请离职证明。			已　未	
17				4.财务借支等事宜是否完成。			已　未	
18				5.薪资扣款计算。			已　未	
19				6.住宿办理退舍。			已　未	
				备注：				

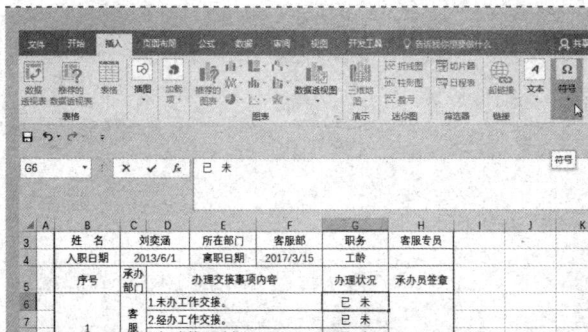

①选中 G6 单元格，在编辑栏中将光标置于文字"已"的左侧；切换至【插入】选项卡，在【符号】组中单击【符号】按钮。

②单击后，在弹出的【符号】对话框中，选择【Wingdings 2】选项，然后在列表框中，选择如左图所示的符号；单击【插入】按钮。

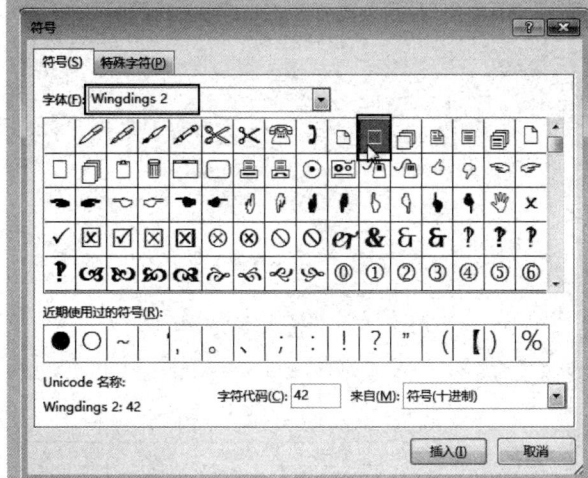

③单击【关闭】按钮，即可在光标所在的位置插入所选符号；使用同样的方法，继续在其他单元格的适当位置插入相应的符号，最终的效果如左图所示。

STEP8：设置时间函数

①用鼠标选中 H4 单元格，然后输入"=IF(MONTH(F4)>=MONTH(C4),YEAR(F4)−YEAR(C4),IF(MONTH(F4)<MONTH(C4),YEAR(F4)−YEAR(C4)−1))"。

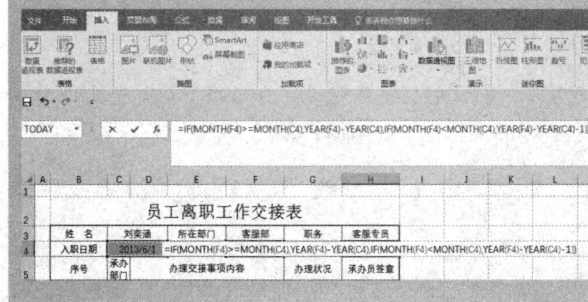

②单击【Enter】键后，即可为工龄显示相对应的时间。

STEP9：美化表格

①选中B2:H2单元格区域，在功能区选择【字体】选项组中的【字体颜色】，将颜色设为【蓝色，个性色1，深色25%】。

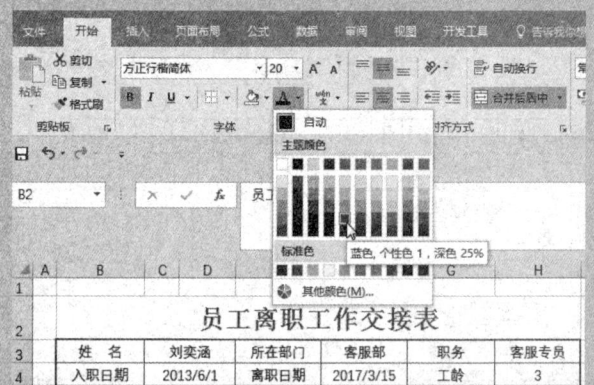

②选中B3:H4单元格区域，然后选择【字体】选项组中的【填充颜色】，将颜色设为【蓝色，个性色1，淡色80%】。

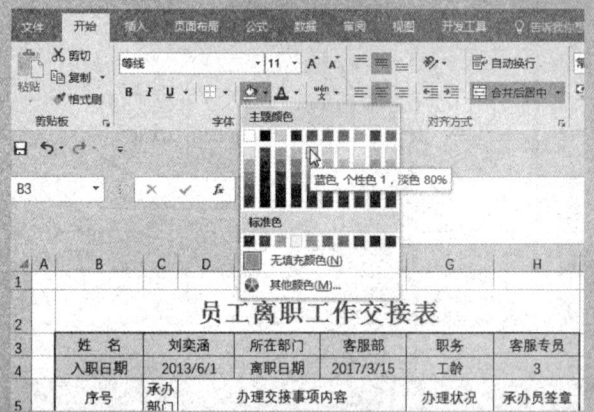

③最终的效果如左图所示

员工离职工作交接表

姓 名	刘奕涵	所在部门	客服部	职务	客服专员
入职日期	2013/6/1	离职日期	2017/3/15	工龄	3

序号	承办部门	办理交接事项内容	办理状况	承办员签章
1	客服部	1.未办工作交接。	□已 □未	
		2.经办工作交接。	□已 □未	
		3.个人保管工具交接。	□已 □未	
		4.交还公司重要文件与资料。	□已 □未	
2	财务部	1.公司个人借款是否归还。	□已 □未	
		2.应收账款催收。	□已 □未	
		3.应付账款处理。	□已 □未	
		4.薪资结清。	□已 □未	
3	人事部	1.归还办公室钥匙。	□已 □未	
		2.收回聘用合同、保密协议。	□已 □未	
		3.是否申请离职证明。	□已 □未	
		4.财务借支等事宜是否完成。	□已 □未	
		5.薪资扣款计算。	□已 □未	
		6.住宿办理退舍。	□已 □未	
4	备注：			
	客服部主管：李静		总经理：王华	

操作小技巧

在本节插入符号的操作中，当完成G6单元格插入符号之后，我们可以采用先复制G6单元格，然后再粘贴到其他单元格的快捷操作方法。

离职原因统计表

表格说明：

员工的离职原因主要有工资待遇不佳、人际关系复杂、个人原因、工作无挑战性以及工作压力大等几种。人力资源部门应根据这几项原因进行调查，然后以图表的方式直观地展示出来，为企业进行改进提供相应的依据。

本节任务：

本节为大家详细介绍如何使用Excel 2016制作一份公司员工离职原因统计表。本节学习的重点是掌握三维簇状柱形图的设置方法。

学习目标：

◎ 学习设置三维簇状柱形图的操作方法。

◎ 掌握设置自动求和函数的方法。

具体步骤：

STEP1：创建文件名称并设置行高

①新建一个Excel工作表，并将其命名为"离职原因统计表"。

②在打开的空白工作簿中用鼠标选中第2行单元格，然后在功能区中选择【格式】，用左键点击后即会出现下拉菜单，继续点击【行高】，在弹出的【行高】对话框中，把行高设置为30，然后单击【确定】。

③用同样的方法，把第3至第10行的行高设置为18。

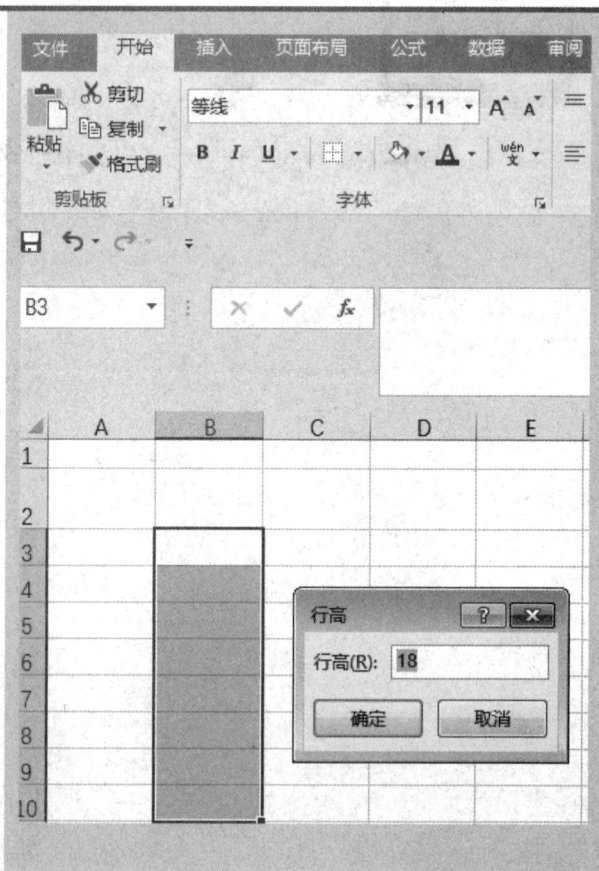

STEP2：设置列宽

用鼠标选中C至H列单元格，然后在功能区选择【格式】，用左键点击后即会出现下拉菜单，继续点击【列宽】，在弹出的【列宽】对话框中，把列宽设置为11，然后单击【确定】。

STEP3：合并单元格

①用鼠标选中B2:H2，然后在功能区选择【合并后居中】按钮，用鼠标左键点击。

②用同样的方法，按左图所示进行单元格合并。

STEP4：设置边框线

①用鼠标选中 B2:H10 单元格区域，单击鼠标右键，在弹出的菜单中选择【设置单元格格式】；用鼠标点击后，就会出现【设置单元格格式】对话框；点击【边框】，选择细线，然后点击【内部】按钮；再选择粗线，然后点击【外边框】按钮。

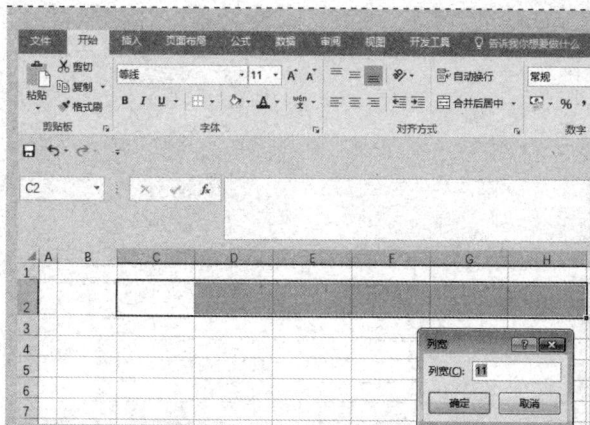

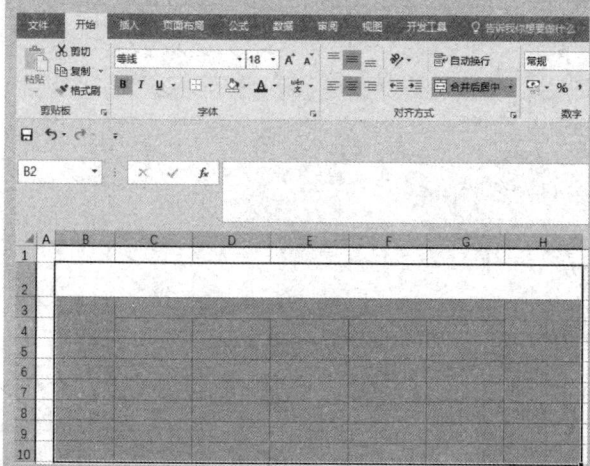

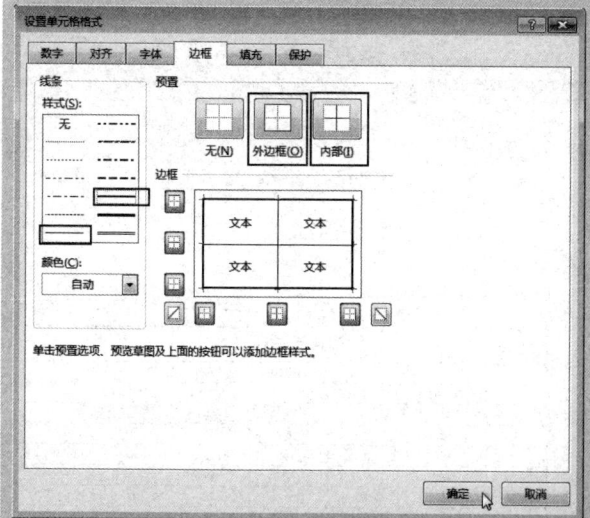

②点击【确定】后，效果如右图所示。

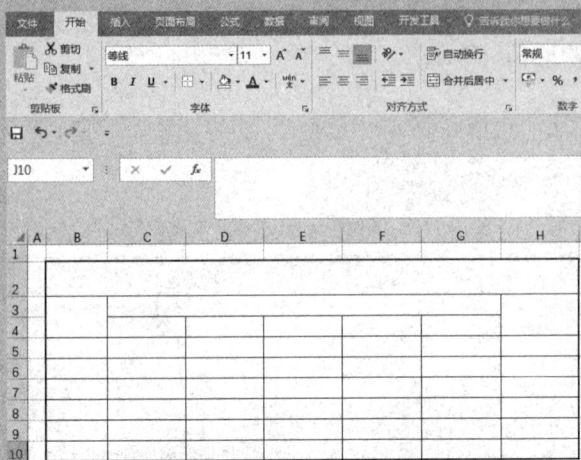

STEP5：输入内容

①用鼠标选中B2:H2，然后在单元格内输入"离职原因统计表"；选中该单元格，将【字号】设置为18；在功能区中点击【垂直居中】和【居中】，并用【Ctrl+B】快捷键将文字加粗。

②在B3:H10区域内的单元格中分别输入文字，并按照前面提到的方法对文字进行适当调整。

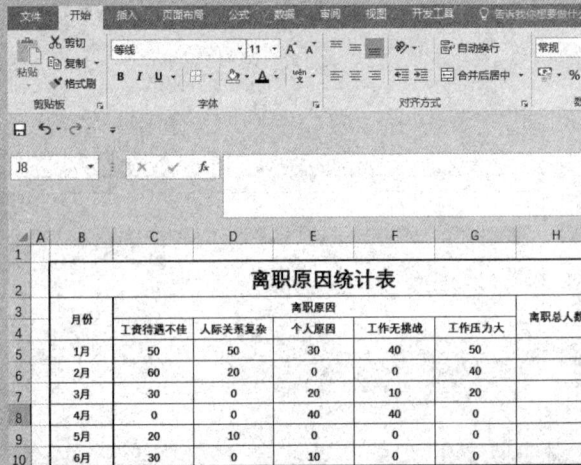

STEP6：设置求和函数

①选中 C5:G5，切换至【公式】选项卡，点击【函数组】中的【自动求和】，在弹出的下拉列表汇中选择【求和】按钮。

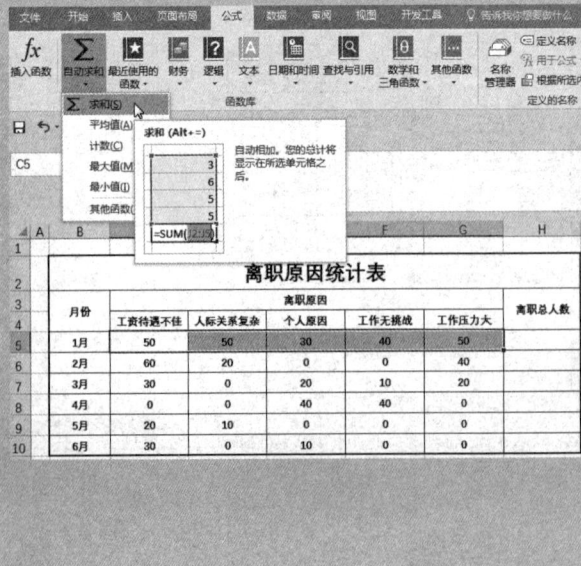

②单击后，即可为所选单元格的数字自动求和；选中H5单元格，并将鼠标放在单元格内的右下角。

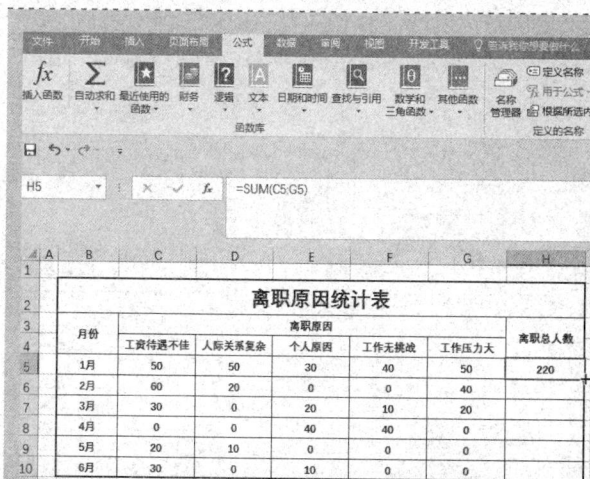

月份	离职原因					离职总人数
	工资待遇不佳	人际关系复杂	个人原因	工作无挑战	工作压力大	
1月	50	50	30	40	50	220
2月	60	20	0	0	40	
3月	30	0	20	10	20	
4月	0	0	40	40	0	
5月	20	10	0	0	0	
6月	30	0	10	0	0	

③按住鼠标左键，然后向下拖拉至H10，即可为各个月份的总离职人数自动求和，最终的效果如左图所示。

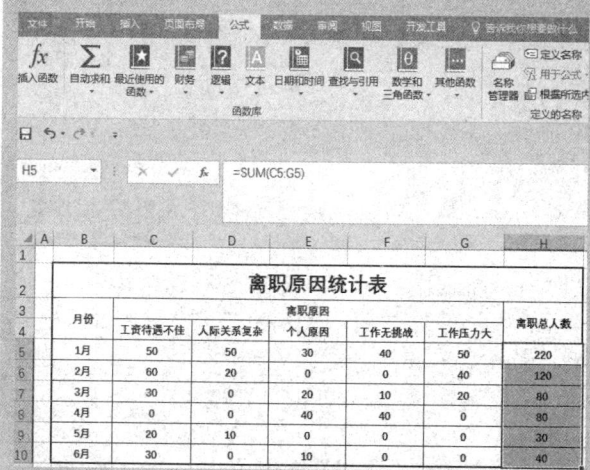

月份	离职原因					离职总人数
	工资待遇不佳	人际关系复杂	个人原因	工作无挑战	工作压力大	
1月	50	50	30	40	50	220
2月	60	20	0	0	40	120
3月	30	0	20	10	20	80
4月	0	0	40	40	0	80
5月	20	10	0	0	0	30
6月	30	0	10	0	0	40

STEP7：美化表格

①选中B2:H10单元格区域，在功能区选择【字体】选项组中的【填充颜色】，将颜色设为【白色，背景1，深色5%】。

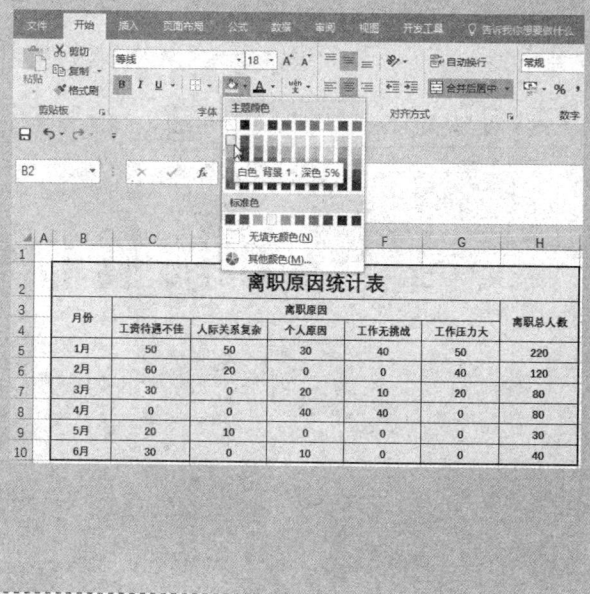

月份	离职原因					离职总人数
	工资待遇不佳	人际关系复杂	个人原因	工作无挑战	工作压力大	
1月	50	50	30	40	50	220
2月	60	20	0	0	40	120
3月	30	0	20	10	20	80
4月	0	0	40	40	0	80
5月	20	10	0	0	0	30
6月	30	0	10	0	0	40

②继续选中B2:H10单元格区域，然后选择【字体】选项组中的【字体颜色】，将颜色设为【橙色，个性色2，深色25%】。

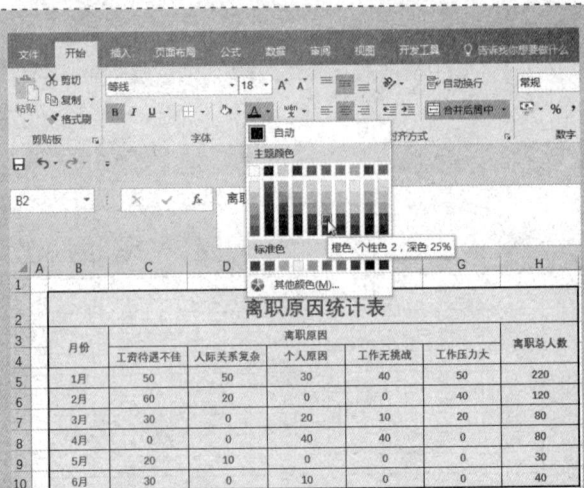

STEP8：设置柱状图

①选中B3:G10单元格区域，切换至【插入】选项卡，在【图表】组中单击【插入柱形图或条形图】。

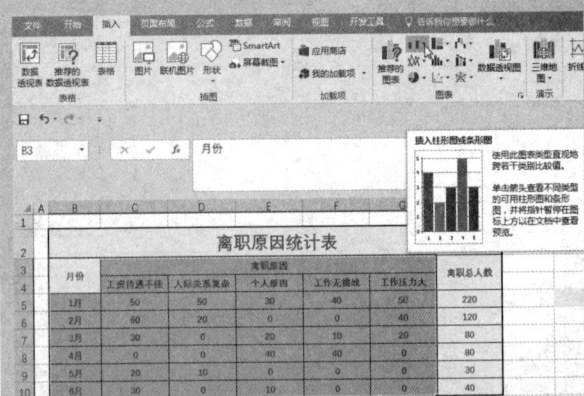

②用鼠标点击后，在弹出的下拉列表中选择【三维簇状柱形图】。

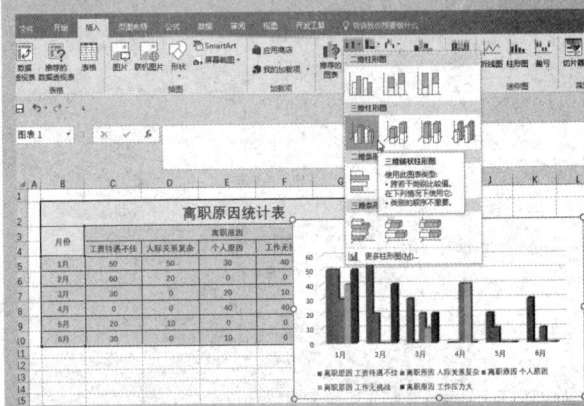

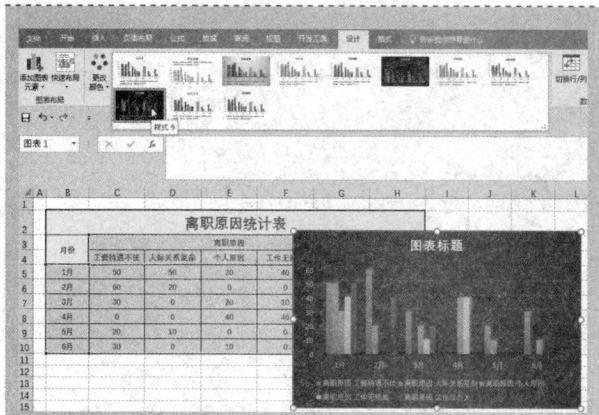

③点击后，即可插入三维簇状柱形图；切换至【设计】选项卡，在【图表样式】组中选择【样式9】。

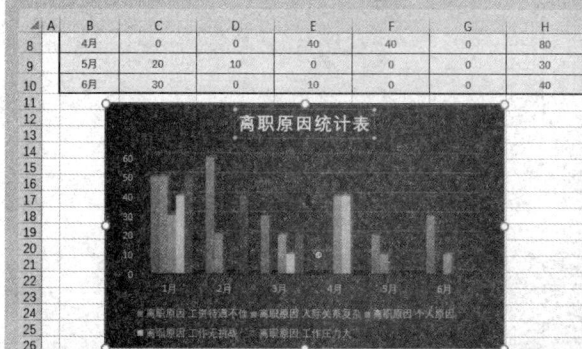

④将鼠标放在柱形图的右上角，按住鼠标左键，将柱形图移至工作表的下方；修改"图表标题"为"离职原因统计表"，效果如左图所示。

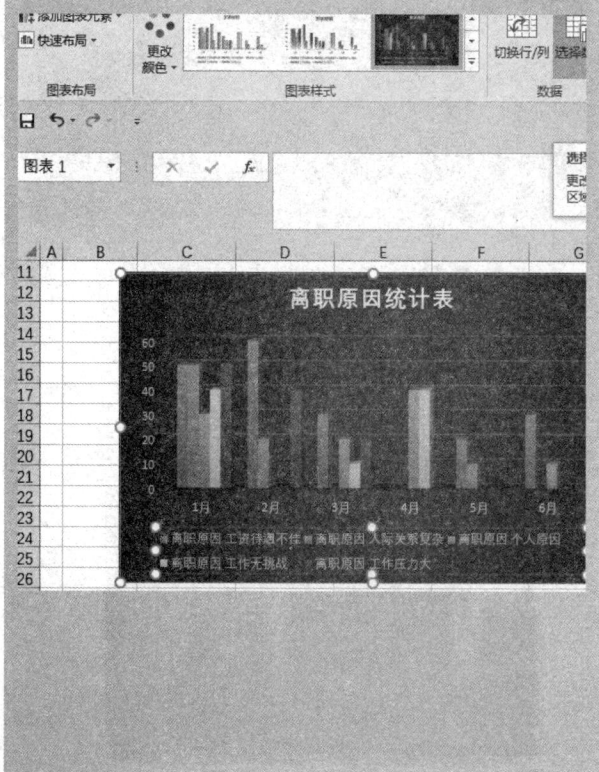

⑤在图表中选择【离职原因 工资待遇不佳】图例项，切换至【设计】选项卡，在【数据】组中单击【选择数据】按钮。

⑥单击后，即可弹出【选择数据源】对话框，在【图例项（系列）】中单击【编辑】按钮。

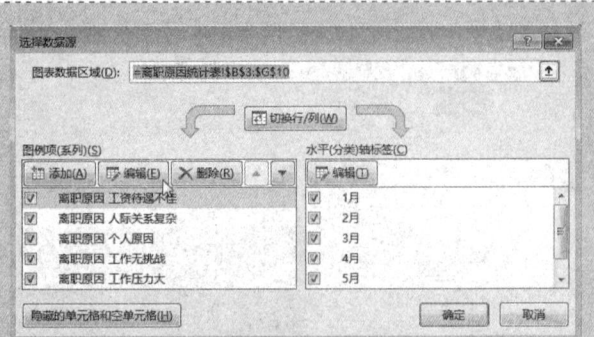

⑦单击后，即可弹出【编辑数据系列】对话框；在工作表中选中C4单元格，然后单击【确定】。

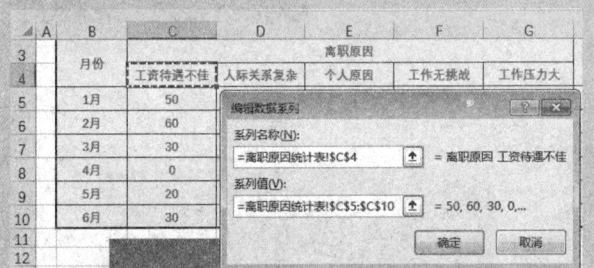

⑧点击【确定】后，此时会重新返回到【选择数据源】对话框；用同样的方法，分别选中右图所示的"离职原因 人际关系复杂""离职原因 个人原因""离职原因 工作无挑战""离职原因 工作压力大"；然后再一一对应D4、E4、F4、G4单元格，以更改图例项，最终的效果如右图所示。

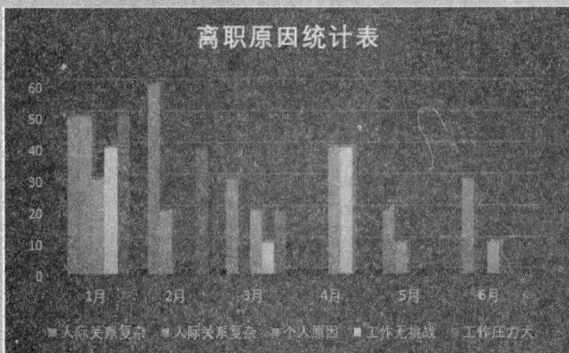

⑨完成后，最终的效果如右图所示。

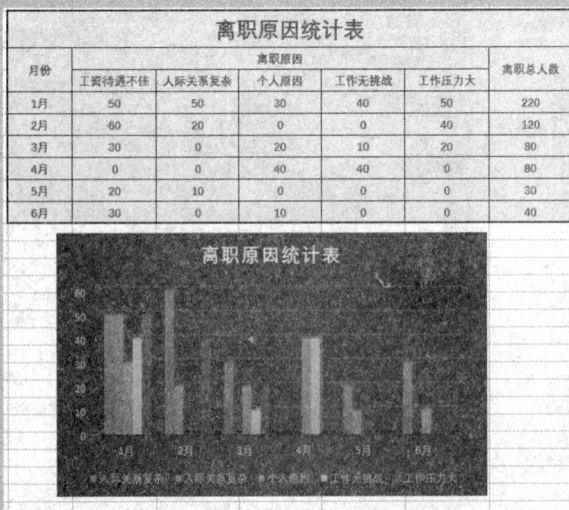

操作小技巧

如果需要查找为公式提供数据的单元格，也就是需要引入该单元格内的公式，此时，我们可以执行【公式】【公式审核】【追踪引用单元格命令】，系统即可用蓝色线条显示与公式相关的单元格。

员工岗位变动申请表

表格说明：

当员工出现岗位变动时，员工应首先填写一份岗位变动申请表。其中包括变动的岗位、部门以及岗位变动的原因和性质等，并由部门领导进行评议和审批，审批后再报由人力资源部门批准后方可实施。

本节任务：

本节介绍如何使用Excel 2016制作一份员工岗位变动申请表。本节学习的重点是掌握快速插入控件的操作方法。

学习目标：

◎ 掌握Excel表格中插入控件的操作方法。

◎ 熟练掌握美化表格的操作方法。

具体步骤：

STEP1：创建文件名称并设置行高

①新建一个Excel工作表，并将其命名为"员工岗位变动申请表"。

②在打开的空白工作簿中用鼠标选中第2行单元格，然后在功能区中选择【格式】，用左键点击后即会出现下拉菜单，继续点击【行高】，在弹出的【行高】对话框中，把行高设置为40，然后单击【确定】。

③用同样的方法，把第4至第8行、第10至第12行以及第14行的行高设置为25，把第9、13行的行高设置为60。

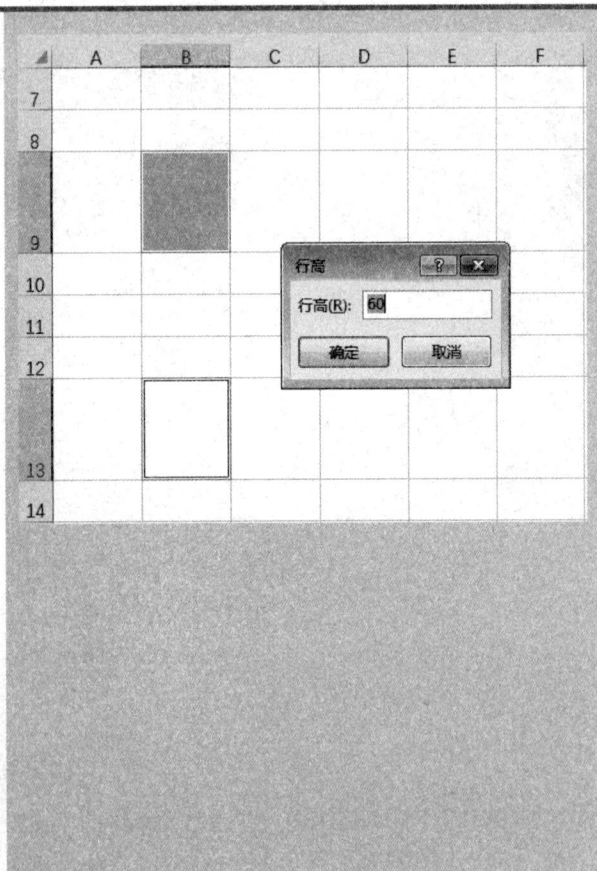

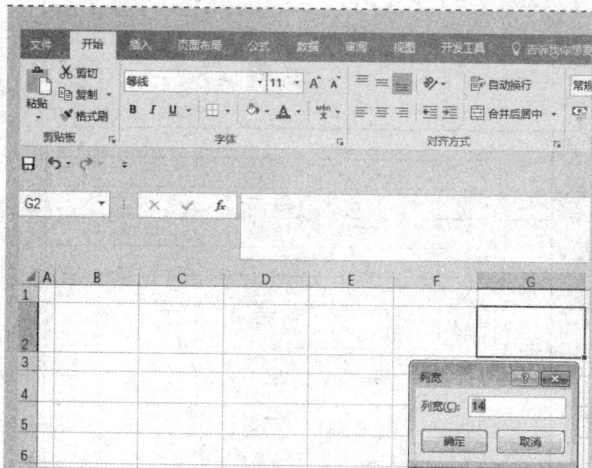

STEP2：设置列宽

①用鼠标选中B至F列单元格，然后在功能区选择【格式】，用左键点击后即会出现下拉菜单，继续点击【列宽】，在弹出的【列宽】对话框中，把列宽设置为11，然后单击【确定】。

②用同样的方法，把G列的列宽设置为14。

STEP3：合并单元格

①用鼠标选中 B2:G2，然后在功能区选择【合并后居中】按钮，用鼠标左键点击。

②用同样的方法，将如左图所示的单元格分别进行合并。

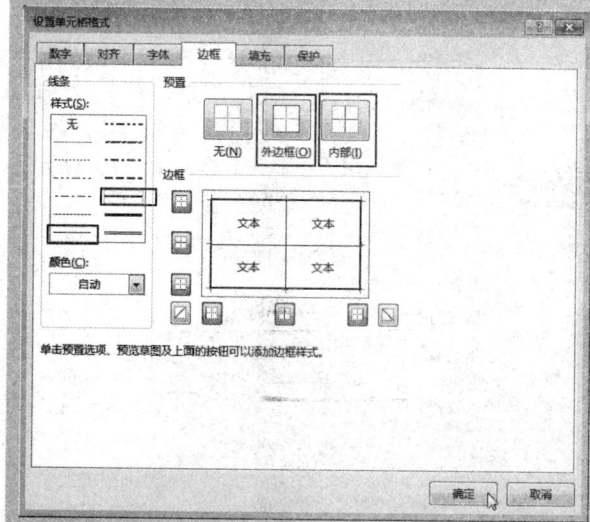

STEP4：设置边框线

①用鼠标选中B4:G14，单击鼠标右键，在弹出的菜单中选择【设置单元格格式】；用鼠标点击后，就会出现【设置单元格格式】对话框；点击【边框】，选择细线，然后点击【内部】按钮；再选择粗线，然后点击【外边框】按钮。

②点击【确定】后，效果如右图所示。

STEP5：输入内容

①用鼠标选中B2:G2，然后在单元格内输入"员工岗位变动申请表"；选中该单元格，将【字号】设置为20；在功能区中点击【垂直居中】和【居中】，并用【Ctrl+B】快捷键将文字加粗。

②在B3:G14区域内的单元格中分别输入文字，并按照前面提到的方法对文字进行适当调整。

员工岗位变动申请表

				填表日期：2017年1月12日	
姓　名	郝研	现任部门	行政部	入职日期	2015年6月25日
学　历	本科	职　称		转正日期	2015年9月24日
职　位	行政助理	现工资	4000	合同签订	
变动后的部门	人事部			变动后职位	人事专员
变动性质	公司内部调动				
变动原因	由公司安排的岗位调动。				
原部门意见	同意	现任部门意见		同意	
主管意见	同意	总经理意见		同意	
工资变动	6000				
备　注	建议在2017年2月4日正式完成调动工作				
填　表	刘奕清		审　核	李金祥	

STEP6：添加控件

①在功能区中点击【文件】选项卡，选择【选项】并单击，在弹出的对话框中选择【自定义功能区】，点击后选择【主选项卡】中的【开发工具】复选框，然后单击【确定】。

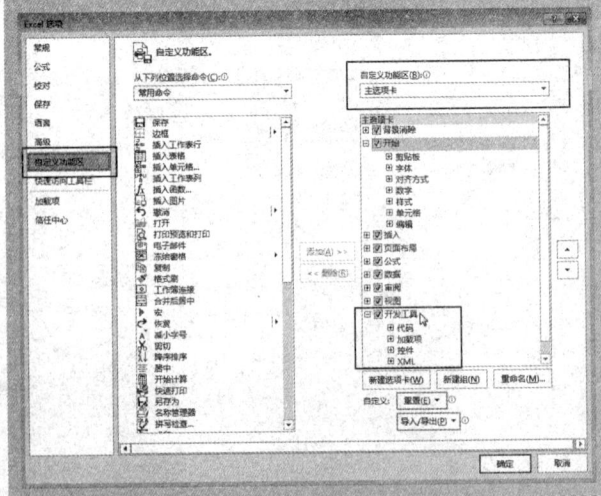

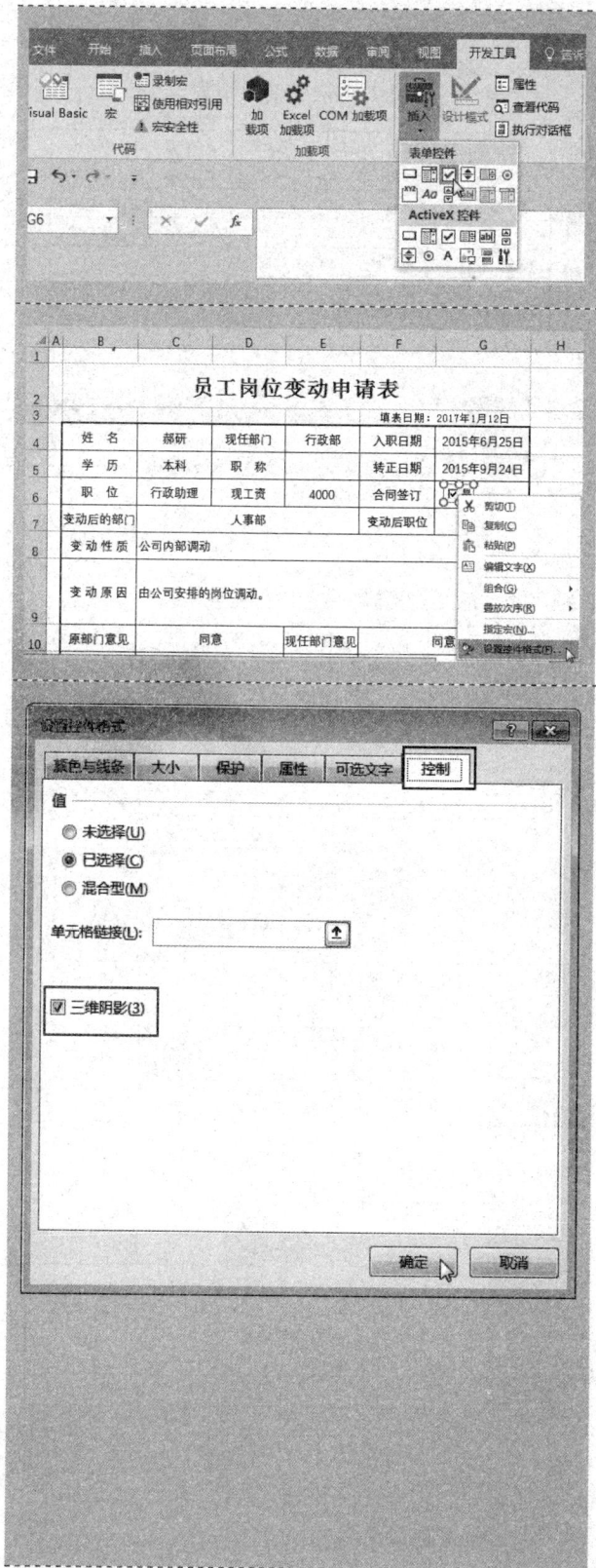

②切换到【开发工具】选项卡，在【控件】选项组中单击【插入】按钮，在弹出的下拉列表中选择【表单控件】下的【复选框（窗体控件）】。

③点击后，在 G6 单元格内进行绘制；继续选中控件并使其处于编辑的状态，将其文字改为"是"；然后单击鼠标右键，在弹出的快捷菜单中选择【设置控件格式】。

④点击后，在弹出的【设置控件格式】对话框中，选择【控制】选项卡，然后勾选【三维阴影】复选框，最后单击【确定】。

⑤在其他单元格内,复制创建好的控件并修改控件相对应的文字,最终的效果如右图所示。

STEP7:设置货币格式并美化表格

①分别选中E6和C12:G12单元格,切换至【开始】选项卡,选择【数字】选项组中的【常规】;点击后在下拉菜单中选择【货币】。

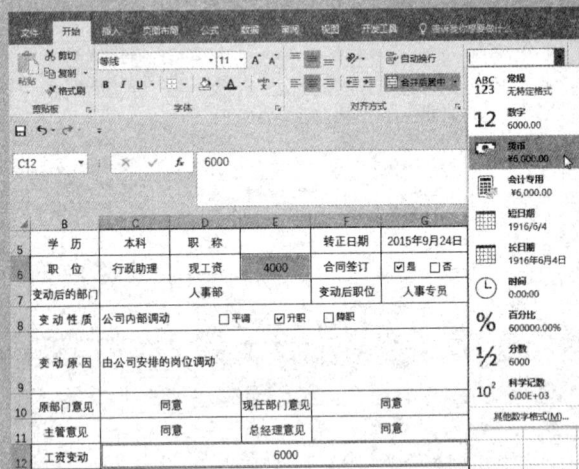

②按住【Ctrl】键,然后分别选中如右图所示的单元格区域,在功能区选择【字体】选项组中的【填充颜色】,将颜色设为【白色,背景1,深色15%】,最终的效果如右图所示。

操作小技巧

当需要对Excel表格进行美化表格操作时，我们可以执行【开始】【字体】【填充颜色】【其他颜色】命令，在【标准】选项中选择色块，也可以在【自定义】中自己设置表格的填充颜色。

派遣员工报到通知书

表格说明：

当两个企业之间需要完成某个项目时，其中的一个企业需要向另一个企业派遣员工，以协助项目能够顺利完成。在派遣员工时，人力资源部门需要填写一份报到通知书，包括简单介绍该员工的基本情况以及对方企业应履行的义务等内容。

本节任务：

本节为大家详细介绍如何使用Excel 2016制作一份派遣员工报到通知书。

学习目标：

◎ 熟练掌握Excel表格中插入符号的操作方法。

◎ 学习在单元格中自动换行的操作方法。

具体步骤：

STEP1：创建文件名称并设置行高

①新建一个Excel工作表，并将其命名为"派遣员工报到通知表"。

②在打开的空白工作簿中用鼠标选中第2行单元格，然后在功能区中选择【格式】，用左键点击后即会出现下拉菜单，继续点击【行高】，在弹出的【行高】对话框中，把行高设置为40，然后单击【确定】。

③用同样的方法，把第3行的行高设置为100，把第11行的行高设置为110，把第5至第10行、第12至第23行的行高设置为20。

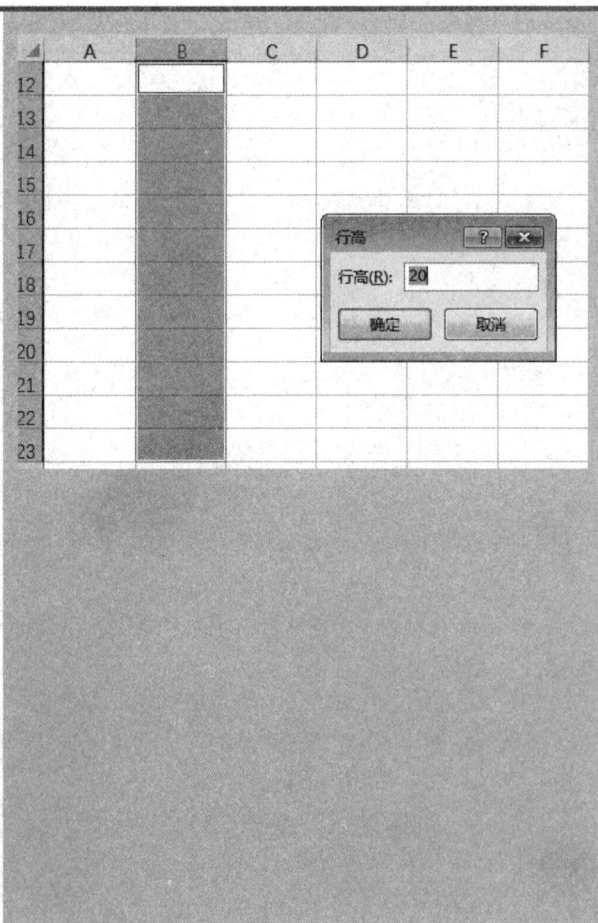

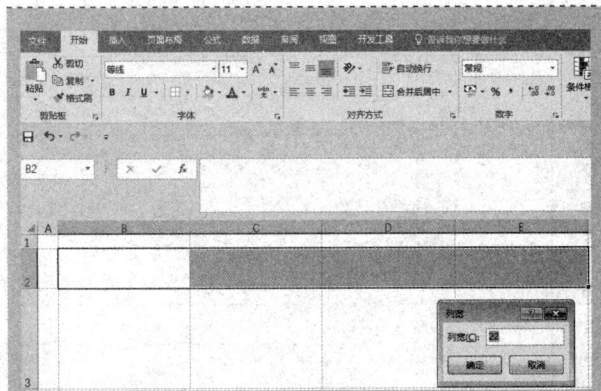

STEP2：设置列宽

用鼠标选中B、C、D、E列单元格，然后在功能区选择【格式】，用左键点击后即会出现下拉菜单，继续点击【列宽】，在弹出的【列宽】对话框中，把列宽设置为22，然后单击【确定】，最终的效果如左图所示。

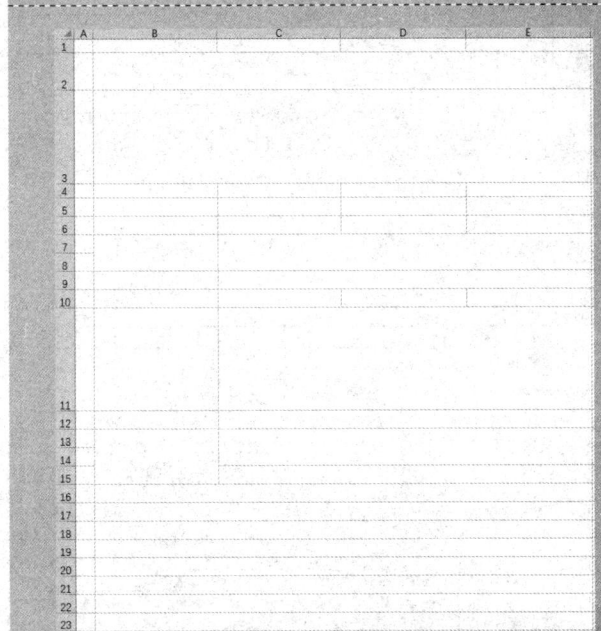

STEP3：合并单元格

①用鼠标选中 B2:E2，然后在功能区选择【合并后居中】按钮，用鼠标左键点击。

②用同样的方法，将如左图所示的单元格分别进行合并。

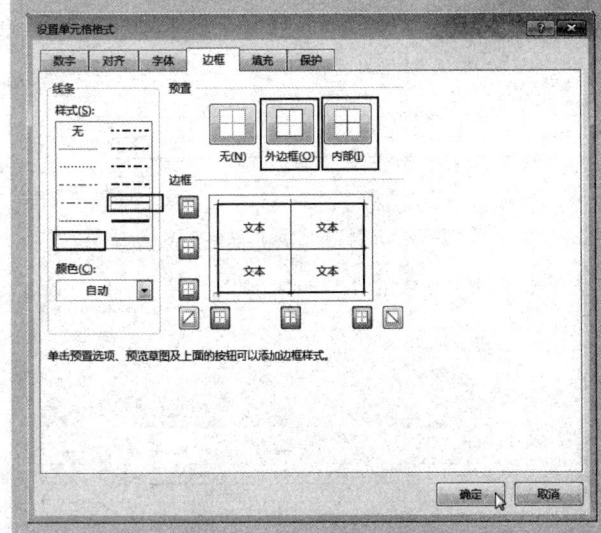

STEP4：设置边框线

①用鼠标选中B5:E23，单击鼠标右键，在弹出的菜单中选择【设置单元格格式】；用鼠标点击后，就会出现【设置单元格格式】对话框；点击【边框】，选择细线，然后点击【内部】按钮；再选择粗线，然后点击【外边框】按钮。

② 点击【确定】后，效果如右图所示。

STEP5：输入内容

①用鼠标选中B2:E2，然后在单元格内输入"派遣员工报到通知书"；选中该单元格，将【字号】设置为24；在功能区中点击【垂直居中】和【居中】，并用【Ctrl+B】快捷键将文字加粗。

②在B3:E23区域内的单元格中分别输入文字，并按照前面提到的方法对文字进行适当调整（如单元格文字内容多，不能在单元格内完全显示，应执行【开始】【对齐方式】中的【自动换行】操作，或者参考前面的小技巧，使用【Alt+Enter】快捷键进行换行操作），最终的效果如右图所示。

STEP6：插入符号

①选中C9:E9单元格，在编辑栏中将光标置于文字"社"的左侧；切换至【插入】选项卡，在【符号】组中单击【符号】按钮。

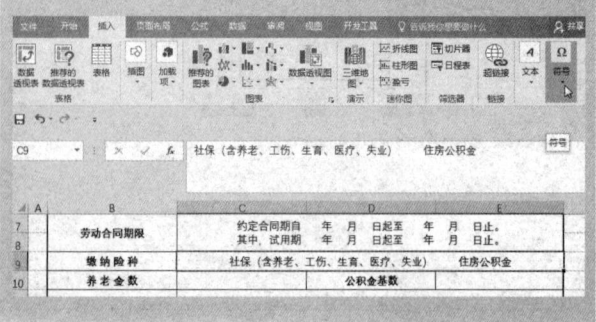

②单击后，在弹出的【符号】对话框中，选择【Wingdings 2】选项，然后在列表框中，选择如左图所示的符号；单击【插入】按钮。

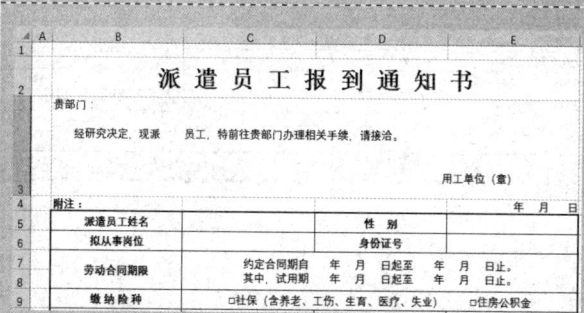

③单击【关闭】按钮，即可在光标所在的位置插入所选符号；使用同样的方法，继续在该单元格内的"住房公积金"前面插入相应的符号，最终的效果如左图所示。

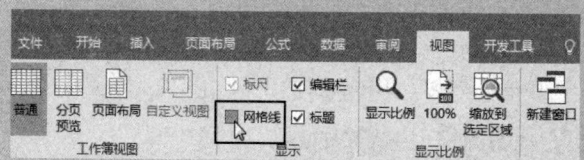

STEP7：取消网格线

①切换至【视图】选项卡，在【显示】选项组中，取消选中【网格线】复选框。

②最终的效果如右图所示。

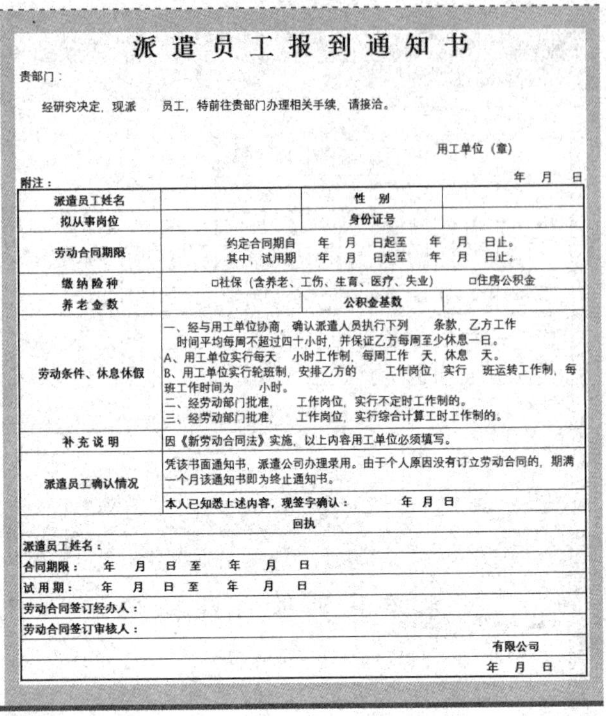

派 遣 员 工 报 到 通 知 书

贵部门：

经研究决定，现派＿＿＿员工，特前往贵部门办理相关手续，请接洽。

用工单位（章）

年 月 日

附注：

派遣员工姓名		性 别	
拟从事岗位		身份证号	
劳动合同期限	约定合同期自 年 月 日起至 年 月 日止。		
	其中，试用期 年 月 日起至 年 月 日止。		
缴纳险种	□社保（含养老、工伤、生育、医疗、失业） □住房公积金		
养老金数	公积金基数		
劳动条件、休息休假	一、经与用工单位协商，确认派遣人员执行下列＿＿＿条款，乙方工作时间平均每周不超过四十小时，并保证乙方每周至少休息一日。 A、用工单位实行每天＿小时工作制，每周工作＿天，休息＿天。 B、用工单位实行轮班制，安排乙方的＿＿＿工作岗位，实行＿班运转工作制，每班工作时间为＿小时。 二、经劳动部门批准，＿＿＿工作岗位，实行不定时工作制的。 三、经劳动部门批准，＿＿＿工作岗位，实行综合计算工时工作制的。		
补充说明	因《新劳动合同法》实施，以上内容用工单位必须填写。		
派遣员工确认情况	凭该书面通知书，派遣公司办理录用。由于个人原因没有订立劳动合同的，期满一个月该通知书即为终止通知书。		
	本人已知悉上述内容，现签字确认：＿＿＿年 月 日		

回执

派遣员工姓名：			
合同期限：	年 月 日至 年 月 日		
试用期：	年 月 日至 年 月 日		
劳动合同签订经办人：			
劳动合同签订审核人：			

＿＿＿＿＿有限公司

年 月 日

操作小技巧

如果想要快速选中正在处理的整个单元格范围，我们可使用【Ctrl+Shift+＊】快捷键，而且执行这个快捷键的命令不会选中列表周围的空白单元格。

内部借用人员申请表

表格说明：

当公司部门之间需要借用人员时，申请部门需提出申请，内容包括申请人姓名、申请原因及申请时间等，然后报被申请部门、人力资源部门及公司领导批准。

本节任务：

本节介绍如何使用Excel 2016制作一份内部借用人员申请表。

学习目标：

◎ 熟练掌握Excel美化表格的操作方法。

◎ 掌握Excel表格中的基本操作。

具体步骤：

STEP1：创建文件名称并设置行高

①新建一个Excel工作表，并将其命名为"内部借用人员申请表"。

②在打开的空白工作簿中用鼠标选中第2行单元格，然后在功能区中选择【格式】，用左键点击后即会出现下拉菜单，继续点击【行高】，在弹出的【行高】对话框中，把行高设置为40，然后单击【确定】。

③用同样的方法，把第4、7、8行的行高设置为30，把第5、6行的行高设置为50，把第9行的行高设置为65。

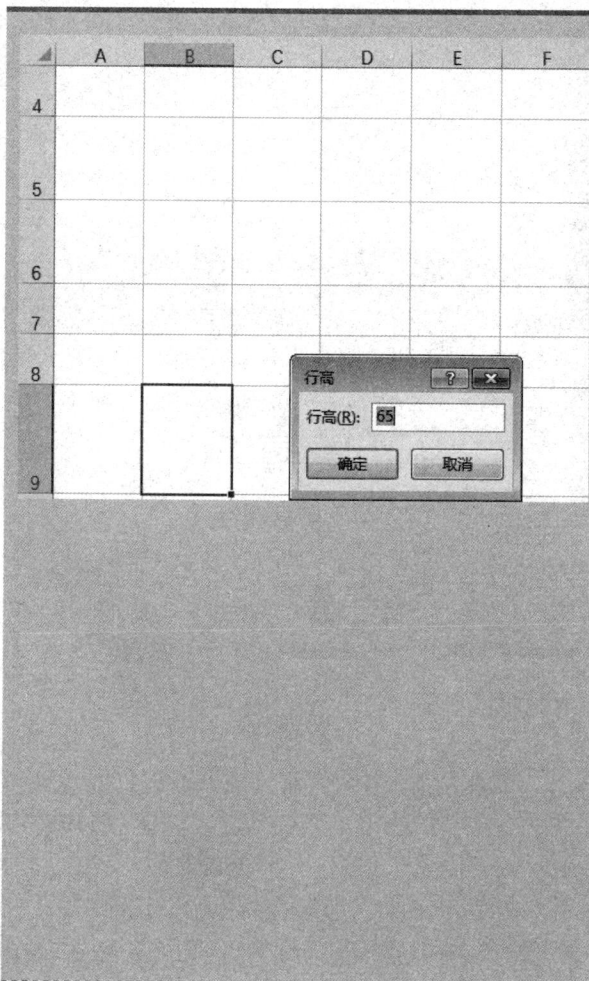

STEP2：设置列宽

①用鼠标选中B至F列单元格，然后在功能区选择【格式】，用左键点击后即会出现下拉菜单，继续点击【列宽】，在弹出的【列宽】对话框中，把列宽设置为10，然后单击【确定】。

②用同样的方法，将G列单元格的列宽设置为21。

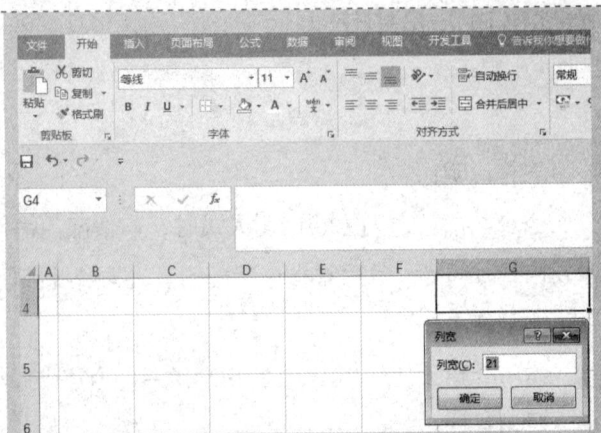

STEP3：合并单元格

①用鼠标选中B2:G2，然后在功能区选择【合并后居中】按钮，用鼠标左键点击。

②用同样的方法，将如右图所示的单元格分别进行合并。

STEP4：设置边框线

①用鼠标选中B4:G9，单击鼠标右键，在弹出的菜单中选择【设置单元格格式】；用鼠标点击后，就会出现【设置单元格格式】对话框；点击【边框】，选择细线，然后点击【内部】按钮；再选择粗线，然后点击【外边框】按钮。

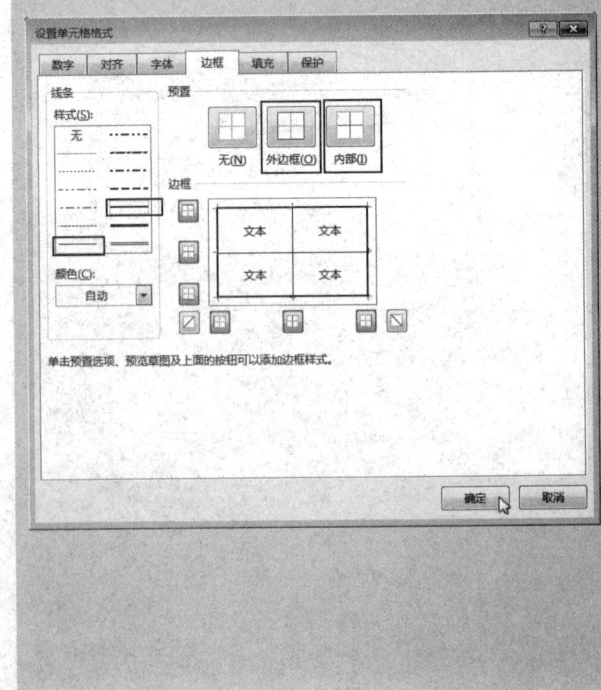

②点击【确定】后，效果如左图所示。

内部借用人员申请表

部门：					日期：	
申请部门						
申请原因						
工作内容						
工作时间	自 年 月 日 至 年 月 日				共 计 天	
申请人		借用人员		领导审批		

备注：
1. 人员借用申请表必须填写清楚，由部门负责人认可方可借调；
2. 借调时间不足半天的按半天计算，超过半天的按一天计算；
3. 调动人员必须服从申请部门领导的安排，工作不能懈怠；
4. 人员借用申请表必须妥善保管，以便人事部门查证。

STEP5：输入内容

①用鼠标选中B2:G2，然后在单元格内输入"内部借用人员申请表"；选中该单元格，将【字号】设置为25；在功能区中点击【垂直居中】和【居中】，并用【Ctrl+B】快捷键将文字加粗。

②在B3:G9区域内的单元格中分别输入文字，并按照前面提到的方法对文字进行适当调整。

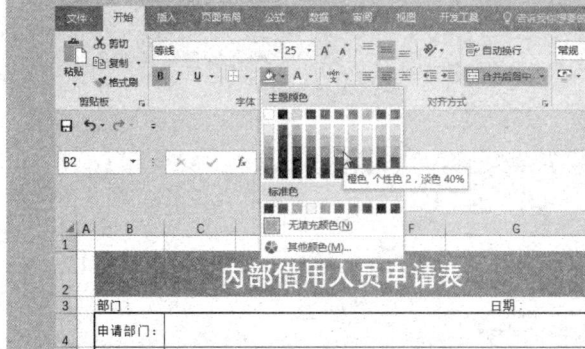

STEP6：美化表格

①选中B2:G2单元格区域，切换至【开始】选项卡，选择【字体】选项组中的【填充颜色】，将颜色设为【橙色，个性色2，淡色40%】。

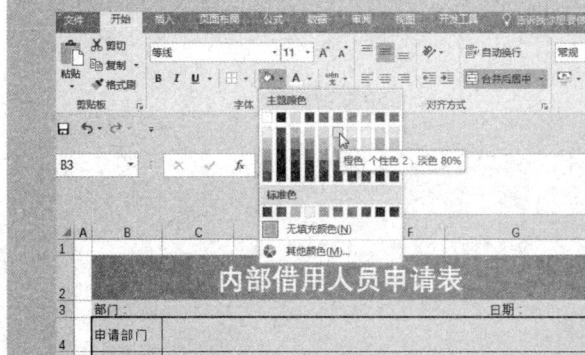

②继续选中B3:G9单元格区域，然后选择【字体】选项组中的【填充颜色】，将颜色设为【橙色，个性色2，淡色80%】。

STEP7：取消网格线

①切换至【视图】选项卡，在【显示】选项组中，取消选中【网格线】复选框。

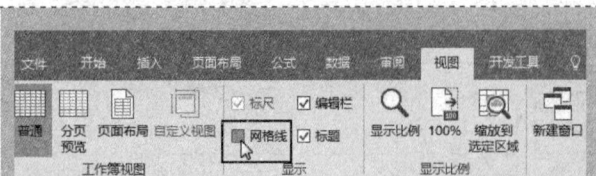

②最终的效果如右图所示。

操作小技巧

想选择 Excel 表格中的整行或整列，我们只需单击行号或列标，该行或该列的单元格就会被选中。单击左上角行号与列标交叉处的按钮，我们即可将整个工作表选中。

第八章

绩效考核管理，人力资源管理的重中之重

　　绩效考核管理是人力资源管理模块中最难也是最重要的部分。具体来说，员工的绩效考核就是一项系统工程，涉及目标责任体系、指标评价体系、评价标准以及评价方法等相关内容。其核心是做到人尽其才，并让人力资源的作用发挥到极致。另外，绩效考核管理不但已经成为企业战略的载体，还是构建与加强企业文化的一种工具。本章中的案例，将以绩效考核管理中常用的表格为主要载体，详细讲解运用Excel基础知识进行绩效考核管理的高级应用和操作技巧，并进一步提升我们的工作效率。

绩效考核管理概述

员工的绩效考核又称人事考核或绩效评估，是企业人力资源管理中的核心，具体指的是企业按照职务标准对员工的工作行为、工作态度及工作结果，进行考查、测定和评价的过程。

绩效考核的重要性

在人力资源管理中，绩效考核是其中非常重要的一个环节，因为绩效考核能够为人力资源管理提供各个方面的反馈信息。比如，绩效考核能够给薪酬管理、人员流动、人员开发及员工培训提供主要依据，并且是调动员工积极性、创造性的重要环节。

也就是说，绩效考核是人力资源部门"知人"和"识人"的主要手段，而这也是用人的主要前提与依据，即绩效考核是人力资源管理与开发的手段、前提及依据。

因此，对企业来说，绩效考核工作是一项长期化、制度化的工作，这样才能够最大限度地发挥出绩效考核所带来的益处。另外，长期化、制度化的绩效考核工作，也有利于调动员工的积极性和创造性，以及激发员工努力改进自身工作的强烈愿望。

绩效考核的内容

因考核的对象、目的及范围不同，绩效考核的内容自然有所不同。通常情况下，绩效考核的内容主要包括工作成绩、工作能力和工作态度等几个方面。

1. 工作成绩

工作成绩指的是员工在一定条件下和一定时间内的工作表现成果，也就是员工在工作中所做出的具体成绩和贡献。通常情况下，工作成绩是绩效考核的核心，因为工作成绩可以从工作的数量、质量及出勤情况等方面具体体现。而衡量工作成绩的指标有工作效率、工作任务和工作效益等方面。

2. 工作能力

员工的工作能力主要包括基础能力、业务能力和心理素质等三个方面。基础能力和业务能力属于能力评价的范围，而心理素质主要是通过适应性考查来评价的，但也可以通过体检和心理测试等方式获取参考意见。但值得注意的是，不同职位对员工能力的要求也不同，因此，在进行评价时要各有侧重，并加以区别对待。

3. 工作态度

工作态度指的是员工对工作持有的评价与行为倾向，包括工作的主动性和积极性以及对待本职工作、企业组织的责任感和自我开发的愿望等比较抽象的内容。具体而言，工作态度实质上是一种内在的心理动力，可以引发与其相对应的工作行为。因此，在实际工作中，即便是那些工作技能、工作能力和工作内容非常相近的员工，他们的工作成绩也不一定相同。其中的原因就在于他们的工作态度不同。比如，有的员工工作态度非常突出，而有的员工则比较差，甚至出工不出力，这就会导致他们的工作成绩差别很大。

绩效考核的步骤

1. 工作分析

人力资源部门根据绩效考核的目的，对被考核对象所在岗位的工作内容、性质以及完成工作所履行的工作职责与应具备的能力、素质、工作条件等方面进行研究，以确定出绩效考核的具体指标。

2. 理论验证

人力资源部门按照绩效考核的基本原理，对所设计的绩效考核指标进行详细的论证，使其具有相应的科学依据。

3. 确定绩效考核的指标体系

人力资源部门根据工作分析的结果，然后运用绩效考核指标体系的设计方法，并最终确定绩效考核指标体系。通常，在进行指标分析与确定指标体系时，人力资源部门会综合使用问卷调查、访谈法等多种方法，这样能让绩效考核的指标体系变得更加准确、完善与可靠。

4. 修订绩效考核的指标体系

为了让绩效考核的指标更趋合理，人力资源部门还应对其进行一定的修订。通常，修订分为以下两种。

（1）绩效考核前，人力资源部门将确定的指标提交给企业领导和相关专家进行审议，广泛征求意见，然后修改、补充和完善绩效考核。

（2）人力资源部门根据绩效考核运用之后的效果进行修订，使得绩效考核指标的内容更加完善。

员工月度考核表

表格说明：

员工的月度考核表，主要统计员工在一个月内的考勤记录、奖惩情况、工作态度以及工作成绩等方面的考核情况，可为该员工的季度考核与年度考核提供依据。

本节任务：

本节为大家详细介绍如何使用Excel 2016制作一份员工月度考核表。本节学习的重点是掌握显示月份的设置方法。

学习目标：

◎ 学习设置显示月份的函数公式。

◎ 熟练掌握插入符号的操作方法。

具体步骤：

STEP1：创建文件名称并设置行高

①新建一个Excel工作表，并将其命名为"员工月度考核表"。

②在打开的空白工作簿中用鼠标选中第2行单元格，然后在功能区中选择【格式】，用左键点击后即会出现下拉菜单，继续点击【行高】，在弹出的【行高】对话框中，把行高设置为36，然后单击【确定】。

③用同样的方法，把第3行的行高设置为25，把第4至第21行的行高设置为20。

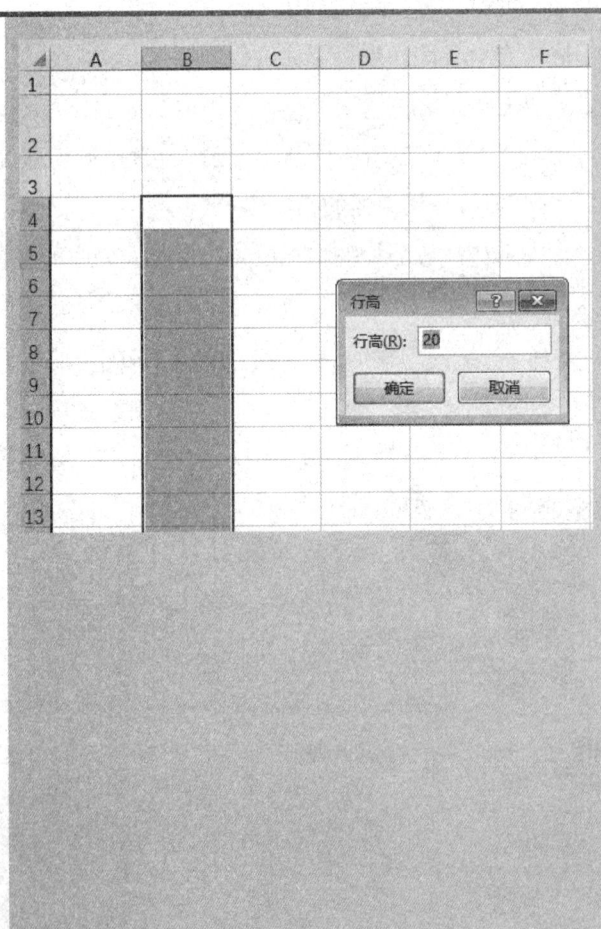

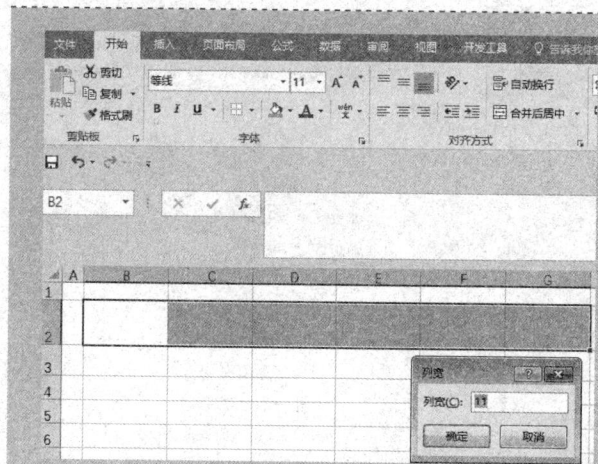

STEP2：设置列宽

　　用鼠标选中B至G列单元格，然后在功能区选择【格式】，用左键点击后即会出现下拉菜单，继续点击【列宽】，在弹出的【列宽】对话框中，把列宽设置为11，然后单击【确定】。

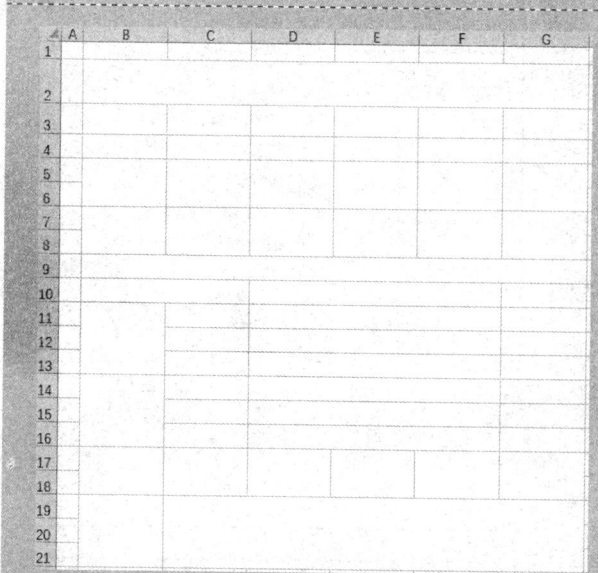

STEP3：合并单元格

　　①用鼠标选中B2:G2，然后在功能区选择【合并后居中】按钮，用鼠标左键点击。

　　②用同样的方法，将如左图所示的单元格分别进行合并。

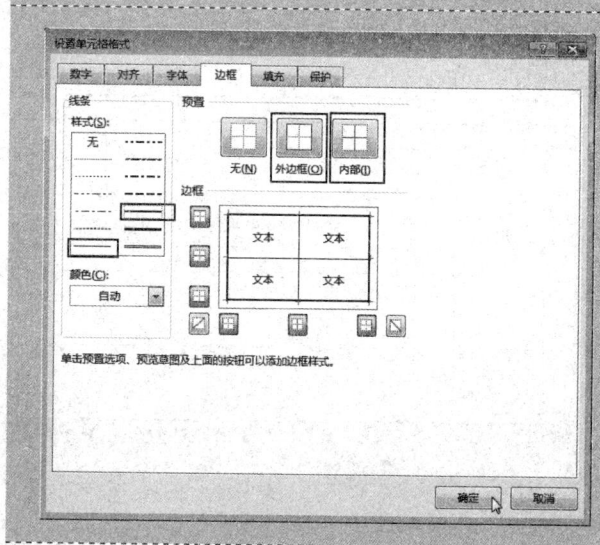

STEP4：设置边框线

　　①用鼠标选中B3:G21，单击鼠标右键，在弹出的菜单中选择【设置单元格格式】；用鼠标点击后，就会出现【设置单元格格式】对话框；点击【边框】，选择细线，然后点击【内部】按钮；再选择粗线，然后点击【外边框】按钮。

②点击【确定】；继续选择【字体】选项组中的【边框】，点击后在弹出的下拉列表中选择【线型】；继续点击，在弹出的列表中选择如右图所示的线型。

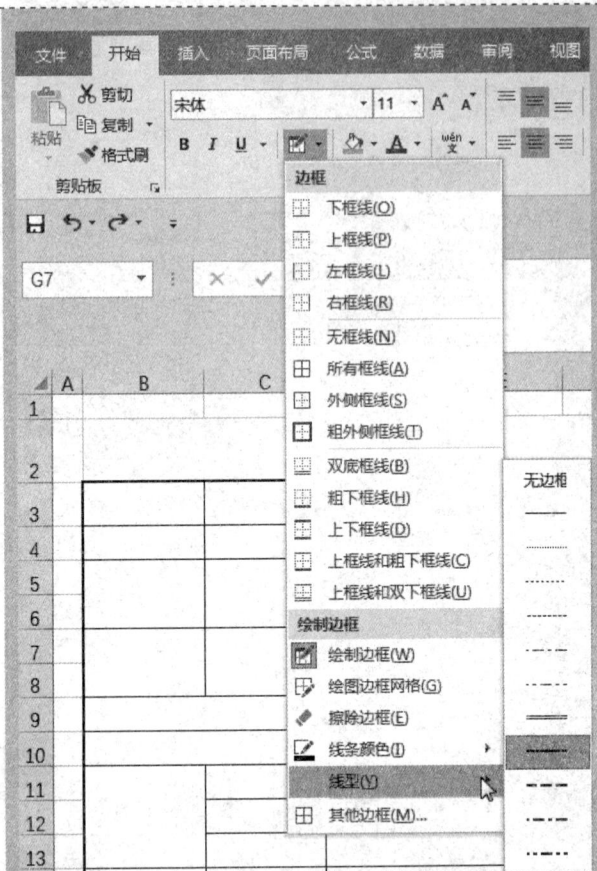

③选中该线条后，在B9:G9单元格区域内，将内边框的"细线"绘制成外边框的"粗线"，最终的效果如右图所示。

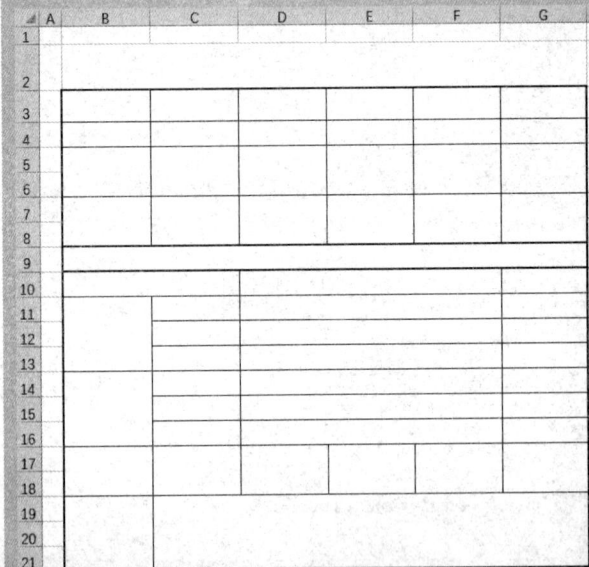

	员工月度考核表					
当前月份：						
姓名		部门		职位		
考勤记录	迟到 次	早退 次	旷工 次	病假 次	事假 次	
奖惩记录	嘉奖 次	记功 次	警告 次	记过 次	其他 次	
员工的考核情况						
考核内容		等级				总评
工作成效	工作质量	A B C D E				
	工作效率	A B C D E				
	工作分量	A B C D E				
工作态度	服从工作安排	A B C D E				
	团结协作	A B C D E				
	品行涵养	A B C D E				
部门经理签字		主管领导签字		人力资源部经理签字		
备注						

STEP5：输入内容

①用鼠标选中B2:G2，然后在单元格内输入"员工月度考核表"；选中该单元格，将【字号】设置为24；在功能区中点击【垂直居中】和【居中】，并用【Ctrl+B】快捷键将文字加粗。

②在B3:G21区域内的单元格中分别输入文字，并按照前面提到的方法对文字进行适当调整（如果单元格内文字需要换行，可执行【开始】【对齐方式】【自动换行】操作），效果如左图所示。

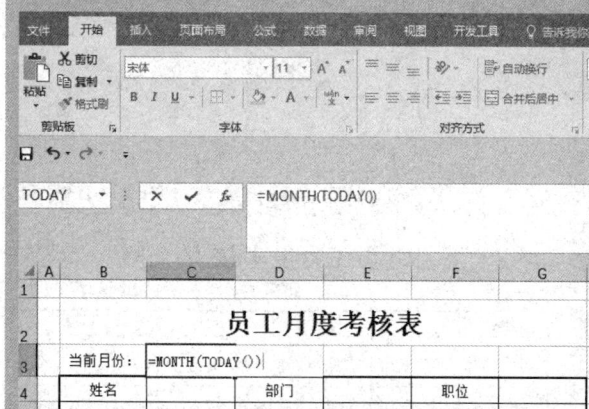

STEP6：设置显示当前月份的公式

①选中C3单元格，然后输入"=MONTH(TODAY())"。

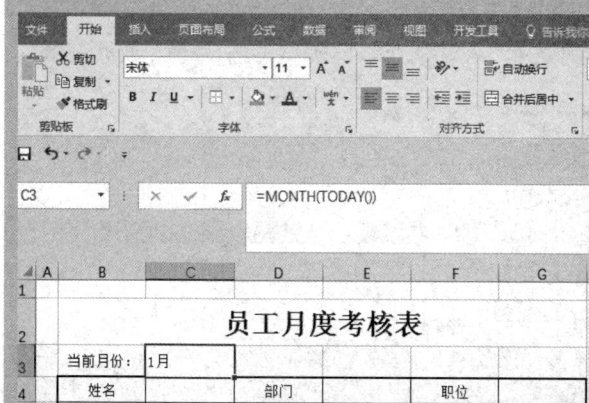

②单击【Enter】键后，即可显示当前月份。

STEP7：添加下划线

①选中C5:C6单元格区域，并将光标选中"迟到"后面的空白区域；切换至【开始】选项卡，选择【字体】选项组中的【下划线】，点击后即可添加下划线。

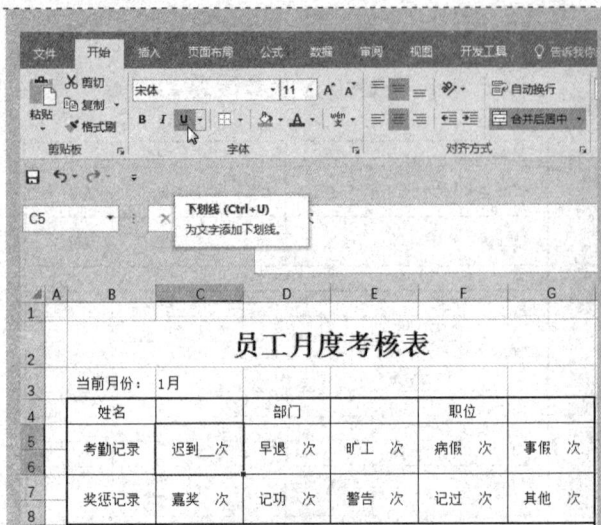

②用同样的方法，在C5:G8区域内的其他位置添加下划线。

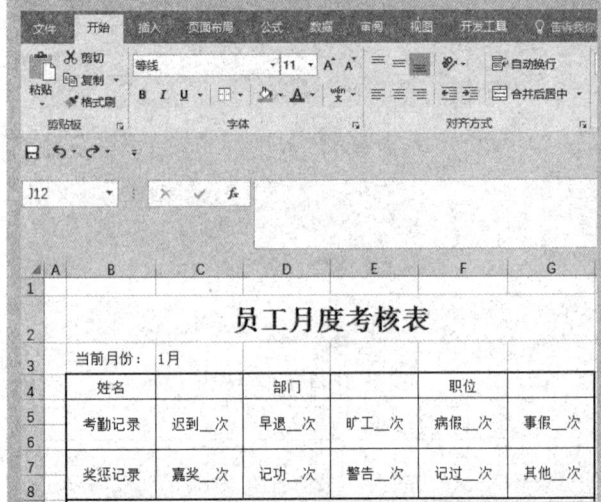

STEP8：插入符号

①选中D11:F11单元格，在编辑栏中将光标置于字母"A"的左侧；切换至【插入】选项卡，在【符号】组中单击【符号】按钮。

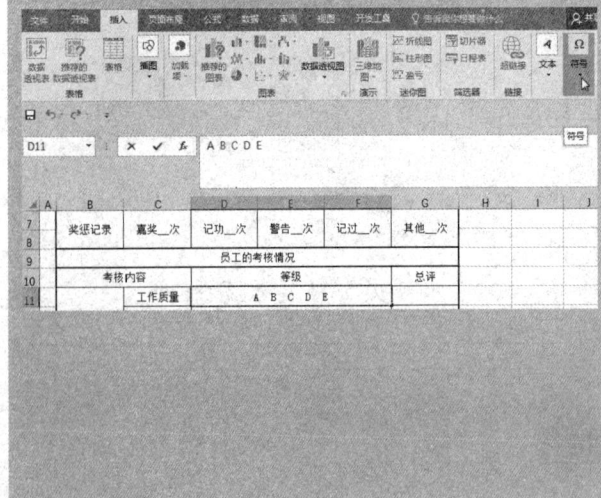

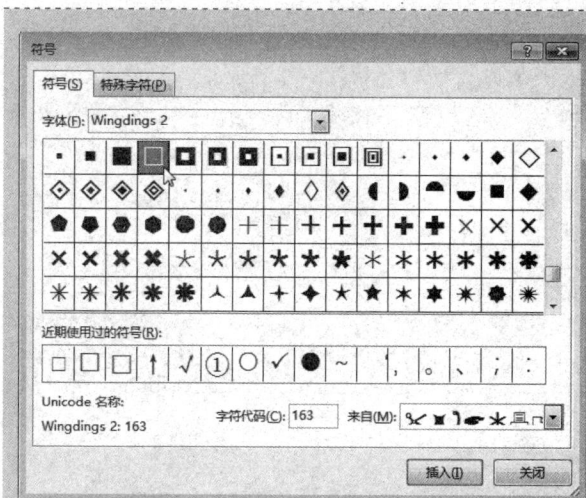

②单击后，在弹出的【符号】对话框中，选择【Wingdings 2】选项，然后在列表框中，选择如左图所示的符号；单击【插入】按钮。

③单击【关闭】按钮，即可在光标所在的位置插入所选符号；使用同样的方法，继续在D11:F16单元格的其他位置插入相应的符号，最终的效果如左图所示。

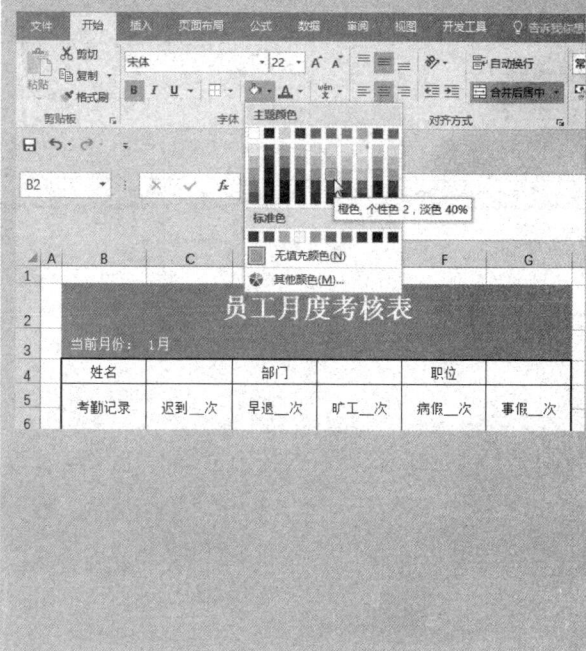

STEP9：美化表格

①选中B2:G3单元格区域，切换至【开始】选项卡，选择【字体】选项组中的【填充颜色】，将颜色设为【橙色，个性色2，淡色40%】。

②选中B4:G21单元格区域，继续选择【字体】选项组中的【填充颜色】，将颜色设为【橙色，个性色2，淡色80%】。

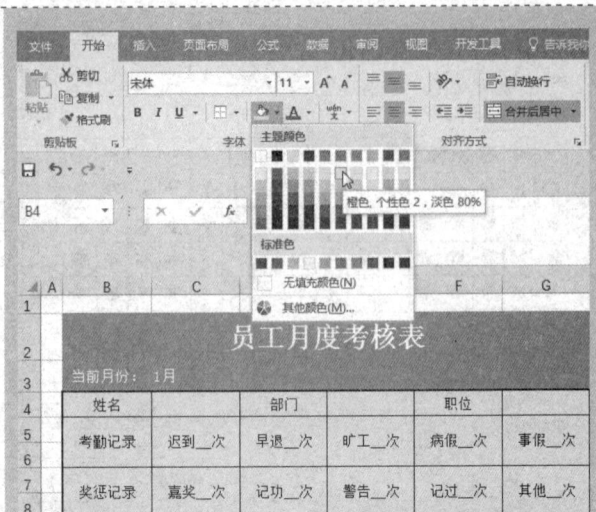

③最终的效果如右图所示。

操作小技巧

在选择单元格的行或列时，我们同时按住【Shift】键可以选中连续的单元格9（行、列）。如果要选择不连续单元格的行或列，我们同时按住【Ctrl】键即可。

员工季度考核表

表格说明:

员工季度考核表是用来记录该员工在一个季度内的考勤、奖励以及工作态度和工作能力的考核情况。人事部门通过考核表,即可掌握员工在一定期间内的工作能力及工作态度的变化情况,进而为员工的晋升或降级提供相应的数据依据。

本节任务:

本节介绍如何使用Excel 2016制作一份员工季度考核表。

学习目标:

◎ 熟练掌握美化表格的方法。

◎ 掌握Excel表格的基本操作方法。

具体步骤:

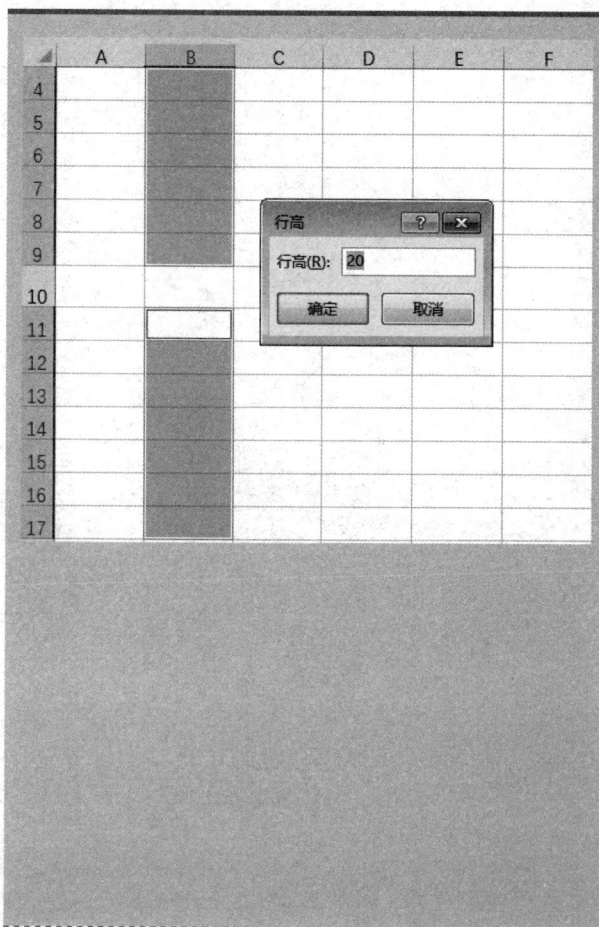

STEP1:创建文件名称并设置行高

①新建一个Excel工作表,并将其命名为"员工季度考核表"。

②在打开的空白工作簿中用鼠标选中第2行单元格,然后在功能区中选择【格式】,用左键点击后即会出现下拉菜单,继续点击【行高】,在弹出的【行高】对话框中,把行高设置为40,然后单击【确定】。

③用同样的方法,把第3行、第10行以及第18至第25行的行高设置为25,把第4至第9行、第11至第17行的行高设置为20。

STEP2：设置列宽

①用鼠标选中D和E列单元格，然后在功能区选择【格式】，用左键点击后即会出现下拉菜单，继续点击【列宽】，在弹出的【列宽】对话框中，把列宽设置为11，然后单击【确定】。

②用同样的方法，将F列的列宽设置为2.75，将H和I列的列宽设置为5。

STEP3：合并单元格

①用鼠标选中B2:I2，然后在功能区选择【合并后居中】按钮，用鼠标左键点击。

②用同样的方法，按右图所示进行单元格合并。

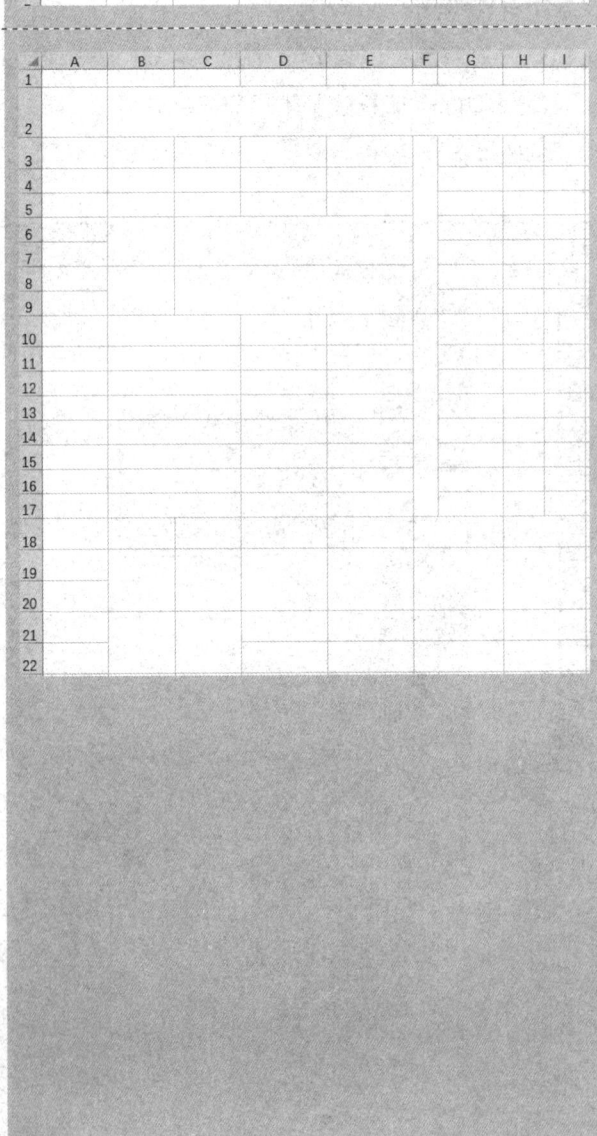

设置单元格格式

数字　对齐　字体　边框　填充　保护

线条

样式(S):

无

预览

无(N)　外边框(O)　内部(I)

边框

颜色(C):

自动

文本　文本

文本　文本

单击预览选项、预览草图及上面的按钮可以添加边框样式。

确定　取消

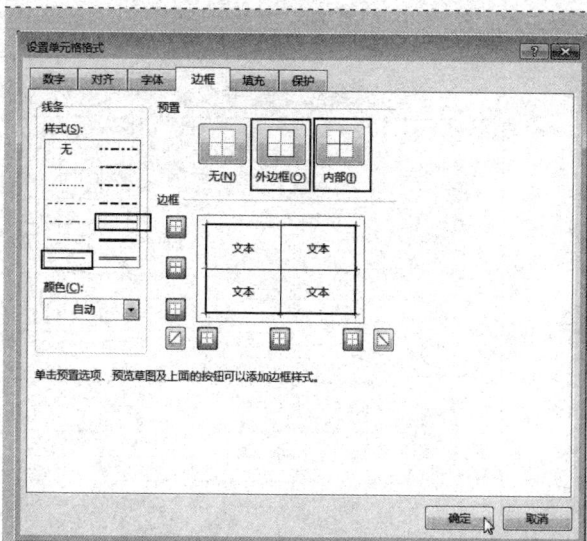

STEP4：设置边框线

①用鼠标选中B3:I22，单击鼠标右键，在弹出的菜单中选择【设置单元格格式】；用鼠标点击后，就会出现【设置单元格格式】对话框；点击【边框】，选择细线，然后点击【内部】按钮；再选择粗线，然后点击【外边框】按钮。

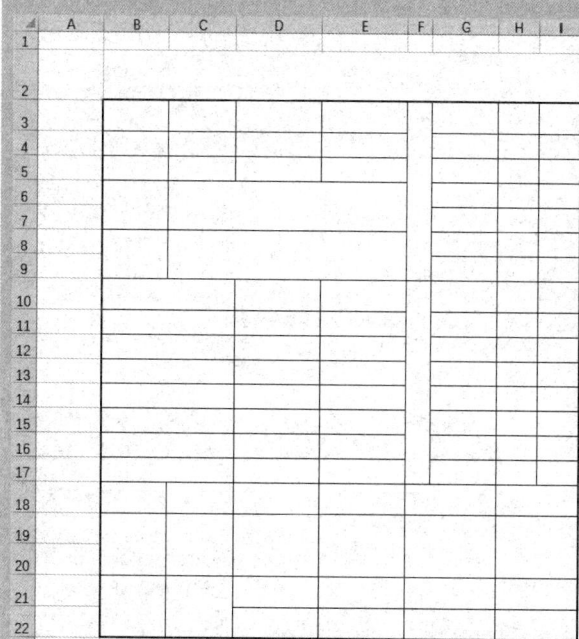

②点击【确定】后，效果如左图所示。

STEP5：输入内容

①用鼠标选中B2:I2，然后在单元格内输入"员工季度考核表"；选中该单元格，将【字号】设置为24；在功能区中点击【垂直居中】和【居中】，并用【Ctrl+B】快捷键将文字加粗。

②在B3:I22区域内的单元格中分别输入文字，并按照前面提到的方法对文字进行适当调整（如果单元格内文字需要换行，可执行【开始】【对齐方式】【自动换行】操作），效果如右图所示。

员工季度考核表

姓名		所在部门				项目	日数	备注
职位		薪资级别			请假及旷工	旷工		
入职日期		现任职日期				事假		
担任工作						病假		
						迟到		
工作简述						早退		
						公假		
项目		评分范围	评分			项目	次数	增减分数
工作质量及效率		1～20				嘉奖		
工作能力		1～20				记功		
品行		1～20			奖惩	记大功		
服务精神		1～20				晋级		
合作精神		1～10				记过		
自身学识		1～10				记大过		
总分		100	0			降级		
总评	评分	总经理	人事部		部门主管	直属主管		
应调整职级或工资								
		总经理	人事部经理		人事部主管	承办人		
核定日期								

STEP6：美化表格

①选中B2:I2单元格区域，切换至【开始】选项卡，选择【字体】选项组中的【填充颜色】，将颜色设为【绿色，个性色6，深色25%】。

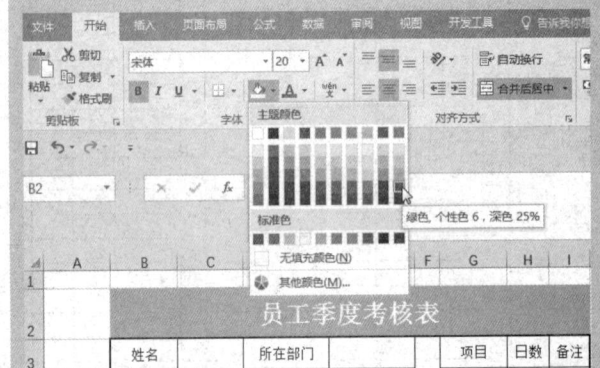

②选中B3:I22单元格区域，继续选择【字体】选项组中的【填充颜色】，将颜色设为【绿色，个性色6，淡色40%】。

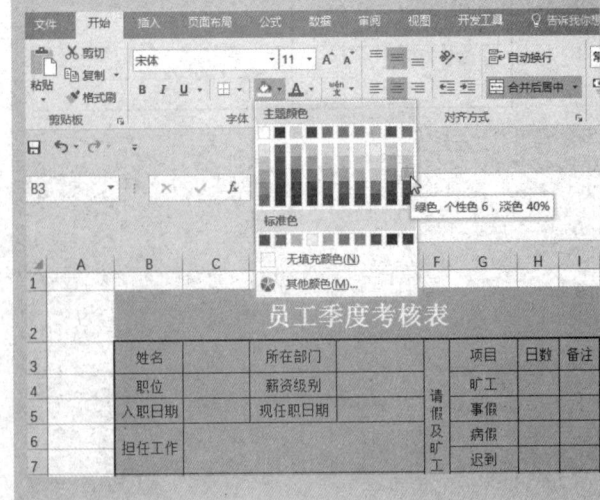

③最终的效果如左图所示。

员工季度考核表

姓名		所在部门		请假及旷工	项目	日数	备注
职位		薪资级别			旷工		
入职日期		现任职日期			事假		
担任工作					病假		
					迟到		
工作简述					早退		
					公假		

项目	评分范围	评分	奖惩	项目	次数	增减分数
工作质量及效率	1~20			嘉奖		
工作能力	1~20			记功		
品行	1~20			记大功		
服务精神	1~20			晋级		
合作精神	1~10			记过		
自身学识	1~10			记大过		
总分	100	0		降级		

总评	评分	总经理	人事部	部门主管	直属主管
应调整职级或工资					
核定日期		总经理	人事部经理	人事部主管	承办人

操作小技巧

　　我们浏览一个内容特别长的Excel表格时，使用【Ctrl+Home】快捷键可以回到当前工作表的左上角（即A1单元格）；而使用【Ctrl+End】快捷键可以跳到工作表含有数据部分的右下角位置。

员工绩效考核面谈表

表格说明：

人事部门在组织员工的绩效考核时，为了掌握员工对绩效考核的真实反馈信息，还需要与员工及其直接领导进行面谈，以期在绩效考核的基础上，更有效地提高员工的工作及业绩水平。

本节任务：

本节介绍如何使用Excel 2016制作一份员工绩效考核面谈表。本节学习的重点是使用外边框的粗线来绘制内边框。

学习目标：

◎ 学习绘制边框线的操作方法。

◎ 熟练掌握Excel表格的基本操作。

具体步骤：

STEP1：创建文件名称并设置行高

①新建一个Excel工作表，并将其命名为"员工绩效考核面谈表"。

②在打开的空白工作簿中用鼠标选中第2行单元格，然后在功能区中选择【格式】，用左键点击后即会出现下拉菜单，继续点击【行高】，在弹出的【行高】对话框中，把行高设置为35，然后单击【确定】。

③用同样的方法，把第3至第21行的行高设置为20。

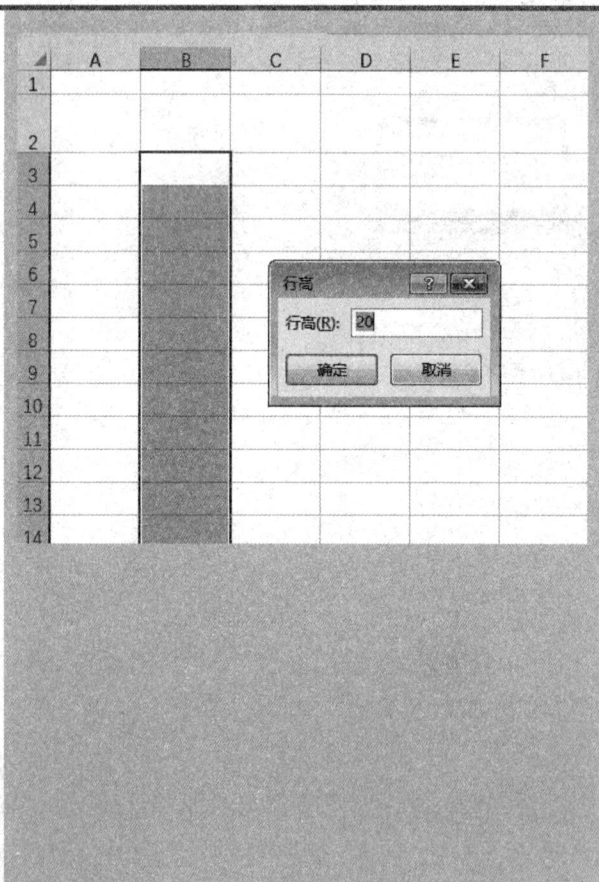

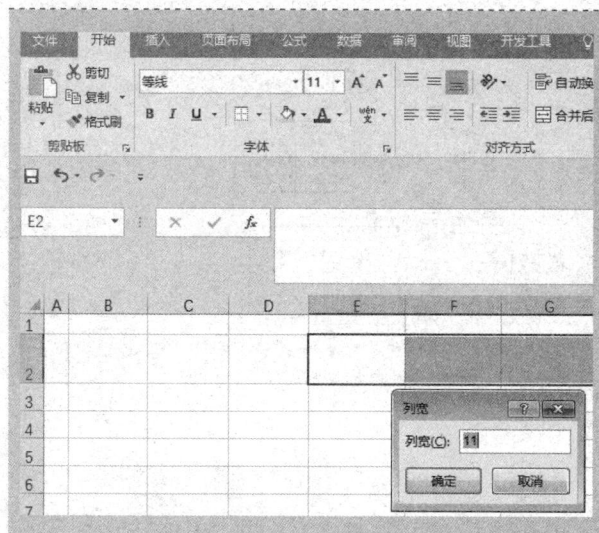

STEP2：设置列宽

①用鼠标选中B至D列单元格，然后在功能区选择【格式】，用左键点击后即会出现下拉菜单，继续点击【列宽】，在弹出的【列宽】对话框中，把列宽设置为9，然后单击【确定】。

②用同样的方法，将E至G列单元格的列宽设置为11。

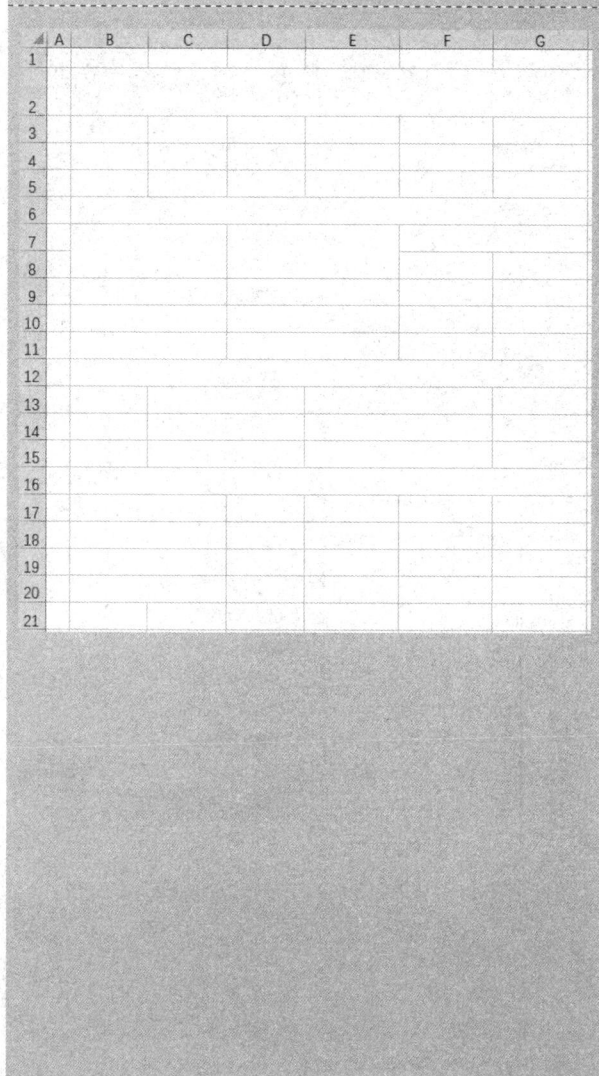

STEP3：合并单元格

①用鼠标选中B2:G2，然后在功能区选择【合并后居中】按钮，用鼠标左键点击。

②用同样的方法，按左图所示进行单元格合并。

STEP4：设置边框线

①用鼠标选中B3:G20单元格区域，单击鼠标右键，在弹出的菜单中选择【设置单元格格式】；用鼠标点击后，就会出现【设置单元格格式】对话框；点击【边框】，选择细线，然后点击【内部】按钮；再选择粗线，然后点击【外边框】按钮。

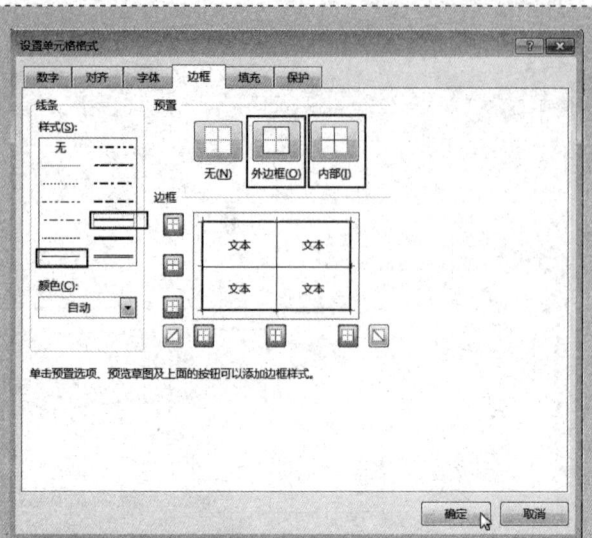

②点击【确定】；继续选择【字体】选项组中的【边框】，点击后在弹出的下拉列表中选择【线型】；继续点击，在弹出的列表中选择如右图所示的线型。

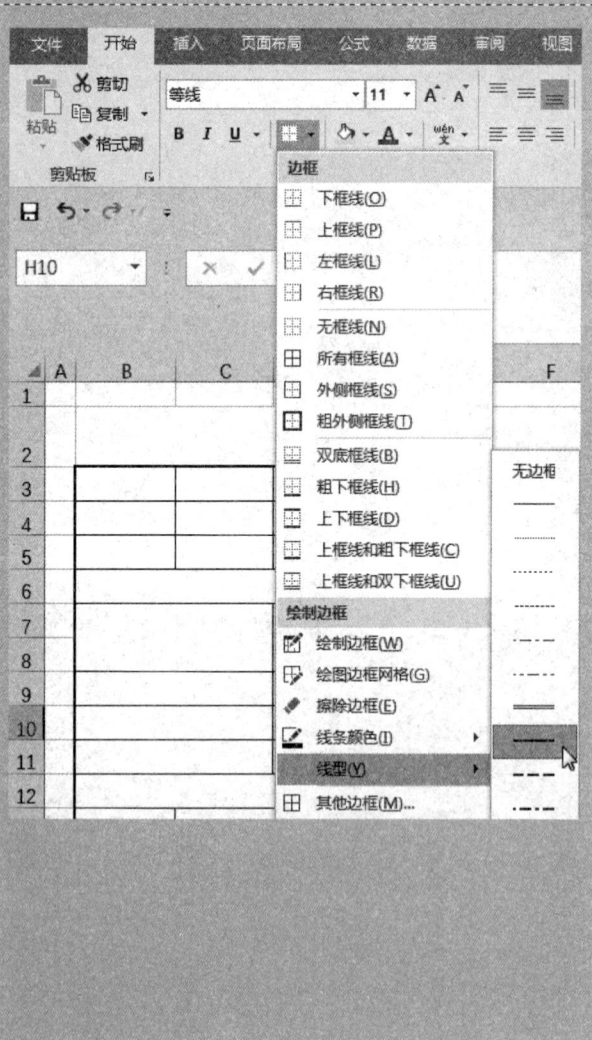

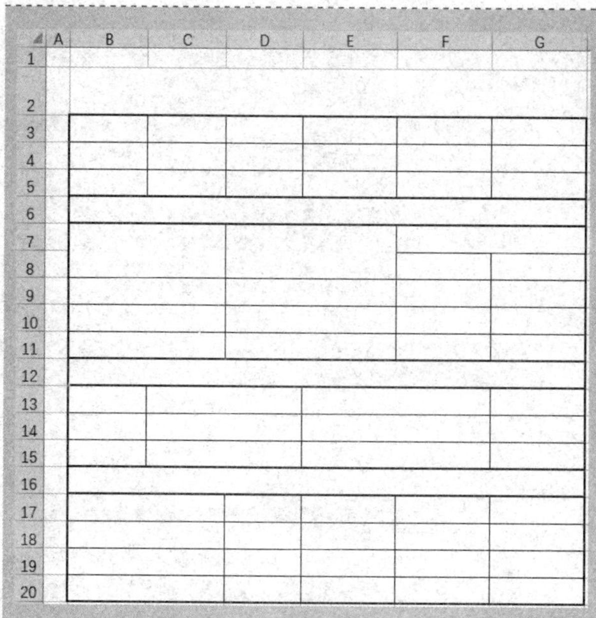

③选中该线条后，在B6:G6、B12:G12、B16:G16单元格区域内，将内边框的“细线”绘制成外边框的“粗线”，最终的效果如左图所示。

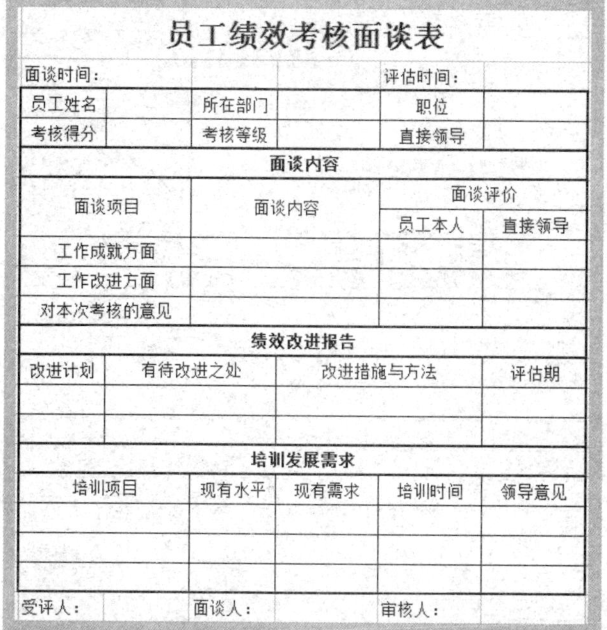

员工绩效考核面谈表

面谈时间：				评估时间：	
员工姓名		所在部门		职位	
考核得分		考核等级		直接领导	
面谈内容					
面谈项目		面谈内容		面谈评价	
				员工本人	直接领导
工作成就方面					
工作改进方面					
对本次考核的意见					
绩效改进报告					
改进计划	有待改进之处		改进措施与方法		评估期
培训发展需求					
培训项目		现有水平	现有需求	培训时间	领导意见
受评人：		面谈人：		审核人：	

STEP5：输入内容

①用鼠标选中B2:G2，然后在单元格内输入“员工绩效考核面谈表”；选中该单元格，将【字号】设置为20；在功能区中点击【垂直居中】和【居中】，并用【Ctrl+B】快捷键将文字加粗。

②在B3:G21区域内的单元格中分别输入文字，并按照前面提到的方法对文字进行适当调整。

STEP6：美化表格

①选中B2:G2单元格区域，切换至【开始】选项卡，选择【字体】选项组中的【填充颜色】，将颜色设为【蓝色，个性色5，淡色40%】。

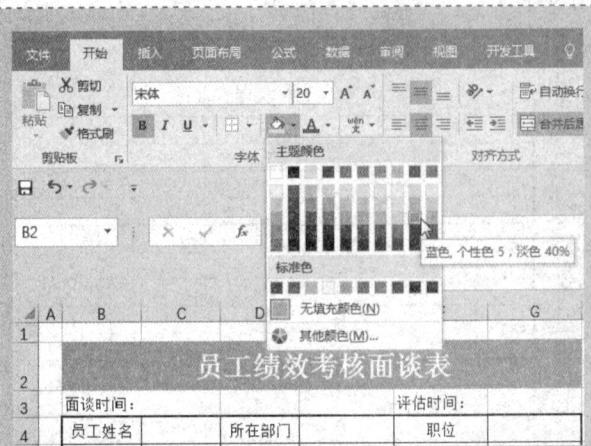

②选中B3:G21单元格区域，然后选择【字体】选项组中的【填充颜色】，将颜色设为【蓝色，个性色5，淡色80%】。

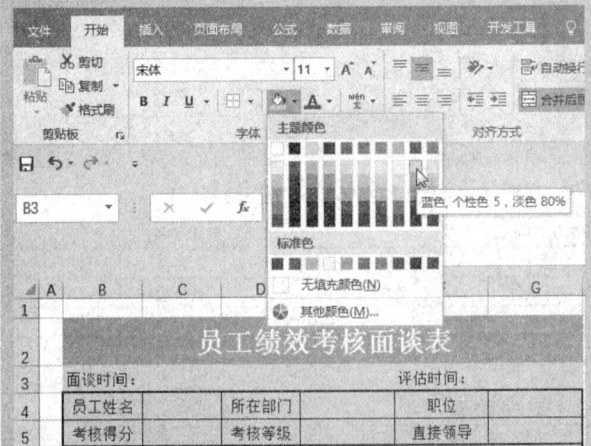

③最终的效果如右图所示。

当我们需要对单元格内的数据或内容进行修改时，我们可双击该单元格，然后把光标放在需要修改的位置上进行修改。完成之后需要确认所做的改动时，我们按【Enter】键即可；如果想要取消所做的改动，我们可按【Esc】键。

销售部员工业绩统计表

表格说明：

销售部员工的奖金是以其销售业绩作为标准而制定的。本节规定每月销售额在5万元以上才会发放奖金，即当销售金额在5万～6万元时，奖金比例为销售额的1%；6万～7万元时，奖金比例为1.5%；7万～8万元时，奖金比例为2%；8万～10万元时，奖金比例为3%。

本节任务：

本节介绍如何使用Excel 2016制作一份销售部员工业绩统计表，重点是如何设置VLOOKUP函数公式。

学习目标：

◎ 学习设置VLOOKUP函数公式。

◎ 掌握向单元格右侧"拖拉复制"函数公式的方法。

具体步骤：

STEP1：创建文件名称并设置行高

①新建一个Excel工作表，并将其命名为"销售部员工业绩统计表"。

②在打开的空白工作簿中用鼠标选中第2行单元格，然后在功能区中选择【格式】，用左键点击后即会出现下拉菜单，继续点击【行高】，在弹出的【行高】对话框中，把行高设置为40，然后单击【确定】。

③用同样的方法，把第3至第12行的行高设置为25。

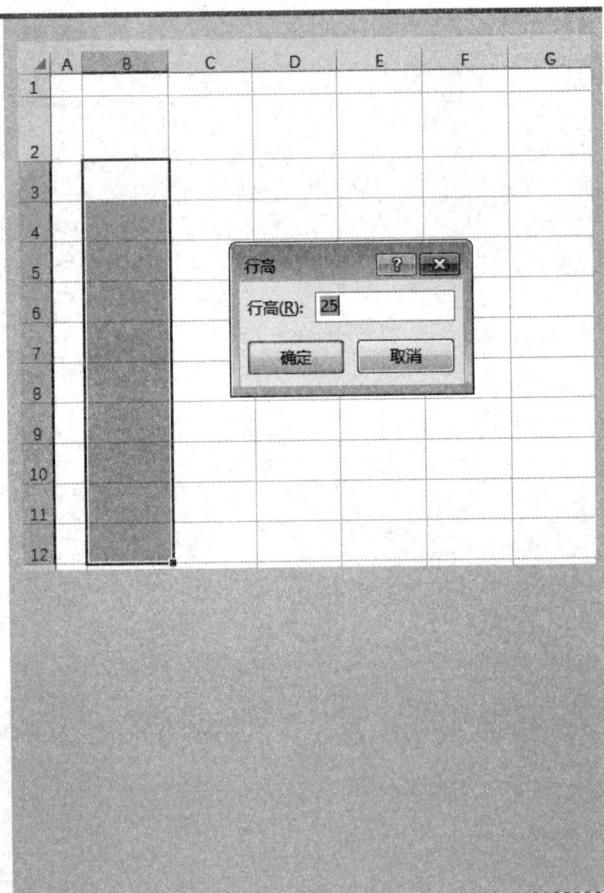

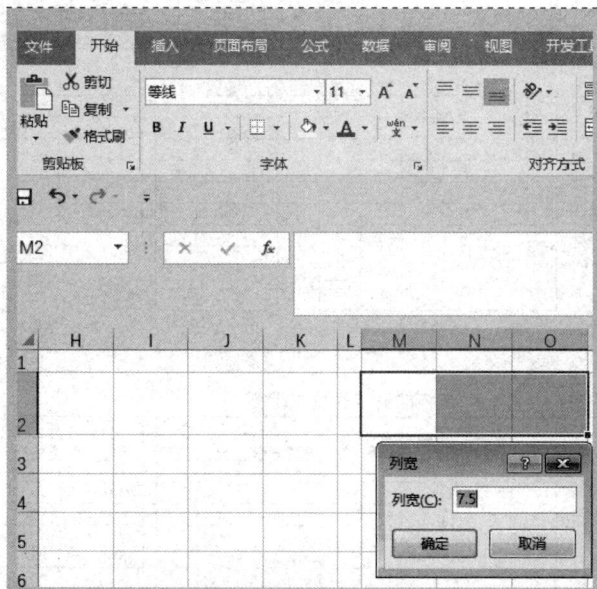

STEP2：设置列宽

①选中B列单元格，然后在功能区选择【格式】，用左键点击后即会出现下拉菜单，继续点击【列宽】，在弹出的【列宽】对话框中，把列宽设置为5，然后单击【确定】。

②用同样的方法，将L列单元格的列宽设置为2，将C至K列、M至O列单元格的列宽设置为7.5。

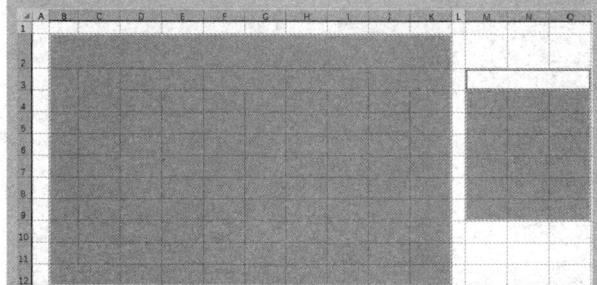

STEP3：合并单元格

①用鼠标选中B2:K2，然后在功能区选择【合并后居中】按钮，用鼠标左键点击。

②用同样的方法，按左图所示进行单元格合并。

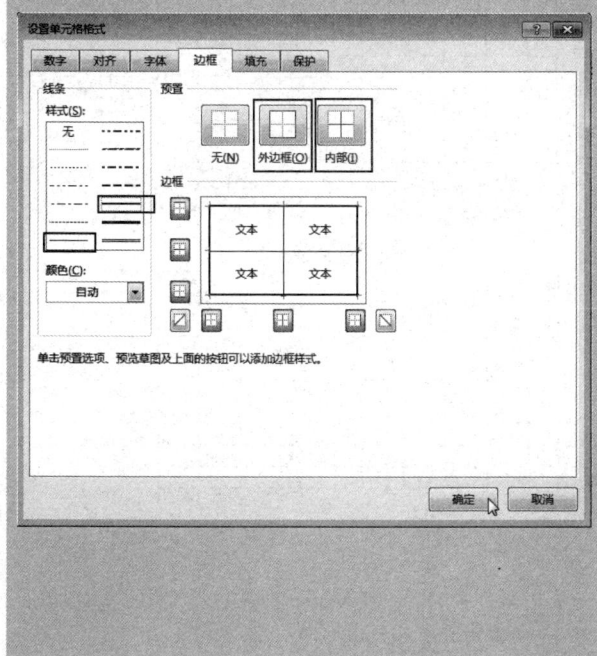

STEP4：设置边框线

①按住【Ctrl】键，然后用鼠标分别选中B3:K12和M3:O8，单击鼠标右键，在弹出的菜单中选择【设置单元格格式】；用鼠标点击后，就会出现【设置单元格格式】对话框；点击【边框】，选择细线，然后点击【内部】按钮；再选择粗线，然后点击【外边框】按钮。

②点击【确定】后，效果如右图所示。

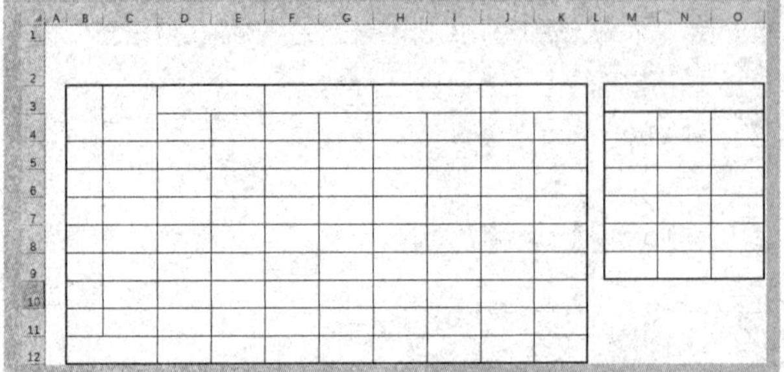

STEP5：输入内容

①用鼠标选中B2:K2，然后在单元格内输入“销售部员工业绩统计表”；选中该单元格，将【字号】设置为24；在功能区中点击【垂直居中】和【居中】，并用【Ctrl+B】快捷键将文字加粗。

②在B3:O12区域内的单元格中分别输入文字，并按照前面提到的方法对文字进行适当调整。

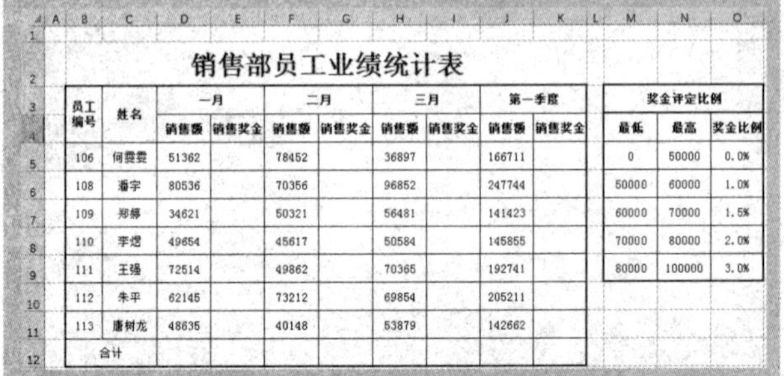

销售部员工业绩统计表

员工编号	姓名	一月		二月		三月		第一季度	
		销售额	销售奖金	销售额	销售奖金	销售额	销售奖金	销售额	销售奖金
106	何雯雯	51362		78452		36897		166711	
108	潘宇	80536		70356		96852		247744	
109	郑婷	34621		50321		56481		141423	
110	李煜	49654		45617		50584		145855	
111	王强	72514		49862		70365		192741	
112	朱平	62145		73212		69854		205211	
113	唐树龙	48635		40148		53879		142662	
合计									

奖金评定比例		
最低	最高	奖金比例
0	50000	0.0%
50000	60000	1.0%
60000	70000	1.5%
70000	80000	2.0%
80000	100000	3.0%

STEP6：设置每月奖金计算公式

①选中E5单元格，然后输入“=VLOOKUP(D5,$M$4:$O$9,3)＊D5”。

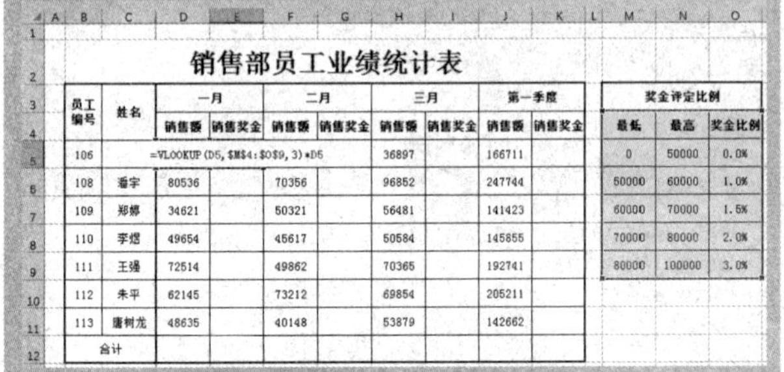

销售部员工业绩统计表

员工编号	姓名	一月		二月		三月		第一季度	
		销售额	销售奖金	销售额	销售奖金	销售额	销售奖金	销售额	销售奖金
106	=VLOOKUP(D5,$M$4:$O$9,3)*D5					36897		166711	
108	潘宇	80536		70356		96852		247744	
109	郑婷	34621		50321		56481		141423	
110	李煜	49654		45617		50584		145855	
111	王强	72514		49862		70365		192741	
112	朱平	62145		73212		69854		205211	
113	唐树龙	48635		40148		53879		142662	
合计									

奖金评定比例		
最低	最高	奖金比例
0	50000	0.0%
50000	60000	1.0%
60000	70000	1.5%
70000	80000	2.0%
80000	100000	3.0%

②单击【Enter】键后，即可得出该员工在一月份的奖金数；继续选中E5单元格，然后将鼠标放在单元格内的右下角。

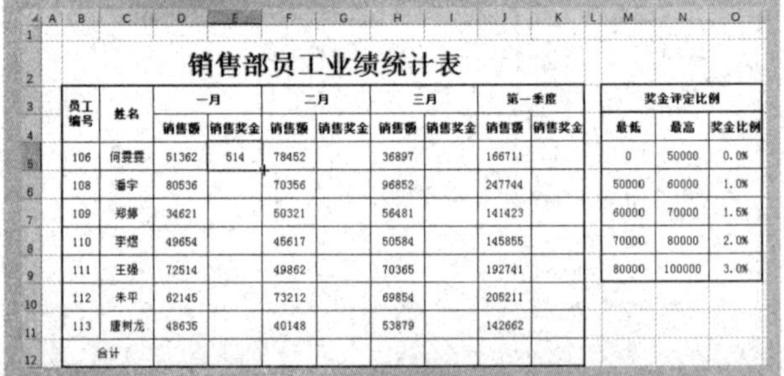

销售部员工业绩统计表

员工编号	姓名	一月		二月		三月		第一季度	
		销售额	销售奖金	销售额	销售奖金	销售额	销售奖金	销售额	销售奖金
106	何雯雯	51362	514	78452		36897		166711	
108	潘宇	80536		70356		96852		247744	
109	郑婷	34621		50321		56481		141423	
110	李煜	49654		45617		50584		145855	
111	王强	72514		49862		70365		192741	
112	朱平	62145		73212		69854		205211	
113	唐树龙	48635		40148		53879		142662	
合计									

奖金评定比例		
最低	最高	奖金比例
0	50000	0.0%
50000	60000	1.0%
60000	70000	1.5%
70000	80000	2.0%
80000	100000	3.0%

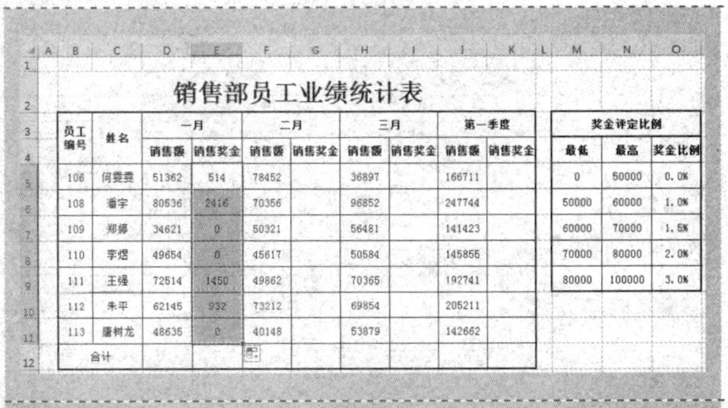

销售部员工业绩统计表

员工编号	姓名	一月		二月		三月		第一季度	
		销售额	销售奖金	销售额	销售奖金	销售额	销售奖金	销售额	销售奖金
106	何雯雯	51362	514	78452		36897		166711	
108	潘宇	80536	2416	70356		96852		247744	
109	郑婷	34621	0	50321		56481		141423	
110	李煜	49654	0	45617		50584		145855	
111	王强	72514	1450	49862		70365		192741	
112	朱平	62145	932	73212		69854		205211	
113	唐树龙	48635	0	40148		53879		142662	
合计									

奖金评定比例		
最低	最高	奖金比例
0	50000	0.0%
50000	60000	1.0%
60000	70000	1.5%
70000	80000	2.0%
80000	100000	3.0%

③按住鼠标左键，然后向下拖拉至E11，效果如左图所示。

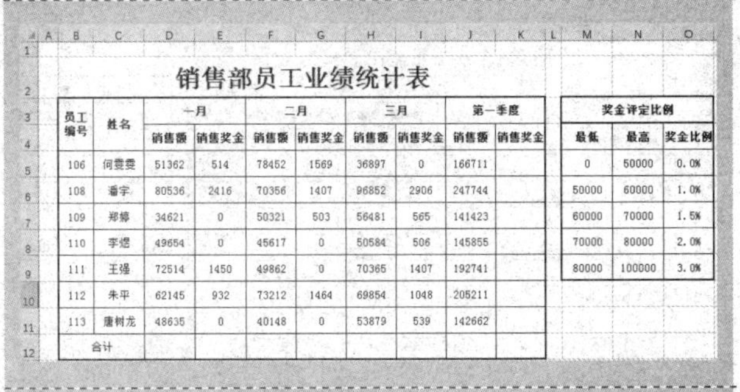

销售部员工业绩统计表

员工编号	姓名	一月		二月		三月		第一季度	
		销售额	销售奖金	销售额	销售奖金	销售额	销售奖金	销售额	销售奖金
106	何雯雯	51362	514	78452	1569	36897	0	166711	
108	潘宇	80536	2416	70356	1407	96852	2906	247744	
109	郑婷	34621	0	50321	503	56481	565	141423	
110	李煜	49654	0	45617	0	50584	506	145855	
111	王强	72514	1450	49862	0	70365	1407	192741	
112	朱平	62145	932	73212	1464	69854	1048	205211	
113	唐树龙	48635	0	40148	0	53879	539	142662	
合计									

奖金评定比例		
最低	最高	奖金比例
0	50000	0.0%
50000	60000	1.0%
60000	70000	1.5%
70000	80000	2.0%
80000	100000	3.0%

④用同样的方法，分别在G5和I5单元格内输入“=VLOOKUP(F5,$M$4:$O$9,3)＊F5”“=VLOOKUP(H5,$M$4:$O$9,3)＊H5”；单击【Enter】键后，再按照前面的步骤对其进行“拖拉复制”，最终的效果如左图所示。

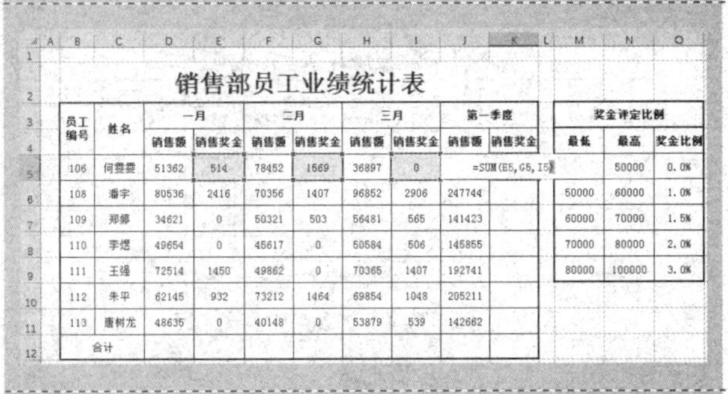

销售部员工业绩统计表

员工编号	姓名	一月		二月		三月		第一季度	
		销售额	销售奖金	销售额	销售奖金	销售额	销售奖金	销售额	销售奖金
106	何雯雯	51362	514	78452	1569	36897	0		=SUM(E5,G5,I5)
108	潘宇	80536	2416	70356	1407	96852	2906	247744	
109	郑婷	34621	0	50321	503	56481	565	141423	
110	李煜	49654	0	45617	0	50584	506	145855	
111	王强	72514	1450	49862	0	70365	1407	192741	
112	朱平	62145	932	73212	1464	69854	1048	205211	
113	唐树龙	48635	0	40148	0	53879	539	142662	
合计									

奖金评定比例		
最低	最高	奖金比例
0	50000	0.0%
50000	60000	1.0%
60000	70000	1.5%
70000	80000	2.0%
80000	100000	3.0%

STEP7：设置季度奖金计算公式

①选中K5单元格，然后输入“=SUM(E5,G5,I5)”。

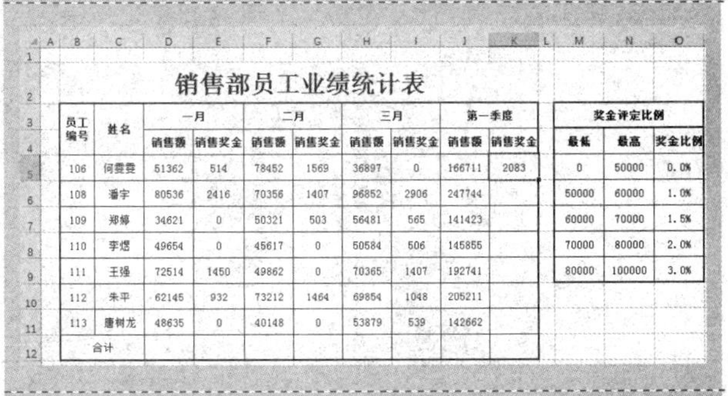

销售部员工业绩统计表

员工编号	姓名	一月		二月		三月		第一季度	
		销售额	销售奖金	销售额	销售奖金	销售额	销售奖金	销售额	销售奖金
106	何雯雯	51362	514	78452	1569	36897	0	166711	2083
108	潘宇	80536	2416	70356	1407	96852	2906	247744	
109	郑婷	34621	0	50321	503	56481	565	141423	
110	李煜	49654	0	45617	0	50584	506	145855	
111	王强	72514	1450	49862	0	70365	1407	192741	
112	朱平	62145	932	73212	1464	69854	1048	205211	
113	唐树龙	48635	0	40148	0	53879	539	142662	
合计									

奖金评定比例		
最低	最高	奖金比例
0	50000	0.0%
50000	60000	1.0%
60000	70000	1.5%
70000	80000	2.0%
80000	100000	3.0%

②单击【Enter】键后，即可得出该员工第一季度的奖金数；继续选中K5单元格，然后将鼠标放在单元格内的右下角。

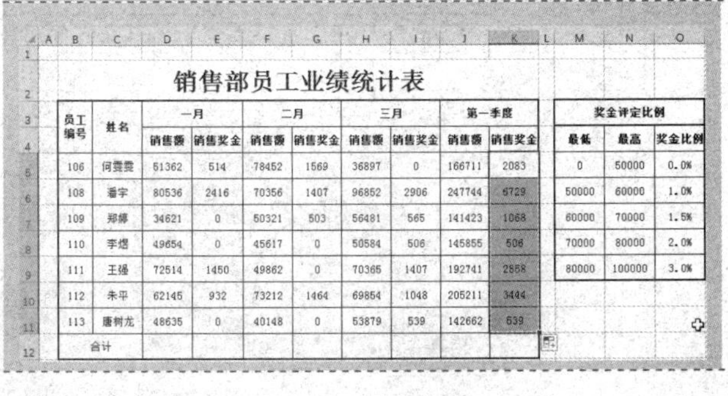

销售部员工业绩统计表

员工编号	姓名	一月		二月		三月		第一季度	
		销售额	销售奖金	销售额	销售奖金	销售额	销售奖金	销售额	销售奖金
106	何雯雯	51362	514	78452	1569	36897	0	166711	2083
108	潘宇	80536	2416	70356	1407	96852	2906	247744	6729
109	郑婷	34621	0	50321	503	56481	565	141423	1068
110	李煜	49654	0	45617	0	50584	506	145855	506
111	王强	72514	1450	49862	0	70365	1407	192741	2858
112	朱平	62145	932	73212	1464	69854	1048	205211	3444
113	唐树龙	48635	0	40148	0	53879	539	142662	539
合计									

奖金评定比例		
最低	最高	奖金比例
0	50000	0.0%
50000	60000	1.0%
60000	70000	1.5%
70000	80000	2.0%
80000	100000	3.0%

③按住鼠标左键，然后向下拖拉至K11，效果如左图所示。

STEP8：设置累积求和公式

①选中D12单元格，然后输入"=SUM (D5:D11)"。

②单击【Enter】键后，即可得出累积求和；继续选中D12单元格，然后将鼠标放在单元格内的右下角。

③按住鼠标左键，然后向右拖拉至K12单元格，效果如右图所示。

STEP9：美化表格

①选中B2:K2单元格区域，切换至【开始】选项卡，选择【字体】选项组中的【填充颜色】，将颜色设为【金色，个性色4，淡色40%】。

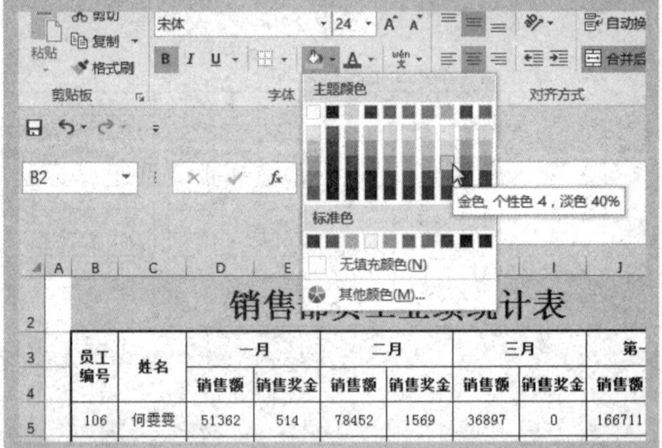

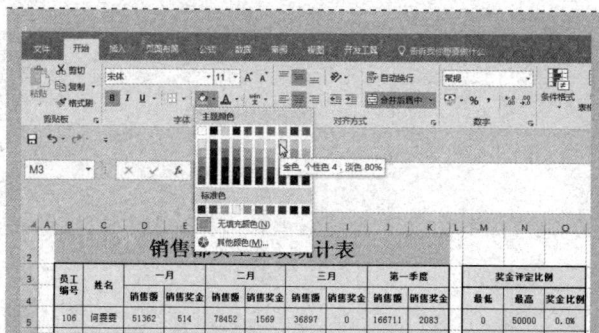

②按住【Ctrl】键，然后用鼠标分别选中B3:K12和M3:O9单元格区域，然后选择【字体】选项组中的【填充颜色】，将颜色设为【金色，个性色4，淡色80%】。

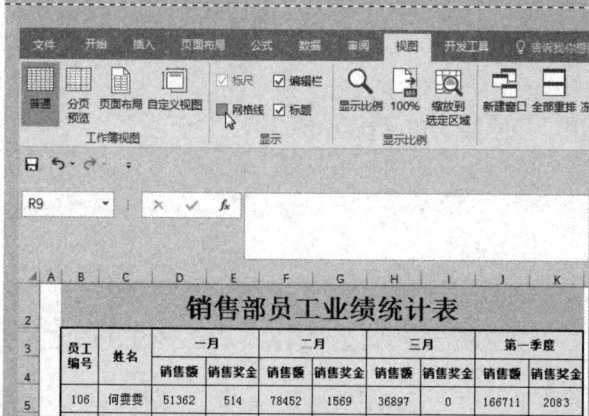

③切换至【视图】选项卡，在【显示】选项组中，取消勾选【网格线】复选框。

员工编号	姓名	一月		二月		三月		第一季度			奖金评定比例		
		销售额	销售奖金	销售额	销售奖金	销售额	销售奖金	销售额	销售奖金		最低	最高	奖金比例
106	何费费	51362	514	78452	1569	36897	0	166711	2083		0	50000	0.0%
108	潘宇	80536	2416	70356	1407	96852	2906	247744	6729		50000	60000	1.0%
109	邪郿	34621	0	50321	503	56481	565	141423	1068		60000	70000	1.5%
110	李煜	49654	0	45617	0	50584	506	145855	506		70000	80000	2.5%
111	王强	72514	1450	49862	0	70365	1407	192741	2858		80000	100000	3.0%
112	朱平	62145	932	73212	1464	69854	1048	205211	3444				
113	唐树龙	48635	0	40148	0	53879	539	142662	539				
合计		399467	5312.16	407968	4943.61	434912	6970.11	1242347	17225.9				

④最终的效果如左图所示。

操作小技巧

想要快速在多个单元格中输入相同的函数公式，我们先选定各个单元格区域，然后在编辑栏中输入函数公式，最后再使用【Ctrl+Enter】快捷键即可。

员工工作能力查询表

表格说明：

为了方便查询企业中每一位员工的工作能力和工作态度等绩效考核成绩，我们可以运用Excel强大的函数功能，通过输入员工编号来快速查询该员工的考核成绩。

本节任务：

使用Excel 2016制作一份员工工作能力查询表。学习重点是掌握VLOOKUP函数的设置。

学习目标：

◎ 学习设置VLOOKUP函数（该函数用于搜索某个单元格区域的第一列）。

◎ 掌握设置退休日期函数的方法。

具体步骤：

STEP1：创建文件名称并设置行高

①新建一个Excel工作表，并将其命名为"员工工作能力查询表"。

②在打开的空白工作簿中用鼠标选中第2行单元格，然后在功能区中选择【格式】，用左键点击后即会出现下拉菜单，继续点击【行高】，在弹出的【行高】对话框中，把行高设置为40，然后单击【确定】。

③用同样的方法，把第3至第18行的行高设置为20。

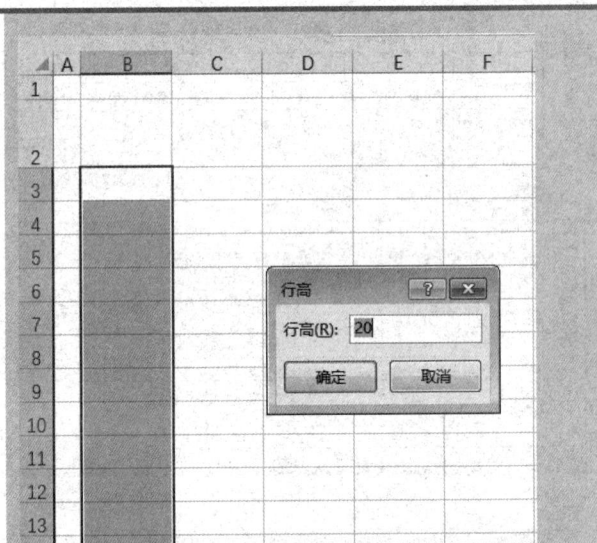

STEP2：设置列宽

①选中C列单元格，然后在功能区选择【格式】，用左键点击后即会出现下拉菜单，继续点击【列宽】，在弹出的【列宽】对话框中，把列宽设置为5，然后单击【确定】。

②用同样的方法，将D至K列单元格的列宽设置为10。

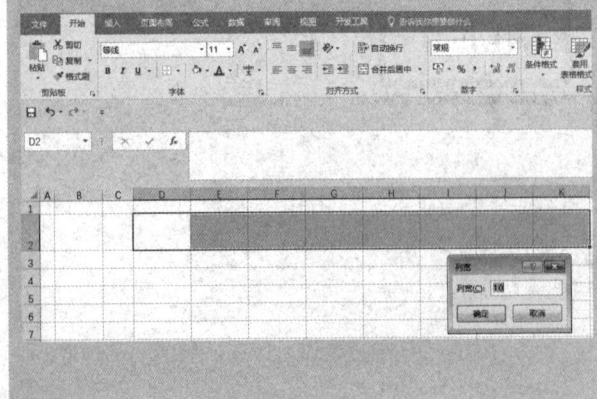

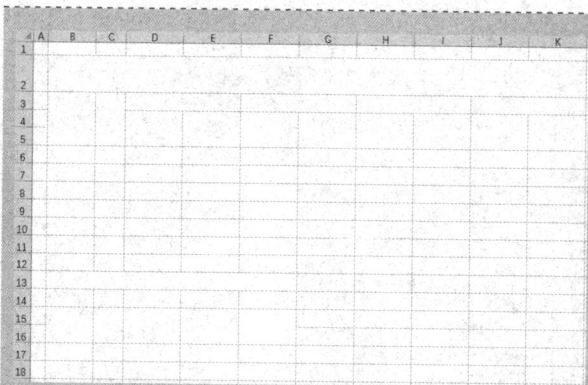

STEP3：合并单元格

①用鼠标选中B2:K2，然后在功能区选择【合并后居中】按钮，用鼠标左键点击。

②用同样的方法，按左图所示进行单元格合并。

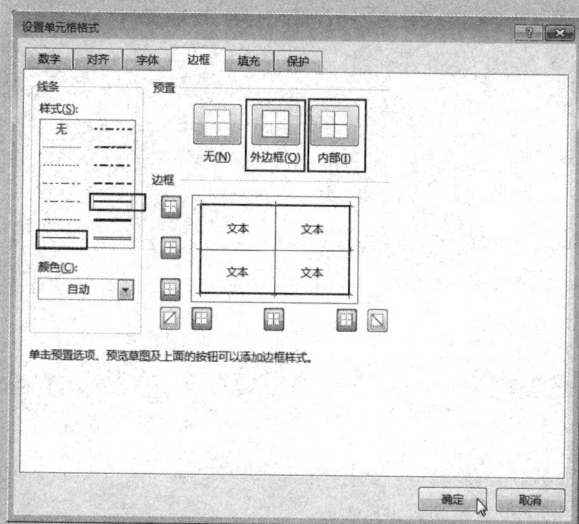

STEP4：设置边框线

①按住【Ctrl】键，然后用鼠标分别选中B3:K12和B13:F18单元格区域，单击鼠标右键，在弹出的菜单中选择【设置单元格格式】；用鼠标点击后，就会出现【设置单元格格式】对话框；点击【边框】，选择细线，然后点击【内部】按钮；再选择粗线，然后点击【外边框】按钮。

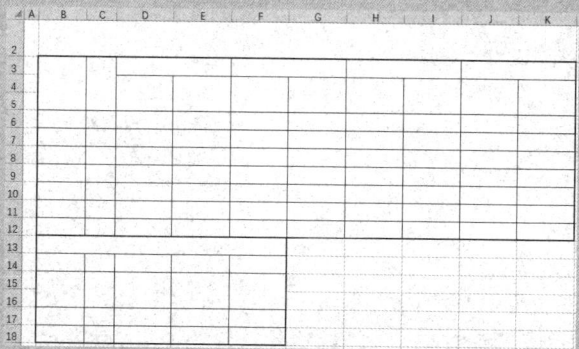

②点击【确定】后，效果如左图所示。

STEP5：输入内容

①用鼠标选中B2:K2，然后在单元格内输入"员工工作能力查询表"；选中该单元格，将【字号】设置为24；在功能区中点击【垂直居中】和【居中】，并用【Ctrl+B】快捷键将文字加粗。

②在B3:K18区域内的单元格中分别输入文字，并按照前面提到的方法对文字进行适当调整。

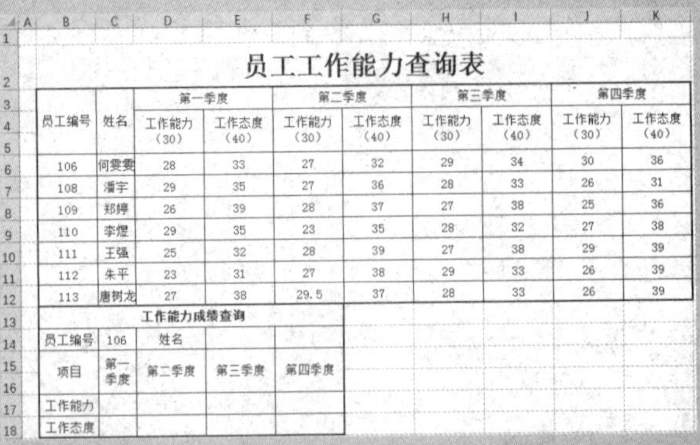

员工编号	姓名	第一季度		第二季度		第三季度		第四季度	
		工作能力(30)	工作态度(40)	工作能力(30)	工作态度(40)	工作能力(30)	工作态度(40)	工作能力(30)	工作态度(40)
106	何雯雯	28	33	27	32	29	34	30	36
108	潘宇	29	35	27	36	28	33	26	31
109	郑婷	26	39	28	37	27	38	25	36
110	李煜	29	35	23	35	28	32	27	38
111	王强	25	32	28	39	27	38	29	39
112	朱平	23	31	27	38	29	33	26	39
113	唐树龙	27	38	29.5	37	28	33	26	39

工作能力成绩查询

员工编号	106	姓名	
项目	第一季度	第二季度	第三季度	第四季度
工作能力			
工作态度			

STEP6：设置工作成绩查询公式

①选中E14单元格，然后输入"=VLOOKUP($C$14,$B$6:$K$12,2)"。

工作能力成绩查询

员工编号	106	=VLOOKUP($C14,$B$6:$K$12,2)		
项目	第一季度	第二季度	第三季度	第四季度
工作能力				
工作态度				

②单击【Enter】键后，即可显示出"员工编号106"所对应的员工姓名"何雯雯"，效果如右图所示。

工作能力成绩查询

员工编号	106	姓名	何雯雯	
项目	第一季度	第二季度	第三季度	第四季度
工作能力				
工作态度				

	B	C	D	E	F	G	H	I	J	K
6	106	何雯雯	28	33	27	32	29	34	30	36
7	108	潘宇	29	35	27	36	28	33	26	31
8	109	郑博	26	39	28	37	27	38	25	38
9	110	李煜	29	35	23	35	28	32	27	38
10	111	王强	25	32	28	39	27	38	29	39
11	112	朱平	23	31	27	38	28	33	26	39
12	113	唐树龙	27	38	29.5	37	28	33	26	39
13	工作能力成绩查询									
14	员工编号	106		姓名	何雯雯					
15 16	项目	第一季度	第二季度	第三季度	第四季度					
17	工作能力	28	27	29	30					
18	工作态度	33	32	34	36					

③用同样的方法，在 C17、D17、E17、F17、C18、D18、E18、F18 单元格内，分别输入：

"=VLOOKUP($C$14,$B$6:$K$12,3)"

"=VLOOKUP($C$14,$B$6:$K$12,5)"

"=VLOOKUP($C$14,$B$6:$K$12,7)"

"=VLOOKUP($C$14,$B$6:$K$12,9)"

"=VLOOKUP($C$14,$B$6:$K$12,4)"

"=VLOOKUP($C$14,$B$6:$K$12,6)"

"=VLOOKUP($C$14,$B$6:$K$12,8)"

"=VLOOKUP($C$14,$B$6:$K$12,10)"，

然后再分别单击【Enter】键，即可通过输入员工编号，来查询该员工的考核信息。

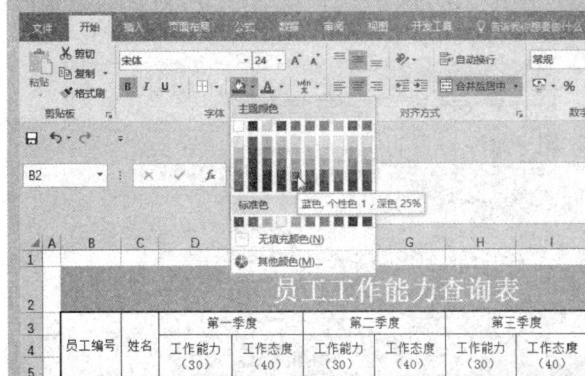

STEP7：美化表格

①选中B2:K2单元格区域，切换至【开始】选项卡，选择【字体】选项组中的【填充颜色】，将颜色设为【蓝色，个性色1，深色25%】。

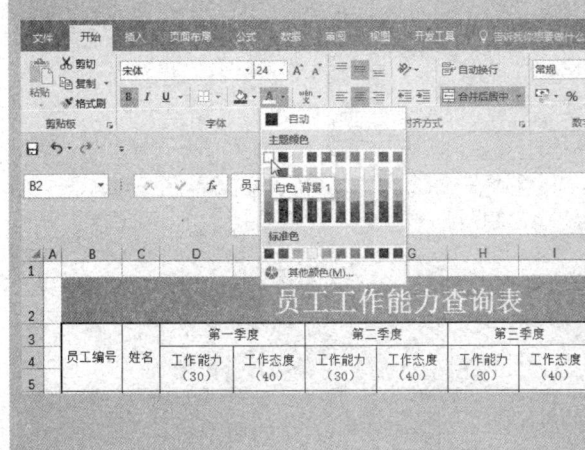

②继续选中B2:K2单元格区域，然后选择【字体】选项组中的【字体颜色】，将颜色设为【白色，背景1】。

307

③按住【Ctrl】键，然后用鼠标分别选中B3:K12和B13:F18单元格区域，然后选择【字体】选项组中的【填充颜色】，将颜色设为【蓝色，个性色1，淡色60%】。

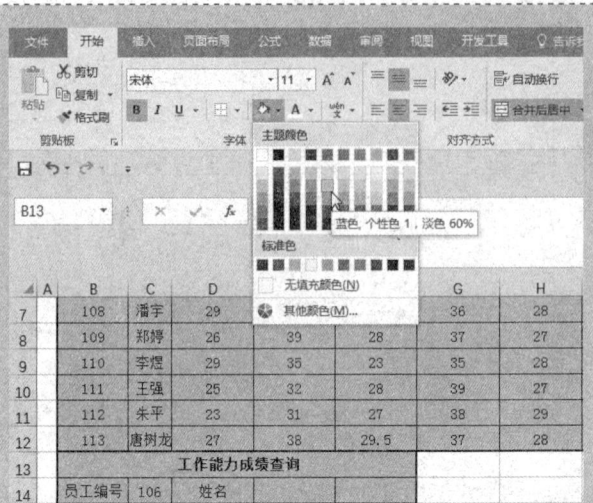

④切换至【视图】选项卡，在【显示】选项组中，取消勾选【网格线】复选框。

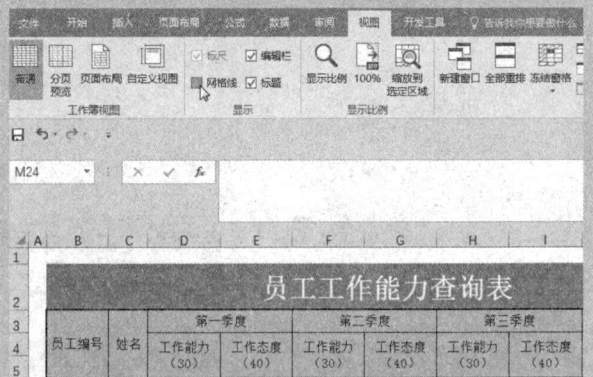

⑤最终的效果如右图所示。

　　按住【shift】或者【ctrl】键，选中多个想要输入内容或修改格式的工作表，然后在其中任何一个表中进行操作，那么所选中的所有工作表都会同步输入内容或修改格式，这样就不用逐个表进行输入或修改了。

员工年度绩效考核表

表格说明：

员工年度绩效考核表是用来统计员工在一年之内的绩效考核情况。人事部门通过这份表格，可以为员工制定该年度的年终绩效奖金。

本节任务：

本节介绍如何使用Excel 2016制作一份员工年度绩效考核表。本节学习的重点是掌握排名函数的设置方法。

学习目标：

◎ 学习设置排名函数公式的方法。

◎ 掌握奖金函数的设置方法。

具体步骤：

STEP1：创建文件名称并设置行高

①新建一个Excel工作表，并将其命名为"员工年度绩效考核表"。

②在打开的空白工作簿中用鼠标选中第2行单元格，然后在功能区中选择【格式】，用左键点击后即会出现下拉菜单，继续点击【行高】，在弹出的【行高】对话框中，把行高设置为40，然后单击【确定】。

③用同样的方法，把第3至第11行的行高设置为25。

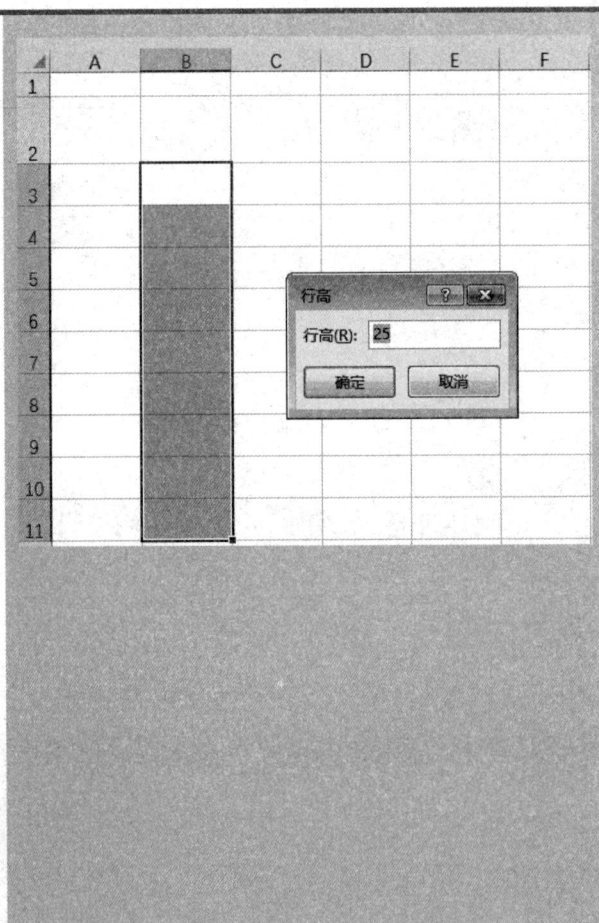

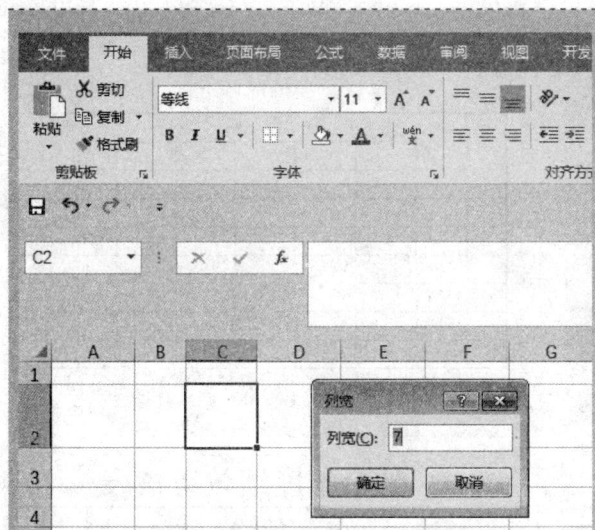

STEP2：设置列宽

①按住【Ctrl】键，用鼠标分别选中B和I列单元格，然后在功能区选择【格式】，用左键点击后即会出现下拉菜单，继续点击【列宽】，在弹出的【列宽】对话框中，把列宽设置为5，然后单击【确定】。

②用同样的方法，将C列单元格的列宽设置为7。

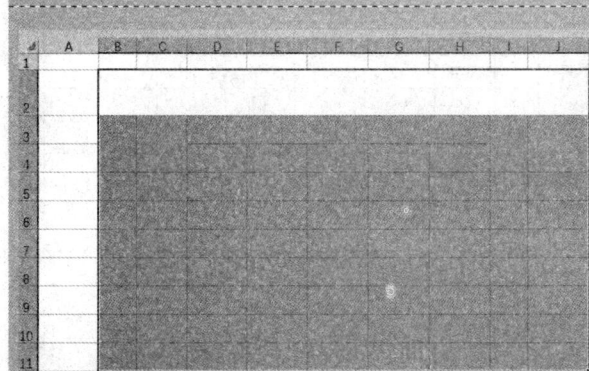

STEP3：合并单元格

①用鼠标选中B2:J2，然后在功能区选择【合并后居中】按钮，用鼠标左键点击。

②用同样的方法，按左图所示进行单元格合并。

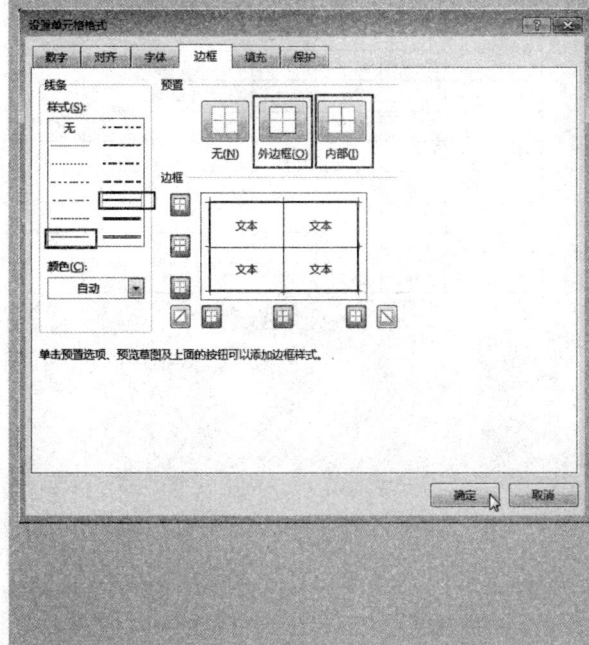

STEP4：设置边框线

①用鼠标选中B3:J11，单击鼠标右键，在弹出的菜单中选择【设置单元格格式】；用鼠标点击后，就会出现【设置单元格格式】对话框；点击【边框】，选择细线，然后点击【内部】按钮；再选择粗线，然后点击【外边框】按钮。

②点击【确定】后，效果如右图所示。

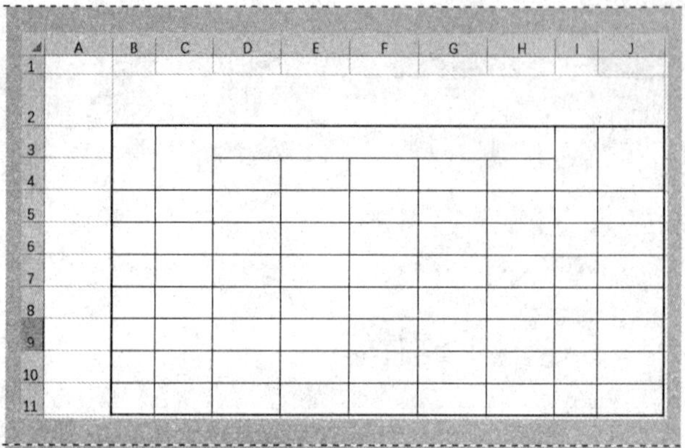

STEP5：输入内容

①用鼠标选中B2:J2，然后在单元格内输入"员工年度绩效考核表"；选中该单元格，将【字号】设置为26；在功能区中点击【垂直居中】和【居中】，并用【Ctrl+B】快捷键将文字加粗。

②在B3:J11区域内的单元格中分别输入文字，并按照前面提到的方法对文字进行适当调整。

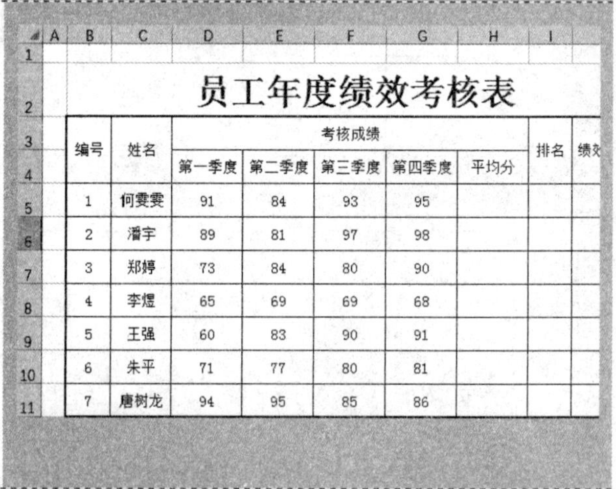

员工年度绩效考核表

编号	姓名	考核成绩					排名	绩效
		第一季度	第二季度	第三季度	第四季度	平均分		
1	何雯雯	91	84	93	95			
2	潘宇	89	81	97	98			
3	郑婷	73	84	80	90			
4	李煜	65	69	69	68			
5	王强	60	83	90	91			
6	朱平	71	77	80	81			
7	唐树龙	94	95	85	86			

STEP6：设置计算平均分公式

①选中H5单元格，然后输入"=AVERAGE(D5:G5)"。

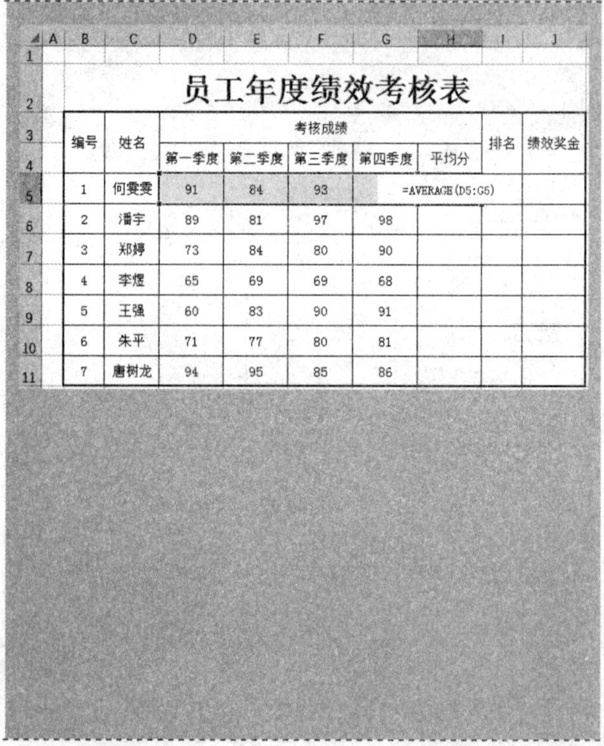

员工年度绩效考核表

编号	姓名	考核成绩					排名	绩效奖金
		第一季度	第二季度	第三季度	第四季度	平均分		
1	何雯雯	91	84	93	=AVERAGE(D5:G5)			
2	潘宇	89	81	97	98			
3	郑婷	73	84	80	90			
4	李煜	65	69	69	68			
5	王强	60	83	90	91			
6	朱平	71	77	80	81			
7	唐树龙	94	95	85	86			

②单击【Enter】键后，即可得出该员工的绩效平均分；继续选中H5单元格，然后将鼠标放在单元格内的右下角。

员工年度绩效考核表

编号	姓名	考核成绩				平均分	排名	绩效奖金
		第一季度	第二季度	第三季度	第四季度			
1	何雯雯	91	84	93	95	90.75		
2	潘宇	89	81	97	98			
3	郑婷	73	84	80	90			
4	李煜	65	69	69	68			
5	王强	60	83	90	91			
6	朱平	71	77	80	81			
7	唐树龙	94	95	85	86			

③按住鼠标左键，然后向下拖拉至H11，效果如左图所示。

员工年度绩效考核表

编号	姓名	考核成绩				平均分	排名	绩效奖金
		第一季度	第二季度	第三季度	第四季度			
1	何雯雯	91	84	93	95	90.75		
2	潘宇	89	81	97	98	91.25		
3	郑婷	73	84	80	90	81.75		
4	李煜	65	69	69	68	67.75		
5	王强	60	83	90	91	81		
6	朱平	71	77	80	81	77.25		
7	唐树龙	94	95	85	86	90		

STEP7：设置显示排名函数公式

①选中I5单元格，然后输入"=RANK(H5,$H$5:$H$11,0)"。

员工年度绩效考核表

编号	姓名	考核成绩				平均分	排名	绩效奖金
		第一季度	第二季度	第三季度	第四季度			
1	何雯雯	91	84	93	95	=RANK(H5,$H$5:$H$11,0)		
2	潘宇	89	81	97	98	91.25		
3	郑婷	73	84	80	90	81.75		
4	李煜	65	69	69	68	67.75		
5	王强	60	83	90	91	81		
6	朱平	71	77	80	81	77.25		
7	唐树龙	94	95	85	86	90		

②单击【Enter】键后，即可显示该员工的绩效排名；继续选中I5单元格，然后将鼠标放在单元格内的右下角。

员工年度绩效考核表

编号	姓名	考核成绩				平均分	排名	绩效奖金
		第一季度	第二季度	第三季度	第四季度			
1	何雯雯	91	84	93	95	90.75	2	
2	潘宇	89	81	97	98	91.25		
3	郑婷	73	84	80	90	81.75		
4	李煜	65	69	69	68	67.75		
5	王强	60	83	90	91	81		
6	朱平	71	77	80	81	77.25		
7	唐树龙	94	95	85	86	90		

③按住鼠标左键，然后向下拖拉至I11，效果如右图所示。

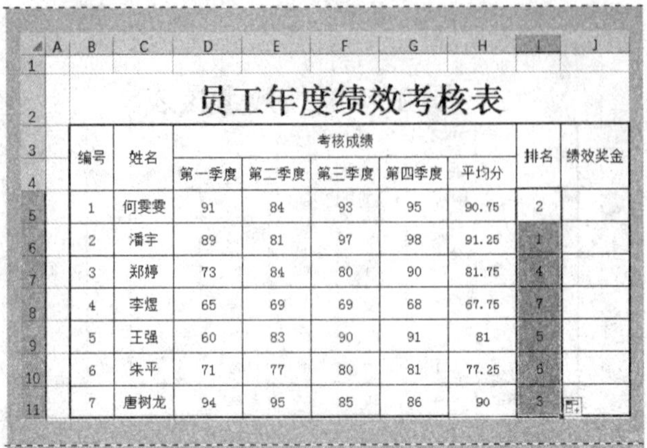

编号	姓名	考核成绩				平均分	排名	绩效奖金
		第一季度	第二季度	第三季度	第四季度			
1	何雯雯	91	84	93	95	90.75	2	
2	潘宇	89	81	97	98	91.25	1	
3	郑婷	73	84	80	90	81.75	4	
4	李煜	65	69	69	68	67.75	7	
5	王强	60	83	90	91	81	5	
6	朱平	71	77	80	81	77.25	6	
7	唐树龙	94	95	85	86	90	3	

STEP8：设置绩效奖金函数公式

①选中J5单元格，然后输入"=IF(H5>=90,500,IF(H5<80,0,300))"。

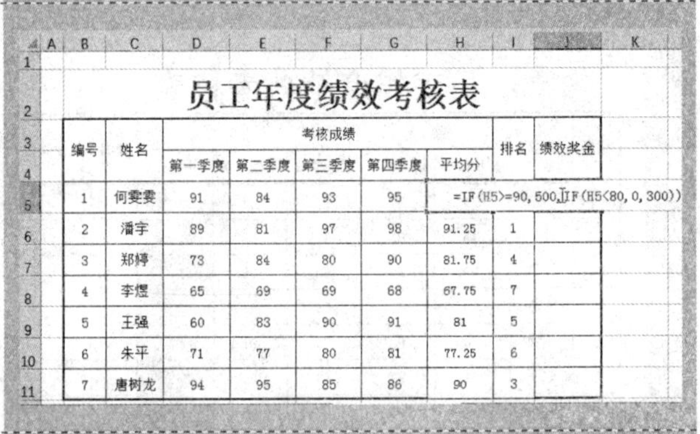

员工年度绩效考核表

编号	姓名	考核成绩				平均分	排名	绩效奖金
		第一季度	第二季度	第三季度	第四季度			
1	何雯雯	91	84	93	95	=IF(H5>=90,500,IF(H5<80,0,300))		
2	潘宇	89	81	97	98	91.25	1	
3	郑婷	73	84	80	90	81.75	4	
4	李煜	65	69	69	68	67.75	7	
5	王强	60	83	90	91	81	5	
6	朱平	71	77	80	81	77.25	6	
7	唐树龙	94	95	85	86	90	3	

②单击【Enter】键后，即可显示该员工在该年度的绩效奖金；继续选中J5单元格，然后将鼠标放在单元格内的右下角。

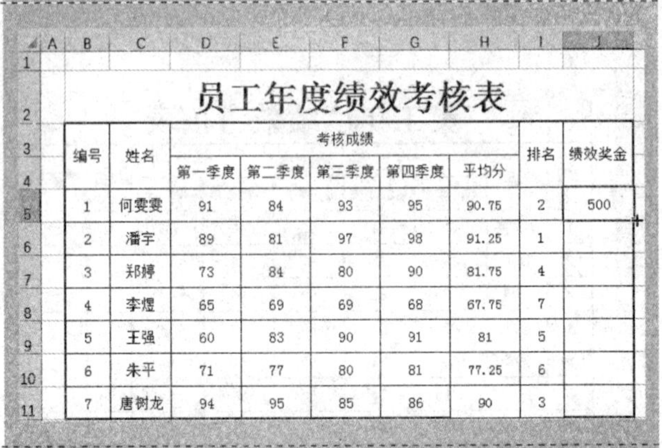

员工年度绩效考核表

编号	姓名	考核成绩				平均分	排名	绩效奖金
		第一季度	第二季度	第三季度	第四季度			
1	何雯雯	91	84	93	95	90.75	2	500
2	潘宇	89	81	97	98	91.25	1	
3	郑婷	73	84	80	90	81.75	4	
4	李煜	65	69	69	68	67.75	7	
5	王强	60	83	90	91	81	5	
6	朱平	71	77	80	81	77.25	6	
7	唐树龙	94	95	85	86	90	3	

③按住鼠标左键，然后向下拖拉至J11，效果如右图所示。

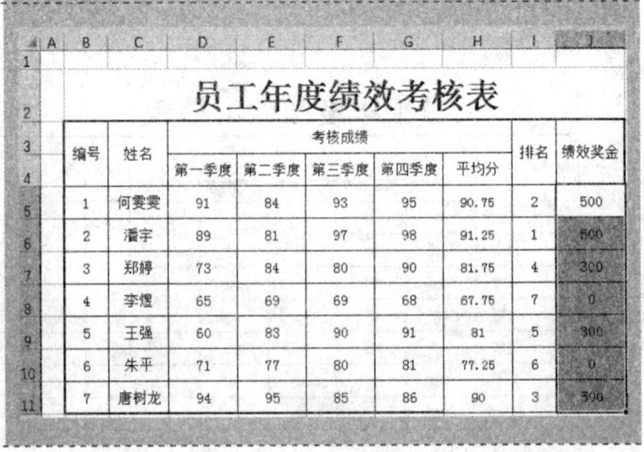

员工年度绩效考核表

编号	姓名	考核成绩				平均分	排名	绩效奖金
		第一季度	第二季度	第三季度	第四季度			
1	何雯雯	91	84	93	95	90.75	2	500
2	潘宇	89	81	97	98	91.25	1	500
3	郑婷	73	84	80	90	81.75	4	300
4	李煜	65	69	69	68	67.75	7	0
5	王强	60	83	90	91	81	5	300
6	朱平	71	77	80	81	77.25	6	0
7	唐树龙	94	95	85	86	90	3	500

STEP9：美化表格

①选中B3:J11单元格区域，切换至【开始】选项卡，选择【字体】选项组中的【填充颜色】，将颜色设为【绿色，个性色6，淡色40%】。

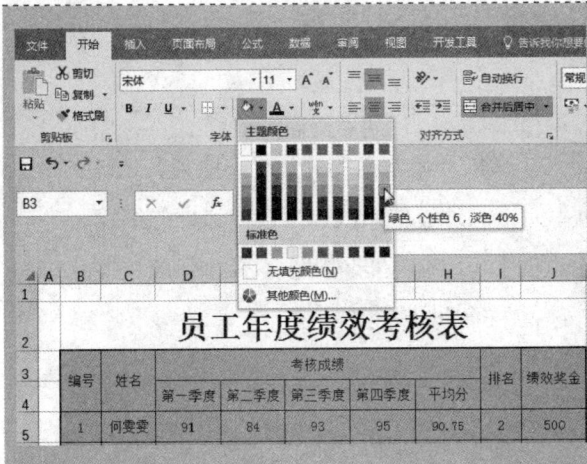

②继续选中该单元格区域，然后选择【字体】选项组中的【字体颜色】，将颜色设为【绿色，个性色6，深色50%】。

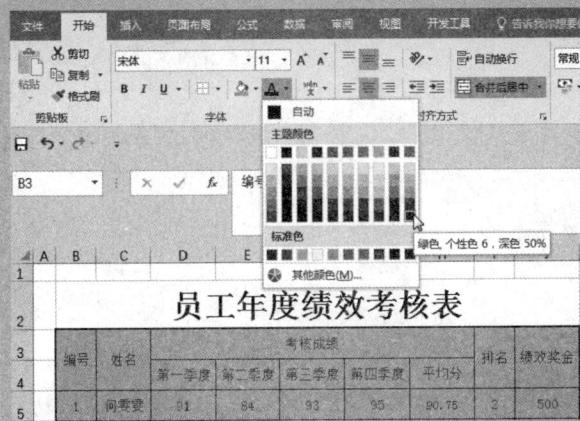

③最终的效果如左图所示。

員工年度绩效考核表

编号	姓名	考核成绩				排名	绩效奖金
		第一季度	第二季度	第三季度	第四季度	平均分	
1	何雯雯	91	84	93	95	90.75	2	500
2	潘宇	89	81	97	98	91.25	1	500
3	郑辉	73	84	80	90	81.75	4	300
4	李煜	65	69	69	68	67.75	7	0
5	王强	60	83	90	91	81	5	300
6	朱平	71	77	80	81	77.25	6	0
7	唐树龙	94	95	85	86	90	3	500

执行"拖拉复制"单元格的操作方法，会破坏单元格的外边框。比如，从I5单元格拖拉复制到I11单元格，就会让I11单元格的外边框粗线，变成内边框的细线。此时，我们可执行【开始】【字体】【边框】【绘制边框网格】命令。但应注意，绘制前应先将【线条样式】设置为与外边框线条相同的粗线。

Excel中常用的30个函数

在使用Excel制作表格或整理数据时，我们经常要用到Excel的函数功能来自动统计、处理表格中的数据。下面，我介绍一下Excel中使用频率非常高的30个函数的功能和使用方法。

1. AND函数

主要功能：返回逻辑值。如果所有参数值均为逻辑"真（TRUE）"，则返回逻辑"真（TRUE）"；反之，则返回逻辑"假（FALSE）"。

使用格式：AND(logical1,logical2,...)

参数说明：logical1,logical2,...代表待测试的条件值或表达式，最多达30个。

应用举例：在C5单元格输入公式"=AND（A5>=60,B5>=60）"，确认。如果C5中返回TRUE，则说明A5和B5中的数值均大于等于60；如果返回FALSE，则说明A5和B5中的数值至少有一个小于60。

特别提示：如果指定的逻辑条件参数中包含非逻辑值时，则函数会返回错误值"#VALUE!"或"#NAME"。

2. OR函数

主要功能：返回逻辑值。仅当所有参数值均为逻辑"假（FALSE）"时，返回函数结果逻辑"假（FALSE）"；否则，都返回逻辑"真（TRUE）"。

使用格式：OR(logical1,logical2,...)

参数说明：logical1,logical2,...代表待测试的条件值或表达式，最多达30个。

应用举例：在C62单元格输入公式"=OR（A62>=60,B62>=60）"，确认。如果C62中返回TRUE，则说明A62和B62中的数值至少有一个大于或等于60；如果返回FALSE，则说明A62和B62中的数值都小于60。

特别提示：如果指定的逻辑条件参数中包含非逻辑值时，则函数返回错误值 "#VALUE!"或"#NAME"。

3. ABS函数

主要功能：求出相应数字的绝对值。

使用格式：ABS(number)

参数说明：number 代表需要求绝对值的数值或引用的单元格。

应用举例：如果在B2单元格中输入公式"=ABS(A2)"，则在A2单元格中无论输入正数（如100）还是负数（如−100），B2中均会显示出正数（如100）。

特别提示：如果number参数不是数值，而是一些字符（如A等），则B2中返回错误值"#VALUE!"。

4. INT函数

主要功能：将数值向下取整为最接近的整数。

使用格式：INT(number)

参数说明：number代表需要取整的数值或包含数值的引用单元格。

应用举例：输入公式"=INT(18.89)"，确认后显示出18。

特别提示：在取整时，不进行四舍五入；如果输入的公式为=INT(−18.89)，则返回结果为−19。

5. AVERAGE函数

主要功能：求出所有参数的算术平均值。

使用格式：AVERAGE(number1,number2,...)

参数说明：number1,number2,...代表需要求平均值的数值或引用单元格（区域），参数不超过30个。

应用举例：在B8单元格中输入公式"=AVERAGE(B7:D7,F7:H7,7,8)"，确认后，即可求出B7至D7区域、F7至H7区域中的数值和"7、8"的平均值。

特别提示：如果引用区域中包含"0"值单元格，则计算在内；如果引用区域中包含空白或字符单元格，则不计算在内。

6. SUM函数

主要功能：计算所有参数数值的和。

使用格式：SUM（number1,number2...）

参数说明：number1,number2...代表需要计算的值，可以是具体的数值、引用的单元格

（区域）、逻辑值等。

应用举例：在一份统计成绩的表格中，在D64单元格中输入公式"=SUM(D2:D63)"，确认后即可求出从D2至D63单元格的总分。

特别提示：如果参数为数组或引用，只有其中的数字将被计算。数组或引用中的空白单元格、逻辑值、文本或错误值将被忽略；如果将上述公式修改为：

=SUM(LARGE(D2:D63,{1,2,3,4,5}))，则可以求出前5名成绩的和。

7. SUMIF函数

主要功能：根据指定条件对若干单元格、区域或引用求和。

使用格式：SUMIF(range,criteria,sum_range)

参数说明：range代表用于条件判断的单元格区域，criteria代表由数字、逻辑表达式等组成的判定条件，sum_range代表需要求和的单元格、区域或引用。

应用举例：求某单位统计工资报表中，职称为"中级"的员工工资总额。假设工资总额存放在工作表的F列，员工职称存放在工作表B列，则公式为"=SUMIF(B1:B1000,"中级",F1:F1000)"，其中"B1:B1000"为提供逻辑判断依据的单元格区域，"中级"为判断条件，即仅仅统计B1:B1000区域中，职称为"中级"的单元格，F1:F1000为实际求和的单元格区域。

8. COUNT函数

主要功能：返回统计区域中的数字个数。即可以统计数组或单元格区域中含有数字的单元格个数。

使用格式：COUNT(value1,value2,...)

参数说明：value1,value2,...代表包含或引用各种类型数据的参数(1~30个)，其中只有数字类型的数据才能被统计。

应用举例：如果A1=90、A2=人数、A3=""、A4=54、A5=36，则公式"=COUNT(A1:A5)"返回3。

9. COUNTA函数

主要功能：返回参数组中非空值的数目。利用函数COUNTA可以计算数组或单元格区域中数据项的个数。

使用格式：COUNTA(value1,value2,...)

参数说明：value1,value2,...代表所要计数的值，参数个数为1~30个。在这种情况下的参数可以是任何类型，它们包括空格但不包括空白单元格。如果参数是数组或单元格引用，则数组或引用中的空白单元格将被忽略。如果不需要统计逻辑值、文字或错误值，则应该使用COUNT函数。

应用举例：如果A1=6.28、A2=3.74，其余单元格为空，则公式"=COUNTA(A1:A7)"

的计算结果等于2。

10. COUNTIF函数

主要功能：统计某个单元格区域中符号指定条件的单元格数目。

使用格式：COUNTIF(range,criteria)

参数说明：range代表要统计的单元格区域；criteria代表指定的条件表达式。

应用举例：在C17单元格中输入公式"=COUNTIF(B1:B13,">=80")"，确认后，即可统计出B1至B13单元格区域中，数值大于等于80的单元格数目。

特别提示：允许引用的单元格区域中有空白单元格出现。

11. IF函数

主要功能：根据对指定条件的逻辑判断的真假结果，返回相对应的内容。

使用格式：IF(logical,value_if_true,value_if_false)

参数说明：logical代表逻辑判断表达式；value_if_true代表当判断条件为逻辑"真（TRUE）"时的显示内容，如果忽略则返回"TRUE"；Value_if_false代表当判断条件为逻辑"假（FALSE）"时的显示内容，如果忽略则返回"FALSE"。

应用举例：在C29单元格中输入公式"=IF(C26>=18,"符合要求","不符合要求")"，确认以后，如果C26单元格中的数值大于或等于18，则C29单元格显示"符合要求"字样，反之显示"不符合要求"字样。

12. COLUMN函数

主要功能：显示所引用单元格的列标号值。

使用格式：COLUMN(reference)

参数说明：reference代表引用的单元格。

应用举例：在C11单元格中输入公式"=COLUMN(B11)"，确认后显示为2（即B列）。

特别提示：如果在 B11 单元格中输入公式：=COLUMN()，也显示出 2；与之相对应的还有一个返回行标号值的函数——ROW(reference)。

13. CONCATENATE函数

主要功能：将多个字符文本或单元格中的数据连接在一起，显示在一个单元格中。

使用格式：CONCATENATE(text1,[text2],...)

参数说明：text1、text2,...代表需要连接的字符文本或引用的单元格。

应用举例：在C14单元格中输入公式"=CONCATENATE(A14,"@",B14,".com")"，确认后，即可将A14单元格中的字符、@、B14单元格中的字符和.com连接成一个整体，显示在C14单元格中。

特别提示：如果参数不是引用的单元格，且为文本格式的，请给参数加上英文状态下的双引号，如果将上述公式改为：=A14&"@"&B14&".com"，也能达到同样的目的。

14. DATE函数

主要功能：给出指定数值的日期。

使用格式：DATE(year,month,day)

参数说明：year代表指定的年份数值（小于 9999）；month代表指定的月份数值（可以大于12）；day代表指定的天数。

应用举例：在 C20 单元格中输入公式"=DATE(2016,13,35)"，确认后，显示出 2017-2-4。

特别提示：由于上述公式中，月份为13，多了一个月，顺延至2017年1月；天数为35，比2017年1月的实际天数又多了4天，故又顺延至2017年2月4日。

15. DATEDIF函数

主要功能：计算返回两个日期参数的差值。

使用格式：DATEDIF(date1,date2,"y")，DATEDIF(date1,date2,"m")，DATEDIF(date1,date2,"d")

参数说明：date1代表前面一个日期，date2代表后面一个日期；y、m、d分别代表要求返回两个日期相差的年、月、天数。

应用举例：在C23单元格中输入公式"=DATEDIF(A23,TODAY(),"y")"，确认后返回系统当前日期（用TODAY()表示）与A23单元格中日期的差值，并返回相差的年数。

特别提示：这是Excel中的一个隐藏函数，在函数向导中是找不到的，可以直接输入使用，对于计算年龄、工龄等非常有效。

16. DAY函数

主要功能：求出指定日期或引用单元格中的日期的天数。

使用格式：DAY(serial_number)

参数说明：serial_number代表指定的日期或引用的单元格。

应用举例：输入公式"DAY("2003-12-18")"，确认后，显示出18。

特别提示：如果是给定的日期，请包含在英文双引号中。

17. MONTH函数

主要功能：求出指定日期或引用单元格中的日期的月份。

使用格式：MONTH(serial_number)

参数说明：serial_number代表指定的日期或引用的单元格。

应用举例：输入公式"=MONTH("2003-12-18")"，确认后，显示出12。

特别提示：如果是给定的日期，请包含在英文双引号中；如果将上述公式修改为：=YEAR("2003-12-18")，则返回年份对应的值"2003"。

18. NOW函数

主要功能：给出当前系统日期和时间。

使用格式：NOW()

参数说明：该函数不需要参数。

应用举例：输入公式"=NOW()"，确认后即刻显示出当前系统日期和时间。如果系统日期和时间发生了改变，则只要按一下F9功能键，就可让其随之改变。

特别提示：显示出来的日期和时间格式，可以通过单元格格式进行重新设置。

19. TODAY函数

主要功能：给出系统日期。

使用格式：TODAY()

参数说明：该函数不需要参数。

应用举例：输入公式"=TODAY()"，确认后即刻显示出系统日期和时间。如果系统日期和时间发生了改变，则只要按一下F9功能键，就可让其随之改变。

特别提示：显示出来的日期格式，可以通过单元格格式进行重新设置。

20. FIND函数

主要功能：用于查找其他文本串(within_text)内的文本串(find_text)，并从within_text的首字符开始返回find_text的起始位置编号。此函数适用于双字节字符，它区分大小写但不允许使用通配符。

使用格式：FIND(find_text,within_text,start_num)

参数说明：find_text代表待查找的目标文本；within_text代表包含待查找文本的源文本；start_num代表从其开始进行查找的字符，即within_text中编号为1的字符。如果忽略start_num，则假设其为1。

应用举例：如果A1=软件报，则公式"=FIND("软件",A1,1)"返回1。

21. LEFT或LEFTB函数

主要功能：从一个文本字符串的第一个字符开始，截取指定数目的字符，此函数用于双字节字符。

使用格式：LEFT(text,num_chars)或LEFTB(text,num_bytes)

参数说明：text是包含要提取字符的文本串；num_chars指定函数要提取的字符数，它必须大于或等于0。num_bytes按字节数指定由LEFTB提取的字符数。

应用举例：如果A1=电脑爱好者，则LEFT(A1,2)返回"电脑"，LEFTB(A1,2)返回"电"。

22. MID或MIDB函数

主要功能：MID返回文本串中从指定位置开始的特定数目的字符，该数目由用户指定。

MIDB返回文本串中从指定位置开始的特定数目的字符，该数目由用户指定。MIDB函数可以用于双字节字符。

使用格式：MID(text,start_num,num_chars)或MIDB (text,start_num,num_bytes)

参数说明：text代表包含要提取字符的文本串。start_num代表文本中要提取的第一个字符的位置，文本中第一个字符的start_num为1，依此类推；num_chars代表希望MID从文本中返回字符的个数；num_bytes代表希望MIDB从文本中按字节返回字符的个数。

应用举例：如果A1=电子计算机，则公式"=MID(A1,3,2)"返回"计算"，"=MIDB(A1,3,2)"返回"子"。

23. RIGHT或RIGHTB函数

主要功能：RIGHT根据所指定的字符数返回文本串中最后一个或多个字符。RIGHTB根据所指定的字节数返回文本串中最后一个或多个字符。

使用格式：RIGHT(text,num_chars)，RIGHTB(text,num_bytes)

参数说明：text代表包含要提取字符的文本串；num_chars代表希望RIGHT提取的字符数，它必须大于或等于0。如果num_chars大于文本长度，则RIGHT返回所有文本。如果忽略num_chars，则假定其为1。num_bytes代表欲提取字符的字节数。

应用举例：如果A1=学习的革命，则公式"=RIGHT(A1,2)"返回"革命"，"=RIGHTB(A1,2)"返回"命"。

24. MOD函数

主要功能：求出两数相除的余数。

使用格式：MOD(number,divisor)

参数说明：number代表被除数，divisor代表除数。

应用举例：输入公式"=MOD(13,4)"，确认后显示出结果"1"。

特别提示：如果divisor参数为零，则显示错误值"#DIV/0!"；MOD函数可以借用函数INT来表示：上述公式可以修改为"=13-4*INT(13/4)"。

25. LEN函数

主要功能：统计文本字符串中字符数目。

使用格式：LEN(text)

参数说明：text表示要统计的文本字符串。

应用举例：假定A40单元格中保存了"我今年28岁"的字符串，我们在 C40单元格中输入公式"=LEN(A40)"，确认后即显示出统计结果"6"。

特别提示：LEN要统计时，无论中全角字符，还是半角字符，每个字符均计为"1"；与之相对应的一个函数——LENB，在统计时半角字符计为"1"，全角字符计为"2"。

26. MAX函数

主要功能：求出一组数中的最大值。

使用格式：MAX(number1,number2,...)

参数说明：number1,number2,...代表需要求最大值的数值或引用单元格（区域），参数不超过30个。

应用举例：输入公式"=MAX(E44:J44,7,8,9,10)"，确认后即可显示出E44至J44单元格区域和数值7、8、9、10中的最大值。

特别提示：如果参数中有文本或逻辑值，则忽略；公式中各参数间，要用英文状态下的逗号隔开。

27. LARGE函数

主要功能：返回某一数据集中的某个最大值。可以使用LARGE函数查询考试分数集中第一、第二、第三等的得分。

使用格式：LARGE(array,k)

参数说明：array代表需要从中查询第k个最大值的数组或数据区域，k代表返回值在数组或数据单元格区域里的位置(即名次)。

应用举例：如果B1=59、B2=70、B3=80、B4=90、B5=89、B6=84、B7=92，则公式"=LARGE(B1,B7,2)"返回90。

28. MIN函数

主要功能：求出一组数中的最小值。

使用格式：MIN(number1,number2,...)

参数说明：number1,number2, ...代表需要求最小值的数值或引用单元格（区域），参数不超过30个。

应用举例：输入公式"=MIN(E44:J44,7,8,9,10)"，确认后即可显示出 E44至J44单元格区域和数值7、8、9、10中的最小值。

特别提示：如果参数中有文本或逻辑值，则忽略。

29. LOOKUP函数

主要功能：返回向量（单行区域或单列区域）或数组中的数值。该函数有两种使用格式：向量和数组。其向量形式是在单行区域或单列区域（向量）中查找数值，然后返回第二个单行区域或单列区域中相同位置的数值；其数组形式在数组的第一行或第一列查找指定的数值，然后返回数组的最后一行或最后一列中相同位置的数值。

使用格式1（向量形式）：LOOKUP(lookup_value,lookup_vector,result_vector)

使用格式2（数组形式）：LOOKUP(lookup_value,array)

参数1说明（向量形式）：lookup_value代表函数LOOKUP在第一个向量中所要查找的数值。lookup_value可以为数字、文本、逻辑值或包含数值的名称或引用。lookup_vector代表只包含一行或一列的区域。lookup_vector的数值可以为文本、数字或逻辑值。

参数2说明（数组形式）：lookup_value代表函数LOOKUP在数组中所要查找的数值。lookup_value可以为数字、文本、逻辑值或包含数值的名称或引用。如果函数LOOKUP找不到lookup_value，则使用数组中小于或等于lookup_value的最大数值。array代表包含文本、数字或逻辑值的单元格区域，它的值用于与lookup_value进行比较。

应用举例：如果A1=68、A2=76、A3=85、A4=90，则公式"=LOOKUP(76,A1:A4)"返回2，"=LOOKUP("bump",{"a",1;"b",2;"c",3})"返回2。

特别提示：Lookup_vector的数值必须按升序排列，否则LOOKUP函数不能返回正确的结果，参数中的文本不区分大小写。

30. VLOOKUP函数

主要功能：在表格或数值数组的首列查找指定的数值，并由此返回表格或数组当前行中指定列处的数值。当比较值位于数据表首列时，可以使用函数VLOOKUP代替函数HLOOKUP。

使用格式：VLOOKUP(lookup_value,table_array,col_index_num,range_lookup)

参数说明：lookup_value代表需要在数据表第一列中查找的数值，它可以是数值、引用或文字符串。table_array代表需要在其中查找数据的数据表，可以使用对区域或区域名称的引用。col_index_num代表table_array中待返回的匹配值的列序号。col_index_num为1时，返回table_array第一列中的数值；col_index_num为2，返回table_array第二列中的数值，以此类推。range_lookup代表一逻辑值，指明函数VLOOKUP返回时是精确匹配还是近似匹配。如果为TRUE或省略，则返回近似匹配值，也就是说，如果找不到精确匹配值，则返回小于lookup_value的最大数值；如果range_value为FALSE，函数VLOOKUP将返回精确匹配值。如果找不到，则返回错误值#N/A。

应用举例：如果A1=23、A2=45、A3=50、A4=65，则公式"=VLOOKUP(50,A1:A4,1,TRUE)"返回50。